[历史珍档]

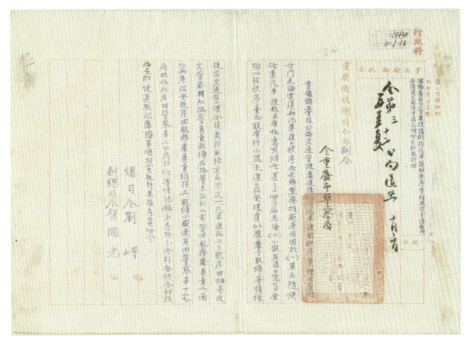

1939年9月30日，重庆卫戍司令部针对储奇门和海棠溪车渡秩序混乱，发布训令，提出三点整治办法

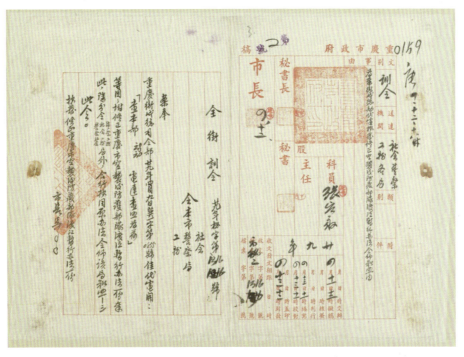

1940年4月13日，重庆市政府发布修正重庆市空袭后防护部队渡江暂行办法

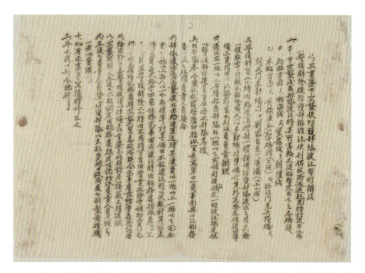

1940年4月13日,重庆市政府发布修正重庆市空袭后防护部队渡江暂行办法

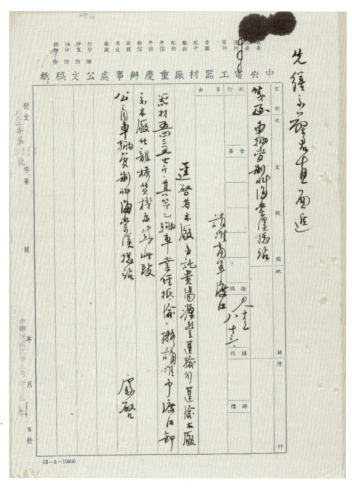

1943年8月10日,中央电工器材厂重庆办事处致函工商车辆管制所海棠溪总站:该厂托贵阳源丰运输行运输该厂器材5435公斤,车辆抵渝,请予渡江卸货交化龙桥货栈

1944年10月，因储奇门码头附近污秽不堪，码头趸船倾倒垃圾，重庆卫戍总司令部电请重庆市政府转饬严行禁止倾倒垃圾，并饬令将该码头注意整饬清洁

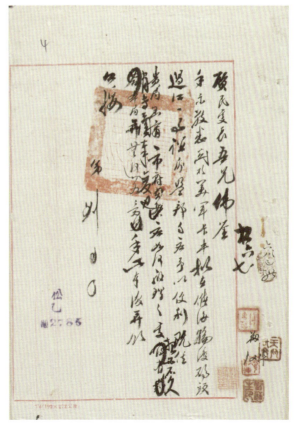

1945年5月，美军请求在储海渡口增加设备，以便美军卡车在中小水位时改在该处过渡。因美军卡车向来在娄九渡口过渡，若改在储海渡过江，则大批卡车必须经由市区行驶，对于市内交通有无影响，军事委员会战时运输管理局函请重庆市政府给出意见以便办理相关文件

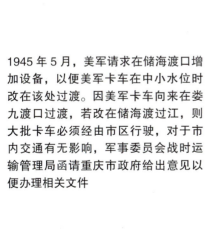

彩插

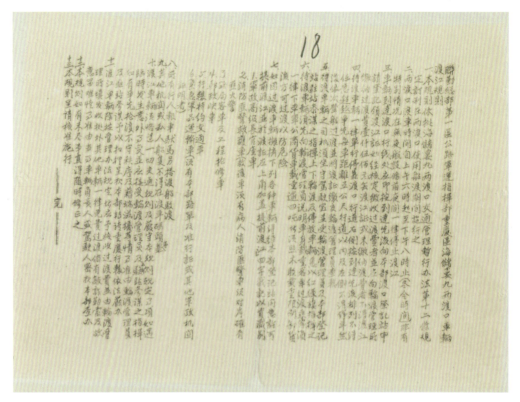

1947年1月，联勤总部第一区公路军运指挥部重庆区海储、娄九两渡口车辆渡江规则

1947年12月17日，第五区公路工程管理局公务第一总段海棠溪渡口管理所船只调查表

码头渡口

储（奇门）海（棠溪）渡——储奇门码头（摄于2016年）

储（奇门）海（棠溪）渡——海棠溪码头（摄于2016年）

北（碚）黄（桷树）战备公路渡口——北碚人民路码头（摄于2020年）

北（碚）黄（桷树）战备公路渡口——东阳码头（摄于2020年）

中（渡口）石（门）渡——中渡口码头（摄于2020年）

中（渡口）石（门）渡——石门码头（摄于2016年）

菜（园坝）铜（元局）渡——菜园坝码头（摄于 2016 年）

菜（园坝）铜（元局）渡——铜元局码头（摄于 2020 年）

鱼（洞）吊（儿咀）渡——鱼洞码头（摄于 2016 年）

鱼（洞）吊（儿咀）渡——吊儿咀（钓鱼嘴）码头（摄于 2020 年）

彩插

李(家沱)九(渡口)渡——李家沱码头(摄于2020年)

李(家沱)九(渡口)渡——九渡口码头(摄于2020年)

三(胜)土(沱)渡——水土码头(摄于2020年)

三(胜)土(沱)渡——三胜码头(摄于2020年)

〔汽车渡运〕

20世纪30年代的海棠溪码头

抗日战争时期的重庆车渡木跳板

20世纪40年代，用木车驳渡运车辆

20世纪60年代，车辆排队上船

20世纪70年代,车辆依次下船

20世纪80年代,水土渡口待渡车辆

20世纪80年代,车渡码头汽车依次过跳板(左);汽车渡江(右)

20世纪90年代,李家沱渡口车辆排队待渡(左);李家沱渡口渡运车辆过江(右)

2013年4月25日,三土渡口渡运作业

2016年11月10日,渡运装甲车过江　　2019年1月22日,三土渡口渡运车辆作业

[装备更新]

1963年建造的"公路103"轮

1965年建造的"公路115"轮

1977年5月建造,可渡6辆车的船驳

20 世纪 80 年代李家沱趸船

20 世纪 90 年代李家沱趸船

2005 年储奇门船修厂

彩插

2006年2月22日,船修厂施工作业

2015年6月2日,远眺重庆车渡船修厂

2016年11月10日,重庆车渡站锚地

2016年新引进的"重庆渝救援113"轮,长46米,宽10.5米,型深3.6米,主机总功率3048千瓦,是长江中上游马力最大的一类拖轮

2017年6月15日,航行中的"重庆车渡103"轮,长28米,宽7米,型深2.40米,主机功率440千瓦

2017年7月6日,"重庆车渡2号"趸,长45米,宽11米,型深2.2米

2018年5月24日,"重庆车渡1号"趸,长65米,宽13米,型深2.8米

2018年12月14日,"公路101"号拖轮及车驳

2019年5月24日,"重庆车渡001"号战备巡逻船

2019年9月23日,重庆车渡"公路3号"趸,长48米,宽13.8米,型深2.5米

2020年5月25日,重庆车渡"公路5号"趸,长30米,宽10米,型深2.2米

2020年10月18日,"渝路107"轮,长42.8米,宽10.5米,型深3.2米

车渡站原直属通洋公司设备

2010年7月11日,"徐工202J"单钢轮压路机和厦工装载机在施工

2010年9月3日,沥青混凝土搅拌设备

2010年9月10日,"卡特320D"挖掘机

2011年3月2日,"徐工HD122"双钢轮压路机和"XP262"胶轮压路机

[管理培训]

20世纪80年代，车渡码头张贴《关于加强重庆市公路渡口安全管理的通告》

1995年度重庆车渡站防洪工作会

彩插

2009年11月3日，售票员微笑服务

2013年3月12日，通洋公司民主测评

2013年3月14日，车渡管理站船员业务技能培训

2015年5月5日,车渡站青年职工技能大赛

2015年6月5日,船员技术练兵

2015年7月10日,车渡站安全生产工作会

彩插

2015年8月20日，路政联合执法

2015年7月，时任车渡站站长符冠荣检查船舶安全工作

2018年12月29日，车渡站党委书记刘发文（中）检查基础建设工作

2019年1月28日,车渡站站长段炳俊(右一)在一线检查工作

2018年9月19日,车渡站领导班子合影(从左至右为:甘林坤、陈军、段炳俊、刘发文、曾晓富)

应急救援

2008年5月23日,车渡站抢险突击队在德阳什邡市红白镇参与道路抢修

2014年6月13日,车渡站消防救生应急演练

2015年7月8日,"渝救援113"轮应急绑拖训练

2017年7月28日,参加重庆市渝中区汛期水上交通突发事件应急处置综合演练

2018年7月12日，救援高洪水位走锚大型船舶"远洋7606"轮

2018年10月26日，车渡站承办重庆市2018年度公路交通战备应急演练

2018年10月，车渡站职工参加公路交通战备应急训练

2019年11月15日，重庆车渡"渝救援113"轮参加交通运输部主办的长江干线水上联合搜救演习

彩插

党建工作

2008年7月13日,车渡站党总支党员在遵义会议会址重温入党誓词

2013年1月29日,中共重庆市车渡管理站委员会成立暨选举大会

2013年8月8日,车渡站党委书记彭宗泉(左三)带队开展党的群众路线教育实践

2015年7月6日，学习宣传"三严三实"精神内涵

2016年9月29日，车渡站党员干部赴重庆市廉政教育基地开展党纪警示教育

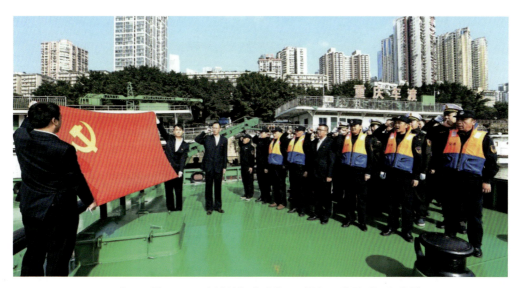

2016年11月11日，车渡站纪念建站55周年，党员重温入党誓词

2017年11月15日，车渡站理想信念教育

2018年1月12日，车渡站党委与市公路局第一支部结对共建

2018年9月19日，车渡站党委、纪委换届选举

2018年9月19日，车渡站党委、纪委换届选举后代表留影

群团活动

1966年5月,车渡站职工北温泉活动留影

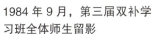

1984年9月,第三届双补学习班全体师生留影

2009年9月28日,车渡站职工参加市公路局庆祝新中国成立60周年纪念活动后留影

2013年3月29日,车渡站团支部开展"重阳敬老"志愿活动

2013年5月4日,车渡站团员参加"保护母亲河"活动

2014年3月7日,车渡站女职工参加拓展训练

2015年3月6日,站工会组织女职工开展"做爱心妈妈 关爱孤残儿童"活动

2015年9月18日,车渡站团支部开展"新风接力"活动

2015年12月18日,车渡站召开职工代表大会

彩插

2015年12月25日，车渡站工会举办冬季趣味运动会

2016年9月26日，车渡站站长符冠荣（左二）、党委书记刘发文（左三）、工会主席曾晓富（左一）等领导干部在退休小组活动点慰问离退休职工

2016年10月27日，车渡站组织离退休职工参观车渡新貌

2019年12月19日,车渡站"快乐工作、健康生活"职工运动会

2019年,车渡站职工"快乐登山 健康生活"登山比赛后合影

车渡荣誉

彩插

重庆市车渡管理志
（1935—2020）

重庆市车渡管理站　编

人民交通出版社股份有限公司
北京

内 容 提 要

《重庆市车渡管理志(1935—2020)》从车渡这一独特的视角,记录了一个方面地域的交通史。本书记载了重庆车渡历经抗日战争、解放战争、社会主义建设到改革开放的发展轨迹。上起1935年车渡设立,下至2020年,时间跨度85年,既有发展的辉煌篇章,也忠实记录沉重片段;既有车渡专业的记载,也有车渡管理与科技方面的记述,为人们了解重庆车渡演变历史提供了有价值的史料文献。

图书在版编目(CIP)数据

重庆市车渡管理志(1935—2020)／重庆市车渡管理站编.—北京:人民交通出版社股份有限公司,2022.12
 ISBN 978-7-114-18066-8

Ⅰ.①重… Ⅱ.①重… Ⅲ.①汽车渡船—货物运输—水路运输管理—概况—重庆—1935-2020 Ⅳ.①U696

中国版本图书馆 CIP 数据核字(2022)第 110281 号

书　　名	重庆市车渡管理志(1935—2020)
著 作 者	重庆市车渡管理站
责任编辑	陈　鹏
责任校对	席少楠　卢　弦
责任印制	刘高彤
出版发行	人民交通出版社股份有限公司
地　　址	(100011)北京市朝阳区安定门外外馆斜街3号
网　　址	http://www.ccpcl.com.cn
销售电话	(010)59757973
总 经 销	人民交通出版社股份有限公司发行部
经　　销	各地新华书店
印　　刷	北京交通印务有限公司
开　　本	787×1092　1/16
印　　张	19.75
插　　页	18
字　　数	482千
版　　次	2022年12月　第1版
印　　次	2022年12月　第1次印刷
书　　号	ISBN 978-7-114-18066-8
定　　价	158.00元

(有印刷、装订质量问题的图书,由本公司负责调换)

《重庆市车渡管理志(1935—2020)》
编纂工作领导小组

顾　　问：李建明　任洪涛

特邀顾问：谭立云　姚雪峰　朱顺芳　符冠荣　周　平

组　　长：刘发文　段炳俊

副 组 长：陈　军　曾晓富　甘林坤

成　　员：唐福军　李世姿　彭　敏　樊莉果　罗开胜
　　　　　　许森德　谢　静　林小波　郭鹏举

《重庆市车渡管理志(1935—2020)》
编纂工作领导小组办公室

主　　任：曾晓富

副 主 任：唐福军　李世姿

成　　员：谢　静　林小波　王　银　罗　倩　张翠娅
　　　　　　唐德顺　尹贤美　彭洪刚　王　雷　邓显锋
　　　　　　胡　军　李　双　巫立豹　刘定强　王永丰
　　　　　　谢觉海　杨昌禄　李彦一

《重庆市车渡管理志(1935—2020)》编辑室

主　　编：刘发文　段炳俊

副 主 编：陈　军　曾晓富　甘林坤

执行主编：唐福军　李世姿

编　　务：胡　军

撰　　稿：张建兴　吴建平

图片编辑：张建兴　吴建平

审　　校：刘发文　段炳俊　曾晓富　李世姿　唐福军
　　　　　张建兴　吴建平　谢　静　胡　军　巫立豹
　　　　　刘定强　王永丰　谢觉海　杨昌禄　李彦一
　　　　　王　科　王雪莲　樊莉果　彭　敏　邓显锋
　　　　　夏红余　罗开胜　郭鹏举　叶　强

《重庆市车渡管理志(1935—2020)》资料收集人员

（以姓氏笔画为序）

王　雷　尹贤美　邓显锋　刘发文　李世姿　吴建平　张建兴
张翠娅　林小波　罗开胜　罗　倩　胡　军　唐福军　唐德顺
彭洪刚　谢　静　樊莉果

序言

《重庆市车渡管理志(1935—2020)》在编纂人员的辛勤努力下,历经1年多,夙兴夜寐,广征博引,数易其稿,终得付梓。

车渡,是桥梁跨江之前唯一可载汽车渡河的工具。重庆车渡,肇始于1935年,经历了从木船渡运到钢质船渡运的变化,亦经历了从单个渡口每日渡运汽车几十辆到鼎盛时期(20世纪80年代末至90年代初)1500多辆的飞跃。重庆车渡人筚路蓝缕的创业之路殊为不易。

让人感慨万千的是,重庆车渡始创两年后,日本全面侵华。国民政府出于长期抗战的考虑,将首都从南京迁往重庆,作为陪都。为破坏战时陪都的正常运行,胁迫国民政府放弃抵抗,日军对重庆实施长达5年、累计218次的大轰炸。当时的重庆没有过江桥梁,大后方生产的物资、海外援华物资过江必须依靠渡船。储海渡、娄九渡、中石渡车渡员工在日机轰炸中,坚持渡运抗战物资,保持重庆与抗战前线的联系通畅,为抗日战争的胜利作出了卓越贡献。由此也凝聚起精忠报国、不怕牺牲、敢于拼搏、勇于奉献的重庆车渡人文精神。

1949年11月底,中国人民解放军进入重庆,重庆储海车渡员工载运解放军部队渡江,驾船为路向敌行,水陆不息筑国魂,为解放山城、支援川西会战立下了不可磨灭的功勋。随后车渡职工投入到社会主义建设的热潮之中。1961年4月重庆市车渡管理站成立,在党的领导下,车渡事业发展步伐加快,保证了半个多世纪公路交通咽喉的安全畅通,高峰时年渡运车辆100余万辆次,彰显了"江上活桥"的巨大魅力,也锻造出车渡人能吃苦、讲奉献、懂技术、敢拼搏、顾大局、守纪律的车渡精神。

随着重庆桥梁建设的发展,"桥都"问世,主城车渡大多悄然退出历史舞台。1983年起,上级明确对战备公路渡口予以保留。2011年起,市车渡站对战备码头进行现代化改造,先后在三胜、土沱、李家沱、铜元局等建成战备物资平台和仓库;在仍然开展专业渡运业务的三(胜)土(沱)渡口实施公益渡运。近年来,引进和建成大型船舶,组建应急救援队伍,助力全市水上应急。从此,在稳固战备码头管理、公益渡运服务的基础上,再添应急抢险救援等职能职责。

而今，新生代的车渡人与时俱进，利用渡口码头资源，探索交旅融合发展，为重庆"两江四岸"建设添彩，为打造"山水之城·美丽之地"增色。

本志书从车渡这一独特的视角记录一个方面地域的交通史，在全国应是首创。本书是第一本记载重庆车渡历经抗日战争时期、解放战争时期、社会主义建设时期、改革开放时期发展轨迹的志书。上起1935年车渡设立时(部分内容适当上溯)，下至2020年，时间跨度85年。既有发展的辉煌篇章，也忠实记录那些沉重的片段；既有车渡专业的记载，也有车渡管理与科技方面的记述。本书为人们了解重庆车渡演变历史提供了有价值的史料文献。

本志由车渡站党委牵头组织实施，经编写人员集思广益、广征博采，编纂而成。本书政治观点正确，资料翔实丰富，体例规范严谨，篇目结构合理，语言朴实简练，文字表述通畅，是一部帮助读者了解重庆车渡行业的宝典。在此，谨向参与本志编写工作的全体人员，以及关心和支持本志编辑出版的车渡站各科室(队、中心)成员和各界人士表示最真挚的感谢！

修志问道，以启未来。本志书的出版发行，必将以其存史、资政、教化的功效，为政府的交通发展决策提供史情资料，为重庆的交通发展和进步添砖加瓦。

愿车渡工作者以史为鉴，不断开拓创新，务实担当，扎实做好车渡事业的各项工作，为实现车渡高质量发展做出新的贡献。

2021年，是中国共产党成立100周年，也是车渡站建站60周年。编纂此书，致敬领导我们事业发展的核心力量——中国共产党，致敬为车渡事业挥洒汗水的车渡人。

《重庆市车渡管理志(1935—2020)》编纂工作领导小组

2021年12月

凡例

一、指导思想。《重庆市车渡管理志(1935—2020)》(下称《管理志》)以马克思列宁主义、毛泽东思想、邓小平理论、"三个代表"重要思想、科学发展观和习近平新时代中国特色社会主义思想为指导,坚持辩证唯物主义和历史唯物主义的立场观点,以人为本、实事求是地记述区域断限内车渡发展的历史和现状,力求做到思想性、科学性和资料性的统一,旨在存史、资治、教化、兴利,为车渡事业的全面、协调和可持续发展服务。

二、断限。《管理志》上限起于1935年,下限止于2020年。重点记述重庆市车渡自1935年设置机构以来的历史变迁情况,部分内容根据需要适当上溯和下延。

三、地域。《管理志》记述的地域范围,原则上为目前的重庆市主城区域。个别事类由于行政区划变动或其他原因变动的,记述中作适当伸缩。

四、结构。《管理志》根据学科分类的一般原则,结合现行社会分工,合理划分门类,力求反映各门类之间的有机联系,以增强志书的整体性。全书大致分三个部分,第一部分包括序言、凡例、图片、概述、大事记;第二部分设8章,视内容设置节、目等层次;第三部分包括附录、编后记。

五、文体。《管理志》一律采用规范的现代语文体和第三人称记述,力求准确、简洁、朴实、流畅,图、表随文。一律使用简化字。标点符号、专用符号、数字的使用,按照《中华人民共和国通用语言文字法》、国家语言文字工作委员会等部门的规定执行。

六、纪年。采用公元纪年,新中国指中华人民共和国。

七、称谓。机构、职务、地名等,均按照历史实际称谓记述;人名除引文外,不另加称呼(须说明身份时,姓名前冠职衔);专用名词首次出现用全称,其后可用简称;古地名根据实际加注2020年地名;"四川省""重庆市",叙述中可简称"省""市";常用组织机构名称如中国共产党重庆市车渡管理站委员会一般简称站党委;重庆市车渡管理站简称车渡站;其他组织机构名称以《辞海·常见组织机构名称简表》为准。机构名称除首次出现外,全书尽量统一用简称。部分地方可酌情处理,即出现同一名称时就近采用简称。

八、数据。《管理志》统计数据以重庆市车渡管理站正式文书档案中公布数据为准。

九、体裁。《管理志》遵循"横排竖写、分类设志"的总原则,采用述、记、志、传、图、表、录等多种体裁,以志为主体,述而不议,与序言、凡例等融为一体。

十、人物。人物部分收录重庆车渡历史上具有代表性的职工。

十一、注释。《管理志》文中随文加注,其他地方统一用脚注。

十二、资料。《管理志》资料来源于档案、图书、报刊、旧志、口碑和访谈。对不可或缺有异议的重要资料,采取一说为主、诸说并存的方式。引用的资料在页末注明出处。一般资料经考核、综合使用后不注明出处。

目录

概述 ··· 001
 一、事业发展　与时俱进 ······································· 001
 二、装备进步　功能完善 ······································· 002
 三、路政管理　严谨科学 ······································· 003
 四、党建引领　车渡铁军 ······································· 004

大事记 ··· 006

第一章　组织机构 ·· 069
 第一节　机构沿革 ·· 069
  一、机构变迁 ·· 069
  二、机构人事（行政）·· 071
 第二节　机构职责 ·· 074
 第三节　内设机构 ·· 075
  一、概述 ··· 075
  二、机构简介 ·· 076
 第四节　站属机构 ·· 084
  一、鱼吊队 ··· 084
  二、三土队 ··· 085
  三、李九队 ··· 085
  四、储奇门应急救援中心（原船修厂）·················· 086
  五、铜元局应急救援中心 ··································· 086
 第五节　站属企业 ·· 086
  一、站属企业发展概况 ······································ 086
  二、重庆通洋公路工程有限公司沿革 ··················· 087
  三、重庆通洋公路工程有限公司人事 ··················· 088
  四、重庆通洋公路工程有限公司运营 ··················· 089

第二章　党群组织 ·· 094
 第一节　车渡管理站党组织 ··································· 094
  一、党组织发展 ·· 094
  二、党建工作 ·· 097

第二节　车渡管理站纪律检查委员会 108
　　一、纪检机构 108
　　二、反腐倡廉 109
第三节　工会组织 115
　　一、组织建设 115
　　二、工会工作 116
第四节　共青团组织 126
　　一、组织建设 126
　　二、日常工作 126
第五节　妇女工作 129

第三章　资产设备 131
第一节　车渡码头 131
　　一、车渡码头概况 131
　　二、车渡码头建设 141
第二节　公路渡口 143
　　一、公路渡口概况 143
　　二、公路渡口简介 147
第三节　战备平台 151
第四节　设备打造 154
　　一、船舶更新 154
　　二、水上重装 161
　　三、陆上装备 161
第五节　资产设备管护 162
　　一、码头渡口管护 162
　　二、船舶设备管护 168

第四章　渡运工作 179
第一节　抗日战争时期的渡运工作 179
　　一、渡运概况 179
　　二、物资渡运 180
第二节　解放战争时期的物资渡运 182
　　一、物资渡运 182
　　二、解放重庆 185
第三节　新中国时期的物资渡运 188
第四节　名人与车渡 191
　　一、蒋介石与车渡 192

二、朱德与车渡 …………………………………………………… 193
　　三、其他名人与车渡 ………………………………………………… 194

第五章　安全工作 ………………………………………………………… 195
第一节　安全管理 …………………………………………………… 195
　　一、管理机构 ………………………………………………………… 195
　　二、安全工作 ………………………………………………………… 195
第二节　应急救援 …………………………………………………… 207
　　一、队伍组建 ………………………………………………………… 207
　　二、日常工作 ………………………………………………………… 208

第六章　路政工作 ………………………………………………………… 212
第一节　路产路权 …………………………………………………… 212
第二节　路政管理 …………………………………………………… 213
　　一、管理机构 ………………………………………………………… 213
　　二、管护工作 ………………………………………………………… 214

第七章　渡运收费 ………………………………………………………… 224
第一节　收费渡运 …………………………………………………… 224
　　一、收费标准 ………………………………………………………… 224
　　二、规费稽征 ………………………………………………………… 229
　　三、收费管理 ………………………………………………………… 231
第二节　公益渡运 …………………………………………………… 235

第八章　人物荣誉 ………………………………………………………… 237
第一节　人物 ………………………………………………………… 237
　　一、人物简介 ………………………………………………………… 237
　　二、职数变化 ………………………………………………………… 238
　　三、职工名录 ………………………………………………………… 240
第二节　车渡荣誉 …………………………………………………… 244
　　一、集体荣誉 ………………………………………………………… 244
　　二、个人荣誉 ………………………………………………………… 250

附录 ……………………………………………………………………… 256
　　一、解放重庆记录 …………………………………………………… 256
　　二、文艺作品选录 …………………………………………………… 264
　　三、重要文件目录 …………………………………………………… 266
　　四、重要文件辑录 …………………………………………………… 271
　　五、媒体报道目录 …………………………………………………… 300

编后记 …………………………………………………………………… 302

表格目录

表 1-1　1961—2020 年重庆市车渡管理站历任行政领导名录

表 1-2　重庆通洋公路工程有限公司人员基本情况统计表

表 1-3　重庆通洋公路工程质量检测有限公司员工基本信息表

表 1-4　重庆市车渡管理站重庆通洋公路工程有限公司承接部分工程项目统计表

表 2-1　重庆市车渡管理站历任党组织领导名录

表 2-2　重庆市车渡管理站部分年份党员人数统计表

表 3-1　2009 年重庆市车渡管理站战备码头岸线调整情况汇总表

表 3-2　2020 年重庆市车渡管理站所辖战备码头主要指标表

表 3-3　2020 年重庆市车渡管理站所辖码头状况统计表

表 3-4　2012—2019 年重庆市车渡管理站新建码头设施统计表

表 3-5　1985 年重庆市车渡管理站所辖汽车渡口一览表

表 3-6　2020 年重庆市车渡管理站所辖公路渡口统计表

表 3-7　2008 年重庆市车渡管理站船舶设备基本情况表

表 3-8　2013 年重庆市车渡管理站船舶设备基本情况表

表 3-9　2020 年重庆市车渡管理站船舶设备基本情况表

表 7-1　1947—1949 年四川省公路渡口车辆过渡费率变化表

表 7-2　1950 年西南区公路渡口过渡费收费标准表

表 7-3　1952 年 7 月 16 日过渡费收费标准表

表 7-4　1952 年 10 月 1 日起执行的公路渡口过渡费收费标准 (特等渡、三等渡) 表

表 7-5　1956 年 12 月 22 日调整后的公路渡口过渡费收费标准表

表 7-6　1985 年重庆市车渡管理站所辖石门渡口过渡费征收标准表

表 7-7　1989 年重庆市车渡管理站过渡费收费标准表

表 7-8　1993 年重庆市李九、鱼吊、三土、盐井、江津、长寿公路渡口收费标准表

表 7-9　1996 年 6 月 15 日起重庆市市属长江、嘉陵江干线 (李九、鱼吊、三土渡) 车辆过渡费收费标准表

表7-10　2001年8月10日起重庆市车渡管理站过渡费收费标准表

表7-11　1989—2011年重庆市车渡管理站车辆过渡费征收统计表

表8-1　军运车辆指挥所、车渡指挥所编制表

表8-2　2020年重庆市车渡管理站在职人员统计表

表8-3　1983—2020年重庆市车渡管理站退休人员统计表

表8-4　1985—2020年重庆市车渡管理站集体荣誉统计表

表8-5　1985—2020年重庆市车渡管理站个人荣誉统计表

附表1　重庆市车渡管理站重要文件统计表

附表2　1994—2020年媒体报道车渡站重要新闻统计表

概 述

江上活桥,以船架路,连接山城。重庆车渡自1935年设立以来,至2020年,已走过85个春秋。重庆市车渡管理站自1961年成立至2021年,刚好一个甲子。数十载风雨兼程,几代人筚路蓝缕,重庆车渡人为推动重庆文明进程做出了不可或缺的贡献,可钦可佩。

一、事业发展 与时俱进

重庆车渡,肇始于1935年。时年6月,川黔公路通车。为使其不因江河而中断,同年8月四川省公路局设海棠溪汽车渡口。该渡口与北岸的储奇门渡口相接,称储海渡,为重庆市第一个汽车渡。1938年10月,娄溪沟至九渡口设渡,名娄九渡;1941年4月,中渡口至石门设渡,名中石渡。整个中华民国时期,重庆主城仅此三渡。

中华人民共和国成立后,于1955年设北(碚人民路)黄(桷树)渡;1959年綦江—石佛岗车渡开渡;1960年设三(胜)土(沱)渡。1961年4月3日,重庆市交通运输管理局车渡管理站(简称车渡站)成立,车渡事业开始加快发展。分别于1970年10月和1971年7月设菜(园坝)铜(元局)渡和鱼(洞)吊(儿咀)渡,完成车渡在重庆主城的布局。

至2020年,重庆市车渡管理站系重庆市公路事务中心直属公益一类正处级事业单位,是重庆市主城区唯一的车渡管理单位,集车辆渡运服务、公路渡口管理、水上应急救援、公路抢修、公路检测、战备应急保障等职能职责于一身,是保障水上公益渡运和水上交通应急救援的成员单位。站内设7个科(室)、2个队、2个应急救援中心、1个站属独资企业,分别是:办公室、安全应急科、机务科、资产法规科、财务科、组织人事科、渡口建养科,三土队、李九队和储奇门、铜元局应急救援中心,以及2007年底全额出资成立的重庆通洋公路工程有限公司(简称通洋公司)❶。辖储海渡、菜铜渡、李九渡、鱼吊渡、中石渡、三土渡、北黄渡7个公路战备渡口,共15个码头。

车渡事业发展历经中华民国时期和中华人民共和国成立后的社会主义建设时期、改革开放时期和中国特色社会主义新时代,逐步由弱变强、由小变大;由单一渡运生产到渡运生产和公路工程并举,而至2020年终于开拓出公益渡运、应急救援、公路工程与战备码头功能协同发展的新局面。

重庆车渡始创两年后,日本全面侵华。国民政府出于长期抗战的考虑,将首都从南京迁往重庆,作为陪都。抗战时期,日军对重庆实施长达5年、累计218次的大轰炸。当时的重庆没有过江桥梁,大后方生产的物资、海外援华物资运送进出重庆,大多

---

❶2020年10月22日,通洋公司正式划转至重庆高速集团旗下的通力公司。

依靠渡船。储海渡、娄九渡、中石渡车渡员工在日机轰炸中,坚持运送抗战物资过江,保持重庆与抗战前线的联系通畅,为抗日战争胜利做出卓越贡献。

1949年11月30日,由储海渡船船长杨少华、驾驶员严少华开船,在机舱司机徐天华,行船水手殷吉祥、薛海亭、王长荣、蒋荣纯、跳船水手刘树荣、刘树臣、汪绍成、蒋少武、况岐顺、王道成、杨世安等人共同配合下,将中国人民解放军十一军三十二师九十五团的部队渡运过江。另十一军三十一师九十三团部队从铜元局、李家沱进入重庆。车渡职工为解放重庆立下不朽功勋。

中华人民共和国成立后,车渡汇入社会主义建设热潮,积极参与社会主义建设,风雨兼程运送过江车辆、物资。1961年4月重庆市车渡管理站成立后,车渡事业迅速发展,20世纪80年代—90年代中期,是车渡发展的黄金时期,日均渡运车辆1500辆以上,高峰时年渡运车辆100余万辆次。这保证了半个多世纪重庆城区范围公路交通咽喉的通顺畅达,彰显了"江上活桥"的巨大魅力。其后随着两江多座跨江大桥相继建成通车,各渡口渡运量日渐减少直至停渡。2008年,鱼吊渡停渡。2011年,三土渡停止征收过渡费,保留公益渡运。随即车渡与时俱进转型发展。2007年底,通洋公司成立,实现单一渡运向多元化发展的重大突破,探索出一条可持续发展之路。2019年,通洋公司完成产值3亿余元。2013年,市交通委员会明确赋予车渡站部分水上应急抢险职能。2016年11月和2017年6月,为更好履行应急救援职能,适应车渡转型发展,分别成立储奇门应急救援中心和铜元局应急救援中心,拥有西南最强、最大综合救援能力,按照"宁可备而不战,不可战而不备"的理念,组建半军事化管理的专业应急救援队伍。

在探索转型发展新路的同时,车渡站坚守基本职责,建设并完善主城区战备渡口。"十二五"(2011—2015年)期间,车渡站对战备码头进行现代化改造,先后在三胜、土沱、李家沱、铜元局等建成战备物资平台和仓库。"十三五"(2016—2020年)期间,车渡站实施"359"布局,即设置3处战备船用基地、5处战备物资集结地、9处战备码头。车渡站对渡口码头实行封闭式管理,并运用信息化手段,借助远程"电子眼"监测技术,监控各渡口码头,处置侵占码头及附属设施的违法行为。至2020年12月,车渡站所属主城区战备公路渡口共计7个,有15个码头,码头引道总长3090米,岸线总长1460米,水域面积27625平方米。

在车渡事业发展中,安全始终是最重要的工作之一。1978年起,在全站开展"百日安全无事故"活动;1981年起,开展"安全优质服务月"活动;1990年起,车渡站先后17次被重庆市安全生产委员会、市交通局、市交通委员会、市经委安全生产局、市公路局评为年度地方水上交通安全先进单位或年度安全生产目标管理先进单位。车渡站围绕"渡运安全、应急救援、施工安全、靠泊安全、环保安全、码头经营、消防安全、信息安全、单位和职工生命财产安全",做好安全保障工作。

二、装备进步　功能完善

20世纪30年代末,重庆储海渡创建之初,仅有木质汽划1艘和车驳2艘。中华民国时期,各渡设备有限且均为木质船舶,单船渡运能力仅为2~3台汽车。20世纪60年代起,船舶开始改为钢结构,且拖轮功率、船体尺度大幅增加。单船渡运能力增加至6台汽车。20世纪70年代起,船舶绝大多数为钢结构,且拖轮功率、船体尺度继续增加,并有了12车钢驳,车驳以单船渡运能力6~12台汽车为主。20世纪80年代起,船舶均为钢结构,拖轮功率和12车钢驳继续增加,车驳以单船渡运能力12台汽车为主,船舶大多进行技术更新,改为电动起跳。1987年,车渡站有拖轮12艘,主副机、电动起跳副机功率共3518马力;有车驳12艘(含电动起跳车驳3艘),跳船3艘(含电动起跳1艘),各类趸船5艘。20世纪90年代,随着多数渡口停渡,设备数有所减少。至2015年,车渡站有船舶设备17艘,其中拖轮4艘、车驳6艘、各类趸船7艘。

2015—2020年,是车渡站加快转型发展时期,强化应急救援功能,逐年打造、接入了一系列更新、更强的设备。至2020年12月,车渡站有各类船舶17艘,其中拖轮4艘、车驳3艘、趸船4艘、冲锋舟3艘。大型水上装备有"渝救援113"轮、"公路101"轮、"重庆车渡1号"趸、"重庆车渡2号"趸、"重庆车渡103"轮、"渝路107"轮等。

随着通洋公司闯出转型发展之路,车渡管理站拥有完成公路工程任务所需的大功率、大容量、高技术附加值机械设备,有摊铺机、装载机、压路机等各类施工机械设备17台(套)和公路质量检测设备116台(套),有配备齐全的沥青混凝土拌和楼、公路质量检测实验室和检测车。

三、路政管理　严谨科学

中华民国时期,重庆卫戍总司令部对车渡路政实施宏观管理,相关警察分局路警具体负责(路警未派到以前暂由航务处负责);南北两岸治安秩序由航务处负责维持;稽查、取缔违规现象,南岸由警察第十二分局担任,北岸由警察第三分局担任。1945年11月,上述职责改由重庆市政府工务局负责。其他运输行业归重庆市社会局统管。

1993年,路政第十一中队成立前,车渡站设有安全(保卫)股(科)和路政(法规)股(科),负责路政相关工作。1993年9月11日,重庆市公路路政管理大队决定成立"重庆市公路路政管理大队第十一中队"(简称路政第十一中队),下设3个分队。2003年5月16日,撤销原路政第十一中队,成立"重庆市公路路政管理总队直属二大队"(简称路政二大队),负责车渡站所管辖公路渡口的路政管理工作。2005年6月,成立重庆市交通行政执法总队,路政二大队终止行政执法,保留路政许可权。车渡站在无路政处罚权限下,依法开展路政管理工作。

渡运收费曾是车渡的一项重要工作。1944年前,车渡只收养路费,不另收过渡费,公路渡口码头设备维护、渡工工资等经费在养路费中列支。1944年,开始对过渡汽车、人力车、兽力车实行收费。因物价动荡,车辆过渡费时有调整。中华人民共和国成立后,仅20世纪50年代就制定和多次调整过渡费。从1960年10月1日至1984

年12月31日,四川省公路渡口均未收取汽车过渡费。1985年1月1日,中石渡开始收取过渡费。1988年,石门大桥通车,中石渡停渡,收费工作随即停止。1989年4月1日起,李九渡按规定收取车辆过渡费。同年9月1日起,鱼吊渡、三土渡按规定收取车辆过渡费。2011年7月31日,重庆市人民政府《关于公布全市行政事业性收费项目的通知》(渝府发〔2011〕30号)规定,车渡站三土渡停止收取车辆过渡费,开始实行公益渡运,过渡费遂成历史。收费过程中,车渡站路政人员始终严格按照相关规定执行,文明服务。

车渡站长年坚持路政巡查,依法维护车渡路产路权,及时制止侵占车渡路产行为,努力收回被蚕食、侵占的公路渡口、码头及其附属设施。2014年起,车渡站路政管理更加严谨、科学,利用远程视频监控对储海、菜铜、李九、鱼吊、三土等渡,进行24小时不间断实时监管,全天候管控所辖的长江、嘉陵江沿线的公路战备渡口3090米的公路引道。至2020年,按全市公路服务设施通用图在李家沱、吊儿咀、水土3个码头修建大门、围墙,对实际管理的9个码头实行封闭式管理。

四、党建引领　车渡铁军

车渡站自1961年成立即设党支部。2006年1月9日,设立中共车渡管理站总支部委员会。2012年11月12日,中共重庆市交通委员会研究决定,同意成立中共重庆市车渡管理站委员会。从党支部到党总支,再发展为党委,车渡站党的组织日益壮大。至2020年,车渡站党委下设1个党支部,有党员81人。车渡站党建工作始终紧跟时代要求,不忘初心,紧密结合车渡实际,发挥党组织的战斗堡垒作用。党风廉政建设及队伍思想教育注重实效,塑造了一支守纪律、讲规矩的车渡"铁军"。2004年起,东渡站党委先后获得重庆市公路局党委表彰的"先进基层党组织""先进性教育活动信息报道先进奖""'五个好'基层党组织",被评为全国公路行业优秀党组织。

党建引领,带动群团齐心协力,各项事业齐头并进。1961年4月车渡站成立后,即建起工会组织。站工会与职工同呼吸、共命运,五一劳动节、三八妇女节均坚持给会员和女职工发电影票和活动经费;每年均帮助职工维修住房;重大节假日,组织慰问伤病职工,对生活困难职工进行补贴,帮助解决其子女上学困难,组织退休职工开展丰富多彩的文体活动等。工会通过职工代表大会,参与车渡站民主管理,维护职工合法权益。结合时代特色,开展职工教育和各种文明创建活动,如女职工素质达标活动,创"五好家庭""职工小家"活动,"节水、节能、节材"专题活动,做文明市民创文明队(科室)活动等。站工会由此获得多项荣誉:车渡站工会委员会被重庆市交通委员会直属机关工会委员会评为"先进职工之家",站多个科室被市公路局评为文明科(室)、文明班(组),多个岗位和个人被重庆市总工会、重庆市交委授予重庆市"巾帼文明岗"和"重庆市巾帼建功标兵"称号,工会主席曾晓富两次被市交通委员会机关工会评为职工信赖的好主席。

站团支部建立于1964年。团支部团结带领全站青年职工,积极开展革命传统教育,向先进典型学习。帮助青年职工立足岗位,建功立业,为团员青年提供各种培训机会,提高职业技能。开展"五讲四美三热爱""团员身边无事故"、青年文明号活动,以及"建团结协作好团队,添车渡通洋新活力""青年大学习"和关爱车田村留守儿童的"真情关爱暖童心,三年行动逐梦行"活动等。组织"党的知识和基本国情"知识竞赛、"爱国奉献在岗位"演讲赛等。出色的工作为车渡站赢得了多项荣誉:2007年3月26日,重庆市交通委员会、共青团重庆市委员会将车渡站应急抢修队评为2006年度青年文明号集体。团支部被评为2013—2014年度重庆市交通系统五四红旗团支部。三土队被评为2014—2015年度青年文明号集体。2017年11月9日,共青团重庆市车渡管理站总支部委员会成立,团组织进一步壮大。

党的十九大提出"交通强国"战略,战备渡口码头作为国防交通基础设施的重要构成,承担着水上战备渡运、水上应急救援等国防功能,同时也为群众出行、生产就业及地方经济发展提供重要支撑。重庆车渡乘势而上,围绕"两江四岸"发展主轴,服务大局,勠力同心谋发展,打造新时代的"江上活桥"。而今,新时代的车渡人正探索利用渡口码头资源,谋划交旅融合发展之路,努力实现多元化发展的再次突破,为重庆"两江四岸"建设增色添彩。

风雨兼程数十载,留下几代车渡人的记忆。梳理历史,回首过往,展望未来,不忘初心,重庆车渡扬帆再起航,大有可为!

大 事 记

1935年
8月　四川省公路局开设海棠溪汽车渡口，配备专职人员。海棠溪渡口与北岸的储奇门相接，称储海渡。

10月　海棠溪渡口开始渡运，重庆第一个汽车渡口——储海渡正式成立，由交通部西南公路局第一总段管辖❶。

1937年
8月　川黔公路七公里处开始修建娄溪沟入长江口行车便道，次年建成。

同年　西南公路运输管理局批准建造7艘汽划。

1938年
4月13日　重庆轮渡股份有限公司致函四川省公路局：不再签订拖引汽车渡河合约，并请遵期归还"渝平"轮。

4月27日　西南公路运输管理局建造的第1艘汽划(主机2台道奇汽油发动机、160马力)下水，交付川黔路重庆长江储海渡正式参加渡运。储海渡遂成四川省第一个机动汽车渡口。

10月　娄溪沟入长江行车便道完工后设置渡口，与对岸的九龙坡渡口形成对渡，名为娄九渡，配备拖轮和3车驳船各1艘，由交通部公路总局五区工路工程管理局管辖。

1939年
9月30日　重庆卫戍总司令部发重庆市警察局训令(总司令刘峙、副总司令贺国光签发)：储綦段公路交通管理处提议维持储奇门及海棠溪两个汽车渡口汽车渡船秩序。决定：汽车渡船上秩序由储綦段公路交通管理处转知路警负责取缔，在路警未派到以前暂由航务处负责；南北两岸治安秩序由航务处负责维持；取缔小贩，南岸由警察第十二分局担任，北岸由警察第三分局担任。

1940年
4月16日　重庆卫戍总司令部训令(总司令刘峙签发)，重庆市警察局取缔汽车渡河乘客不下车及司机不遵守单行停靠守则等现象。训令要求周知各有关机关、各行营行辕主任及各省政府主席外，并令所属汽车部队及各渡口稽查宪警切实纠正前述违规现象，具体由警察局第十二、第三分局负责。

---

❶重庆市交通局交通史志编纂委员会编纂，科学技术文献出版社1991年出版的《重庆公路运输志》，以及四川省交通厅公路局编纂，四川人民出版社1995年出版的《四川省公路志》两书均有记载。

4月20日　重庆卫戍总司令部发电至重庆市政府,鉴于以前制定的防护部队渡江办法"事久情迁,且雾期已过,空袭可虑",特修订重庆空袭后防护部队渡江暂行办法。

6月12日　重庆电力股份有限公司致函重庆卫戍总司令部:公司向昌兴商行购买卡车2部,由海棠溪驶往城区,抢修被炸电线,请予渡江。

7月2日　重庆卫戍司令部交通处致函储綦段储奇门站:材料库租用卡车4辆运送酒精赴滇,请予核发渡江证。

8月13日　日军侵占越南,切断滇越铁路,滇缅公路成为中国与外部世界联系的唯一运输通道。这条唯一的"生命线"起点,正是海棠溪。

同年　汉渝公路竣工通车前,国民政府交通部公路总管理处和重庆市工务局会同查勘地形,制定在汉渝公路跨越嘉陵江处设立车渡的方案:确定在石门建立车渡,建渡工程由川陕公路局承担。

1941年

1月　中(渡口)与石(门)正式设渡,称中石渡,配小火轮1艘、趸船和装煤船各1艘、木车驳4艘。两岸建有条石路面引道,有员工20余人。

2月1日　动工修建江北县人和场至石门和沙坪坝三角碑至中渡口的公路。次年秋竣工,使车辆可直驶中(渡口)石(门)渡口。

2月　设置海棠溪车站娄九车渡指挥所,驻娄溪沟;设置海棠溪车站海储车渡指挥所,驻海棠溪;分派必要人员于九龙坡、储奇门办理登记事宜。车渡指挥所受海棠溪车站司令、重庆车站司令指挥,并统一于2月16日改组成立。

5月2日　国民政府军事委员会军政部长何应钦同意"军运车辆指挥所、车渡指挥所编制表"。军运车辆指挥所及车渡指挥所办理军运车辆指挥、登记、过渡等事宜。海棠溪车站娄九、海储两车渡指挥所均适用甲种所编制表。

11月19日　军政部兵工署渝造(卅)丁字第11507号文:海棠溪储海段汽车渡口空地狭小,规定由军车指挥所填发装卸证明。

1942年

6月　嘉陵江重庆石门汽车渡口建立后,成立重庆市第一个嘉陵江汽车渡口管理所——石门汽车渡口管理所。此车渡为衔接汉渝路而组建。

7月6日　重庆市自来水公司新购卡车,申请发给渡江证。

11月8日　交通运输部材料研究会乘重庆市公共汽车管理站客车到中央汽车制造厂及该厂第一分厂参观,请娄溪沟管理站准予渡江。

1943年

1月16日　交通部运务总处、交通部公路总局致函川桂线区司令部海棠溪车站司令办公处:请准予发放国桂5947号车渡江证。

5月18日　中国汽车制造公司华西分厂致函八公里车辆指挥所、复兴关车辆指挥所:卡车经由娄溪沟—九龙站渡江,请核发渡江证。

5月25日　资和钢铁冶炼公司致函海棠溪车站司令部、交通部海棠溪工商车辆管理站、嘉陵江渡口工务所,请填发汽车渡江证。

8月26日　渝鑫钢铁厂运煤卡车渡江,致函九龙坡渡江管理处。

12月29日　国特警备车3辆由储海渡过江,重庆市警察局派员赴川桂公路线区海棠溪车站司令办公处领取卡车特渡证。

1944年

4月1日　重庆市工务局为建设中渡口码头,拨款72800元(法币),修建石级910米、石板路128米。

10月　储奇门码头附近污渍不堪,码头趸船倾倒垃圾。重庆卫戍总司令部电请重庆市政府转饬严行禁止倾倒垃圾,并饬令该码头注意整饬清洁。

同年　开始对过渡汽车、人力车、兽力车实行征费。因物价动荡,车辆过渡费时有调整。

1945年

5月30日　美军请求在储海渡口增加设备,以便美军卡车在中小水位时改在该处过渡。因美军卡车向来在娄九渡口过渡,若改在储海渡过江,则大批卡车必须经由市区行驶,对于市内交通有无影响,军事委员会战时运输管理局函请重庆市政府给出意见以凭办理。

7月25日　晚1时许,军委会汽艇管理所九龙铺趸船停泊的主席渡江汽艇(成渝)遭风暴吹流储奇门,船中仅有水手1人,沿江漂流至储奇门时大声呼喊救命。警察局水上分局海棠溪派出所以为匪警发生,携枪前往追捕并鸣枪3声向各岗示警。经海棠溪汽艇管理所发觉系主席渡江汽艇,即派汽艇施救,在东水门兴象鼻子之间将该艇救返,停泊在海棠溪。

同年　娄九渡新增3艘趸船。

江北石门渡、重庆储海渡、娄九渡都设有渡口管理所。

1946年

4月　石门渡由交通部公路总局五区公路工程管理局接管,隶五区公路工程管理局工务第三总段。

6月　交通部五区局颁发《渡口管理所章程》,规定车辆过渡的指挥、查验、登记,渡口设备的保管使用维修,渡口用具用料的领发购置,油料燃料领用考核报销,经费领用报销,渡口员工的管理督率考核及渡口业务的推行改善均由渡口管理所执掌。

1947年

1月21日　重庆市政府转发《海储娄九两渡口交通管理办法及车辆过江规则》,规范两渡口交通管理及车辆过江。

3月27日　重庆市政府发布《各公路渡口渡河规定事项》训令。

5月10日　交通部公路总局第五区公路工程管理局致函中国汽车制造公司华西分厂,催缴卡车渡江费。

1948年

1月　四川省建设厅抄发《养路费征收率基数及过渡费率基数表》,规定甲等渡口汽车过渡费率基数为0.9另加当地半加仑(约1.89升)汽油价格。江北石门渡口为甲等车渡,执行该标准。

3月5日　中国银行重庆分行致函海棠溪渡江管理站、海棠溪宪兵检查站:由上海运来新卡车7辆,请予渡江。

3月13日　交通部公路总局第五区工程管理局训令储海渡管理所,以前250千克小板车渡河费为47.670元(法币),车商负担重,纷纷请求减免。故决定按驮马过渡费率(即人、兽力车渡费率之半数)征收。

4月15日　交通部公路总局第五区公路工程管理局公务第一总段发布训令至海棠溪渡口所,时值军运紧急时期,要求从速恢复娄九渡汽划渡运,以利军运,并将办理情形具报勿延。

6月　交通部公路总局五区工路工程管理局投资59亿多元(法币)对储海渡口进行整治,但由于物价爆涨,法币贬值,收效甚微。

同年　储海渡改隶交通部公路总局五区工路工程管理局工务第一总段,定为特等渡。有汽划班、渡船班各1个,员工59人,汛期增设飞班(30人)。

1949年

5月17日　免收工务局工程卡车车渡费(由储奇门渡江运送工料回局)。

5月23日　交通部公路总局第五区公路工程管理局致函重庆市工务局:该局工程车1辆过储海渡,免征过渡费,已遵照办理。

6月20日　经济部工矿调整处关于自备货车5083、5084号2辆往来渝昆运输机器配件,准予发给渡河证书,请查收备用,给豫丰和记纱厂重庆分厂筹备处。

8月　国民党军车3辆载运粮食,从石门车渡过江到沙坪坝。车渡快到岸时,3辆军车同时倾入江中。

9月7日　中国汽车制造公司致函中国汽车制造公司华西分厂、第五区公路工程管理局,免收第200770号客车(小型客车,经过海棠溪渡口)车渡费。

11月8日　交通部公路总局第五区公路工程管理局发文(渝〔卅八〕工字第07125号),自11月9日起,有重要车辆须经海棠溪、娄溪沟两渡口过江,要求两渡口加强渡运。海棠溪渡口管理所接西南军政长官公署电,11月9日起约有百辆车经过娄溪沟、海棠溪两渡口过渡,应加强渡运,必要时可增夜渡以利运输,勿延勿懈为要。

11月30日　中国人民解放军二野11军32师95团将士在储海渡员工协助下,从海棠溪、铜元局渡江,二野11军32师93团从李家沱渡江,为解放重庆做出贡献。

1950年

12月15日　西南交通部颁发《西南区公路渡口征收过渡费规则》。
同年　九龙坡码头经过改建,成为重庆第一座水运、铁路联运的机械化码头。
石门渡由江北县管辖,定为一等渡。有单机汽划1艘,3车木驳2艘。

1951年

1月1日起　四川省依照《西南区公路渡口征收过渡费规则》,车渡收取过渡费。

8月31日　西南交通部重新划分渡口等级,重庆储海渡、李九渡和江北石门渡为一等渡。

同年　储海渡、娄九渡、石门渡改隶属重庆市建设局。

1952 年

7 月 16 日　西南交通部对过渡费率再次调整。

8 月　川东行署交通厅建造 2 艘木跳船，用于储海渡口两边码头。

9 月 16 日　西南交通部对四川公路渡口等级重新划分，全省公路渡口分为特等、一等、二等、三等。在执行 1952 年 7 月 16 日颁布的一、二等渡口过渡费率基础上，制定特等和三等渡口的收费标准，并从 1952 年 10 月 1 日起执行。

同年　储海渡、娄九渡、石门渡改隶属川东行署交通厅。

重庆市政府公用局成立，主要对重庆市内交通行业行使行政管理职能，其中包括渡口，也包括对木船渡运、兽力托运等水陆搬运装卸行业，制定管理法规并加以业务督导。

1953 年

9 月 21 日　四川省交通厅拟定《四川省公路渡车辆过渡管理规则》，交西南交通部核准。

同年　储海渡与石门渡合并成立渡口管理所，为重庆市政府公用局管辖的事业单位。

过渡车辆需先在岸上办理登记收费。次年起改为在渡船上边渡边办理，以提高渡运效率。

石门渡建造跳船 2 艘。

1954 年

2 月 20 日　西南交通部核准实施四川省交通厅 1953 年 9 月 21 日拟定的《四川省公路渡车辆过渡管理规则》。

3 月　重庆市政府将公用局改名为重庆市交通运输管理局，管理范围包含渡口、渡船。

娄溪沟渡口迁至李家沱，李家沱九龙坡车渡正式运营，称李家沱车渡或李九渡（李家沱至黄桷坪）。

1955 年

5 月　颁发《四川省公路渡口安全技术暂行规则》。

同年　设北（碚人民路）黄（桷树）渡。由北碚水上运输合作社管辖。

1956 年

12 月 22 日　根据新旧人民币兑换比值，四川省交通厅报省人民委员会批准，对全省公路渡口征收过渡费标准再次进行调整。

同年　渡口职工执行八级工资制，其中汽划工工资等级为三至七级。驾驶、大车、轮机可以划到八级，木船渡工工资一至五级。

1957 年

4 月 10 日　汉渝路码头管理站重建开港。

1958 年

石门渡对两岸码头进行加宽改造，铺条石路面，宽 7 米。

1959 年

上半年　由綦江县交通科承建綦江—石佛岗渡口，并正式开渡运车。

同年　购置公路趸船 1 艘，船体尺寸为 27.2 米×7.2 米×1.55 米，价值 12 万元。

1960 年

10 月　四川省交通厅明确规定，各种车辆通过四川省境内的公路渡口时，一律不再征收过渡费。

重庆市人委下发《重庆市港口、码头管理暂行办法》（〔60〕字第 419 号），设立码头管理站（组），配备专人开展码头管理工作。

三土渡口即北碚三胜至北碚土坨开渡，设三（胜）土（沱）渡。

1961 年

4 月 3 日　重庆市交通运输管理局车渡管理站成立，由市路河养护总段领导（〔61〕交办字第 5-063 号），管辖海棠溪、李家沱、石门（中渡口至石门）3 个车渡。

4 月　成立车渡管理站党支部，刘功举出任车渡站第一任站长兼书记。

同月　成立站工会组织。

8 月　四川省交通厅制定《公路渡口管理暂行办法》。

同年　李九渡拖轮更换为钢结构，马力增至 240 匹。车驳仍为木驳，装载能力六车。

重庆公路养护总段为储海渡购置 240 匹马力钢质拖轮和 6 车钢驳各 1 艘。

重庆市人委发布《港口码头管理办法》（公交〔60〕字第 419 号）。

1962 年

1 月　交通部发布《公路渡口管理暂行办法》。

3 月　四川省交通厅制定《四川省公路渡口管理实施细则》。

4 月　交通部规定，船用主机一律不许采用汽油机或汽油发动火燃机，旧有的拖轮、工作艇应限期更换主机。

11 月　鉴于四川公路渡口机动船划有三分之二为汽油机，短期内全部更换做不到，四川省交通厅对原有公路渡口的汽油机船划，仍准予继续使用，由省公路局统一安排，逐步调换。

同月　从温江航运公司调来 1 艘单机 150 匹马力的拖轮，用于三土渡口。

12 月 11 日　重庆市公路养护总段制定《船只进厂大、中修工作的规定》，对进厂前的准备工作、进厂后的监修工作、船员自修范围作了详细规定。

12 月 20 日　重庆市交通局将市水上运输公司调整为重庆市轮渡公司和重庆市水上运输公司。将市公路养护总段领导的车渡管理站划归重庆市轮渡公司领导，实行单独核算，各负盈亏。但车渡管理站的经费开支仍按省的规定，由市公路养路总段在养路费中统一计划上报和拨付。

同年　江津公路总段接收江北县养路队,并成立江北养路段。三土渡口即三胜—土沱渡口由江北县养路段管辖。

储海渡机动船划增至3套,拖轮、车驳各3艘,均为钢结构,新建钢趸船2艘。石门渡有拖轮3艘,车驳2艘,均为钢结构。

北黄渡口即北碚朝阳至北碚东阳、黄桷树渡口开渡。北碚—黄桷树—东阳渡口交由车渡站管辖,车渡站将其东阳镇码头引道改建为长200米、宽5.8米的水泥路面,将黄桷树码头引道改建为长300米、宽7.5米的条石路面。

1963年

6月　建造"公路4号"跳船,船体尺寸为19米×6.5米×1.3米×0.6米。

9月　四川省交通厅报经省人民委员会批准,颁发新的养路费征收办法,规定:各种车辆通过本省境内渡口时,除汽车暂不征收过渡费外,其余兽力车辆一律征收过渡费。

同年　建造拖轮"公路103"轮、"公路107"轮。

建造10号、11号光头车驳。

建造"公路1号""公路3号"跳(趸)船,船体尺寸为17米×6.5米×1.3米,按通过解放牌汽车总重量8吨/次与渡载6车驳配套渡运建造。

綦江车渡移交重庆市车渡管理站,成为车渡站管辖的一个队。

1964年

1月1日　四川省交通厅公路局下发《关于自1964年元月1日征收兽力车过渡费的通知》(〔64〕交路财字第006号),规定自1964年1月1日起,各段所属渡口准备征收兽力车过渡费。

2月10日　四川省交通厅下发《关于省属渡口征收人力兽力车过渡费改由养路总段办理的通知》规定:凡省属渡口过去由地方交通部门布置收费的,自1月起,一律改由各公路养护总段安排收取,上解省交通厅公路局。

5月　根据省厅(川交〔64〕路字第56号文件)指示,重庆市交通运输管理局将车渡管理站移交重庆市公路养护总段管理。

同年　车渡站任命党支部组织干事为团支部书记。鄢忠利任站团支部副书记。

储奇门码头修建办公房,结束了几十年在趸船上办公的历史。

建造"公路106"轮并投入使用。

1965年

3月14日　"公路101"轮抢救"江北县1016"号木船1艘,人、船、货均未受损失。

4月8日　"公路108"轮抢救"市运1-080号"煤驳1艘,使煤炭免遭损失。

11月15日　重庆市交管局规划扩建中渡口码头,投资80万元。

同年　中渡口码头建成条石结构的阶梯直立平台式码头,修好下河引道880米。

重庆市交通局在李家沱投资修建洪水码头和引道。

建造"公路104"轮。

1966 年

1月11日　车渡站党支部召开第一届支部大会。

同年　"文化大革命"爆发后,车渡站成立"车渡红浪纵队",指挥点设在车渡站后勤厂大车间楼上礼堂。

1967 年

下半年　市交通局撤销刘功举党内外职务,由副站长杨少华负责车渡站全面工作。

同年在"文化大革命"武斗中,中石渡口跳船被打沉,中石渡停止渡车并撤离。

四川省交通厅下发《关于民兵警戒桥梁、渡口、码头的任务和职责》。

江津公路养护总段投资兴建三胜渡口的下河引道及码头。1969年初完工。

1968 年

9月　石门渡口恢复渡运,以2套船划作业。

10月16日　成立车渡站革命委员会。

下半年　"车渡红浪纵队"成立大联委,由9人组成,杨少华、刘富国、邱少文为生产指挥组主要成员。

同年　车渡站用13号木质车驳改建成浮吊工作船。

革委会成立后,军宣队进驻车渡站,宣布造反派代表原则上都回到原来生产岗位。开展"活学活用毛泽东思想"活动,进行整党建党工作。

1969 年

9月　北碚朝阳桥建成通车,北碚东阳战备公路渡口停航。

10月　四川省公路局批准设置菜铜渡,隶属于重庆市公路养护总段车渡管理站,有职工17人,拥有160马力的钢结构拖轮1艘和自带跳板的6车钢驳1艘。10月1日正式开渡。

12月　四川省交通厅出资在鱼洞镇岸修建码头和引道,码头用条石砌成,引道为混凝土路面。

1970 年

年初　储海渡木质跳板更换为钢结构。

鱼吊战备渡口引道工程开工。

10月　解放原干部刘功举(原站长)、肖光常(原书记),肖光常任革委会主任,刘功举、杨少华为副主任。

1971 年

1月17日　重庆市交通运输管理局革命委员会、中国人民解放军重庆市交通局军事管制委员会下发《关于进一步加强我市码头管理工作的通知》,将原委托给各区代管的各码头管理站(组)及其所属管理人员,统收回市交通运输管理局,设立重庆市码头管理站。

7月1日　鱼洞吊儿咀车渡正式开渡。

同年　李九渡新增240马力双柴油机钢质拖船1艘,6车、12车钢驳各1艘。另新建钢跳船2艘,与军渡分开。

修建鱼洞渡工房,房屋总面积658平方米,其中生产用房209平方米。

合川大桥通车,从合川车渡调1艘双机160匹马力的拖轮和1载4辆车的自带跳铁车驳给三土渡口。

1972年

年初　四川省公路局投资修建铜元局岸边码头引道,长100米,宽14米,纵坡13%,水泥混凝土路面。

同年　由四川省交通厅投资,在"九一五"码头下游100米左右的河边修建吊儿咀渡口下河引道及码头。

綦江石佛岗车渡码头附近的綦江大桥通车,该车渡停渡。

1973年

1月20日　车渡站制定《职工宿舍分配条例暂行草案》,全文共5条。

同年　车渡站进行党的基本路线教育。

车渡站开展整选工会工作,选出新的第三届工会委员会。

完成1000余平方米的职工宿舍建造工作,解决了30户工人住宿问题。

建立职工互助储金,解决职工急需用钱困难。对生活困难的职工按时进行六次补助,全年补助340人次。

车渡站团支部在党支部领导下,开展整团建团工作。

四川省交通局重新制定《四川省公路渡口车辆过渡管理暂行规则》。

1974年

年初　三土车渡划归重庆车渡管理站管理,改称三土队。双机160马力拖轮更换为双机240马力拖轮。

6月20日　因外来人员擅自指挥汽车上船,鱼吊渡1辆汽车落水,死亡1人。

同年　四川省交通局公管处同意市车渡站在市中区❶修建职工宿舍(包含储海队办公室)2800平方米,投资22.4万元。同意修建菜铜渡职工宿舍和重建海棠溪烟雨路379、380号职工宿舍,共1000余平方米,投资8万元。

铜元局岸码头引道竣工。

中石渡口因船厂修船停渡6个月,三土车渡因修船停渡1个月,储海车渡因码头争端停渡45天,菜铜车渡因渡运交通秩序混乱停渡1个月。

组织力量对职工危房进行维修。完成1栋职工宿舍的新建工程,水土车渡职工宿舍完成三分之二。

吊儿咀码头和引道竣工投入使用。

1975年

6月7日　唐孝荣任车渡站革委会副主任。

---

❶市中区:1995年改名为渝中区。

同年夏夜　李九渡接到紧急战备任务,50多辆炮车需夜晚过江。"公路104"轮、"公路112"轮连夜奋战,完成任务。

10月　完成三土渡口渡工房建设,为砖混框架结构,建筑面积535.8平方米。

11月20日　市公路养护总段党总支提拔陈勇为车渡站党支部副书记,免去简素芳车渡站党支部副书记职务,免去唐孝荣车渡站革委会副主任职务。

12月29日　四川省交通局通知,《四川省公路养路费票据使用管理办法》颁发,自1976年1月1日起执行。

1976年

1月4日　储海渡"公路103"轮在储奇门码头开渡离岸时,将靠在车渡码头卸货的"长运1号"铁驳系缆挂住,又将靠在"长运1号"铁驳后面的"巴县1-222号"木驳岸上的缆桩拉断。2艘驳船流出。致使"巴县1-222号"木驳沉没,损失4万元。

1月9日　市公路养护总段重申:市车渡站党、政关系,全部由市公路养护总段直接领导。

5月20日　共青团重庆市公路养护总段委员会批复,同意车渡站对原第三届团支部进行改选,刘光喜任团支部书记,胡培生任副书记,张云发、吴国钧、赵风均、王正奇、李家新共7人组成第四届委员会。

8月11日　四川省交通局批复,交通部补助长江水系投资中安排修建黄桷树码头投资30万元。其中800毫米皮带机100米,投资5万元;安装皮带机及靠船用小趸船3艘,投资4万元;斗式取料机1台,投资3万元;梭筒及电子秤投资1万元;生活生产用房700平方米,投资6万元;其他1万元。

9月12日　车渡站李九渡口发生特大海损事故,3辆过渡车辆从"公路102"轮拖带的车驳上翻坠江中,淹溺死亡随车人员11人,重伤1人,直接经济损失67万元,间接损失上百万元。此次事故为车渡站建站以来最大的水上交通恶性事故。

11月29日　发生三土车渡"公路114"轮停靠沉没的重大事故。

同年　派出2名青年作为带队干部,在丰都县十字公社同心大队开办知识青年点,在酉阳县李溪区李溪公社开办知青农场。全站知青29人,除病免、特免和在办理病免手续4人,其余下到农村各队,占知青人数的72%。

鱼洞车渡为支农,不分昼夜渡运化肥车过江。农业学大寨改山改土需要炸药,鱼洞车渡几天内完成有关单位要求半月渡运完炸药车的任务。

车渡站成立一支14人的脱产民兵执勤班,担负储奇门、菜园坝渡口执勤和储奇门地区的社会执勤任务。

1977年

3月19日,重庆市车渡管理站革委会制订《重庆市车渡管理站工业学大庆四年(1977—1980)规划(讨论稿)》。

3月　九龙坡区花溪公社动用全部大小拖拉机和汽车,到九龙坡突击运送肥料400多吨。经与渡口联系,李九渡派出2艘船,奋战两天两夜,完成支农任务。

4月6日　重庆市车渡管理站革委会下发《重庆市车渡管理站行政职能岗位责任

制》给各渡口。

4月　车渡站设置安全股,主要职责是贯彻执行预防为主的安全生产方针,减少或避免一切事故,确保渡运安全质量。

5月　"公路18号"车驳建成投入使用。

7月26日　重庆市公路养护总段革命委员会下发《养路班组岗位责任制(试行稿)》,要求各分段、厂、站参照此制度确定班组岗位责任制;要求车渡站在经济核算中进行单船核算。

同年　车渡站对中石渡口两岸码头及引道进行改造,建成水泥混凝土结构。

1978年

6月23日　"吉林102"轮发生海损事故,鱼洞车渡船员冒雨抢救,使运送的102头猪仅损失3头。食品站决定宰杀1头猪慰劳船员,被鱼吊队队长刘叔云婉拒。

7月21日　因1976年1月4日造成"巴县1-222号"木驳沉没事故,车渡站负担赔偿80%,巴县轮驳站负责20%。

9月5日　重庆市委书记专车在巴县过江,由于车辆底盘低矮,跳板较陡,无法下跳。当班船员全力抬车尾,保证车辆下跳完好无损。

9月18日　巴县农机厂1号车装钢梁过江,超长、超重,上跳时车头上翘。车渡职工想方设法,协助驾驶员开车上跳,既避免车辆滑跳,又保证正常渡运。

10月6日　晚9时,停靠在鱼洞岸边的"公路105"轮,听到对岸急促的汽车喇叭声,值班船员开船将巴县红旗农场2号车渡江。

11月20日　市公路养护总段报四川省公路管理处,核准赔偿1976年1月4日"巴县1-222号"木驳沉没事故2.55万元。

11月24日　车渡站印发《社会主义劳动竞赛评比奖励试行办法》。

同年　车渡站海棠溪码头设置外锚。

在全站开展第一次"百日安全无事故"活动。贯彻"防字当头,预防为主"的安全生产方针。恢复"文化大革命"前的各项安全制度。

车渡站党支部组织职工学习党的十一大文件和五届人大文件,结合车渡实际,拨乱反正,提高全站职工的政治觉悟,明确新时期总任务。党支部恢复和坚持"三会一课"制度。

为后勤厂安装CW6163型长车床1台,安装镗缸机和油泵校验台,购置带锯1套。

1979年

5月　"公路115"轮、"公路116"轮建成投入使用。

11月17日　在李九渡口举行"救生、消防"演习现场会。

12月26日　根据四川省公管处和重庆市公路养护总段对新建李家沱下河引道工程的指示,车渡站和公路工程队有关人员前往李家沱引道现场进行实地勘察。

12月　李家沱下河引道改建第二期工程开工。

同年　车渡站建造"公路1号"趸船,总长32.4米,宽9.8米,型深1.4米,价值

21.3万元。

购入计算机2台,电视机1台;无偿拨入、移交拖轮2艘,车驳3艘,共计930000元。

解决50户职工的住房问题2000平方米,对全站职工发放卫生费,对家居农村的职工进行一次补助。

团支部开展"百日争献立功活动"。

1980年

1月12日　经市公路养护总段党委研究同意,刘功举任车渡站站长。

3月6日　"公路103"轮1辆渡运的旅行车坠河,后成功打捞,损失2500元。

3月8日　李九队"公路112"轮与"花溪101"轮碰撞,损坏汽车3辆。

3月13日　总段党委批复:同意车渡站党支部改选结果,陈友华、刘功举、杨少华、胡利舍、蒋云纯、刘树云、罗文才7人组成新的支部委员会(第四届支部委员会),陈友华任党支部书记。

3月21日　菜铜队"公路114"轮将"轮渡202"碰漏。

4月9日　重庆市公路养护总段向车渡站下达养路工程计划投资65.50万元。项目包括新建"公路101"轮,大中修工程包括李家沱码头续建,吊儿咀码头整修,"公路102"轮、"公路105"轮、"公路108"轮、"公路109"轮、"公路111"轮、"公路112"轮、"公路7号"车驳、"公路8号"车驳、"公路12号"车驳中修,"公路17号"车驳续建,"公路1号"跳船中修,浮吊工作趸中修,钢质跳板新建2个,李家沱渡宿舍新建1栋。

7月7日　站成立"防洪领导小组",由陈友华、刘功举等12人组成,负责洪期安全事务。

7月11日　重庆长江大桥正式建成通车,菜铜渡运量骤减。

同年　菜铜渡、储海渡停渡。

开展全国第一次"安全月"活动,车渡站被评为出席省公管处的先进集体。

江津新建"公路101"轮,计划110000元,实际支出107500元,节约2500元。

同年起　车渡站拖轮和车驳的中修工程,大部分交由车渡站后勤修理厂自主修理。

1981年

5月12日　经四川公路局批准,撤销菜铜渡。两岸码头、引道继续养护备用。

6月16日　车渡站1981年第一次职工代表大会召开,讨论并确定李家沱职工宿舍分配名单。

7月14日　安排2艘拖轮保护停靠在修理厂河边的厂修船只。安排抢运金紫门码头的库房物资,价值25万元的物资得到保全。

7月15日　李九队得知李家沱河边粮食仓库、食品公司冻库即将被淹,立即派出2艘大车驳,摸黑开到仓库外,连续奋战4个昼夜,协助抢运大米1700吨,猪肉30多吨。

7月20—22日　李九、中石、鱼吊3个渡口相继恢复渡运。

12月　江北县建筑建材公司承包的车渡站三土渡口三土队渡工房工程开工。

年底　从航线上抽调3名业务理论水平较高、技术熟练的轮机人员，组成节能攻关小组。

同年　对293名35岁以下职工进行文化测验，开展职工文化教育。

1982年

1月　车渡站成立"节能领导小组"。各渡口、修理厂也相应成立"节能工作组"。各船、修理厂各班组推选"节能员"。

3月2日　联系车渡站实际，开展"文明月"活动。

3月20日　车渡站修建三土渡口渡工房，建筑面积453平方米，为三土队管理人员的办公场所兼居住用房。

4月28日　车渡站团支部进行改选，熊毅任团支部书记，蒋华树任团支部副书记，殷丽、江明精、李大连、周光华、蒋华山任团支部委员。

5月1日—6月30日　储奇门至海棠溪渡口、鱼洞至吊儿咀渡口、中渡口至石门渡口、三胜至土沱4个渡口，开收渡时间调整为：上午6点30分开渡，下午7点30分收渡。

7月6日　车渡站职代会通过《关于组织职工学习〈企业整顿规划〉的通知》《重庆市车渡管理站企业整顿规划》，7月12日由企业整顿领导小组印发。

同年　重庆市公路养护总段投资22万元，为李九渡打造12车钢驳1艘。

1983年

2月　车渡站抽调18名青壮年职工组成执勤队，由市水上分局派来的民警和站安全、宣传、保卫干部带队，到各渡口执勤，保障市公安局、交通局联合下发《关于加强重庆市公路渡口安全管理的通告》顺利执行。

同月　车渡站决定成立劳动服务分公司，站长刘功举任分公司经理，彭阳春、周清明任副经理，工作人员为何永泉。开设"活桥车船修理组"和"活桥儿童服装门市部"，吸收待业青年18人。

3月1日　刘代全任车渡站党支部副书记，杜真德任车渡站副站长。

5月6日　重庆市交通安全委员会下发《重庆市交通安全委员会关于船舶违章罚款暂行办法》。

8月31日　四川省人民政府、四川省军区印发《关于印发四川省战时交通保障计划的通知》(川府发〔1983〕151号)。

1984年

3月　四川省人民政府颁发《四川省路政管理暂行办法》，对公路留地作出规定。

5月15日　市公路养护总段通知：赖成全任车渡站党支部副书记，朱辉全任车渡站站长、党支部委员，张洁茂任车渡站副站长，刘功举为车渡站调研员，刘俊祥调任车渡站调研员，免去刘代全车渡站党支部副书记职务，免去刘功举车渡站站长、党支部委员职务，免去杜真德车渡站副站长职务，免去朱辉全车渡站副站长职务。

6月　车渡站建造"公路6号"趸船(由"公路1号"车驳改建)，总长32.4米，宽

8.6 米,型深 1.4 米,价值 22 万元。

10 月 25 日 市公路养护总段批准,车渡站党支部由赖成全、朱辉全、李正荣、谭代富、刘树荣 5 人组成,赖成全任党支部副书记。

10—11 月 举办 2 期青年工人政治轮训班,62 人参训,政治轮训集中学习《近代史》《科学社会主义》《工人阶级的传统本色》3 本书。

12 月 15 日 市公路养护总段通知:黄佐贵任车渡站副站长,免去张洁茂车渡站副站长职务。

1985 年

1 月 1 日 经四川省政府批准,石门渡开始收取过渡费。

1 月 10 日 经市公路养护总段党委二届七次会议研究决定,各基层工会机构单独设立,不再由政工股领导,原编制人数不变。

2 月 6 日 四川省交通厅对 10 个渡口收费中的具体问题发出补充通告,强调未经省政府批准,任何渡口都不得擅自收费,不得因征收过渡费而提高运输价格和扣减应按规定比例上交的养路费。

3 月 四川省交通厅公路局 1985 年先进集体、先进生产(工作)者代表大会表彰重庆总段下属车渡管理站李九渡口为先进集体,刘定强、邓其沛为先进个人。

5 月 3 日—11 月 8 日 车渡站开展整党工作,历时 6 个月。

6 月 车渡站购置"公路 2 号"车驳(船体尺寸 32.4 米×8.6 米×1.4 米),价值 29.118 万元。

同月 建成"公路 107"号拖轮,总长 25.45 米,型宽 5 米,型深 1.75 米,主机功率 240 千瓦,价值 36 万元。

9 月 5 日 重庆市公路养护总段下发《关于下放权力的暂行办法》。

1986 年

6 月 27 日 唐安全任车渡站党支部副书记、支部委员。

7 月 12 日 调赖成全任市公路养护总段纪律检查委员会专职委员(副科级),免去赖成全车渡站党支部副书记职务。

7 月 29 日 车渡站保卫机构组建为站保卫股。

10 月 鱼洞渡口装备 1 艘 12 车钢驳。

12 月 8 日 市公路养护总段党委批复,车渡站换届选举后由唐安全、朱辉全、李正荣、黄佐贵、陈海荣组成党支部委员会。唐安全任党支部副书记。

同年 "公路 15 号"车驳报废。

1987 年

4 月 5 日 贾文媛任车渡站工会副主席(主持工会工作)。

10 月 13 日 国务院发布《中华人民共和国公路管理条例》,对"公路""公路用地""公路设施"做出明确界定。

同年 车渡站被市交通局评为"1987 年度优质服务先进集体",奖励单卡收录机 1 台。

新华路334号综合楼改建为车渡站办公用房。

开展"四职"教育,树立"职业责任、职业道德、职业纪律、职业技能"观念。完成对40名青年工人的政治轮训,合格率100%。

全国轮渡管理委员会成立。重庆市车渡管理站与中国交通企业管理协会轮渡管理委员会挂钩并参加该会。

举办队、厂长、安全员业务培训班2期5天,50人参训。

"公路105"轮建成投用。

1988年

1月15日　车渡站中石渡口开辟夜航,在重庆车渡史上属首次。

1月26—31日　市公路养护总段举行首届"公路杯"职工运动会。车渡站12名运动员参加男子篮球、围棋、象棋等项目比赛。获象棋第二、第三名,乒乓球、围棋第六名,男子篮球第十名。

2月9—10日　举办第一届春季游园活动,同时组织以队为基础的拔河比赛。

3月2日　车渡站后勤厂单工宿舍发生火灾,系职工周某某违章私烧电炉引起,给国家及个人财产造成了无法挽回的损失。

3月31日　车渡站印发《重庆市车渡管理站安全管理办法》《重庆市车渡管理站逐级防火责任制》。

3月　进行为期1个月的驾驶及轮机培训。

4月1日　车渡站职代会通过"三长"(船长、轮机长、水手长)负责制的单船经济核算承包形式办法。

4月5—9日　车渡站与各队正式签订合同,落实"三长"负责制的单船经济核算承包形式办法。

4月9—15日　车渡站安全股会同业调部门,对李九渡口码头渡运秩序进行整顿,彻底扭转李九渡口渡运秩序混乱局面。

4月17日　当日凌晨起,各渡口开收渡时间进行调整:李九渡昼夜渡运,晚上12点后每小时1班;鱼吊渡、中石渡、三土渡早上7:30开航,晚上8:00收班,收渡后,在安全可靠情况下,凡遇急运,可酌情开渡。9月11日晚12时止。

4月　"公路104"轮、"公路8号"车驳报废处理。

同月　车渡站制定《优先车过渡管理与违章处理暂行办法》(渝车渡〔88〕字第015号),有紧急任务的军用车、消防车、工程车、警备车、公务小汽车、客运班车和邮政车等可优先过渡。自同年5月1日起执行。

5月4日　车渡站委派陈信全担任锚地长。锚地长是受站委托在锚地督促、贯彻执行各项规章制度和安全法规的负责人,负责锚地所有船、驳、人员的安全。

5月5日　车渡站印发《锚地所属人员和船舶的管理暂行办法》。

5月9—10日　车渡站工会及退休委员会组织40余名老工人游览大足石刻、龙水湖。

5月1—31日　车渡站开展第十次"安全质量活动月"活动。

6月16日　通用机器厂1辆渝州牌汽车从石门渡口码头下河洗车,由于车况不好,车辆滑向江中。车渡站"公路106"轮陈光其、陈善学、刘世信等积极抢救,排除险情。

6月19日　一辆装炮弹的江陵厂车到中石渡口过渡,驾驶员不慎将车开到水中。中石队船员冒着大雨,组织人员帮助抢险,奋战40分钟后排除险情。

7月1日　车渡站将《关于加强劳动力组合管理暂行规定的通知》发至各队、厂、劳司、锚地、油趸。

7月8日　车渡站团支部进行选举,新一届团支部由唐笑渝、陈云炼、邓小娟、熊杰、陶强组成。

8月22—26日　车渡站安全、机务、保卫等部门对全站各渡口、厂的机具设备、安全设施、消防设备进行检查,并提出整改意见。

9月1—2日　车渡站在李家沱、鱼洞两渡口分别举行首届船舶驾驶人员技术操作竞赛,各渡口选派10人参赛。杨昌禄、李绍荣、徐荣贵获前三名,储奇门锚地获集体优胜奖。

9月20日　车渡站结合此前站发生"8·16"未遂事故,向各轮机部门重申轮机交接班制度。对轮机长(轮机员)接班、交班的工作程序做了详细说明,包括班前会和检查技术状态的操作细节。

10月1日至1989年1月8日　车渡站开展第十一次"百日安全无事故"活动。

11月25日　车渡站印发《关于易燃、易爆等危险物品通过石门公路渡口的紧急通知》,规定:载运易燃、易爆、有毒、腐蚀等危险物品车辆通过石门渡口,必须对所载危险物品、车辆采取一定的安全防护措施,经重庆市公安局批准,到车渡站(市中区新华路334号)办理危险物品准通证,方能通过石门公路渡口。

12月23日　车渡站向重庆市公路养护总段申请,在李家沱车渡设立路政管理检查亭。

12月　嘉陵江石门斜拉桥建成通车,中石渡口撤销。

1989年

1月1日　车渡站印发《关于启用、办理重庆车渡公路渡口"通行证"的暂行管理办法的通知》。

1月6日　重庆市公路养护总段批复同意车渡站在李家沱车渡设立路政管理检查亭。

1月19—21日　车渡站参加市公路养护总段举办的第二届职工运动会,站男子篮球参加江南片区赛,获第四名。

1月23—24日　车渡站后勤厂举办为期2天的车渡第二届新春游园活动,600余人参加。

2月15日　车渡站下发《关于实行工程施工领料制度及船舶进厂修理有关规定的通知》。

2月23日　车渡站举办为期6天的船舶驾驶人员学习班。

3月1日　即日起,机动、非机动船驳进厂修理,一律要求配备船员,系缆设备要求完整。

3月23日　重庆市公路养护总段启用路政管理章。单位代号(8)代表车渡管理站。个人代号章8字头代表车渡管理站路政管理人员。

3月27—31日　车渡站劳工部门举办为期5天的船舶轮机员培训班。

3月　刘定强任车渡站副站长。

4月1日　即日起,九龙坡李家沱车渡(李九渡)开始收取车辆过渡费。

4月11日　车渡站组织退休老工人参观水土队机械化渡运作业,并参观新建的沙坪坝石门大桥。

5月　车渡站开展第十一次"安全质量服务月"活动。

6月7日　市交通局批复同意调整车渡船员伙食津贴标准。调整后的标准按川人交〔1988〕676号文件附表《四川省船员伙食津贴标准表》所列,港作船舶船员在船期间每人每天按1.40元标准执行。享受船员伙食津贴人数为335人。

6月14日　车渡站下发《关于调整船员伙食津贴标准后的有关暂行规定》,强调船员伙食津贴坚持集体使用,不发给个人。

9月1日　即日起,水土渡口、鱼洞渡口开始征收车辆过渡费。

9月29日　市交通局下发《重庆市公路渡口车辆过渡费征收使用管理办法(试行)》(重交局〔1989〕130号)。

10月1日至1990年1月8日　车渡站开展第十二次"百日安全无事故"活动。

10月4日　四川省交通厅通知,决定从当年10月1日起发放"船员违章记录卡",并发布《四川省船员违章记录卡使用管理办法》。

10月20日　车渡站将石门公路渡口暂时交由重庆公路运输总公司沙坪坝站维护使用,车渡站仍为权属单位。

11月13日　车渡站无偿调拨给长寿县交通局机动船2艘("公路105"轮、"公路114"轮)、自带跳6车驳船1艘("公路19号"车驳)。

12月19—21日　在鱼洞举办船长、轮机长、水手长学习班。

12月　鄢忠利任车渡站站长。

同年　车渡站职工抢救事故落水者6起,申请三等功1个,集体立功1个。

车渡站制定《关于实行施工领料及船舶进厂修理有关规定》。

1990年

2月7日—3月31日　车渡站对李家沱码头下河引道向左侧何家滩上游方向扩宽20米、长度60米,呈直角三角形的混凝土路面。

3月7日　交通部发布《公路渡口管理规定》。

4月12日　四川省交通厅、成都军区交通战备领导小组办公室下发关于公路改线、改渡为桥后对原公路、码头权属问题的通知。

4月18—21日　车渡站党、政、工、团及各职能部门对所属渡口、厂、锚地、劳动服务公司、油趸、汽车班、职工宿舍、渡工房开展以安全为重点的全面工作大检查。

4月20日　晚10时许,四川仪表总厂在江北机场接到法国外宾,在水土渡口要求渡江。水土队在队长任朝荣的带领下,装上2辆载外宾的小车全速航行。在江心发现溺水者(江北县滩口乡挑灯村村民陈辉昌,因渡船收工回家心切,游泳过江所致),

全体船员紧急将其救起,得到在场法国外宾的称赞。

4月24日　车渡站转发交通部、财政部《关于沿海、内河运输船员及沿海界江航标管理工作的一线人员的制服发放规定的通知》给各部门、队、厂、锚地、油趸、汽车班、劳务服务公司,要求按照文件规定执行。

5月8日　车渡站在鱼洞召开防洪安全工作会。市公路养护总段、航运管理处、交通局安全办公室、鱼洞和李家沱水上分局、鱼洞交通局的领导,站所属各队(厂)长、部分船长、安全员等参会。

7月3日—5日　车渡站安全、机务、供应、劳工、保卫部门对全站所属队、厂、锚地、油趸汛期安全工作执行情况进行检查。

7月23日　车渡站下发《关于新编排无线电话呼号及无线电话使用规定的通知》给各部门、队、厂、劳务服务公司、收费组、船、趸、汽车班。

7月27日　鱼洞码头、吊儿咀的条石引道改造为混凝土路面,两岸引道长450米,宽15米。

8月28日　车渡站通知各渡口,交通部《公路渡口管理规定》在全国实施已经5个月,但车渡站设施设备较落后,渡运客车的相应执法手段等条件尚不具备,至今未执行《规定》第十九条"车辆通过渡口,随车人员应下车过渡"。因改造设施设备仍需过渡,决定在未落实执行《规定》第十九条前,客车过渡仍按原惯例,但应采取临时安全管理措施。

11月28日　重庆市公路养护总段印发《关于换发新工作证的通知》,车渡站工作证编号从8—001起。

12月26日　车渡站下发《关于安全事故处理程序试行办法》。

12月30日　车渡站下发《关于事故处理暂行规定》。

同年　购置跳趸船"公路1号",船体尺寸25米×8米×1.55米,价值451182.80元。

李九渡获"四川省公路系统安全生产管理先进集体"称号。

车渡站成立战备领导小组,站长鄢忠利任组长,副站长刘定强任副组长,战备领导小组下设办公室在站行政办公室,刘光喜负责日常工作。同时,各队、厂成立战备突击分队。

1991年

1月7日　原行政办公室撤销,分设行管股和办公室。

同日　刘光喜任机务股股长,王永丰任办公室负责人,周光华任行管股负责人;免去刘光喜行政办公室主任职务。

1月29日　车渡站转发1991年1月28日《交通部关于船舶遇险紧急通信处理细则的有关规定》。

2月22日　核定全站人员、收费人员总人数编制为460人。

5月17日　免去李蜀渝鱼吊队队长职务。

5月29日　车渡站下发《关于严格执行客车过渡安全管理规定通知》。该规定特别制定了客车过渡装载位置及限额的规范,即每渡船限装1台客车,只装纵中行,不准装两头及两侧,不准超额装载,不准在引道及车驳上下乘客。

5月　站开展"安全优质服务月"活动,开展"安全周"活动。同月,邓淮任安全科科长。

6月12日　车渡站工会委员会召开会议,讨论和通过有关职工生病住院的修改规定。

6月14日　车渡站下发《关于执行交通部〈客渡轮专用信号标志管理规定〉的通知》,要求近期制作完成专用色度、号灯、号型、标志图形、标志旗。未完成配备的船舶不准投入渡运。

7月1日　开始执行交通部《客渡轮专用信号标志管理规定》。

7月1日—9月20日　开展"团员身边无事故"活动,全体团员均参加,未发生一起安全事故。

7月20日　站下发《重庆市车渡管理站安全管理办法》,规定各级行政领导及部门安全生产责任制、站安全生产体系,制定安全教育、安全检查、安全措施、事故责任者的处理及经济赔偿和奖励办法。

8月1日—11月10日　开展"百日安全无事故"竞赛活动。

10月7日　车渡站下发《关于加强路政工作管理规定的通知》,规定路政人员必须严格执行总段《路安人员工作纪律》《路安管理人员着装风纪的规定》以及站《收费人员十不准》《收费人员岗位职责》。

10月22日　车渡站在第五届中国交通企协轮协年会上作《浅述李九渡口洪期安全航行操作法》报告。

11月21—23日　根据《91内规》规定及航监处要求,安排车渡管理站37名持证船舶驾驶集中学习《91内规》,于12月25日学完考试,合格率100%。

12月15—28日　车渡站举行庆祝安全渡运15周年,建站30周年的"两庆"系列活动。录制"巴蜀天堑变通途"录像片及《车渡人之歌》。邀请退休老工人、老站长、工会主席、生产骨干、老劳模等,畅谈30年车渡变化。

同年　车渡站储奇门行街1-1号船舶修理厂房拆迁。

李九渡获重庆市水上交通安全先进单位称号。

车渡站制订《设备的使用、维护和检修制度》《设备的改造和更新制度》《设备管理的教育、培训制度》《关于设备管理的奖励与处罚制度》《设备选型购置制度》《设备事故的处理制度》。

1992年

1月25日　重庆市安全生产委员会表彰重庆市车渡管理站为1991年度地方水上安全工作先进单位,鄢忠利、唐安全、邓淮、任朝荣被表彰为先进个人。

2月17日　重庆市交通局发布了加强对交通战备渡口及基础设施管理使用的通知,要求立即组织力量对纳入市、局战时军事运输保障计划的战备渡口进行清理整顿,战备渡口及设施凡被挤占、挪用的应尽快收回。

3月3日　"公路108"轮、浮吊趸船、锚地船员冒雨打捞1991年被洪峰卷入江中的船锚1只和锚链400米,挽回水毁经济损失2.5万元。

3月19日　车渡站第四届职工代表大会在鱼洞召开,19名职工代表和各股室负责人参会。会议通过了对渡口后勤厂的经济责任承包办法、《医药费报销暂行办法》《职工宿舍水、电、房屋管理暂行制度》。

5月1—31日　车渡站开展第十四次"安全优质服务月"竞赛活动。

5月4日　"公路114"轮满载车辆从三胜码头抵达水土码头,正待出车时,车驳右舷江北县嘉陵玻璃纤维厂渝州牌2吨平板货车驾驶室发生火灾,任朝荣、伍应龙、金建国、李光渝、祝伯君、刘宾、黄永忠、陶于安积极参与救援,为国家挽回经济损失几十万元。

5月8日　防洪工作会在鱼洞召开,市交通局、航运管理处、公路养护总段领导出席会议。车渡站各股室负责人、队、厂长、安全员共38人参会。

7月29日　市交通局局长胡振业到李九渡慰问在盛夏酷暑下工作的车渡工人。

8月21日　四川省人民政府办公厅发布的保留部分战备渡口有关问题的通知规定:重庆长江储奇门渡口,仍作为战备渡口予以保留,归属关系不变。渡口管理部门应主动向所在地的国土、江河管理部门申报,国土与江河管理部门应按照有关法令、政策划定区域,明确地籍,发证管理。

9月1日　即日起,不再预售车辆过渡票。

9月22日　宁路长任车渡站工会副主席。

12月26日　刘光喜任行管股股长,巫立豹任机务股负责人;免去刘光喜机务股股长职务,免去周光华行管股负责人职务。

同年　重交局计〔1992〕136号文和重计委能〔1992〕723号文批复,同意"重庆市车渡管理站滨江综合楼还建工程"立项。

1993年

1月5日　将原属车渡站管辖的"活桥劳动服务公司"划归"重庆市公路实业总公司盛通分公司"。

2月5日　车渡站办公会研究决定,1993年度后勤厂试行内部独立核算,自负盈亏,以厂养厂。

2月20日　车渡站将自有房屋市中区新华路336号房屋共计16.5平方米,拨付给重庆市公路实业总公司盛通分公司使用,使用期3年。

3月23日　赵可友任车渡站党支部委员、支部书记。

5月14日　车渡站上报重庆市公路养护总段,由以下5人担任专职路政管理人员:王永丰、金季美、姚永志、刘庆、刘克强。

6月5日　重庆市交通局、市物价局下发《关于减收装运农用物资车辆过渡费的通知》(重交局公〔1993〕92号)。

6月28日　水土"公路101"轮在洪水中将空无一人被洪水冲走的"嘉航17"轮施救回岸,挽回上百万元损失,受到水土镇政府、航管站、嘉航处的高度赞扬。

7月28日　重庆市人民政府办公厅关于保留部分战备渡口有关问题的通知规定:市有省级重点保障渡口1个(储奇门—海棠溪渡口),市级重点保障渡口8个(菜园坝—铜元局、李家沱—九龙坡、鱼洞—吊儿咀、中渡口—石门、三胜庙—土沱、北碚人民路—黄桷树、江津、合川盐井等渡口),上述战备渡运渡口应予以保留,归属关系不变,原码头设施及渡口泊位、引道任何单位和工人不得挤占。

8月1日—11月10日　车渡站开展第十六次"百日安全无事故"活动。

9月11日　重庆市公路路政管理大队下发《关于在重庆市车渡站设置重庆市公路路政管理大队第十一中队的通知》,决定成立"重庆市公路路政管理大队第十一中队"(简称路政第十一中队)。

10月22日　市公路路政管理大队任命车渡站站长鄢忠利为路政第十一中队中队长。

10月25日　调整专职路政人员,调整后人员为:王永丰、金季美、姚永志、包学亮、刘克强。

11月10日　杨怀昌任鱼吊队队长;免去陶强鱼吊队队长职务。

1994年

4月26日　车渡站召开"九四年度防洪工作布置会",站各科室负责人、各队(厂)长代表参加会议,市交通局、航监处、公路养护总段及巴县政府领导到会并讲话。

5月1—31日　车渡站开展第十六次"安全优质服务月"活动。

6月4日　车渡站下发《关于执行船舶主要常用配件实行配额使用的规定的通知》,对各机动船、机驳、机跳(趸)船的主要配件应蓄存量进行统一规定。

7月2日　船修厂浮吊趸进行不同水位的抗洪抢险演习。副站长刘定强现场指挥,站机务科、安全科、供应科、保卫科、船修厂防洪领导小组辅助组织实施。

8月30日　车渡站在鱼洞召开第四届五次职工代表大会,通过《用活活工资实施办法(试行)》。

9月12日　车渡站在鱼洞召开"9·12"事故反省会。市交通局、航监处、公安局水上分局、公路养护总段、巴县政府等单位领导及站各科室负责人、队(厂)长、安全员共72人参加会议。

9月20日　站办公会研究决定,任命罗友林为鱼吊渡口队长,免去杨怀昌鱼吊渡口队长职务,免去罗友林船修厂副厂长职务。

10月1日至次年1月1日　在全站范围内开展第十七次"秋冬百日安全无事故"活动,坚持每周组织职工进行一次安全学习,各船每月开展一次"安全质量活动日"活动,职工受教育面达100%。

12月12—14日　举办站领导、科长及各队队长、厂长参加的《劳动法》学习班。

同年　车渡站对李九、鱼吊、三土渡口、锚地实行"以渡养渡"内部独立核算经济责任目标。

1995年

1月18日　车渡站工会组织召开退休工人迎新春座谈会。20余名退休工人代表参会。

1月　车渡站获1994年度公路养建生产第一名。重庆市公路养护总段颁发奖旗。

2月12日　李家沱车渡南岸发生一起车辆因严重超速后冲进长江,致使3人身亡的重大车祸。

3月7日　市公路养护总段在车渡站举行"新建汽车渡轮造型论证会"。

3月　车渡站被市交通局、市安全生产委员会办公室表彰为"1994年度水上交通安全先进单位"。

4月4日　市交通局下发《关于加强公路渡口渡政管理的通知》(重交局公〔1995〕53号),规定:公路渡口渡政管理机构和人员有权依法检查、制止、处理各种破坏渡口设施和危害渡运安全、危害渡运正常秩序的行为。

4月20日　"重庆市车渡管理站滨江路综合楼还建工程"破土动工❶。

4月28日　车渡站在鱼吊渡口召开1995年防洪工作会,市交通局、公安局水上分局、航监处、公路养护总段及巴南区政府等单位领导参加。

5月5日—6月28日　车渡站"公路108"轮进行大修,经市船舶检验处一次性检验认可合格,同意航行1年。

5月9日　车渡站印发《关于加强公路渡口管理的通知》,明确路政第十一中队是上级明确授权维护车渡站路产、路权的路政管理行政执法机构。

5月16日　车渡站下发《重庆市车渡管理站关于加强各渡口车辆渡运调度人员管理的通知》。

5月24—25日　车渡站在渔洞举办调车员培训,各渡口13名车辆调度员参加培训。

6月9日　重庆市政府召开蔬菜工作会议,决定6月13日—12月30日,车渡站吊儿咀渡口、李家沱渡口、水土渡口免收运输蔬菜车辆的过渡费。车渡站按此执行。

6月21日　市公路养护总段党委书记张荣芝对车渡站自1994年初命名为"市级文明单位"后,如何巩固和保持文明单位称号情况进行检查。

6月28日　市工交政治部、市交通局对车渡站创建文明单位后,保持文明单位称号情况进行检查。

7月1日　即日起,车渡站安全办公室、保卫科试行合署办公,统称为安全保卫科,邓淮任科长。

8月18日　聘任陈文安为车渡站站长,免去陈文安车渡站副站长职务,免去鄢忠利车渡站站长职务。

8月28日　自即日起,李九渡口对"公路1号""公路2号"跳船,"公路3号"趸船、行船、车驳进行彻底维护保养,并对人行护栏、分道栏进行维修、矫正、刷新。

8月　中共重庆市公路养护总段委员会授予车渡管理站李九渡收费站"青年文明岗"称号。

10月19日　市公路路政管理大队任命陈文安为路政第十一中队中队长;免去鄢忠利路政第十一中队中队长职务。

11月1日、6日　市公路养护总段路政大队对车渡站路政工作进行检查,路政第

---

❶该项目1992年立项,后因诸多历史原因干扰,市、区规划部门最后认定该工程建筑面积3175平方米,预算造价399万元。

十一中队的工作得到较好评价。

11月24日　车渡站团支部组织"11·27"纪念活动。团员青年到烈士墓、渣滓洞、白公馆悼念革命烈士,接受革命传统教育。

11月29日　车渡站办公室门外临街楼梯间一歹徒持枪抢劫,被站职工彭顺麟抓获。《重庆晨报》《重庆晚报》、重庆电视台等新闻单位对此进行报道。太阳沟派出所给彭顺麟颁发"见义勇为先进个人"证书及奖金。

12月5日　取消安全办公室、保卫科合署办公,恢复重庆市车渡管理站保卫科,蹇锡伟任科长,凯维生任保卫干事。

同年　"公路3号"跳船和"公路13号"车驳报废。

1996年

1月15日　重庆市港航监督处下发《重庆市港航监督处关于驾驶人员年审学习的通知》。车渡站派33人参加3月18日—6月7日的12期学习班。

2月7日　重庆市公路养护总段印发《重庆市公路养护总段关于印发干管人员机动车驾驶证管理办法的通知》,车渡站干管人员6人具备机动车驾驶资格。

3月15—31日　车渡站开展十四届五中全会精神知识竞赛。

3月28日　车渡站1995年度先进表彰会在鱼洞召开,站长陈文安作1995年工作总结。

4月20日—7月31日　对整车装运农用化肥、农药、农膜的车辆,凭四川省交通厅统一制发的免缴证,免收过渡费。

4月25日　车渡站党支部召开党员大会,对支部委员会进行换届选举,赵可友、宁路长、李正荣3人当选为支部委员,赵可友当选为党支部书记。

4月30日　车渡站在鱼洞召开防洪工作会,部署1996年度防洪度汛工作。站领导、各科长、队(厂)长、安全员参会。市交通局、航监处、公路养护总段等单位领导到会并讲话。

5月1—31日　车渡站开展第十八次"安全优质服务月"活动。

5月13—19日　车渡站开展第六次"安全生产周"活动。

6月3日　中共重庆市交通运输委员会《关于市级文明单位命名和复查情况的通报》认定,车渡管理站继续保持"市级文明单位"称号。

6月12日　重庆市物价局、重庆市财政局、重庆市交通局调整市属长江嘉陵江干线车辆过渡费标准,改革车辆过渡费收费办法,自1996年6月15日起执行。车渡站遵照执行。

7月23日　重庆市公路路政管理大队通知,加强对公路两旁设置非路用标牌管理,凡未经大队批准、设置位置不当的,坚决予以取缔。

7月31日　重庆市公路路政管理大队第十一中队被评为优秀中队。大队要求各中队成立行政执法监督机构并定员定责。

8月20日　总段在全段范围内开展安全生产大检查,对车渡站油囤特别进行细致的消防检查。

11月13—17日、19—22日　车渡站在鱼洞举办路政人员、收费人员培训班,62人受训。具体学习《行政处罚法》《行政诉讼法》《国家赔偿法》以及各业务常识、职业道德。

11月21日　为期1个月的"弘扬红岩精神,争做文明使者,优质服务月"活动在李九渡口拉开序幕。

12月2日　车渡站"公路103"轮、"公路115"轮大修工程被重庆市公路养护总段评为优良工程。

同年　"公路3号"跳船报废。

1997年

1月6日　车渡站"公路107"轮、"公路108"轮大修工程被重庆市公路养护总段评为1995年度优良工程。

3月27日　重庆市交通局、市安委会办公室评选1996年度地方水上交通安全先进单位、先进集体、先进个人,车渡站获得先进单位(集体)名额1个,先进个人名额5个。

4月20日　成都军区国防动员委员会交通战备办公室发布的关于战备渡口管理体制问题的意见规定:对于渡口、码头的管理,在军区和各级政府未作出其他新规定之前,按照1990年军区战备办公室、1992年重庆市政府通知的有关精神执行。

7月1日　因重庆长江李家沱大桥建成通车,李九渡口停渡。由车渡站免费管理和养护。

7月　因巴南区政府实施旧城改造,拆除修建于1971年的鱼洞渡工房。

11月3日　聘任巫力豹为车渡站站长(试用期一年,正科级),聘任邓淮为车渡站副站长(试用期一年,副科级);免去陈文安车渡站站长职务。

同日　市公路养护总段党委任命赖成全为车渡站党支部委员、党支部书记;免去赖成全市公路养护总段工会副主席职务,免去赵可友车渡站党支部委员、党支部书记职务。

11月26日　车渡站下发《关于车辆及汽车驾驶员管理办法的通知》。

12月8日　车渡站提名宁路长为工会主席。

12月15日　车渡站印发《关于加强劳动纪律考核的暂行办法》。

12月19日　车渡站召开团员大会,选举曾晓富、彭敏、张翠娅为团支部委员,选举曾晓富为团支部书记。

同年　"公路105"号拖轮建造并投入使用。该拖轮船体尺寸为:25米×5.6米×1.75米,总功率为340千万,造价220万元。

交通部发布1997年第15号令《中华人民共和国船舶安全检查规则》。

1998年

2月9日　共青团重庆市公路养护总段委员会批复,同意车渡站新一届团支委分工,曾晓富任团支部书记。任职期间享受科(股)长级政治、生活待遇。

2月17日　车渡站发布《退休职工医药费报销管理办法(暂行)》。

同日　市公路养护总段转发市交通局《关于加强长江干线港航监督管理》的通知,要求车渡站与港航监督机关办理船舶登记手续,联系船员培训、考试、发证事宜,对油趸、后勤厂的作业场地进一步加强管理,严禁违章作业。

2月24日　增补巫立豹、刘定强为车渡站党支部委员。

3月9日　在铜罐驿镇政府召开铜罐驿—顺江车渡座谈会。铜罐驿镇党委、政府、人大主要负责人,顺江镇党委、政府、人大主要负责人,市公路养护总段和车渡站负责人20余人参会。

同日　市公路养护总段决定将四公里街15号职工住宅交由总段所辖二分段和车渡站,按原使用套数进行房屋所有权分割。其中车渡站使用管理24套(19号、20号两个单元)。

3月25日　车渡站成立资助职工购房领导小组,巫立豹任组长,赖成全、刘定强、邓淮、宁路长任副组长。领导小组下设办公室在站行管科,刘光喜、张小明任工作人员。

5月1—31日　车渡站开展第十九次"安全优质服务月"活动。

5月11日　重庆市公路养护总段下发《重庆市公路养护总段在职职工提前退休方案》,要求各单位按照该方案,在5月31日前完成此次职工提前退休工作的有关手续。

5月18日　李蜀渝任车渡站鱼吊队队长,免去徐荣贵车渡站鱼吊队队长职务。

6月10日　车渡站下发《重庆市车渡管理站关于贯彻实施防止船舶垃圾和沿岸固体废物污染长江水域管理规定的通知》。

6月11日　免去宁路长党支部委员职务(因提前退休)。

6月16日　市公路养护总段批准,同意张容任车渡站工会副主席,兼任女工委员会主任。

6月25日　增补邓淮为车渡站党支部委员。

7月1日　《重庆市公路路政管理条例》施行。

7月24日　重庆市机构编制委员会批复,设立重庆市公路局,为重庆市交通局直属县级事业单位。市公路局下设重庆市车渡管理站,暂定事业编制326名。

9月10日　巫立豹任车渡站站长(正科级),邓淮任车渡站副站长(副科级)。

9月14日　对车渡站所属队(渡口)、厂管理机构重新进行设置,设置鱼吊队、三土队、李九队、船修厂(原锚地、油趸合并为船修厂管理)。

同日　车渡站任命刘光喜为行管科科长,郭廷忠为安全保卫科科长,丁瑶为财务科科长,陈云炼为劳工科科长,曾晓富为机料科科长,王永丰为行政办公室主任,李蜀渝为鱼吊队队长,李正荣为李九队队长,李长春为三土队队长,吴国林为船修厂厂长,蹇锡伟、邓孝渝为船修厂副厂长。

9月29日　经市公路局党委研究,同意重新组建车渡站党支部,支委会由3人组成。

10月1日—1999年1月8日　车渡站开展第二十次"百日安全无事故"活动。

11月1日—1999年1月15日　车渡站"公路107"轮进行大修特检工程。

11月2日　市公路局党委批复,同意车渡站党支部由巫立豹、张容、邓淮3人组成,巫立豹任党支部书记,张容任党支部副书记。

11月24日　蒋华树任车渡站李九队队长,免去李正荣李九队队长职务。

12月10日　市公路局工会委员会批复,同意车渡站新一届工会委员会由张容、郭晋容、李蜀渝、李长春、吴国林5人组成,张容任工会主席。

12月23日　江恩任车渡站党支部委员、党支部副书记(正科级,试用期一年),主持车渡站党支部工作。

12月26日　车渡站印发《关于住房管理暂行办法》。

同年　"公路13号"车驳报废。

1999年

年初　车渡站党支部制定"领导班子创五好规划",重新划定党小组。

站成立综合治理领导小组,签订治安责任书,建立治保会1个,治保小组6个;建立防火委员会,落实"谁主管,谁负责"的原则。

1月15日　车渡站下发《关于加强劳动纪律管理的补充规定》给站属各部门。同日,发布《重庆市车渡管理站医疗管理暂行办法》(经1999年1月15日第一届二次职代会审议通过)。

1月20日—3月20日　"公路115"轮进行大修特检工程。

3月26日　蹇锡伟任劳工科科长,免去陈云炼劳工科科长职务,免去蹇锡伟船修厂副厂长职务。

4月8日　市公路局复函沙坪坝区人民政府办公室,同意沙坪坝区滨江大道与中渡口车渡码头相交叉衔接建设,下河引道路宽不能低于12米,纵坡应不大于9%。

4月23日　站成立防洪度汛领导小组,巫立豹任组长,邓淮、张容任副组长,各职能部门负责人为成员,自5月1日起进入防洪度汛临战状态。

5月1—31日　车渡站开展第二十次"安全优质服务月"活动。

6月25日　车渡站编制《铜罐驿—猫儿沱车渡工程项目可行性论证报告》。

10月9日　蓝川任行政办公室主任,免去王永丰行政办公室主任职务。

10月　"99质量月"活动期间加强三级质量管理网格的工作,由站、厂、班组和个人组成质量管理网络体系。站船舶大中修质量监督率达到100%。

12月30日　市交通局下发《关于在局直属各执法机构实施罚缴分离制度的通知》(渝交局〔1999〕1113号),涉及市公路养护总段的路政机构。

同年　站党支部把精神文明建设纳入重要议事日程,制定"九九年度精神文明创建规划",并有专人负责抓文明创建的具体工作。

在全站职工中开展"百万职工学邯郸"活动和"女职工自我素质达标活动"。

2000年

2月14日　市交通局下发《关于加强战备渡口管理、维护的通知》(渝交局〔2000〕117号)。

2月16日　因部分路政人员离岗退养,车渡站所设路政第十一中队请示增补邓淮、郭廷忠、曾晓富、李蜀渝、张国君、周方全、蒋华树为路政人员。

3月1日　重庆市安全生产委员会办公室表彰车渡站为1999年度重庆市水上安全工作先进集体。

3月23日　车渡站巫立豹、张容、李长春、李蜀渝、庞勇、刘朝荣、许定国、蒋华树、严崇毅、曾晓富、余林波、李玲、周国华被重庆市公路局表彰为1999年度先进工作者。

5月1—31日　车渡站开展第二十一次"安全优质服务月"活动。

6月26日　市物价局、市财政局印发《关于我市交通部门行政事业性收费标准的通知》(渝价〔2000〕386号)。

2001年

1月1日　公路路政执法人员启用新的执法标志。

3月5日　重庆市交通委员会、重庆市经委安全生产局表彰车渡站为"2000年度地方水上交通安全工作先进单位",邓淮、巫立豹等为"先进个人"。

3月15日　重庆市交通委员会下发《关于清理行政事业性公路收费项目的通知》,明确渡口收取的车辆通行费,纳入财政专户管理,不缴纳营业税。

5月1—31日　车渡站开展第二十二次"安全优质服务月"活动。

5月1日—9月30日　进入防洪度汛期,站安全生产领导小组转为防洪度汛工作领导小组,站及各队、厂按洪期值班制度运作。

6月21日　重庆市物价局、重庆市财政局、重庆市交通委员会统一规范全市公路渡口车辆过渡费标准,从2001年8月10日起执行。

7月2日—8月31日　市港航监督局举办持证船员安全培训及年审学习,车渡站按要求执行。

8月1日　启用重庆市公路路政管理总队超限运输管理专用章,该章专用于重庆市超限运输车辆通行证,之前用重庆市公路局路政法规处印章办理的超限运输通行证在有效期内继续有效。

9月1日—12月9日　车渡站开展第二十三次"百日安全无事故"活动。

11月22日　市公路局批复,同意车渡站将2号跳船简单改动为3号趸船。

同年　嘉陵江朝阳桥限制超重车辆通行时期,三土渡口开通夜渡。

2002年

1月28日　市公路路政管理总队批复,同意车渡站购置路政巡查专用车1辆(白色,上海桑塔纳2000型),市公路路政管理总队补助经费19万元。

3月8日　车渡站向重庆市公路局呈送《重庆市车渡管理站关于主城区外环高速公路以内战备公路渡口码头公路引道范围的报告》,希望上级有关部门在管理段向市政移交所管养的部分公路时,不要误将属于战备公路渡口的引道、码头也划入交接范围。

3月13日　车渡站和重庆轮船总公司签订《码头租用协议》,重庆轮船总公司租用码头(固定码头、跳趸船)为李家沱码头引道及水域:枯中水码头—何家滩下首;中洪水码头—李家沱沱内;"公路2号"跳趸船。九龙坡码头引道及水域;九渡口车渡码头;"公路4号"跳趸船。租用期限:自2002年3月10日至2011年3月9日止。租用费用:乙方每年向甲方支付码头租用费伍万元整。

4月11日　重庆市交通委员会表彰车渡站为"2001年度水上交通安全工作先进单位"。

5月1日　《重庆市公路路政管理条例》(修正)于5月1日起施行。

5月1—31日　车渡站在全站范围开展第二十三次"安全优质服务月"活动。

5月8日　鉴于港监体制改革后,自2002年4月1日起,长江干线安全管理统由长江海事局行使,车渡站下发《重庆市车渡管理站关于加强船舶安全管理基础工作的通知》。

5月16日　重庆市公路路政管理总队通知,实行全市路政工作划分协作片区管理,将全市按行政区域划分为4个协作片区管理,设4位协作片区负责人,同时在协作片区设轮值牵头单位,由牵头单位组织协作片区路政管理活动。车渡站为第4片区成员,本协作片区成员还有江北区、南岸区、九龙坡区、沙坪坝区、渝北区、大渡口、北部新区、市公路养护管理段高新区公路路政管理所(队)。

6月13日　车渡站印发《重庆市车渡管理站船舶除锈油漆管理办法》。

8月6日　市公路局批复,同意车渡站《关于人事制度改革实施意见的报告》。

8月28日　"公路106"轮作报废处理,设备报废原值为7.589502万元。

9月4日　车渡站聘任曾晓富为办公室主任、邓孝渝为机料科科长、丁瑶为财务科科长、周光华为路政(收费)科科长、李世姿为劳工科科长、蒋华树为鱼吊队队长、刘朝荣为船修厂厂长。

10月22日　市公路路政管理总队通知,全市路政队员拟配置安全头盔及武装带,由总队统一配置,经费由各路政大队(所)自理,在路政规费中列支。

11月1日　施行《重庆市公路路政管理行政执法责任制》及《重庆市公路路政管理行政执法责任制实施办法》。

11月25日　重庆海事局《关于重庆市车渡管理站车渡使用水域的批复》(渝海通航〔2002〕51号),同意车渡站鱼洞—吊儿咀车渡、李家沱—九渡口车渡、铜元局—菜园坝车渡右岸的使用水域。关于海棠溪—储奇门车渡和铜元局—菜园坝车渡左岸侧的使用水域,另行批复。

2003年

3月　铜元局码头伏牛溪江岸绿树丛中发现美式登陆艇。该艇1944年建造于美国,1945年来华,当时称为"华110"号。1946年国民政府补偿给民生公司,改名"湘江"号。1958年改为"人民27"号。1984年报废。该船总长63.2米,高17.08米,宽10.36米。

4月1日　市公路局下发《关于加强公路渡口车辆过渡票据管理的通知》(渝路局〔2003〕43号)。

4月23日　重庆市公路局表彰"2002年度工作目标责任先进单位",重庆市车渡管理站获一等奖。

5月8日　重庆市公路局党委表彰车渡站邓淮为"年度优秀中层干部"。

5月16日　市公路局批复同意撤销原"重庆市公路路政管理大队第十一中队"，成立"重庆市公路路政管理总队直属二大队"，由重庆市公路路政管理总队授权负责车渡站所管辖公路渡口的路政管理工作。

5—9月　车渡站开始行风评议工作。

6月1—30日　车渡站开展第二十四次"安全优质服务月"暨"反三违月"活动。

6月26日　重庆市公路局党委表彰车渡站邓淮为年度"优秀共产党员"。

7月1日　车渡站下发《重庆市车渡管理站关于处置突发事件暨抗洪抢险工作预案的通知》，成立处置突发性事件暨抗洪抢险工作领导小组，并组建"设备抢修""应急抢险""后勤保障"3个分队。

8月29日　重庆市公路局党委表彰读书征文活动优秀论文，车渡站张杰《在"非典"时期读〈鼠疫〉》获二等奖。

9月10日—12月18日，开展第二十五次"百日安全无事故"活动。开展治理公路"三乱"宣传检查活动。

10月17日　车渡站"公路4号"跳船(1991年12月1日—2001年11月30日，租赁给重庆轮船总公司使用)作报废处理。

12月23日　江恩任车渡站党支部委员、党支部副书记(正科级，试用期一年)，主持车渡站党支部工作。

同年　市公路局表彰车渡站行政办公室、劳工科为"文明科(室)"，车渡站船修厂为"文明班(组)"。

2004年

1月17日　车渡站印发《关于进一步加强车辆过渡费征收管理的通知》(渝路渡〔2004〕4号)。

2月12日　车渡站下发《关于实施〈重庆市车渡管理站设备管理及奖惩〉的通知》。

2月23日　车渡站印发《重庆市车渡管理站船舶、车辆大中修及维修管理办法》。

3月22日　即日起，车渡站分三批对全站轮机人员进行为期一周的"船舶电气基础知识"学习培训。

3月23日　江恩任车渡站工会主席。

3月24日　三土渡口开通夜航。地点：嘉陵江距朝天门河口49.4千米处，北碚水土码头至三胜码头水域。

3月29日　市公路局党委、市公路局表彰车渡站路政收费科为"文明科(室)"。

3月31日　重庆市公路局表彰2003年度工作目标责任先进单位，车渡站获一等奖。

4月2日　车渡站党支部召开支委(扩大)会议，学习《中国共产党党内监督条例(试行)》和《中国共产党纪律处分条例》，全体支委、各党小组长和支部干事9人参会。

6月1—30日　车渡站开展第二十五次"安全优质服务月"暨"反三违月"活动。

6月15—16日　车渡站路政收费科、财务科组织三土队、鱼吊队的队长、安全员、收费人员和核算员,进行为期两天的收费征收业务素质培训。

6月18日　市公路局纪委书记张云芝和政工处处长尹秀伦在车渡站站长邓淮、工会主席江恩随同下,到鱼吊队检查指导国道210线文明样板路创建工作。

7月1日　重庆市公路局党委授予重庆市车渡管理站党支部为"先进基层党组织"称号,授予邓淮"优秀共产党员"称号。

9月1日　市交通局党委副书记余昌平在市公路局党委书记乔墩和纪委书记张云芝随同下,到车渡站调研。

9月10日—12月18日　车渡站开展第二十六次"百日安全无事故"活动。

9月22日　组织党员干部到重庆市监狱,接受警示教育。

9月29日　车渡站党支部和行政联合下发《关于开展向樊德同志学习的通知》,在全站党员和干部职工中开展向樊德学习的活动。

10月15日　市公路局下发《关于加强公路渡口车辆过渡票据管理的通知》(渝路局〔2004〕310号)。

12月6日　车渡站职工岗位技术大比武在鱼洞码头"公路108"轮举行,车渡站三土、鱼吊、船修厂3个代表队参加比赛。

同年　市公路局党委书记乔墩、纪委书记张云芝、工会主席贾元亭两次到渡口慰问车渡站职工。

2005年

1月19—20日　站安全领导小组开展春运专项安全检查,重点检查船舶的主辅机械、锚缆装置、助航设备、消防救生器材的技术状况。

1月20日　由市公路局局长艾吉人等领导组成的局考核小组,对车渡站领导班子及其成员2004年度工作进行考核,全站32名职工代参加考核会。

2月3日　市公路局工会主席贾元亭看望慰问车渡站特困职工韩德明、张广明。

2月4日　江恩任车渡站党支部委员、党支部副书记,试用期满,按期转正,试用期计入任职时间。

2月25日　市公路局副局长刘志军带领局工作检查组,检查车渡站2004年度工作。

3月2日　车渡站推荐曾晓富、刘庆、李世姿、丁瑶4人为站中层干部级(副职)后备干部人选。

3月14日　重庆市交通委员会同意车渡站保持委级文明单位称号。

5月8日　重庆市公路局表彰2004年度工作目标责任先进单位,车渡站获一等奖。

6月1—30日　车渡站开展第二十六次"安全生产优质服务月"暨"反三违月"活动。

6月　成立重庆市交通行政执法总队后,重庆市公路路政管理总队直属二大队行政执法终止。

7月18日　车渡党支部印发《关于印发保持共产党员先进性教育活动实施方案的通知》。

8月22日　免去蒋华树鱼吊队队长职务,改任船修厂副厂长;罗开胜任鱼吊队队长。

9月10日—12月18日　车渡站开展第二十七次"百日安全无事故"活动。

11月11日　重庆市公路局党委表彰车渡站四公里党小组为"先进基层党支部(小组)",表彰车渡站党支部为"先进性教育活动信息报道先进奖"。

11月15日　市公路局局长助理朱顺芳带领局收费管理处、安全处有关人员对车渡站进行工作调研。

11月23—24日　车渡站组织各部门负责人对鱼吊、三土渡口和船修厂进行安全生产大检查。

11月25日　车渡站职工厨艺比赛在船修厂举行,站机关、船修厂、三土队和鱼吊队4支代表队参赛。鱼吊队获第一名。

2006年

1月9日　中共重庆市公路局委员会批准,设立中共重庆市车渡管理站总支委员会,新设立的党总支委员会由5人组成。

1月10日　车渡站召开退休职工欢送会,站长邓淮、支部副书记江恩及劳工科科长李世姿与12名退休职工进行交流。

同日　彭宗泉任车渡站党支部委员、党支部书记(副处级);免去江恩车渡站党支部委员、党支部书记职务。

3月22日　中共重庆市车渡管理站总支委员会召开党员大会,选举彭宗泉、邓淮、曾晓富、宁涛、罗开胜为党总支委员。选举彭宗泉为党总支书记。

同日　重庆市公路局表彰2005年度工作目标责任先进单位,车渡站获二等奖。

4月5日　市公路局工会批复车渡站工会换届选举结果:曾晓富、郭晋蓉、李长春、刘朝荣、罗开胜5人为车渡站工会委员会新一届委员。曾晓富任工会主席。

4月7日　市公路局党委批复,同意车渡站党总支选举结果,由彭宗泉任党总支书记。

4月10日　重庆市人事局、重庆市交通委员会表彰车渡站船修厂主修彭明涌为"全市交通系统先进个人"。

4月25日　罗开胜任车渡站安全(保卫)科副科长,免去其鱼吊队队长职务;张国祥任鱼吊队队长。

6月1—30日　车渡站开展第二十七次"安全优质服务月"暨"反三违月"活动。

6月16日　经市交通委员会批准,车渡站变更为二级独立法人单位,所使用和管理的资产原则上同意划拨给单位。

6月29日　重庆市公路局党委授予中共重庆市车渡站第二支部委员会"先进基层党组织"称号,授予曾晓富、庄永惠、罗开胜"优秀共产党员"称号,授予彭宗泉等"优秀党务工作者"称号。

7月7日　车渡站《关于重庆市公路运输(集团)公司第八分公司在李九战备公路渡口李家沱渡口码头禁止范围内擅自拦河筑坝等违法行为的函》函告重庆市交通行政执法总队直属支队第六执法大队,请执法部门制止该公司违法行为、恢复渡口原貌。

7月31日　重庆市政府督查室在市交通委员会组织协调会,市交通委员会、市公路局、市交通行政执法总队、市地方海事局、巴南区海事局、市车渡管理站、市公路运输(集团)公司第八分公司出席,经共同协商,会议要求市公路运输(集团)公司第八分公司与周边单位协商,完清各项法定手续后才能拦河筑坝。

8月　市公路局将南岸区四公里正街131号原公路局办公大楼五到七层划拨给车渡站,作为站机关办公用房。

9月10日—12月18日　车渡站开展第二十八次"百日安全无事故活动"。

9月13日　启用新版财政车辆过渡票据,同时停止使用旧版车辆过渡票据。

9月28日　车渡站向各科室、队(厂)下发《重庆市车渡站船舶修理工程监修、验收和船舶交接管理规定》。

9月　车渡站团支部进行换届选举,张驰当选为团支部书记。

11月16日　市公路局局长办公会研究,同意车渡站购置一辆五十铃小货车(型号为NKR55GLEWACJ),购置经费从站上缴公路局的固定资产折旧和变价款中安排,购价控制在15.5万元以内。

12月20—21日　车渡站安全检查组到下属各队(厂)进行安全生产大检查。

同年　将2003年后的文件进行汇编,汇编后的文件按内容分为《精神文明建设篇》《党建思想工作篇》《安全生产管理篇》。

市交委副主任滕宏伟、何升平,巡视员张世玖、机关党委书记万雅芬,市公路局局长艾吉人、党委书记乔墩、工会主席贾元亭三次到车渡站在航渡口和车渡站后勤厂慰问一线职工。

2007年

1月8日　市交通委员会在关于重庆市公路局车渡管理站车渡战备码头使用岸线的批复中,同意车渡站主城区莱园坝车渡战备码头、吊儿咀车渡战备码头使用岸线。

1月24日　车渡站工会委员会被重庆市交通委员会直属机关工会委员会授予"合格职工之家"称号。

2月1日　车渡站召开领导班子个人述职报告会,公路局局长艾吉人、工会主席贾元亭到会指导,车渡站领导和职工代表36人参会。

2月2日　车渡站在南岸区友谊大酒楼举行退休职工春节团拜会。近300名退休职工参会并参观车渡站新办公室。

2月8日　重庆市公路局表彰2006年度安全管理先进单位,授予车渡站"安全生产管理三等奖"。

2月　重庆市车渡管理站被重庆市精神文明建设委员会授予"2006年度市级文明单位"。

3月22日　中共重庆市交委表彰年度巾帼文明岗巾帼建功标兵,授予车渡站财务科"巾帼文明岗"称号,授予车渡站劳工科科长李世姿"巾帼建功标兵"称号。

3月26日　重庆市交通委员会、共青团重庆市委员会表彰车渡站应急抢修队为2006年度青年文明号集体。

3月29日　中共重庆市交通委员会、重庆市交通委员会表彰重庆市公路局车渡站为2006年度市级文明单位。

4月9日　车渡站对18名新闻联络员进行培训。

4月29日　重庆市公路局表彰2006年度工作目标责任先进单位,车渡站获二等奖。

5月8日　市财政局同意市公路局将账面资产整体移交给变更为独立法人单位的重庆市车渡管理站。

5月23—24日　车渡站组织各部门负责人对三土、鱼吊渡口和船修厂进行汛前安全检查。

6月1—30日　车渡站开展第二十八次"安全优质服务月"活动。

6月22日　车渡站函告重庆市交通行政执法总队直属支队水上大队,就九渡口车渡码头被侵占一事,请求水上大队责令停止违规搭接下河便道的行为,恢复九渡口车渡码头引道原貌。

7月20日　"公路105"号拖轮作报废处理,设备报废原值为220万元。

8月1日　车渡站召开转业、复员、退伍军人座谈会。站长邓淮、党总支书记彭宗泉、工会主席曾晓富、劳工科科长李世姿以及相关负责人与全站转业、复员、退伍军人一起,庆祝建军80周年。

8月24—25日　车渡站组织人员在全站范围内开展安全生产检查。

9月10日—12月18日　车渡站开展第二十九次"百日安全无事故"活动。

9月27日　市公路局副局长朱顺芳,在车渡站站长邓淮随同下,到三土渡口进行节前安全检查。

9月28日　重庆海事局在关于重庆市车渡管理站战备渡口有关通航安全事宜的批复中,同意菜园坝战备码头使用菜园坝水域长江上游航道里程666.10至666.16公里共60米长,距离水沫线15米宽的水域范围。

11月1日　由市交委巡视员张世玖、工会主席万雅芬,市公路局工会主席、纪委书记贾元亭,办公室主任杨德武等人组成的检查组,对车渡站创建"先进职工之家"和车渡下属船修厂创建"合格职工小家"的工作进行检查验收,给予高度评价。

12月18日　市公路局批复,同意车渡站成立重庆通洋公路工程有限公司(以下简称通洋公司),注册资本1000万元。

12月26日　重庆通洋公路工程有限公司正式挂牌成立。

同年　市交委副主任章勇武,市公路局党委书记乔墩、纪委书记兼工会主席贾元亭,市交委综合运输处处长孙跃、纪委书记明正义四次慰问车渡一线职工,看望退休职工夏文礼和老党员张仲才等。

2008年

年初　团支部举行换届选举,选出新一届支委委员。

1月16日　车渡站在南岸区丽华酒店举行退休职工春节团拜会,近300名退休职工欢聚一堂,共迎新春。

1月18日　车渡站举行通洋公司成立座谈会。市交委副主任章勇武、副巡视员艾吉人、市公路局长乔墩、副局长谭立云、朱顺芳、郑志明及市交委、市公路局相关处室负责人、车渡站及通洋公司的相关领导出席。

  同日 聘任杜志坚为通洋公司总经理,聘任陈永明、蓝川为通洋公司副总经理。

  1月23日 重庆市公路局表彰车渡站为"2007年度安全生产目标管理先进单位"。

  2月2日 市交通委员会批复,同意市公路局所属车渡管理站成立重庆通洋公路工程有限公司,公司注册资本1000万元,属国有独资公司。

  2月4日 车渡站印发《2008年度安全生产工作目标责任书》。站长与各队(厂)长、汽车班长签订安全生产目标责任书。

  同日 受市交委领导及全体机关干部委托,站党总支书记彭宗泉携工会主席曾晓富和站劳工部门人员,走访慰问站特困职工冯荣华、王世明、周树云、夏文礼、韩明德。

  3月1日 重庆市城镇妇女"巾帼建功"活动领导小组表彰车渡站财务科为"2008年度巾帼文明岗"。

  3月14日—4月28日 车渡站对李九战备公路渡口李家沱码头连接道路面进行改造,历时46天。

  3月18日 中共重庆市交通委员会授予车渡管理站财务科丁瑶"巾帼建功标兵"称号。

  3月27日 重庆市交通委员会直属机关工会委员会表彰车渡站工会委员会为"先进职工之家",表彰船修厂工会小组为"合格职工小家"。

  5月19日 车渡站第一批17名救援人员作为重庆交通(公路)赴川抢险第一突击队先头力量,整装前往位于德阳什邡市的红白镇。

  5月31日 菜(园坝)铜(元局)战备公路渡口铜元局码头引道维护工程完成。

  6月1—30日 车渡站开展第二十九次"安全优质服务"活动。

  6月3日 市公路局批复,同意车渡站对三土战备公路渡口码头两岸引道进行路面整治,整治路段全长470米,其中三胜岸长210米,水土岸长260米。

  6月11日 车渡站召开学习"抗震救灾勇士"座谈会。市公路局党委书记万雅芬、副局长朱顺芳及市公路局相关处室负责人、车渡站及通洋公司相关领导出席座谈会。车渡站党总支书记彭宗泉主持会议,站长邓淮宣读《重庆市车渡管理站关于向"抗震救灾勇士"学习的通知》。

  6月23日 重庆市公路局党委表彰车渡站党总支为"先进基层党组织",表彰杜志坚、刘朝荣、李素英为优秀共产党员,表彰曾晓富为"优秀党务工作者"。

  6月24日 市交委副主任彭建康、市公路局局长乔墩在车渡站站长、通洋公司董事长邓淮随同下,实地查看铜元局码头,指出通过对战备渡口码头的改造,实现平战功能结合,对解决车渡富余人员分流问题、提高职工福利待遇具有积极意义。

  7月7日 聘任郭益为通洋公司财务部副部长,樊荣为工程部副部长,章非为综合办公室副主任,聘期均为一年。

  7月17日 车渡站致函重庆市南岸区人民政府,陈述车渡站关于铜元局战备码头管辖权与南岸区铜元局街道办事处发生争执的情况,恳请区政府制止街道可能继续发生的违法行为。

7月21日　邓孝渝兼任船修厂厂长,周光华兼任鱼吊队队长;免去刘朝荣船修厂厂长职务(另有安排),免去张国祥鱼吊队队长职务(另有安排)。

7月30日　重庆市交通委员会表彰车渡站党总支为"'五个好'基层党组织",车渡站船舶修理厂机修工为"优秀共产党员示范岗"。

8月7日　聘任李世姿为通洋公司综合办公室主任,聘期一年,从2008年8月1日起至2009年7月31日止。免去章非综合办公室副主任职务。

8月19日　重庆市公路局确定车渡站为"2007年度工作目标考核一等奖"。

9月10日—12月18日　车渡站开展第三十次"百日安全无事故"活动。

10月24日　聘任郭鹏举为通洋公司副总经理,分管总工办、工程部、安全机运部。免去陈永明副总经理职务。

12月29日　张国祥任鱼吊队队长,周光华不再兼任鱼吊队队长职务。

同年　鱼吊渡口停渡。

对车渡站历年登记在册的职工工伤资料进行全面清理,逐一甄别。从维护职工合法权益的角度出发,根据职工本人申请,对刘美权等15位因工伤残职工进行工伤认定申报工作。

车渡站委托重庆市交通规划勘察设计院编制2010—2015年重庆市车渡管理站战备渡口建设规划。

同年　抽调20名职工,排练节目《我们的答卷》,并作为公路局建局十周年的献礼节目进行公演。

经申请,站工会获得法人资格,保证了工会在民事和经济法律关系中的法律地位,站工会可以依法独立享有民事权利、承担民事义务。

市交委副主任陈孝来,市公路局长乔墩、党委书记万雅芬、纪委书记兼工会主席贾元亭三次看望、慰问车渡站和通洋公司职工。

2009年

2月17日　重庆市公路局授予车渡站"2008年度安全生产管理先进单位"称号。

2月21日　市公路局批复,同意车渡站购置1套(JQ-15型)船舶污水处理装置和5台(110J-2型)船舶增压器,设备购置经费为3.29万元,在站2008年机械设备折旧费中解决。

3月2日　免去樊荣通洋公司工程部副部长职务,聘任樊荣为通洋公司总工办副主任。聘任杨帆为通洋公司工程部部长。

3月6日　车渡站向通洋公路工程有限公司增资2000万元,通洋公司注册资本金达到3000万元整。

3月13日　车渡站成立深入学习实践科学发展观活动领导小组,彭宗泉、邓准任组长,杜志坚、曾晓富、蓝川任副组长。领导小组下设办公室,曾晓富任办公室主任,成员有李世姿、张驰、谢静、蔡强。

5月11日　车渡站工会、团支部组织车渡站、通洋公司干部员工观看电影《南京!南京!》,进行爱国主义教育。

5月12日　市公路局党委书记万雅芬、纪委书记贾元亨、人事处处长杨德武到车渡站,征求开展深入学习实践科学发展观意见。

6月1—30日　车渡站开展2009年"全国安全生产月"暨第三十次"安全优质服务月"活动。

6月6日　市公路局副局长朱顺芳、安全处处长陈俊义在车渡站站长邓淮随同下,对三土公路渡口进行突击安全检查。

6月19日　中共重庆市交通委员会表彰车渡站副站长杜志坚为"优秀共产党员",表彰车渡站党总支书记彭宗泉为"优秀党务工作者"。

6月24日　重庆市公路局党委授予重庆市车渡站第一党支部为"先进基层党组织"称号,授予车渡站彭明涌、蓝川、庄永慧"优秀共产党员"称号,授予车渡站张弛"优秀党务工作者"称号。

6月26日　车渡站党总支召开学习实践科学发展观专题民主生活会,党总支书记彭宗泉、站长邓淮、副站长杜志坚、工会主席曾晓富开展批评与自我批评,站中层干部代表、党员代表、退休代表、群众代表、一线职工代表参会。市公路局党委书记万雅芬、副局长朱顺芳、监察审计处处长刘复、人教处处长杨德武到会指导。

7月1日　市公路局党委书记万雅芬和市交委计划处副处长李建明,在车渡站站长邓淮、党总支书记彭宗泉随同下,走访慰问站刘定强、杨大合等退休困难党员。

7月3日　市交通委员会下发《关于市公路局车渡管理站菜园坝和吊儿咀车渡战备码头岸线调整的批复》(渝交委港航〔2009〕15号),同意菜园坝、吊儿咀车渡战备渡口岸线进行调整。

同日　市交通委员会下发《关于市公路局车渡站北碚三胜等车渡战备码头岸线调整的批复》(渝交委港航〔2009〕18号),同意对车渡站北碚三胜、东阳、人民路车渡战备码头岸线进行调整。

7月7日　通洋公司续聘郭益为财务部副部长,樊荣为总工办副主任,续聘期一年,从2009年7月起至2010年7月6日止。

7—8月　站先后对35名技术船员进行专业技术培训,重新换发"船员适任证书"和"船员服务簿"。

8月19日　通洋公司续聘李世姿为综合办公室主任,续聘期一年,从2009年8月1日起至2010年7月31日止。

9月10日—12月18日　车渡站开展第三十一次"百日安全无事故"活动。

10月12日　通洋公司将安全机运部职责进行拆分,成立机运部、安全部,不再保留安全机运部。

同日　免去杨武平通洋公司安全机运部副部长职务,聘任杨武平为通洋公司机运部副部长,聘任罗开胜为通洋公司安全部副部长,免去杨帆通洋公司工程部部长职务,聘任彭明涌为通洋公司工程部副部长。

12月18日　符冠荣任车渡站副站长(正科级),免去杜志坚车渡站副站长职务(另有任用)。

12月29日　聘任符冠荣为通洋公司总经理,免去杜志坚通洋公司总经理职务。

同年　车渡站对铜元局战备码头进行改造。对原下河公路进行延长降坡,建设可停靠100吨级的专用战备运输泊位1个;改造原有下河引道公路长430.5米,宽度为9.0米;在下河公路后方布置长118米,宽18米的高水平台。

站安全部门协同通洋公司安全部、机运部,共同编纂《安全工作手册》和各项目部安全管理台账等一系列制度范本。

2010年

1月14日　车渡站第三届职工代表大会第一次会议召开,选举李世姿、张国祥、范芝佳、杨武平、曾晓富为第三届工会委员会成员,选举曾晓富为工会主席。李世姿为组织、女工委员,张国祥为经费审查委员会委员,范芝佳为宣传、文体委员,杨武平为劳动生产委员。

2月16日　聘任王世伟为通洋公司总工程师。

3月5日　重庆市公路局授予车渡站"2009年度安全生产管理先进单位"称号。

3月28日　重庆市公安局水上分局表彰车渡站为"2009年度经济保卫工作先进单位",分局各水上派出所列管单位的先进单位包括车渡站船修厂。

4月28日　成立重庆通洋公路工程有限公司试验检测中心,全面负责组织工程试验的相关事宜。

5月14日　车渡站成立深入开展创先争优活动领导小组,彭宗泉、邓淮任组长,符冠荣、曾晓富、蓝川、郭鹏举、王世伟任副组长。领导小组下设办公室,曾晓富任办公室主任,李世姿、张驰任副主任,成员有唐福军、谢静、蔡强、姜南、王谊、李亮秋。

5月17日　党总支组织召开创先争优活动动员大会。

6月1—30日　车渡站开展2010年"全国安全生产月"暨第三十一次"安全优质服务月"活动。

6月28日　重庆市公路局党委表彰中共重庆市车渡站总支委员会为"先进基层党组织",车渡站彭明涌、符冠荣、李世姿为"优秀共产党员",车渡站曾晓富为"优秀党务工作者"。

6月　铜元局战备码头改造一期工程开工。

7月6日　站召开组织生活会,进行民主评议党员和党员推优等工作。

9月10日—12月18日　车渡站开展第三十二次"百日安全无事故"活动。

10月28日　通洋公司机运部更名为机料部。

11月4日　车渡站印发公路渡口应急救援队伍建设方案。

12月21日　中共重庆市车渡管理站总支委员会召开换届选举党员大会,选举彭宗泉、邓淮、符冠荣、曾晓富、蓝川为第二届总支委员会委员,选举彭宗泉为总支书记。

12月　铜元局战备码头改造一期工程完工。

2011年

1月31日　车渡站执行市公路局印发的《重庆市公路局关于进一步加强公路路产路权保护的通知》。

2月15日　车渡站成立平安重庆·应急联动防控体系数字化建设领导小组,组长邓淮,副组长彭宗泉、符冠荣,成员曾晓富等17人。

2月24日　重庆市公路局表彰车渡站为"2010年度安全生产(管理)达标单位"。

2月27日　张驰不再担任车渡站团支部书记职务,由唐福军代理站团支部书记。

3月1日—5月31日　车渡站党总支开展"学党史、强党性"主题读书活动。

3月5日　重庆通洋公路工程有限公司试验检测中心更名为重庆通洋公路工程质量检测有限公司(简称通洋质检公司)。

3月11日　重庆市交委表彰通洋公司综合办公室为"巾帼文明岗"。

4月15日　彭明涌任车渡站机料科科长(副科级),罗开胜任车渡站安全保卫科科长(副科级),免去邓孝渝机料科科长职务,改任机料科副科长。

5月3日　车渡站工会主席曾晓富自即日起享受同级领导副职(正科级)待遇。

5月30日—6月30日　车渡站开展2011年"全国安全生产月"暨第三十二次"安全优质服务月"活动。

6月16日　重庆市公路局党委表彰中共重庆市车渡站总支委员会第一支部为"先进基层党组织",车渡站工会主席兼办公室主任曾晓富、车渡站劳工科科长李世姿、车渡站机械主修熊华为"优秀共产党员",车渡站第三支部书记李素英为"优秀党务工作者"。

6月22日　中石化某局油田建设工程公司承接的重庆市都市区天然气外环管网(北碚段)嘉陵江穿越工程工地(高程183米)将被洪水淹没,10多台价值数千万元的进口机电设备亟需撤场转移至安全地方。站调动"公路107"轮和"公路5号"车驳投入抢险作业,将该公司钻机等10多台机电设备安全地转场到水土码头。

7月31日　停止征收三土战备公路渡口车辆过渡费,不再使用重庆市车辆过渡费定额收据。

7月　市交通规划勘察设计院发布重庆港主城港区李家沱战备码头改造方案。

8月19日　凌晨,水土镇客渡船"渝北碚客0112"号搁浅岸边,站三土渡口调派"公路107"轮火速前往救援,脱浅成功,恢复运营。

9月10日—12月18日　车渡站开展第三十三次"百日安全无事故"活动。

10月8日　张国祥任三土队队长,周光华兼任鱼吊队队长;免去张国祥鱼吊队队长职务,免去李长春三土队队长职务。

10月9日—10日　在全站开展"清剿火患"专项行动。

同年　成都军区战备办公室下发关于重庆市主城区战备渡口建设专项规划的批复,要求在制定战备渡口具体改建方案和建设中,充分征求部队意见。

制定《重庆市车渡管理站水上应急演练方案》和《重庆通洋公路工程有限公司生产安全事故应急预案》。

2012年

1月17日　重庆市公路局授予车渡站"2011年度安全生产(管理)达标单位"称号。

2月17日　免去邓淮车渡站站长职务,改任市公路养护管理段段长(副处级)。

2月20日　重庆市精神文明建设委员会认定车渡站为继续保留荣誉称号的市级文明单位。

2月22日　经中共重庆市公路局委员会研究决定,符冠荣主持车渡站行政工作。

3月20日　经中共重庆市公路局委员会研究决定,蓝川任车渡站副站长(正科级,试用期一年)。

4月22日　市交通委员会党委表彰车渡站熊华、冉启明、刘朝荣、陈才良、符冠荣为2012年度工作先进个人。

4月26日　重庆市人民政府表彰车渡站机修工冉启明为"第四届重庆市先进工作者"。

5月11日　聘任彭明涌为通洋公司工程部部长,聘任罗开胜为通洋公司安全部部长。

5月14日　聘任郭益为通洋公司财务部部长,聘任杨武平为通洋公司机料部部长,聘任樊荣为通洋公司总工办主任。

5月15日　唐福军任车渡站办公室副主任,刘朝荣任船修厂厂长,邓孝渝不再兼任船修厂厂长。

5月30日—6月30日　车渡站开展2012年"全国安全生产月"暨第三十三次"安全优质服务月"活动。

5—6月　分两批对42名普通船员进行水上基本安全培训。

6月20日　车渡站致函北碚区水利局,要求在实施滨江堤防改造工程的同时,确保北黄战备公路渡口功能完善,能够满足战时应战、平时应急之需。

6月　重庆市公路局党委表彰中共重庆市车渡站总支委员会第三支部为"先进基层党组织",车渡站劳工科科长兼通洋公司综合办公室主任李世姿、车渡站办公室副主任唐福军为"优秀共产党员",车渡站船修厂机械主修熊华为"优质服务标兵"。

7月2日　聘任谢静为通洋公司综合办公室副主任。

8月27日　彭敏任车渡站财务科副科长(主持工作)。

9月10日—12月18日　车渡站开展第三十四次"百日安全无事故"活动。

10月9日　熊华任船修厂副厂长。聘任王怡升为通洋公司工程部部长助理。

10月18日　市公路局批准:同意车渡站《关于重庆港主城港区吊儿咀战备码头维护工程一阶段施工图设计方案审批的请示》。

10月　历时2年的创先争优活动结束。

10月下旬起　开展为期1个多月的应急巡航演练。

11月12日　中共重庆市交通委员会研究决定,同意成立中共重庆市车渡管理站委员会。

11月26日　曾晓富不再兼任车渡站办公室主任职务。

12月2日　唐福军任车渡站办公室主任(副科级,试用期一年),彭敏任车渡站财务科科长(副科级,试用期一年)。

12月3日　车渡站报废1959年购置的趸船1艘(使用年限53年,船体、管线普遍老化,木质结构多处被白蚁所蛀,船底板锈蚀严重,船底肋骨锈蚀断裂,水线以上多处舱壁板锈蚀穿孔,没有水密舱,安全隐患严重,无法满足正常的业务需要)。

12月18日　市交委召开会议,专题研究李家沱战备公路码头租赁相关事项,市公路局、市港航局、车渡站等单位相关领导和代表参会。

12月　由通洋公司承建的秀山县宋龙镇大土至海洋(宋龙段)村级通畅公路改建工程正式进场施工。

同年完成李家沱战备码头的总体建设,建成李家沱战备码头陆域平台14000平方米。

站建立以落实安全责任、重点安全排查、常态安全教育、抗洪平稳度汛"四位一体"的安全防控体系。

市公路局启动完善主城区战备公路渡口应急保障体系建设工作,并将其作为重庆水上交通应急救援保障体系的重要组成部分。

2013年

1月5日　车渡站组织各个片区离退休小组长,参观车渡站所辖李家沱、铜元局战备码头和船修厂等工作场地。

1月7日　车渡站在船修厂召开安全设备管理工作会。站相关部门负责人、各轮趸船长、轮机长、水手长等20余人参会。

1月22日　车渡站在南坪丽华酒店举行迎新年离退休职工团拜会,300余人参会。

1月23日　市公路局局长岳顺、副局长谭立云,带领局办公室、建管处、改革稳定办负责人到车渡站调研指导。车渡站总支书记彭宗泉、副站长符冠荣汇报工作。

1月29日　中共重庆市车渡管理站委员会成立暨选举大会召开,市公路局党委书记万雅芬到会,车渡站全体党员62人参会。选举郭鹏举、彭宗泉、符冠荣、曾晓富、蓝川组成首届党委班子,彭宗泉当选党委书记。

2月1日　车渡站召开周五政治理论学习会,传达习近平总书记在中央纪委二次全会的讲话精神和人民日报评论员文章。

2月4日　中共重庆市公路局委员会批复:同意成立中共重庆市车渡管理站委员会,第一届委员会由符冠荣、郭鹏举、彭宗泉、曾晓富、蓝川5人组成,彭宗泉任党委书记。

2月7日　启动重庆车渡"公路103"轮进厂坞修。

2月28日　车渡站、通洋公路工程有限公司职工杨路获"第四届重庆市交通行业优秀技能人才"荣誉称号。

3月8日　车渡站召开"学习贯彻十八大精神,保持党的纯洁性"专题民主生活会。市公路局党委书记万雅芬、副局长谭立云、人教处处长杨德武到会指导。车渡站及下属通洋公司6位领导班子成员参会,部分党员干部、党代表、一线职工代表列席会议。

3月14日　第一批9名轮机员培训班在储奇门船修厂正式开班。

3月19日　市公路局副局长谭立云带领局办公室、人事教育处、改革稳定办、计划财务处、监察审计处等部门负责人,对车渡站2012年度工作目标任务完成情况进行综合考评。

3月28日　中共重庆市车渡管理站委员会第一党支部进行换届选举,选举谢静、蔡强、范芝佳组成车渡站第一党支部第三届委员会。

4月1日　蓝川任车渡站副站长(正科级)试用期满,按期转正,试用期计入任职时间。

4月8—11日　车渡站在所辖船修厂举办第一期甲板部船员技能培训班,各队(厂)船长、船舶驾驶员、水手长、水手22人参加培训。

4月12日　市交通委党委书记陈卫平到车渡站调研,就公路渡口的安全渡运生产、管理、建设、维护和经营等工作进行检查指导。市公路局局长岳顺、党委书记万雅芬随同调研。

4月15日　车渡站甲板部船员第二期技能培训班开课,19人参加。

4月22日　车渡站召开抗震救灾部署动员会,对车渡站赴雅安救援筹备工作做再部署动员。

5月3日　车渡站首期"道德讲堂"开讲,车渡站及下属通洋公司领导班子成员和全体干管人员参加活动。

5月4日　车渡站组织20名团员青年在长江珊瑚坝,捡拾残留在河坝上的垃圾。

5月16日　符冠荣任车渡站站长(副处级),试用期一年。

5月24日　市公路局信息处处长王庆珍到车渡站验收视频监控系统。

5月30日—6月30日　在车渡站和通洋公司范围内开展"全国安全生产月"暨第三十四次"安全优质服务月"活动。

5月　对铜元局战备码头进行二期改造,拆除引道边危旧管理房,重新修筑单层框架线构房屋,同时在引道内侧的高水平台上修筑两层战备物资储备仓库。

6月1—30日　站开展"全国安全生产月暨创建平安交通活动",活动主题是"强化安全基础、推动安全发展""平安交通,人人有责"。

6月17日　车渡站举办首个全国低碳日主题宣传活动,倡导广大干部职工树立低碳生活理念、践行节能生活行为。

6月21日　车渡站举办消防安全知识讲座,邀请重庆利民消防总队李小川现场授课。

6月25日　车渡站开展民主评议党员工作,全站党员70余人参加。

6月27日　市公路局副局长谭立云走访慰问车渡站困难老党员王长贵、吴桂理。

7月3日　市公路局办公室主任钟飞龙带领档案检查组,对车渡站档案管理工作进行专项检查。

7月5日　车渡站彭宗泉、符冠荣等站领导带领全体党员和部分干管人员参观聂荣臻元帅陈列馆,开展纪念建党92周年缅怀革命先烈主题教育活动。

7月15日　车渡站"公路18号"车驳、"公路116"轮报废。

7月23日　车渡站成立党的群众路线教育实践活动领导小组,彭宗泉、符冠荣任组长,蓝川、曾晓富、郭鹏举任副组长,领导小组下设办公室,曾晓富兼任办公室主任。

7月29日　车渡站召开党的群众路线教育实践动员大会,站党委书记彭宗泉作动员讲话,市公路局党委书记万雅芬、副局长谭立云出席大会。

8月2日　车渡站召开党的群众路线教育实践活动主题学习会,车渡站领导班子成员及全体干管人员参会。

8月5日　市公路局任命黎峰为车渡站副站长(正科级)。

8月9日　市公路局副局长谭立云到车渡站,推进党的群众路线教育实践活动。

8月28日　车渡站组织召开安全生产会,学习传达贯彻市纪委关于中秋国庆严禁公款送礼公款吃喝的通知精神。站党委纪检监察员曾晓富传达市纪委、市监察局《关于中秋国庆期间严格落实中央八项规定坚决纠正"四风"问题的通知》。

9月13日　车渡站召开党员干部严明政治纪律"八严禁"、严肃作风"十二不准"专题学习会,车渡站、通洋公司全体机关党员干部参会。

9月25日　车渡站第二党支部(退休党支部)召开组织生活会,会上深入学习领会党的群众路线教育活动精神。10余名支部党员参会,站党委书记彭宗泉列席。

10月2日　通洋公司承建的忠县S103线沙田大桥至黄金段公路改造工程项目开工。

10月25日　增补黎峰为车渡站党委委员。

10月29日　车渡站领导班子召开党的群众路线教育实践活动专题民主生活会,班子及成员按照"照镜子、正衣冠、洗洗澡、治治病"的总要求,联系自己思想实际、岗位职责和工作经历,聚焦"四风"❶逐一作了对照检查,直面问题,开展批评与自我批评,查找不足并提出整改措施。站党委书记彭宗泉主持会议。

11月13日　车渡站召开"回头看"专题会议,对照中央和市委关于教育实践活动学习教育、听取意见和查摆问题、开展批评环节的部署,及时发现问题,加以解决。

同日　通洋公司撤销安全部,成立质量安全部,聘任罗开胜为质量安全部部长,主要负责公司安全管理及检测公司日常事务工作。

11月18日　市公路局副局长谭立云到车渡站调研,问需于民,推动局属单位重难事项的解决。

11月29日　车渡站召开传达学习党的十八届三中全会精神专题会议,站党委书记彭宗泉主持会议,机关全体党员干部参会。

12月10日　重庆市交通委员会、共青团重庆市委员会表彰车渡站三土队为"2012~2013年度青年文明号集体"。

12月24日　车渡站召开党委全体党员大会,对2013年党建工作进行总结。在岗及退休党员70余人参会。

同年　对"公路2号"趸船、"公路116号"拖轮、"公路18号"车驳3艘老旧船舶实施报废处理。同时,启动打造1艘新船计划,并完成前期设计论证方案。

---

❶一是形式主义,群众反映最突出的是追求形式、不重实效、图虚名、务虚功、工作不抓落实。二是官僚主义,群众最不满意的是办事推诿扯皮多、效率低下,不作为、不负责任。三是享乐主义,基层和群众反映最多的是一些领导干部安于现状、贪图安逸,缺乏忧患意识和创新精神。四是奢靡之风,主要是条件好了,许多方面做过头,大手大脚、铺张浪费。

车渡站引进2名高技能水平的技术船员,通过市人事局公开招聘轮机长1人,调入船长1人。

市交通委员会主任办公会明确赋予车渡站部分水上应急抢险职能。第一批应急设备(3900匹马力拖轮)完成前期设计工作。

站成立规章制度修订领导小组,对车渡的各项规章制度逐章逐条进行梳理调整,并编订成工作手册,发放到每个职工手中。

李家沱码头租赁给科德公司,租期3年。铜元局码头租赁给佳宜物流公司,租期6年。九渡口码头租赁给能泓公司,租期5年。

市交委党委副书记贺自力,市公路局局长岳顺、党委书记万雅芬、副局长谭立云分三次慰问车渡站困难党员肖长容、职工余林波之女余彦瑶、退休困难职工龙玉田。

2014年

1月7日 车渡站看望慰问沥青热拌站项目、忠县项目部的一线职工,站党委书记彭宗泉、通洋公司总经理黎峰、站工会主席曾晓富、通洋公司副总经理郭鹏举等参加慰问活动。

1月10日 重庆市公路局表彰车渡站为"2013年度安全工作目标考核先进单位"。

1月22日 市交委副主任陈孝来携委建管处,在市公路局长岳顺随同下到车渡站调研,车渡站全体领导班子参加座谈会。

2月11日 车渡站召开党的群众路线教育实践活动总结大会。市公路局活动办,车渡站党员、干管人员、队(厂)负责人、离退休党支部书记、一线职工代表60余人参会。市公路局党委书记万雅芬作重要讲话,车渡站站长符冠荣主持会议。

2月12日 车渡站召开全体干部职工大会,传达贯彻市公路局廉政工作会议精神。

2月18日 车渡站召开2013年度领导班子和领导干部考核大会,市公路局副局长谭立云、监察审计处长刘复、人事组织处副处长刘发文、团委副书记李林到会指导。

2月19日 免去黎峰车渡站副站长职务,免去郭鹏举车渡站党委委员职务。

同日 车渡站工会主席曾晓富被市交通委员会机关工会评为职工信赖的好主席。

2月27日 聘用罗禹为通洋公司工程部副部长,试用期一年;聘用夏红余为通洋公路工程检测公司副经理,试用期一年。

3月1日 黎峰任通洋公司执行董事(法人代表)兼总经理。

3月4日 车渡站召开安全工作紧急会议,部署进一步做好安保防范和安全稳定工作。车渡站及通洋公司全体机关人员、队(厂)、项目部负责人参会。

3月7日 唐福军任车渡站办公室主任(副科级),彭敏任车渡站财务科科长(副科级)试用期满,按期转正,试用期计入任职时间。

3月11日 通洋检测公司组织相关人员参加在重庆市计量检测院举行的"重庆市认证认可协会第十次会员大会"。

3月18日 市公路局副局长谭立云带领局办公室、改革稳定办、养护处、计划财务处、监察审计处等处室负责人,对车渡站2013年度工作目标任务完成情况进行综合考评。

3月24日　市公路局及南岸区交通局相关人员到通洋公司承建的铜元局码头三期工程施工现场检查指导工作,检查内容包括现场实体检查及内业资料检查。

3月　启动实施铜元局战备码头三期维护工程项目。

4月8日　通洋公司总经理黎峰、副总经理郭鹏举到铜元局战备公路码头,对承建的铜元局三期战备码头整治工程进行全面的安全质量检查。

4月16日　市公路局副局长谭立云走访调研车渡站战备码头和渡运一线,查看铜元局战备码头三期改造工程、三土渡口渡运情况、黄桷树码头现状。

4月　通洋公司承建的忠县S302石垫路大都会至巴营段路面大修工程开工。该工程全长12.85千米,是石柱经忠县通往垫江、重庆、成都方向的主要干道。

5月13日　购置于1990年的跳趸船"公路1号",使用年限达24年,安全隐患严重,作报废处理。

5月15日　市公路局局长岳顺带领局办公室、建管处等部门负责人到车渡站铜元局战备码头建设现场调研,就公路战备渡口的安全渡运生产、管理、建设、维护和水上应急保障等工作进行检查指导。

6月1日　通洋公司承建的G319黔江濯水至两河段微表处工程进场施工。

6月6日　车渡站组织全体干管人员学习市公路局关于向梁勇学习的通知精神。

6月9日　成都军区军交运输部副部长伍代军一行,在市交委、市公路局、车渡站领导的随同下,对车渡站所属嘉陵江三(胜)土(沱)战备公路渡口、北(碚人民路)黄(桷树)战备公路渡口现场调研。

6月11日　车渡站致函重庆市交通行政执法总队直属支队北碚区大队,称6月6日,一艘长18米、宽5米的无名钢制船舶停靠站属三胜至水土水域岸线内,对渡运造成重大安全隐患,请求对其依法查处驱离,以确保渡运船舶安全。

6月12日　重庆市公路局党委授予中共重庆市车渡站第一支部委员会为"先进基层党组织"称号,授予彭明涌"优秀共产党员"称号,授予谢静"优秀党务工作者"称号。

6月13日　车渡站在所辖三土渡口举行2014年消防救生应急演练,市公路局副局长姚雪峰携路政安全处人员到场指导,车渡站党委书记彭宗泉随同。

6月18日　车渡站举办以"责任、使命、发展"为主题的党日活动。

同日　车渡站开展民主评议党员工作会议,在职、退休党员70余人参会。

交通部颁发《内河渡口渡船安全管理规定》(交通运输部令〔2014〕9号),8月1日起施行。《公路渡口管理规定》(交通部令〔1990〕11号)自新规定施行之日起同时废止。

6月20日　市公路局局长岳顺、市交委政策研究室主任罗立翔到车渡站铜元局、李家沱战备码头实地调研,就公路战备渡口的管理、建设、维护、运营等工作进行检查指导。车渡站党委书记彭宗泉、站长符冠荣随同。

7月30日　市交委港建处处长廖劲松带领市交委财务处、综合规划处有关人员及市港航局相关处室,到储奇门车渡码头调研应急趸船及大马力拖轮的停靠准备工作。车渡站党委书记彭宗泉、站长符冠荣等随同。

7—9月　对所辖7对公路战备码头就功能定位、建设情况技术等级等码头现状进行专项调研,编纂完成《重庆市车渡管理站"十三五"交通战备基础设施调研报告》《重庆市车渡管理站战备公路码头项目统计表》等调研材料。车渡站所辖15个战备码头,可供改造者为13个。

8月18日　车渡站致函重庆海事局,称"红太阳"鱼庄停靠李(家沱)九(渡口)战备公路渡口九渡口码头的水域使用范围内,对码头生产作业造成重大安全隐患,请求对其依法查处驱离,确保渡运船舶安全。

9月12日　车渡站组织党员干部职工观看革命历史题材电影《大顺·一九二七》,接受爱国主义革命传统教育。

9月19日　车渡站第三党支部以观看车渡历史纪录片《江上活桥》的形式开展党组织生活,站党委书记彭宗泉和三支部退休党员20余人参加。

9月29日　市公路局副局长姚雪峰检查车渡站安全生产工作,车渡站站长符冠荣、副站长蓝川随同。

10月9日　叶强任鱼吊队副队长(主持工作),周光华不再兼任鱼吊队队长职务。

10月11日　车渡站召开全体党员干部会议,站党委书记彭宗泉传达习近平总书记在党的群众路线教育实践活动总结大会上的重要讲话精神,对下一步车渡站贯彻落实讲话精神进行部署。

10月14日　车渡站机料科组织全站持证轮机人员召开轮机设备管理会,站党委书记彭宗泉、站长符冠荣、副站长蓝川参会。

10月16日　车渡站440拖轮建造开工会在承建单位重庆东港船舶产业有限公司举行。参会单位有检验单位重庆市船舶检验局、设计单位重庆长江轮船公司工程研究设计院及建造单位重庆东港船舶产业有限公司。车渡站机料科作为建设单位代表参加会议。

10月24日　车渡站召开干管人员会议,传达学习党的十八届四中全会精神。站党委书记彭宗泉主持会议。

11月4日　市公路局局长岳顺带领局办公室、计财处等部门负责人到车渡站铜元局战备码头现场调研,就公路战备渡口建设、管理、维护工作进行具体指导。

11月13日　市公路局局长岳顺、副局长谭立云、信息处处长王庆珍到车渡站指导工作,对站整体工作与信息化建设进行指导。

11月17日　陈军任车渡站副站长、党委委员,免去蓝川车渡站副站长、党委委员职务。

12月1日　车渡站第一党支部召开党员大会,站领导班子彭宗泉、符冠荣、黎峰、陈军、曾晓富出席会议,第一党支部在职党员40余人参会。

12月2日　车渡站团支部被重庆市交通委员会、共青团重庆市委员会评为"2013~2014年度重庆市交通系统五四红旗团支部"。

12月11日　车渡站工会举办"学文化、强体魄、创文明、建和谐"为主题的冬季登山比赛。

12月18日　车渡站召开专题民主生活会,站党委书记彭宗泉主持会议,市公路局党委书记万雅芬出席并讲话。车渡站、通洋公司领导班子成员出席会议,市公路局人事教育处、监察审计处到会指导。

12月19日　市公路局党委书记万雅芬、机关党委书记贾元亭、工会主席彭毕忠到车渡站调研指导企业文化建设工作。

12月　启动实施重庆主城港区三胜战备码头场平工程项目。

同年　开展铜元局战备码头三期、土沱战备码头升级改造工作,在铜元局新建战备仓库3000平方米,土沱码头建成物资集散平台2000平方米;建成具有经营许可证的码头2个(李家沱码头、铜元局码头)。完成鱼洞、水土战备码头建设,建成水土战备码头陆域平台3300平方米。

组织技术工人进行业务培训,组织技术船员进行顺江、横江航行作业实作培训38人次。

市公路局局长岳顺、党委书记万雅芬、副局长朱顺芳、工会主席彭毕忠先后3次到车渡站看望慰问困难退休党员和群众以及渡运一线职工。

2015年

1月23日　车渡站及下属通洋公司党员干部集中观看中央纪委联合拍摄的《作风建设永远在路上》专题片。

1月27日　车渡站举办2014年度退休职工欢送会。

2月10日　重庆市公路局表彰车渡站为"2014年度安全工作目标考核先进单位"。

3月6日　车渡站工会主席曾晓富带领全站女职工30人,到重庆市儿童福利院慰问孤残儿童,开展"学雷锋、献爱心"活动。

3月22日　车渡站公开招聘笔试工作在市道路运输从业资格考试中心举行,共有报考码头管理、轮机管理、会计岗位的56名考生参加专业技术岗位科目的闭卷笔试,参考率为90%。

3月27日　车渡站邀请市交委原副巡视员曾升元到站讲授摄影知识课,站干部职工摄影爱好者40余人参加。

3月31日　车渡站召开2015年度党委工作会。市公路局党委书记万雅芬、局人事教育处副处长刘发文出席会议。

4月16日　市公路局通知,开展"全国路政宣传月"暨第九个"重庆路政宣传月"活动。活动主题:法治引领,科学管理,规范执法,提升服务。

4月17日　车渡站第一党支部开展"清明祭英烈、共铸中华魂"为主题的教育活动。

4月28日　车渡站副站长陈军带领站安全科、路政科、机料科人员,前往北碚三胜战备码头和李家沱战备码头边坡整治施工现场,检查项目工程进展情况。

5月5日　车渡站在全站青年船员中开展以"提升船员专业技能水平　展现车渡青年职工风采"为主题的技能比武活动。三土队、鱼吊队、船修厂3支代表队12名船员参赛。三土队获团队第一名。

5月11日　车渡站所辖船修厂油漆工程完工。

5月13日　65米应急趸船建造开工会在承建单位涪陵泽胜船厂召开,与会单位有重庆市车渡管理站、重庆市船舶检验局和设计单位重庆金豪船舶设计院。该应急趸船设计为船长65米,船宽13米,型深2.8米,由重庆市港航局牵头打造,是为了配合"渝救援113"轮履行好应急救援职能而建造。

5月15日　"渝救援113"轮在涪陵川东船厂试航成功。市港航局、市车渡管理站、川东船厂以及设备服务商共同参与该轮出厂交付前各项性能的综合性检验工作。

5月18日　"公路101"轮在车渡站储奇门船修厂实施交接。市公路局副局长谭立云出席仪式并讲话,车渡站党委书记彭宗泉、站长符冠荣参加仪式,车渡站副站长陈军主持交接仪式。

同日　市公路局副局长谭立云带领车渡站彭宗泉、符冠荣、陈军等站领导,到渝中区曾家岩市港航局救援基地,围绕船舶应急救援、应急抢险方面进行调研。

5月22日　车渡站邀请重庆市委党校教授谢菊讲授公务礼仪知识。

6月1—30日　车渡站开展2015年"全国安全生产月"活动。

6月5日　市公路局局长岳顺、副局长谭立云在市车渡站符冠荣、陈军等站领导随同下,先后到车渡站储奇门船修厂、三(胜)土(沱)渡口检查指导船舶设备的安全管理工作。

6月15日　重庆市公路局党委表彰中共重庆市车渡站第一支部委员会为"先进基层党组织",表彰符冠荣、彭明涌等为"优秀共产党员",表彰谢静为"优秀党务工作者"。

6月16日　车渡站1972—2004年期间购入使用的设备5台(艘),作报废处理,报废原值137270元。

7月7日　曾晓富任车渡站纪委书记(正科级)。

7月8日　重庆市水上交通应急救援基地在曾家岩水域开展"渝救援113"轮顶推"渝救援111"轮组队编队作业训练,车渡站组织14名船员参训。

7月20日　成立车渡站纪律检查委员会,站纪委由曾晓富、李世姿、谢静3人组成,曾晓富任纪委书记。

8月3日　车渡站站长符冠荣、通洋公司副总经理郭鹏举到秀山微表处项目部,慰问高温作业的一线员工。

8月4日　车渡站印发《重庆市车渡管理站安全生产"党政同责、一岗双责"制度》,对主要领导、各部门责任进行明确。

8月10—20日　组织"渝救援113"轮全体船员,开展为期10天的半军事化训练。

8月28日　车渡站党员干部到南山抗战遗址博物馆开展以"重温抗战历史,弘扬爱国主义精神"为主题的纪念抗日战争暨反法西斯战争胜利70周年。

8月　为车渡事业服务30年的"公路103"轮报废。

9月10日　市交委审计处处长温良德、市公路局纪委书记贾元亭到车渡站调研指导工作。

9月24日　市公路局副局长朱顺芳带领建管处有关人员,在车渡站站长符冠荣、副站长陈军的随同下,到北碚三胜战备码头,实地查看该码头改造情况。

10月12日　车渡站安全科对各队(厂)船舶、船员证书开展专项检查。

10月23日　市公路局副局长谭立云到车渡站讲授"三严三实"专题党课。

10月26日　"公路3号"趸船开始上船坞修。

11月1—2日　车渡站邀请重庆航运旅游学校资深老师为船员授课。

11月中旬—12月中旬　车渡站党委利用每周五上午的政治理论学习会,分七次播放14集特别节目《社会主义核心价值观讲坛》。

11月27日　车渡站党委组织站机关党员干部观看红色电影《冲锋号》。

同日　市交委综合规划处、财务处、审计处相关人员调研三胜战备码头场平工程项目,车渡站站长符冠荣、副站长陈军随同调研。

12月2日　通洋公司机料部更名为设备部,聘任杨武平为设备部部长,何首勇为设备管理,赵丹为内勤管理。

12月8日　重庆市交通委员会、共青团重庆市委员会重新认定车渡站三土队为"2014~2015年度青年文明号集体"。

12月17日　市公路局纪委书记贾元亭到车渡站调研党风廉政建设情况。

12月18日　车渡站召开站工会换届选举职工会员代表大会,选举产生新一届车渡站工会委员会,曾晓富当选为工会主席。

12月19日　"公路101"轮从铜元局战备码头起航,开始渡运作业生产。

12月23日　车渡站全体领导班子成员及纪委委员到重庆市九龙监狱,参加由市公路局组织的体验式廉洁教育活动。

12月25日　车渡站工会举办"和谐、健康、娱乐、友谊"为主题的冬季趣味运动会。

12月28日　市公路局工会委员会同意车渡站第四届工会委员会选举结果:李世姿、杨武平、张国祥、范芝佳、曾晓富为工会委员,曾晓富任工会主席。

12月　车渡站职工撰写的《在传承中吸取精华,在创新中找寻亮点——重庆市车渡管理站文化建设的几点做法》一文,被评为2015年度全国公路政研论文二等奖。

同年　车渡站重新拟定站职责任务,新增开展水上、公路应急抢险工作职能。

市交委总工程师李关寿,市公路局党委书记万雅芬、副局长谭立云、副局长朱顺芳、工会主席彭毕忠先后六次走访慰问车渡站困难党员、职工陈忠明、龙玉田、严少华、熊高林、李世民以及车渡站一线船员。

2016年

1月6日　车渡站召开领导班子"三严三实"专题民主生活会。市公路局党委书记万雅芬、监察审计处处长张容、组织人事处副处长刘发文到会指导。

1月14日　甘林坤任车渡站党委委员,提名为通洋公司总经理候选人;免去黎峰车渡站党委委员职务,其通洋公司总经理职务按法定程序办理。

1月15日　甘林坤任通洋公司执行董事(法人代表)兼总经理。

1月19日　车渡站党委书记彭宗泉、纪委书记曾晓富对新任职的站属通洋质量检测公司领导干部进行廉政谈话。

同日　市公路局表彰车渡站为"2015年度安全工作目标考核先进单位"。

1月28日　车渡站召开全体党员大会,党委书记彭宗泉作2015年度党委工作报告。在职、退休党员70余人参加。

2月25日　车渡站召开领导班子和领导干部2015年度述职测评会。市公路局副局长谭立云到会指导。

2月26日　车渡站纪委书记、工会主席曾晓富带领站劳动科、安全科、机料科成员,到所辖各队(厂)进行生产和复工情况检查。

3月1日　车渡站93岁高龄老人严少华❶因病去世,站党委书记彭宗泉、工会主席曾晓富前往吊唁,看望慰问家属。

同日　市公路局局长岳顺、副局长谭立云到车渡站机关及所辖铜元局码头实地调研。

3月2日　车渡站自收自支事业编制由126名调整为124名。

3月7日　车渡站启动李家沱战备公路码头下河引道维修整治项目工程。

4月9日　车渡站在星光小学举行2016年上半年公招笔试。此次车渡站共招聘4名人员(路政管理1名、会计1名、船舶轮机2名)。

4月11日　免去彭明涌车渡站机料科科长职务;王科任"渝救援113"轮船长,王平任"渝救援113"轮轮机长。

4月19日　车渡站符冠荣、陈军等站领导参加由重庆市港航管理局组织的救助调动会。

同日　符冠荣、陈军等站领导到"渝救援113"轮看望一线职工,指导该轮应急救援工作。

彭明涌任通洋公司副总经理。

4月21日　市公路局副局长谭立云、姚雪峰率局路政法规处(局安办)副处长李晓韵对车渡站"渝救援113"轮工作开展调研指导。符冠荣、陈军等站领导随同。

5月1—31日　车渡站在所属鱼(洞)吊(儿咀)战备公路渡口、李(家沱)九(渡口)战备公路渡口、铜元局战备公路码头、北(碚人民路)黄(桷树)战备公路渡口、三(胜)水(土)等战备公路渡口开展路政宣传。

5月4日　车渡站副站长陈军率安全科、机料科工作人员对所辖李家沱码头开展汛前安全检查。

5月17日　新到任的市公路局局长李建明在副局长谭立云、局办公室和计财处负责人的随同下,先后到李家沱码头、铜元局码头、车渡站办公楼调研。

5月23日　"渝救援113"轮在曾家岩水上应急救援基地接受并通过重庆市地方海事局年度检验。

5月31日　车渡站党委成立"两学一做"❷学习教育领导小组及办公室。

6月1—30日　车渡站开展以"打造本质安全、共享平安交通"为主题的安全生产月教育活动。

6月1日　通洋公司承建的G319线酉阳县秀山界至黔江界段公路改造工程完成交工验收。工程历时9个月。

---

❶1949年11月30日,严少华与他的同事们冒着枪林弹雨,在储奇门渡口通宵达旦运送解放军部队过江。
❷两学一做:学党章党规、学系列讲话,做合格党员。

6月3日　车渡站职工摄影比赛落幕,杨武平《雨露水天·长寿湖》获一等奖,谢静《投入》和赵丹《红花绿叶》获二等奖,王梓屹《童年》、罗倩《扁舟》和吴安泽《年轮》获三等奖。

6月8日　车渡站召开消防安全知识讲座。站机关及通洋公司干管人员、队(厂)长、安全员、"渝救援113"轮主要负责人近60人参会。

6月16日　车渡站在三胜土沱渡口开展"安全咨询日"活动。制作安全宣传横幅和宣传挂图20余幅,发放《重庆市安全生产条例》100本、"夏季消防防火安全常识"宣传单300张。

同日　重庆市公路局党委授予中共重庆市车渡站第一支部委员会为"先进基层党组织"称号,授予重庆通洋公路工程有限公司副总经理彭明涌、车渡站船修厂副厂长兼主修熊华"优秀共产党员"称号,授予车渡站党委干事谢静"优秀党务工作者"称号。

6月21日　符冠荣、陈军等站领导携办公室、路政科、安全科、机料科对船修厂、铜元局战备码头开展汛期专项安全检查。

6月28日　车渡站"渝救援113"轮参加由重庆市港航管理局组织开展的嘉陵江主城水域应急救援联合实战演练。

6月　车渡站成功安装铜元局、储奇门2处码头水尺标尺并正式投入使用。

7月11日　车渡站新建职工阅览室正式对职工开放。

7月11—12日　中国人民解放军西部战区司令员赵宗岐来渝调研重庆地区防汛救灾工作。7月12日上午,赵宗岐到车渡站所辖鱼洞战备码头,调研军地防洪抗汛应急演练工作并指出,要进一步增强军地联合意识,强化联合指挥、联合行动、联合建设,打赢防汛救灾这场特殊战役❶。

7月20日　由石柱县交通建设总公司、石柱县质量安全监督站和重庆合治监理工程有限公司组成的工程实体交工质量检查组,对通洋公司承建的国道G211石柱县峡口至万州界路面大修改造工程(三标段)项目进行现场交工质量检测。

7月22日　由市公路局举办的"公路职工微讲堂"开讲,局党委书记万雅芬、副局长谭立云、工会主席彭毕忠参加。车渡站站长符冠荣主讲"铭记昨天,立足今天,展望明天,不忘初心,奋力前行,重振车渡事业昔日辉煌"。

7月27日　市公路局副局长谭立云在车渡站副站长陈军随同下,到水土渡口调研汛期渡运工作开展情况。

7月29日　车渡站在三土渡口开展渡运情况社会民意问卷调查,此次调查采取实名制形式进行。调查结果:服务满意度100%,准点运行率100%,班次合理率98%,98%不赞成停渡。

同日　"渝救援113"轮全体船员在曾家岩至北碚段水域开展航道引航学习演练。

7月31日　"渝救援113"轮在白天巡游拉练基础上,开展夜间巡航拉练,巡航区域为嘉陵江曾家岩基地至长江储奇门车渡码头。

8月10—20日　车渡站组织"渝救援113"轮全体船员,开展为期10天的半军事化训练。

---

❶《赵宗岐在渝调研防汛救灾工作指出 军地联合打赢防汛救灾特殊战役》,《重庆日报》,2016年7月13日第001版。

8月16日　刘发文任车渡站党委书记。

同日　由通洋公司承建的潼南区S205线塘坝至大足界段路面改造项目四标段通过交工验收。

8月17日　购置于1985年的"公路2号"车驳(船体尺寸:32.4米×8.6米×1.4米)报废。

8月18—23日　车渡站站长符冠荣、副站长陈军分别带队看望慰问战斗在渡运一线的职工,送去清凉饮料、防暑药品等。

9月10日　车渡站2016年下半年公招考试在北部新区星光学校举行。此次共招聘6名工作人员,涉及工程管理、船舶驾驶、船舶轮机等6个岗位。

9月14日　车渡站成立站党风廉政建设和反腐败工作领导小组,符冠荣、刘发文任组长,曾晓富任副组长,成员有陈军、甘林坤、郭鹏举、彭明涌。领导小组下设办公室在站办公室,曾晓富任办公室主任。

9月20日　车渡站党委书记刘发文、副站长陈军到三土渡口,检查渡运工作开展情况。

9月21日　车渡站党委书记刘发文、副站长陈军到李家沱、铜元局码头开展安全检查。

9月26日　由通洋公司承建的酉阳县S210线K79+630～K79+865地质灾害应急抢险工程开工。

9月28日　由车渡站组织建造的440千瓦拖轮、45米工作趸船在重庆东港船舶产业有限公司点火开工。

同日　车渡站党委第一党支部召开换届选举大会。

9月29日　车渡站党委召开第二党支部第一届委员会成立暨选举大会,选举产生支部书记和委员3名。站党委书记刘发文出席。

同日　市公路局向车渡站无偿划转"渝救援113"轮(船长46.00米、型宽10.50米、型深3.60米、设计吃水2.60米,3台TBD620V8主机、单台功率1016千瓦,2台120千瓦船用柴油发电机组)。

9月　站3个党支部换届选举,将通洋公司党员新组建为车渡站第二党支部。

9月底　开始"公路103"轮和重庆"车渡2号"趸建造工作。

10月2日　车渡站党委书记刘发文前往三土、储奇门、铜元局等渡口,看望慰问坚守在一线的值班船员,检查各项安全工作。

10月11日　市交委科技处处长蒙华、市公路局信息处处长王庆珍等,在车渡站副站长陈军随同下,就站船趸现状及更新换代工作进行调研指导。

10月14日　车渡站召开办公室副主任、机料科负责人2个职位民主推荐测评会。

10月18—23日　"渝救援113"轮展开重庆主城港区至巫山大宁河长途巡航拉练。

10月　通洋公司中标石柱县G211南宾至鱼池段路面改造(大歇至鱼池段)项目、委托的工程石柱县石黄路(冷水至黄水段)公路路面整治工程项目和永川区县道大修及改造升级(隆铺)项目。

10月24—27日　车渡站组织退休职工到"渝救援113"轮、铜元局码头学习参观。

10月25日　车渡站下半年公招实操考试在"渝救援113"轮举行。此次招聘船舶驾驶、船舶轮机等3个岗位工作人员3名。

10月28日　市公路局局长李建明、副局长谭立云到车渡站储奇门码头调研指导工作,车渡站站长符冠荣、党委书记刘发文随同。

11月2日　在船修厂基础上成立储奇门应急救援中心。罗开胜兼任储奇门应急救援中心主任(原职级不变)。

同日,刘朝荣任机料科副科长职务(原职级不变);免去刘朝荣船修厂厂长职务。

11月9—14日　车渡站在铜元局战备码头及道路旁实施导向牌安装工程,安装导向牌4块。

11月14日　谢静任车渡站办公室副主任,许森德任车渡站机料科负责人(享受部门副职待遇);免去谢静通洋公司综合办公室副主任职务。

11月18日　车渡站召开党委中心组(扩大)学习会,传达贯彻党的十八届六中全会、市委传达贯彻会议以及市交委和市公路局党委中心组(扩大)学习会上的重要讲话精神。

11月21日　车渡站在重庆东港船舶产业有限公司主持召开新建440千瓦拖轮和45米趸船装饰技术交流会。

12月1日　车渡站"重庆车渡1号"趸船交接仪式在储奇门应急救援中心完成。市公路局信息处处长王庆珍,市港航局监控中心主任李奇豪,车渡站站长符冠荣、党委书记刘发文,泽胜集团总经理刘武等相关人员参会。

12月9日　市公路局副局长谭立云在市车渡站党委记刘发文、副站长陈军随同下,到重庆东港船舶产业有限公司,查看45米工作趸船和440千瓦拖轮建造现场。

12月27日　车渡站开展轮岗换船工作,"公路108"轮替代"公路107"轮在水土渡口执行渡运作业。被替换下来的"公路107"轮将在九渡口执行应急值班任务。

12月28日　"重庆车渡回顾与展望·十三五畅想暨重庆车渡成立55周年"座谈会于储奇门水上应急救援中心举行。市公路局局长李建明、党委书记万雅芬、副局长谭立云出席会议,局机关处室、局属单位党政领导、车渡站职工代表共60余人参会。

同年　劳工科改为人事教育科。

新增李家沱、铜元局、"渝救援113"轮等6个地方的监控点。

2017年

1月8日　通洋公司承建的东阳战备码头下河引道及场平工程全面完工。该工程2016年4月19日开工。将原有的K220~K370段由6米拓宽至10~50米。

1月12日　车渡站"公路1号"趸船、"公路6号"趸船作报废处理。

1月上旬　车渡站党委结合开展"两学一做"学习教育,利用两个半天组织干部职工集中学习观看由中央纪委宣传部、中央电视台联合制作的电视专题片《永远在路上》第1~4集。

1月18日　车渡站站长符冠荣、副站长陈军率安全、路政、机料等部门对所属三土渡口、东阳战备码头开展节前联合巡查工作。

1月20日　车渡站召开2016年安全总结会暨2017年第一次安全生产会。

2月4日　车渡站党委书记刘发文带领机关党员干部20余人参观新建成的东阳战备码头。

2月9日　车渡站召开2016年度党员领导干部民主生活会，市公路局纪委书记、副局长谭立云，局监察审计处处长张容、组织人事处副处长李林到会指导。站党委书记刘发文主持会议。

2月15日　车渡站纪委书记、工会主席曾晓富前往铜元局战备码头和三土渡口，调研一线职工对竞争上岗等制度的执行和看法。

2月20日　车渡站机关干部职工、一线负责人及通洋公司干管人员60余人，学习贯彻2017年全市公交工作会议精神。站党委书记刘发文主持。

2月21日　通洋公司承建的梁平区农村联网公路明达至梁山段改建工程动工。该项目施工总里程9.575千米，主要任务是将原有5.0米宽的水泥路面拓宽升级改造为7.0米宽的沥青路面，并在道路两侧增设路肩及排水设施。

2月27日　重庆市公路局表彰车渡站为"2016年度安全工作目标考核先进单位"。

2月28日　市公路局局长李建明到车渡站调研，车渡站站长符冠荣、站党委书记刘发文参加指导会议。会议由市公路局副局长、局纪委书记谭立云主持。

3月1日　市公路局副局长谭立云及信息处相关人员调研指导车渡站信息化建设工作。

3月7日　市人力资源和社会保障局同意车渡站招聘夏红余、辜晓临、王雪莲、曾祥鸿、任全、杨冲为事业单位工作人员。

3月13日　通过公招新进的6名职工参加车渡站组织的入职培训。

3月14日　重庆市公安局水上分局表彰车渡站为"2016年度单位内部治安保卫工作先进单位"，车渡站符冠荣、陈军、罗开胜为先进个人。

3月16日　市公路局局长李建明，在车渡站站长符冠荣、副站长陈军随同下，先后到北碚三土渡口、东阳战备码头调研渡运生产、码头改造等工作。

3月24日　车渡站召开"两会"精神学习传达会，车渡、通洋公司全体机关人员参会。

4月1日　重庆市港航管理局在石马河应急基地趸船召开2017年第一次重装备联席会暨主城六区应急工作协调会，车渡站参加会议。

4月9日　车渡站印发《"公路精神传承"主题年活动实施方案的通知》。

4月10日　车渡站工会组织职工摄影兴趣小组及部分机关干部20余人参观"寻找最美乡村公路"摄影大赛优秀作品展。

4月13日　车渡站站长符冠荣、副站长陈军对储奇门、铜元局进行汛前安全检查。

4月25日 刘朝荣兼任三土队队长,免去张国祥三土队队长职务。

4月27日 车渡站职工活动室正式开放。

同日 车渡站"公路107"轮,作报废处理。

5月2日 车渡站储奇门应急救援中心变压器整容工程正式开工。

5月12日 车渡站站长符冠荣、党委书记刘发文对储奇门315千伏安变压器增容工程及钢结构下河梯道建设进行实地检查。

5月13日 新建造的"重庆车渡103"轮在长江重庆航段明月沱水域通过航行试验。车渡站机料科、安全科,船舶建造方、重庆船舶检验局和建造监理方参加。

5月23日 车渡站党委书记刘发文率相关领导、部门负责人及一线职工代表,前往市港航局嘉陵江航道管理处现场参观学习。

5月26日 车渡站在战备码头开展以"保护路产路权,确保安全畅通"为主题的路政宣传教育活动。

5月29日 经过3个月施工,由通洋公司承建的酉阳县G211线K643+445路基病害应急抢险工程完工。

6月1—30日 车渡站开展"安全生产月"和安全生产"渝州行"活动。

6月7日 "重庆车渡2号"趸船入驻铜元局战备码头。船长45米、型宽11米、吃水1米。总造价700万元。

6月12日 免去周光华路政(法规)科科长职务。

6月14日 储奇门钢结构下河梯道主体工程完工。梯道长39.5米、宽3米,全部为钢质结构。

6月20日 车渡站新建船舶"重庆车渡2号"趸、"重庆车渡103"轮交接仪式在铜元局战备码头举行。市公路局副局长、纪委书记谭立云,车渡站、东港船舶产业有限公司、长航科达工程监理有限公司重庆分公司领导及相关人员现场见证,交接仪式由车渡站党委书记刘发文主持。

6月22日 "公路101"轮正式投入三土渡口渡运工作。

6月26日 免去叶强鱼吊队副队长(主持工作)职务,改任铜元局应急救援中心副主任(主持工作)。张国祥任鱼吊队队长。

同日 成立铜元局应急救援中心。

6月28日 市公路局党委书记万雅芬到车渡站铜元局应急救援中心开展调研。车渡站符冠荣、刘发文随同。

7月3日 车渡站铜元局应急救援中心引道及下河梯步不锈钢防护栏安装完成。

7月5日 车渡站党委书记刘发文到铜元局应急救援中心召开职工大会,宣布机构和人员组成事项。副站长陈军宣读关于成立铜元局应急救援中心的文件。

7月6日 市公路局局长李建明在车渡站站长符冠荣、站党委书记刘发文随同下,到储奇门、铜元局应急救援中心,就防洪抗汛、应急救援及基础设施建设工作计划进行调研指导。

7月10日 樊莉果任车渡站路政(法规)科负责人(主持工作)。

7月12日 车渡站机料科在铜元局应急救援中心举行轮机管理技术交流会,车渡站各队(中心)轮机长、电气负责人、设备管理人参加。

7月13日　车渡站党委书记刘发文带队开展夏季"送清凉"慰问活动。

7月22日　由通洋公司承建的酉阳县新增S422涂市至麻旺段水毁修复工程开工。合同工期为320天，全长20.66千米。

7月28日　"渝救援113"轮参加由重庆市渝中区人民政府与重庆市港航管理局联合主办的汛期水上交通突发事件应急处置综合演练。

同日　车渡站开展平安交通专项整治行动。重点整治内容包括船舶码头安全隐患排查、公路建设工程安全管理。行动至12月底结束。

7月31日　车渡站召开庆祝建军90周年退伍军人座谈会。16名在职退伍军人参会。

8月10日　市公路局副局长谭立云带领信息处负责人，检查指导车渡站信息化建设，站党委书记刘发文随同。

8月15日　车渡站组织"渝救援113"轮全体值班船员对船舶进行全面系统的定期检查。

8月22日　市交通委员会党委决定：免去符冠荣车渡站站长(副处级)职务。

8月23日　市公路局纪委书记周平、监察审计处副处长牛佶沛到铜元局水上应急救援中心实地调研，随后到站机关座谈听取车渡站公招情况、党风廉政建设和"两个责任"❶落实情况。

8月27日　储奇门应急救援中心启动防洪工作预案，全面进入防洪值班状态。

8月29日　市公路局副局长姚雪峰、路政法规处处长陈永明到铜元局应急救援中心检查"重庆车渡2"号趸的船员值班情况及趸船系泊设备。

8月　市公路局选派员彭明涌到全市18个深度贫困乡村之一的酉阳车田乡车田村驻村。

9月2日　车渡站下半年公招专业科目笔试考试在两江新区星光学校举行。此次公开招聘船舶安全运营管理、船舶驾驶、船舶轮机、船舶电工、船舶水手5个岗位的工作人员6人。

9月11日　市公路局党委研究决定：免去符冠荣车渡站站长职务，免去符冠荣车渡站党委委员职务。

9月26日　市港航局将"重庆车渡1号"趸(船长65米、型宽13米、型深2.8米，设计吃水1.2米，账面原值903万元)无偿划转给车渡站。

9月28日　市公路局局长李建明、办公室主任钟飞龙、路政法规处处长陈永明到三土渡口检查指导安全生产工作。车渡站党委书记刘发文、副站长陈军随同。

9月30日　车渡站团支部召开换届选举大会，选举唐福军、罗倩、张峻晨3人为新一届团支部委员会委员。

10月13日　市交委科技处处长蒙华、市公路局副局长谭立云，对三土战备码头

---

❶ "两个责任"，是指在落实党风廉政建设责任制过程中，"党委负主体责任，纪委负监督责任"的简称。中共十八届中央委员会第三次全体会议提出，落实党风廉政建设责任制，党委负主体责任，纪委负监督责任，制定实施切实可行的责任追究制度。

环保综合整治工作进行专项检查。车渡站党委书记刘发文随同。

10月19—30日　车渡站党委书记刘发文,纪委书记、工会主席曾晓富先后到渝北、南坪、江北等退休职工活动点与退休职工欢庆重阳节(车渡站有退休职工300多名,共8个退休小组)。

10月31日　段炳俊任车渡站党委委员、站长。

11月3日　重庆市市长张国清到车渡站所辖北碚水土战备码头巡查,市公路局局长李建明就车渡站水土战备码头环保综合整治工作作专项汇报。

11月9日　"公路3号"跳船上船台修理改造。

同日　成立共青团重庆市车渡管理站总支部委员会。团总支委员会由唐福军、罗倩、张峻晨3人组成,唐福军任团总支书记。

设立通洋公司团支部。

11月15日　车渡站站长段炳俊、党委书记刘发文、副站长陈军先后到铜元局应急救援中心、李家沱战备码头实地调研。

11月23日　由通洋公司承建的梁平区农村联网公路明达至梁山段改建工程完成施工任务,进行并通过交工验收。

11月24日　车渡站2017年船员培训班在储奇门应急救援中心培训室开班。市公路局组织人事处处长彭宗泉、车渡站站长段炳俊、党委书记刘发文出席。34名船员参加培训。

12月4—9日　"渝救援113"轮进行长途拉练。此次拉练从储奇门起航,至重庆巫山大宁河口,返航靠泊储奇门基地。

12月10日　市公路局下达车渡站年度安全措施经费补助10万元,用于所辖码头增设安全警示标志标牌、安全防护网、围栏、警示墩等隐患治理。

12月13日　"渝救援113"轮开始执行重庆—涪陵—白涛(乌江)拉练任务。

12月15日　车渡站第二期船员培训班开班仪式在储奇门应急救援中心举行,站长段炳俊作开班动员,副站长陈军主持开班仪式。一线船员40余人参训。

12月19日　通洋公司承建的酉阳县S210李溪镇至官清乡路面改造工程完工。

12月24日印发《重庆市车渡管理站安全生产"党政同责、一岗双责、齐抓共管、失职追责"制度》。

12月25日　谢静任车渡站办公室副主任、许森德任车渡站机料科负责人试用期满,按期转正,试用期计入任职时间。

12月25—29日　车渡站站长段炳俊、副站长陈军对车渡站所辖各队(中心)开展节前安全检查。

同年完成东阳战备码头的总体建设。建成东阳战备码头陆域平台5860平方米。

联合专业单位共同制定《重庆市车渡管理站"十三五"信息化规划》。

"重庆车渡103"轮和"重庆车渡2号"趸顺利完工,移泊至铜元局战备码头。

市公路局局长李建明、副局长谭立云、工会主席彭毕忠等先后四次看望慰问车渡站退休职工李正荣、田秀兰、刘定强及一线船员。

2018 年

1月3日　车渡站印发《重庆市车渡管理站关于慰问职工的经费标准(试行)》(渝路渡发〔2018〕2号)。

1月22日　车渡站党委成立站党建工作领导小组,刘发文、段炳俊任组长,曾晓富任副组长,成员有陈军、甘林坤。

1月30日　市人力资源和社会保障局同意车渡站招聘刘邦辉、彭洪刚、喻宏彬、胡军、王雷、李小霞6人为事业单位工作人员。

3月21日　市公路局召开专题会议,审议车渡站战备巡逻船及"车渡3号"趸建造方案。会议同意车渡站建造战备巡逻船和3号趸船各1艘。

3月23日　市公路局批准储奇门下河公路改造工程一阶段施工图设计,在新规划的渝中区两江消落区环境综合整治工程挡墙外侧修建下河公路,全长86米,宽10米,起点高程177.4米,终点高程171米,与梯道171米平台相接,梯道终点高程168.5米。系锚实施6处,间距16米1处。

4月19日　市公路局下达车渡站战备应急能力建设资金计划500万,用于建造巡逻船1艘,资金来源为2018年水运发展专项资金。

5—12月　车渡站开展"安全生产渝州行"活动。

5月30日　车渡站召开党员大会,选举产生新一届中共重庆市车渡管理站委员会和纪律检查委员会。选举刘发文、段炳俊、陈军、甘林坤、曾晓富为党委委员,选举刘发文为党委书记。选举产生新一届中共重庆市车渡管理站纪律检查委员会。选举曾晓富、李世姿、谢静为纪委委员,曾晓富为纪委书记。

6月22日　车渡站印发《重庆市车渡管理站防汛防洪应急预案》。

6月28日　市公路局下达车渡站2018年水运建设发展专项资金(第一批)930万元,用于重庆港主城港区东阳战备码头下河引道及场平工程(二期)、储奇门应急救援中心下河公路改造工程、30米趸船、铜元局战备公路码头安装500千瓦动力电工程等项目。资金来源为水运发展专项资金燃油税。

7月10日　车渡站印发《重庆市车渡管理站询价管理办法(试行)》。

7月13日　车渡站"渝救援113"轮先后在朝天门大桥、寸滩大桥、南岸区廖家凼3个水域成功施救船趸4艘,分别为失控打流60米大型工程趸船1艘、危化品运输船1艘、5400吨满载货物散货船1艘、"拖底"守卫装载200吨柴油趸船1艘。挽回经济损失2000万元。

8月3日　熊华任鱼吊队副队长(主持工作)。

8月20日　市公路局下达车渡站安全工作专项经费35万元,其中20万元用于增添、更新相关安全设施设备,15万元用于开展应急培训及应急演练。

8月27日　站长办公会审议通过《预算管理内部控制制度(试行)》《收支管理内部控制制度(试行)》《政府采购内部控制制度(试行)》《合同管理内部控制制度(试行)》《资产管理内部控制制度(试行)》《建设项目管理内部控制制度(试行)》。

9月5日　市公路局下达车渡站2018年第二批公路应急抢险补助经费50万元。

9月11日　市公路局召开专题会议,审议并同意车渡站建造"公路107"汽渡船及配套车驳、"公路5号"趸。

9月　张天阳《新时代公路文化建设问题浅析》被全国公路职工思想政治工作研究会评为全国公路优秀政研论文。

10月25—26日　车渡站在李家沱战备码头开展2018年公路交通战备应急演练。

11月26日　车渡站被交通运输部评为"2016—2017年度全国交通运输行业精神文明建设先进集体"。

12月5日　市公路局同意车渡站"公路108"轮报废。报废后交由重庆船舶交易市场,以挂牌竞卖方式公开竞价处理。

同年　站党委在全站开展"思想引领"主题年活动。

编制车渡站《廉政风险防控》手册,制定出台站《"三重一大"事项决策实施办法(试行)》《关键岗位轮岗管理实施办法(试行)》《内部控制建设工作方案(试行)》等6个制度。

工会搭建兴趣小组、体育竞技、文艺表演等群众性活动平台,开展"最美公路,交通先行"摄影大赛。

站团总支承办酉阳县车田乡车田村留守儿童走进主城"真情关爱暖童心,三年行动逐梦行"活动。

完成"三胜至水土公路安全生命防护工程",铺设彩色抗滑薄层2800平方米,安装新型旋转式护栏300米、橡胶减速带66米,施划标线430平方米。

打造"车渡001"巡逻船,船体尺寸为28.9米×5.3米×2.2米,主机功率596千瓦。打造"车渡002"冲锋舟。

收回李家沱码头,按全市公路服务设施通用图在李家沱、吊儿咀、水土3个码头修建大门、围墙,对实际管理的9个码头实行封闭式管理。

2019年

3月6日　车渡站党委印发《市车渡站干部职工家访实施办法(试行)》。

3月26—29日　在市公路局副局长谭立云带领下,车渡站站长段炳俊、副站长陈军及相关部门人员,先后到江苏省通沙汽车轮渡管理处、暨阳轮渡有限公司、镇扬汽车轮渡管理处及江苏省船舶设计研究所等行业内汽车渡运运营(设计)单位考察学习。

4月8日　车渡站决定对九渡口战备码头实施封闭式管理。

4月23日　车渡站被市交通局表彰为2019年春运工作突出集体。

4月28日—6月5日　车渡站开展违规公款吃喝专项整治工作。

4月30日　车渡站向重庆交通大学航运学院捐赠教学实验用船"公路108"轮捐赠仪式在南岸区海棠溪战备码头举行。站长段炳俊、党委书记刘发文、纪委书记曾晓富率相关科(室)、队(中心)负责人及船员代表捐赠方出席。

5月27日　恢复李九队,熊华任李九队副队长(主持工作),免去其鱼吊队副队长(主持工作)职务。

同日　王科任储奇门应急救援中心副主任(主持工作)、王平任储奇门应急救援中心副主任试用期满,按期转正,试用期计入任职时间。

5月31日　市公路局下达车渡站第一批公路应急抢险补助经费10万元。

6月3日　免去甘林坤车渡站党委委员职务。

同日　车渡站党委印发《党委会议议事规则》。

6月24日　车渡站印发站《报销管理制度》《询价管理制度》《"三重一大"事项决策实施细则》《收支管理内部控制制度》《政府采购内部控制制度》。

6月25日　市公路局下达车渡站第二批公路应急抢险补助经费10万元。

6月26日　车渡站成立"不忘初心、牢记使命"主题教育领导小组，党政主要负责人任组长，领导小组下设办公室在站办公室，曾晓富任办公室主任。

7月2日　站长段炳俊召开办公会议，审议通过站《职工慰问暂行标准》《询价管理办法(试行)》，同意建造6米工作跳船2艘。

7月29日　车渡站印发《关于加强船舶设备维护保养工作的通知》。

8月29日　车渡站开展"不忘初心、牢记使命"专题民主生活会。

9月2日　市公路局下发车渡站安全工作专项经费20万元，用于增添、更新码头引道警示墩、安全标志牌、消防救生器材等相关安全设施设备。

9月12日　市公路局主持召开专题会议，审议车渡站"公路108"号渡船方案设计，同意车渡站组织建造"公路108"号渡船。

9月16日　全国公路职工思想政治工作研究会表彰刘发文为"全国公路行业优秀政研工作者"。

9月18日　由全国公路职工思想政治工作研究会主办，山西省公路局和《中国公路》杂志社承办的全国公路系统党委书记工作座谈会暨全国公路政研会第三十届年会在山西省太原市召开。重庆市公路局副局长谭立云出席会议，授予万雅芬"全国公路政研会杰出贡献奖"。重庆市车渡管理站党委书记刘发文作为"全国公路行业优秀政研工作者"获奖代表做经验分享。

9月28日　车渡站开展水上应急演练。

10月9日　车渡站成立《重庆市车渡管理志》编纂工作领导小组，刘发文、段炳俊任组长，领导小组下设办公室在站办公室，曾晓富任办公室主任。

10月15日　市公路局下达车渡站2019年交通战备专项经费55万元，用于战备码头维护。

12月3日　车渡站人事教育科科长李世姿被重庆市妇女联合会表彰为"2019年重庆市巾帼建功标兵"。

12月16日　市公路局下发车渡站安全措施经费12万元，用于开展应急演练，设备安全性评估，新增地锚设施、警示水马、安全标志牌、消防救生器材等。

12月19日　车渡站印发《关于规范渡船水手操作行为的通知》(渝路渡发〔2019〕31号)。

12月30日　车渡站党委同意站第三、第四党支部选举结果。第三党支部由李素英、陈政泽、刘定强3人组成，李素英任支部书记；第四党支部由肖长容、罗友林、殷丽组成，殷丽任支部书记。

12月31日　重庆市公路事务中心挂牌成立，该中心为重庆市交通局管理的副局级公益一类事业单位,其前身为重庆市公路局。

同年　制订《站长办公会议制度》《党委理论学习中心组学习实施办法》《关于落实意识形态工作责任制实施细则》等制度。

完成九渡口和吊儿咀下河引道修复。

打造"公路3号"趸船,船体尺寸为48米×13.8米×2.2米,该趸为重庆主城区第一艘车用应急绿色环保船趸。

收回李家沱战备码头下河引道(长204.74米,宽11米,面积2252.19平方米)。

2020 年

1月7日　车渡站召开青年职工座谈会。站党委书记刘发文、站长段炳俊等站领导出席。

1月13日　车渡站召开第四届职工代表大会第五次会议,站机关、队(中心),通洋公司共24名正式代表和7名列席代表参会。

同日　车渡站召开2020年第一次安委会,站领导班子、各部门负责人、通洋公司领导班子和安全部门负责人参会。

1月19日　市公路事务中心副主任朱顺芳到市车渡站三土渡口开展春节前专项安全生产检查。

1月28日　车渡站党委书记刘发文带领站办公室人员到一线检查督导新冠肺炎疫情防控工作。

1月29日　车渡站站长段炳俊带领安全科、路政科相关人员到渡口一线检查督导疫情防控工作。

3月16日　随着市疫情防控形势持续趋好,生产生活秩序有序恢复,三土渡口正式恢复渡运。

3月20日　市公路事务中心党委书记任洪涛、副主任朱顺芳,中心办公室、组织人事处、收费处、监察审计处等有关负责人到车渡站调研党建工作。

3月　车渡站党员干部为支持新冠肺炎疫情防控工作捐款7949元。

车渡站开通工行E缴费业务进行党费缴纳和上缴,开启网上缴纳党费新模式。

4月4日　10时整,车渡站所属"渝救援113"轮,"公路101"轮、"车渡103"轮和"车渡001"轮在各自码头下半旗志哀,鸣响汽笛,全体当班船员共同默哀3分钟,悼念在抗击新冠肺炎疫情斗争中牺牲的烈士和逝世同胞。

4月14日　车渡站召开2020年党建暨党风廉政建设工作会。

4月16日　市公路事务中心主任李建明、副主任朱顺芳及相关处室负责人到车渡站调研指导工作。

4月23日　车渡团总支组织站机关青年职工、通洋公司青年职工召开"青年大学习·书香满车渡"读书分享会。

4月26日　车渡站纪委书记曾晓富带队,到储奇门应急救援中心进行实地暗访,开展五一节前作风督查工作。

4月28日　叶强任铜元局应急救援中心主任、王志华任李九队队长。

4月29日　车渡管站召开2020年第二次安委会暨汛期安全生产工作会。

5月12日　铜元局应急救援中心参加重庆市港航海事事务中心举办的2020年水上防灾减灾宣传活动。

5月18日　市人社局工资福利处(统发中心)党支部、市公路事务中心机关第二党支部、车渡站第一党支部在铜元局应急救援中心召开支部共建联席会。

5月21—22日　车渡站、通洋公司100余名工会会员参加"强健身心　快乐你我"户外拓展团建活动。

5月25日　车渡站新建的"公路5号"趸船在明月沱水域成功下水。该船总长30米、型宽10米、型深2.2米、设计吃水0.9米,用于替换已服役超过30年的"公路3号"趸,值守储奇门战备码头下锚地。

5月27日　市交通局副局长万雅芬、市公路事务中心副主任朱顺芳,到车渡站三土渡口调研指导汛期安全生产、公益渡运服务、社会公众设施及车渡文化建设等工作。

5月27—29日　车渡站开展2020年度水上应急救援培训,80余名水上应急救援队员参加培训。

5月29日　市公路事务中心一支部与车渡站一支部在车渡站三土渡口三胜服务站联合举办"学'两会'精神增发展信心"支部主题党日。

6月3日　重庆通洋公路工程有限公司承建的梁平农村联网公路明达至梁山段改建工程通过竣工验收。

6月4日　储奇门应急救援中心"渝救援113"轮开展应对恶劣天气巡航拉练,完成开靠头作业、重点航段巡航、能见度不良船舶操作等训练科目,历时4小时。

6月12日　车渡站通洋公司罗禹被交通部评为"2019年全国交通运输系统劳动模范"。

6月15—16日　市公路事务中心党委书记任洪涛带队前往酉阳县车田乡车田村,走访慰问驻村第一书记彭明涌和贫困村民,调研公路交通脱贫攻坚工作进展情况。车渡站段炳俊、刘发文等随同。

6月19日　市交通局副局长李关寿到三胜水土渡运一线,查看防洪度汛情况,督查指导战备码头综合环保整治工作。市公路事务中心主任李建明、党委书记任洪涛随同。

同日　"渝救援113"轮于上午8点20分,启动年度洪峰首次巡航,巡航路线为李家沱至红岩嘴。

6月30日　车渡站组织党员干部前往江津区聂荣臻元帅陈列馆,开展党性教育。

7月17日　车渡站启动防汛防洪黄色预警响应,应对入汛以来长江最大洪水过境重庆主城航段。

7月20日　车渡站召开国企改革职工大会,传达上级部门关于国企改革的相关文件、会议精神。车渡站、通洋公司领导班子成员,通洋公司及检测公司全体员工参加会议。

7月26日　车渡站启动防汛防洪橙色预警响应,站领导班子分头带队第一时间赶赴一线指导抗洪工作,各科(室)、队(中心)负责人24小时驻守值班,所有应急救援队员到岗值守,应对长江2020年第3号洪水。

8月12日　市公路事务中心党委书记任洪涛到车渡站三土渡口,看望慰问高温酷暑下坚守岗位的一线船员。市公路事务中心工会主席彭毕忠、车渡站党委书记刘发文等随同。

8月13日　车渡站将防洪抗汛预警响应等级黄色升级为最高等级的红色,组织洪水线以下物资转运、附属设施拆除工作,各队(中心)全员进入24小时应急值班状态,应对长江2020年第4号洪水。

8月19日　市公路事务中心主任李建明、党委书记任洪涛到车渡站渡口码头,检查指导防汛抗洪工作。

8月21日　车渡站机关党员干部和一线船员在码头开展清淤活动,尽最大可能减轻长江2020年第5号洪水带来的损失。

8月24日　市公路事务中心纪委书记周平带领机关党员干部、中心团委及下属单位团员青年40余人,到车渡站铜元局码头清除长江2020年第5号洪水、嘉陵江2020年第2号洪水消退后下河引道、物资仓库淤积的泥沙。

同日　由重庆中江船业有限公司为车渡站建造的"公路107"轮完成下水作业。船长42.8米、船宽10.5米、设计吃水2.1米、主机功率2502匹马力、设计排水量566吨、设计航速23公里/小时,主要用于重庆港区水域救援作业,顶推或绑拖其他船舶。

8月25日　中石化长燃重庆分公司将印有"闻令而动、向险而行,勇于担当、化险为夷"的锦旗送到车渡站,感谢"渝救援113"轮救助该司位于廖家凼水域的油趸。

9月27—29日　车渡站站长段炳俊、党委书记刘发文等领导对码头设施、运行船舶、工作趸船、台账资料、值班安排等进行全面检查,要求对存在的隐患和不足立即整改。

9月30日　市公路事务中心主任李建明,大渡口区副区长钟渝,大渡口区交通局党委书记、局长杨伟鸣,到车渡站钓鱼嘴码头检查指导安全生产工作。

同日　北碚区委书记周旭,北碚区委常委、统战部部长吴萍,在车渡站三土渡口检查国庆、中秋节日渡运安全工作。

10月18日　车渡站"渝路107"轮在中江船厂码头顺利离港,开始首次航程。下午16时58分,在铜元局救援中心成功靠泊。

10月22日　通洋公司召开划转工作宣布会,公司正式划转至重庆高速集团旗下的通力公司,市公路事务中心相关部门负责人、高速集团相关部门负责人、通力公司负责人、车渡站负责人、通洋公司全体员工参会并见证。

10月28日　铜元局应急救援中心全体职工参加"心肺复苏"学习培训。

11月11日　刘发文任重庆市公路事务中心组织人事处处长,免去车渡站党委书记职务。

11月23日　车渡站采购的应急救援冲锋艇"车渡003""车渡005"正式交付,投入运营。

11月27日　车渡站的"渝救援113"轮和"渝路107"轮,参加2020年重庆市水上交通应急救援综合演习。此次演习共有重庆市地方水上系统21家单位、各类船舶23艘、200余人参加。

12月11日　车渡站在江南体育馆举办2020年职工运动会,站机关、队(中心)职工152人参加。

12月14日　车渡站模拟实战,开展战备渡口紧急启用训练。派驻港船舶"公路101"轮拖带"公路4号"车驳火速将积压在九渡口战备渡口的车辆装船运送至鱼洞战备渡口、吊儿咀战备渡口,完成船舶停靠渡口及车辆上下船舶等训练。

同日　车渡站"渝救援113"轮、"渝路107"轮组成的巡航拉练编队,从储奇门应急救援中心启航,执行长途拉练任务。

12月21—29日　车渡站站长段炳俊、副站长陈军带队对各队(中心)开展元旦节前安全检查。

12月23日　车渡站召开党员大会,进行支部换届选举。唐福军当选为支部书记,李世姿为组织委员、纪检委员,罗开胜为宣传委员。

12月25日　车渡站在李家沱战备码头开展2020年职工技能大比武,设船舶应急救援缆结、消防水带应用、消防救火3个项目,共60余人参加。

12月28日　车渡站纪委书记曾晓富带领办公室、人事科相关人员,到储奇门应急救援中心检查工作,开展元旦节前廉政提醒。

12月　车渡站铜元局码头、三胜公路服务站的充电桩投入使用。车渡站按照"零利润"价格提供充电服务,为新能源车解决充电难题。

同月　车渡站开展为期1个月,主题为"强信念、学榜样、倡廉洁,树新风"的党风廉政建设宣传月活动。

第一章 组织机构

第一节 机构沿革

一、机构变迁

1935年6月,川黔公路通车。为使成渝、川黔公路衔接,方便重庆长江两岸车辆往来,同年8月四川省公路局设海棠溪汽车渡口,配备专职人员。同年10月,海棠溪渡口与北岸的储奇门渡口相接,形成储海渡,时属交通部西南公路局第一总段管辖。储海渡为重庆市第一个汽车渡口。

1938年10月,设娄九渡,由交通部公路总局五区公路工程管理局管辖。

20世纪30年代,储海渡、娄九渡由四川省公路局批准设管理员1人,负责渡口码头、船划设备养护,以及人事及渡运安全的维护工作。

1941年2月,四川省公路局设置海棠溪车站娄九车渡指挥所,驻娄溪沟;设置海棠溪车站海储车渡指挥所,驻海棠溪。分派必要人员于九龙坡、储奇门办理登记事宜。车渡指挥所受海棠溪车站司令、重庆车站司令指挥,并统一于2月16日改组成立❶。

同年4月,中渡口与石门正式设渡,称石门渡(时名"重庆嘉陵江渡口"),属交通部公路总局五区公路工程管理局工务第二总段汉渝路工程管理处管辖。

1945年,江北石门、重庆储海、娄九渡均设有渡口管理所。渡口管理所设所长1人、办事员2人、助理员1人,均由交通部公路总局五区公路工程管理局委派,呈交公路总局备案。

1946年4月,石门渡由交通部公路总局五区公路工程管理局接管,隶五区公路工程管理局工务第三总段。

1951年,储海渡、娄九渡、石门渡改隶重庆市建设局。

1952年,储海渡、娄九渡、石门渡改隶川东行署交通厅。同年,重庆市政府公用局成立,主要对重庆市内交通行业行使行政管理职能,其中包括制定渡口以及木船渡运、兽力托运等水陆搬运装卸行业管理法规并加以业务督导。

1953年,储海渡与石门渡合并成立渡口管理所,为重庆市政府公用局管辖的事业单位。

1954年3月,重庆市政府将公用局改名为重庆市交通运输管理局,管理范围包含渡口、渡船。

---

❶ 后方勤务部《呈报裁撤管理站改设军运车辆指挥所车渡指挥所》(三月调字第一二四七号)。

1961年4月3日,重庆市交通运输管理局车渡管理站(以下简称车渡站)成立,由市路河养护总段❶领导(〔61〕交办字第5-063号)。先后将李家沱—九龙坡、储奇门—海棠溪、中渡口—盘溪、鱼洞溪—吊儿咀、三胜庙—土沱、北碚—黄桷树等公路汽车渡口纳入统一管理,统一调配设备、人员,统一使用技术力量,统一维修。

1962年12月20日,重庆市交通局将市水上运输公司调整为重庆市轮渡公司和重庆市水上运输公司。将市公路养护总段领导的车渡管理站划归重庆市轮渡公司领导,实行单独核算,各负盈亏。但车渡管理站的经费开支仍按省的规定,由市公路养路总段在养路费中统一计划上报和拨付(〔62〕会办字第351号)。

1964年5月,根据省厅川交〔64〕路字第56号文件指示,重庆市交通运输管理局将车渡管理站移交重庆市公路养护总段管理。

1968年10月16日,车渡站革命委员会成立。

1976年1月12日,重庆市交通运输管理局革委会下发《关于重申重庆市车渡管理站领导关系的决定》(渝交革〔76〕字第012号),重申:从1976年1月9日起,重庆市车渡管理站党、政关系,全部由重庆市公路养护总段直接领导。

1998年9月,重庆市公路局正式挂牌成立,重庆市车渡管理站为市公路局直属机构,主要负责重庆市各个战备渡口的具体管理和汽车渡运工作,继续负责收取车辆过渡费。

2019年12月31日,重庆市公路事务中心挂牌成立。该中心为重庆市交通局管理的副局级公益一类事业单位,其前身为重庆市公路局。重庆市车渡管理站隶属重庆市公路事务中心。

2020年12月,重庆市车渡管理站隶属关系未变,系重庆市公路事务中心直属公益一类正处级事业单位,是重庆市主城区唯一的车渡管理单位。管辖储(奇门)海(棠溪)渡、菜(园坝)铜(元局)渡、李(家沱)九(渡口)渡、鱼(洞)吊(儿咀)渡、中(渡口)石(门)渡、三(胜)土(沱)渡、北(碚人民路)黄(桷树)渡共7个公路战备渡口,三(胜)土(沱)公路渡仍在渡运。站办公地点:南岸区四公里学府大道5号。

附录　后方勤务部三月调字第一二四七号文

1941年5月2日,国民政府军事委员会军政部长何应钦同意"军运车辆指挥所、车渡指挥所编制表"。随同该表附送"后方勤务部三月调字第一二四七号"文,说明该编制表的缘由:1940年12月11日,办制渝字第2153号训令提出裁撤储奇渝歌两段公路交通管理处,所遗下业务改由川桂、川陕两线区承担施行。管理处12月底撤销并在上年12月20日记录备案(勤渝癸第五六九二号)。以运输统制局规定,1941年2月1日起统一检查机构,川桂公路上原保留的黄山支路口、杜市、百节、娄梯沟各管理站,储奇门、九龙坡各派出所,川陕公路上原保留的山洞、歌乐山、小龙

---

❶1960年,重庆市公路路河养护总段成立,1962年更名为四川省重庆市公路养护总段。

坎、浮图关各管理站已无存在必要,该线区的上列各管理站、派出所一律于2月15日撤销。但各重要岔路口及各重要渡口仍须设置。军运车辆指挥所及车渡指挥所办理军运车辆指挥、登记、过渡等事宜。同时决定,川桂公路重庆南岸八公里岔路口为分赴娄溪沟及海棠溪的重要岔路口,管理站已令改设海棠溪车站八公里岔路口军运车辆指挥所;川桂公路娄溪沟及对岸九龙坡、海棠溪及对岸储奇门各码头均为重要渡口,已令设置(甲)海棠溪车站娄九渡指挥所,所址驻娄溪沟,分派必要人员于九龙坡办理登记事宜。(乙)海棠溪车站海储车渡指挥所,所址驻海棠溪,分派必要人员于储奇门办理登记事宜;川陕公路新桥为分由小龙坎入市及浮图关过江的重要岔路口,浮图关为分由浮图关入市及九龙坡过江的重要岔路口,原有新桥管理站已令改设重庆车站新桥军运车辆指挥所,分派必要人员于浮图关岔路口办理登记事宜;为避免与检查名称发生混淆,前请准予海棠溪重庆两车站司令办公处各增设的少校督察长1名,上尉督察员2名,一律改为服务员;各军运车辆指挥所、车渡指挥所依照实际需要设主任、助理员、文书、上士传达兵、炊事兵各若干名,办理指挥、登记业务,重庆车站新桥军运车辆指挥所、海棠溪车站娄九、海储两车渡指挥所均适用甲种所编制表。海棠溪车站公路岔路口适用乙种所编制表(编制表附后);以上各军运车辆指挥所、各车渡指挥所均分别受海棠溪车站司令、重庆车站司令指挥,并统一于2月16日改组成立。

二、机构人事(行政)

1961年4月,重庆市交通运输管理局车渡管理站成立。第一任站长兼书记刘功举,副站长杨少华。

1966年"文化大革命"开始后,车渡站由吴意、李明华、李绍云、张青4人为主,成立"车渡红浪纵队"。起初由吴意、李明华负责,其后不久由李绍云、张青负责。4人脱产抓"车渡红浪纵队"日常工作。具体组织指挥及勤务人员有:李绍云、张青、吴意、李明华、谢觉海、田丰轩、周世胜。

1967年下半年,市交通局撤销刘功举党内外职务,宣布由副站长杨少华负责车渡站全面工作,李绍云分管政工,邱少文分管生产,吴意、谢觉海、张青、李明华为勤务员。随着市委被夺权后,"车渡红浪纵队"分为两派,共同管理车渡各项工作,刘富国负责政工,邱少文负责生产。

1968年下半年,"车渡红浪纵队"成立大联委,由9人组成,杨少华、刘富国、邱少文为生产指挥组主要成员。

1968年10月16日,车渡站革命委员会成立,杨少华任主任,刘富国、邱少文任副主任,委员有胡荣辉、田丰轩、谢觉海、周世胜、彭安君,张青为民兵代表。革委会成立后,军宣队进驻车渡站,宣布造反派代表原则上都回到原来的生产岗位,邱少文(原职务为水手长)、刘富国(原职务为司机)回到航线,仍保留革委会副主任职务。

1970年10月,解放原干部刘功举(原站长)、肖光常(原书记)。肖光常任革委会主任,刘功举、杨少华、邱少文、刘富国为副主任。

1975年6月7日,提唐孝荣为车渡站革委会副主任。同年11月20日,免去唐孝荣车渡站革委会副主任职务。

1980年1月12日,经市公路养护总段党委研究同意,刘功举任车渡站站长。

1983年3月1日,杜真德任车渡站副站长。

1984年5月15日,市公路养护总段通知:朱辉全任车渡站站长;张洁茂任车渡站副站长;免去刘功举车渡站站长职务,改任车渡站调研员;免去杜真德车渡站副站长职务;免去朱辉全车渡站副站长职务。

同年12月15日,市公路养护总段通知:黄佐贵任车渡站副站长,免去张洁茂车渡站副站长职务。

1985年9月5日,重庆市公路养护总段下发《关于下放权力的暂行办法》,规定:干部任免方面,站的党政正副职、工会主席由总段党委任命和管理,在任免行政正副职时应征求总段行政意见。站、厂、库的股室负责人,可由所在单位的党支部在征求行政意见后,集体讨论决定。站在总段核定编制定员内的缺岗人员可严格按干部"四化"(革命化、年轻化、知识化、专业化)要求,经过考试从优秀工人中招聘,招聘期为两年,如确能胜任,可以续聘。应聘人员在应聘期内享受干部同等待遇。解聘后回应聘前的工作岗位,不保留干部待遇。招聘方案及人数报总段批准后执行。人事管理方面,工人的调动,在总段各分段、站、厂、库的相互对调,经调出调入单位双方协商同意,并分别签署意见后,由总段劳工科办理手续;总段范围内的单调和总段范围外的调进调出,由总段审定并按规定手续办理。

1989年3月,刘定强任车渡站副站长。

1989年12月,鄢忠利任车渡站站长。

1995年8月18日,聘任陈文安为车渡站站长,免去陈文安车渡站副站长职务,免去鄢忠利车渡站站长职务。

1997年11月3日,聘任巫力豹为车渡站站长(试用期一年,正科级),聘任邓淮为车渡站副站长(试用期一年,副科级);免去陈文安车渡站站长职务。

1998年9月10日,巫立豹任车渡站站长(正科级),邓淮任车渡站副站长(副科级)。

2002年8月,邓淮任车渡站站长。

2009年12月18日,符冠荣任车渡站副站长(正科级),免去杜志坚车渡站副站长职务(另有任用)。

2012年2月17日,免去邓淮车渡站站长职务,改任市公路养护管理段段长(副处级)。同年3月20日,经中共重庆市公路局委员会研究决定,蓝川任车渡站副站长(正科级,试用期一年)。

2013年4月1日,蓝川任车渡站副站长(正科级)试用期满,按期转正,试用期计入任职时间。同年5月16日,符冠荣任车渡站站长(副处级),试用期一年。同年8月5日,黎峰任车渡站副站长(正科级)。

2014年2月19日,免去黎峰车渡站副站长职务。同年11月17日,陈军任车渡站副站长,免去蓝川车渡站副站长职务。

2017年8月22日,市交通委员会党委决定:免去符冠荣车渡站站长(副处级)职务。9月11日,市公路局党委研究决定:免去符冠荣车渡站站长职务。同年10月31日,段炳俊任车渡站站长。

至2020年底,车渡站站长为段炳俊,副站长为陈军。

1961—2020年重庆市车渡管理站历任行政领导见表1-1。

1961—2020年重庆市车渡管理站历任行政领导名录　　表1-1

职务	姓名	任期	备注
站长	刘功举	1961.04—1967	车渡站首任站长兼书记
	杨少华	1967—1970.10	1967年下半年,由杨少华负责车渡站全面工作。1968年10月车渡站革委会成立,负责人称革委会主任
	肖光常	1970.10—1979.12	革委会主任
	刘功举	1980.01—1984.05	
	朱辉全	1984.05—1989.12	
	鄢忠利	1989.12—1995.08	
	陈文安	1995.08—1997.11	
	巫立豹	1997.11—2002.08	
	邓　淮	2002.08—2012.02	
	符冠荣	2013.05—2017.09	
	段炳俊	2017.10—	
副站长	杨少华	1961.04—1967	
		1970.08—1984.05	革委会副主任、副站长
	刘功举	1970.08—1979.12	革委会副主任、第一副站长
	朱辉全	不详—1984.05	
	杜真德	1983.03—1984.05	
	张洁茂	1984.05—1984.12	
	黄佐贵	1984.12—不详	
	鄢忠利	1987.08—1989.12	
	陈文安	不详—1995.08	
	刘定强	1989.03—2002.04	
	邓　淮	1997.11—2002.08	
	杜志坚	2007.12—2009.12	
	陈永明	2007.12—2008.10	
	符冠荣	2009.12—2013.05	2012年2月起主持站行政工作
	蓝　川	2012.02—2014.11	
	黎　峰	2013.08—2014.02	
	陈　军	2014.11—	

第二节 机构职责

重庆市车渡管理站,是重庆市主城区唯一的车渡管理单位。主要职能包括车辆渡运服务、公路渡口管理、水上应急救援、公路抢修、公路检测、战备应急保障等,是保障水上公益渡运、水上交通应急救援的成员单位。

根据《公路渡口管理规定》(交通部1990年11号令)和重庆市机构编制委员会渝编〔1998〕38号文件精神,以及重庆市公路局赋予的职责,车渡站主要负责重庆市主城区各公路渡口的管理、建设、维护,科学合理安排运力,确保连接国(省)道断头公路"活桥梁"的安全畅通,保障国家在紧急状态下对交通运输应急应变的需要。主要职能有:严格遵守和贯彻有关安全法规和上级关于安全工作的指示,加强安全和设备管理,搞好渡运生产,确保渡运安全畅通;负责码头引道的路政管理,维护路产路权;负责战备码头的管理与维护,保证随时应急需要;负责过渡费的征收工作,严格执行征收标准,保证过渡费及时足额上缴;完成上级交办的其他任务。

2012年9月28日,车渡站拟定主要职责任务:主要负责重庆市主城区各公路渡口的管理、建设和维护;履行车辆渡运公益职能,确保公路"活桥梁"的安全畅通;保障国家在紧急状态下对交通运输应急应变的需要。

2015年,车渡站重新拟定站职责任务。主要职责有:开展车辆渡运服务工作。主要包括车辆日常渡运、船舶维护保养等工作;开展公路渡口管理工作。主要包括主城区公路战备渡口的管理、建设和维护等工作;开展水上、公路应急抢险工作。主要包括水上应急抢险、公路抢修、公路检测等工作;开展战备应急保障工作。主要保障在战争和紧急情况下人员、物资、设备的运送等工作。

附录一 重庆市车渡管理站站长职责

1. 在市公路局领导下,主持全站日常工作。
2. 以"安全畅通、优质服务"为宗旨,团结和带领全站职工,全面完成各项工作任务。
3. 负责主持编制全站工作计划并组织实施完成。
4. 负责处理涉及全站的重大问题。
5. 坚持民主集中制原则,做到务实、高效、勤政、廉洁。
6. 坚持科学管理,认真做好单位改革、稳定工作。
7. 坚持解放思想,与时俱进,不断探寻单位发展新路子。
8. 完成上级领导交办的其他工作。

附录二 重庆市车渡管理站副站长职责

1. 协助站长管理全站行政事务。
2. 以"安全畅通、优质服务"为宗旨,全面完成各项工作任务。

3.坚持民主集中制原则,做到务实、高效、勤政、廉洁。
4.做好分管科室及部门的管理工作,坚持科学管理。
5.站长离职期间,代行站长职责。
6.完成领导交办的其他工作。

第三节　内设机构

一、概述

1977年4月6日,重庆市车渡站革委会下发《重庆市车渡站行政职能岗位责任制》,车渡站设置股室有劳工股、安全股、技术股、材料供应股、计划统计、业务调度股、财务股、总务、医务室。

1982年8月,车渡站设置秘书、行管股、业调股、劳工股、技术股、安全股、供应股、财务股。

1998年9月14日,车渡站行政管理部门共设五科一室,具体是:安全保卫科、机料科、劳工科、财务科、行管科,行政办公室(与收费办公室、路政中队办公室合并办公,分别挂行政办公室、收费办公室、路政中队牌子)。

2020年6月8日,经重庆市公路事务中心党委会审议,车渡站内设机构有:办公室(信访工作办公室)、组织人事科、财务科、资产法规科、安全应急科、渡口建养科、机务科。

附录　1977年4月6日,车渡站革委会曾设置技术股、计划统计股、业务调度股、总务股、医务室,后撤销

技术股。技术股的主要职责:贯彻自力更生方针,搞好机务技术管理工作,保证船驳、机具完好出勤,提高船驳、机具设备使用率。具体职责:编制船、驳、跳的大中修造计划,做好监修、验收工作;组织群众认真贯彻技术责任制和有关维修保养、技术操作规程及有关技术材料方面的规章制度。进行例行保养的督促、检查,保证船、驳、趸完好出勤;建立和管好技术档案,督促各船认真做好机务原始记录,做好船、驳机具设备的报废、新增的审定工作;组织技术学习,培养技术骨干,开展技术教育,提高职工技术水平。配合航政局与站上劳工部门进行职工技术年审、技术鉴定、职务提升、换取技术执照等工作;组织群众开展技术革新、技术革命和创造发明等活动;配合安全部门进行技术安全检查,并对事故中的技术责任进行分析处理;处理有关机务技术方面的往来文件和日常事务,解决有关机务技术方面的纠纷,填报有关技术方面的报表。

计划统计股。计划统计部门具体职责:发动群众,准确、及时、留有余地地编制全站各项计划,经常配合有关部门检查各个计划项目的情况,督促计

划的实施。在特殊情况下,负责计划的调整、追加工作;做好各项统计工作,按月汇总,管好统计资料,按月向领导提供准确的统计数字;负责大中修工程的检查验收工作,并会同机务技术部门落实计划修理项目。

业务调度股。业调部门的主要职责:负责生产方面的组织管理工作,以促进安全快渡。具体职责:编制船、驳、车出勤计划;管好、用好生产设备,协助技术等有关部门,做好生产上固定资产的登记、建档;切实掌握车辆流向流量,加强与车方联系,督促、领导各渡口业务调车人员,按渡口管理规则规定的过车次序,灵活、合理地调度车辆,保证车辆及时安全过江,妥善处理执行特殊任务的车辆优先过江问题;严格贯彻执行调度命令,保证船舶汽车正常生产;负责码头大中修工程和使用,并负责开辟新码头的调查研究工作;处理业务调度计划统计等方面的日常事务,往来公文、业调纠纷。

总务股。总务部门的主要职责是搞好职工生活和后勤供应,具体职责:负责全站办公费用的计划管理,购置和管好办公和清洁用具,以及办公室的固定资产,保证办公室的水电供应(如供应灯泡灯管、开水牌子、水管修理等),负责全站房屋的管理、分配、修缮、收费(包括水电)等工作;负责对职工伙食团进行管理;负责报刊的订阅;安排会议生活,如办理会议伙食,安排会议人员住宿等等;负责外来人员(如支援的零工、联系工作人员)的住、食安排;负责行政人员工资的领取;负责职工票证的领发,购买分配物资,管好集体户口;协助医务室解决重病职工住院治疗问题和配合工会有关部门探望生病员工;负责处理总务方面的日常事务和往来公文。

医务室。医务室的主要职责:救死扶伤,发扬革命的人道主义,防治疾病,保证职工健康。具体职责:建立并执行医疗卫生制度,处理职工医疗卫生事宜,方便群众看病吃药;掌握职工医疗状况,采购、保管药品;处理职工外诊问题;解决重病职工住院问题;负责职工夏冷药品和常用药品(如红药、碘酒、感冒药等)的供应;负责与有关医疗单位保持联系,以便解决重大的医疗问题;向群众有重点、有时令地宣传疾病预防的知识,宣传计划生育;与有关医疗单位融合,培训卫生员,开展群防群治;配合劳工部门,负责职工定期体检;处理医务日常工作和往来公文。

二、机构简介

(一)办公室(信访工作办公室)

1977年4月,车渡站革委会设置有秘书岗位,主要协助站长、副站长处理日常站务工作。

1982年8月,车渡站设置秘书,主要职责是协助站行政领导处理日常站务工作。

1991年1月7日,原行政办公室撤销,分设行管股和办公室。王永丰任办公室负责人,周光华任行管股负责人;免去刘光喜行政办公室主任职务。

1998年9月14日,车渡站任命刘光喜为行管科科长,王永丰为行政办公室主任。

1999年10月9日,蓝川任行政办公室主任,免去王永丰行政办公室主任职务。

2002年9月4日,曾晓富任办公室主任。

2012年5月15日,唐福军任办公室副主任。同年11月26日,曾晓富不再兼任办公室主任职务。同年12月2日,唐福军任办公室主任。

2016年11月14日,谢静任办公室副主任。

至2020年12月,办公室主任为唐福军,副主任为谢静。负责站日常运转,包括文秘、会务、值班、公文处理、机要、保密、档案、督办工作。负责后勤服务工作。承担站思想政治建设、宣传和精神文明建设工作。负责有关综合性材料起草工作。负责站纪检工作。负责站信访稳定工作。

附录一 办公室工作职责

1.协助站领导协调处理站机关事务和全站的渡运生产,掌握综合情况。联系协调各部门之间的工作。

2.起草站的重要报告、综合性文字材料,及时编写半年、年度工作总结。

3.负责重要会议的组织协调工作。组织安排站安全生产会和办公会议,收集印发整改意见,检查、催办各职能部门的执行情况。

4.负责文秘、信息、机要、保密、信访、文书档案工作。负责对外接待工作。

5.负责站机关后勤事务管理工作。负责全站职工住房、码头引道、渡工房、办公用房的管理维修工作。

6.完成领导交办的其他工作。

附录二 办公室主任岗位职责

1.协助站领导指挥好全站的渡运生产,掌握综合情况。安排站安全生产会和办公会议,检查、催办各职能部门的执行情况。联系协调各部门之间工作。

2.综合各方面情况,及时编写半年、年度工作总结等各种综合性文字材料。

3.负责对外接待工作,做好信访与保密工作。

4.管理单位印章,正确使用印章,坚持印章的使用登记和签字制度。

5.管理办公自动化系统,逐步提高工作效率。

6.完成领导交办的其他工作。

(二)安全应急科

1977年4月,车渡站设置安全股。主要职责是贯彻执行党的预防为主的安全生产方针,减少或避免一切事故,确保渡运安全质量。

1986年7月29日,车渡站保卫机构组建为保卫股。

1991年5月,邓淮任安全科科长。

1995年7月1日起,车渡站安全办公室、保卫科试行合署办公,统称为安全保卫科,邓淮任科长。同年12月5日,取消安全、保卫科合署办公,恢复保卫科,蹇锡伟任科长,凯维生任保卫干事。

1998年9月14日,郭廷忠为安全保卫科科长。

2006年4月25日,罗开胜任安全(保卫)科副科长。

2011年4月15日,罗开胜任安全(保卫)科科长(副科级)。

2020年6月,安全(保卫)科更名为安全应急科,科长罗开胜。负责站安全管理工作。负责开展应急救援演练,组织实施应急救援。

附录一 安全(保卫)科工作职责

1.认真贯彻执行党和国家关于安全生产与内保工作的方针、政策、法规,制定和完善单位内部安全管理、治安保卫的规章制度。

2.负责全站安全生产、治安保卫的日常管理工作,组织开展安全检查,督促各项安保规章制度的贯彻落实,督促整改安全隐患,保障和维护正常的生产、工作秩序。

3.做好安保内业管理工作,建立健全相关档案资料,配合有关部门做好技术船员和特种作业持证人员的安全培训、考核任用工作。

4.编制安全技术措施计划;制定安全事故防范措施;负责职工劳保用品计划编制与审核发放;参与船舶新(改)建、大(中)修工程安全技术项目的审查、验收工作。

5.负责全站防盗、防爆、防破坏、防火灾暨灾害性事故的预防工作;负责对职工进行遵纪守法与安全生产教育,组织开展安全活动;负责汽驾与特种作业人员的安全管理;对队、厂安全员的日常工作进行业务指导。

6.当发生大的安全事故、内部治安案件或突发性事件时应立即赶赴现场组织开展或协助配合有关部门实施抢险、排危与救助工作,以防止扩大事态及经济损失,并按照有关规定进行处理。

附录二 安全(保卫)科科长岗位职责

1.认真贯彻落实"安全第一,预防为主"的方针,负责全站安全生产的监督、管理和治安保卫工作,防范安全事故和治安案件的发生。

2.根据上级下达的安全工作目标任务,拟定全年及不同季节、水位期的安全工作要点,以指导站属各单位的安全生产工作。

3.编制安全技术措施计划,参与船舶新(改)建、大(中)修工程安全技术项目的审查、验收工作。

4.负责对职工进行遵纪守法与安全生产教育,组织开展安全检查和安全活动,对队、厂安全员的工作给予业务指导。

5.关注安全生产中出现的新情况、新问题,及时提出应对措施,消除安全隐患,当有特殊作业任务时,亲赴现场提供安全技术保障。

6.当发生大的安全事故或突发性事件时,应立即赶赴现场组织或协同有关部门实施抢险、排危与救助工作,以防止扩大事态及经济损失。

附录三 安全(保卫)干事岗位职责

1.在单位党、政领导和上级公安机关的领导下,认真贯彻国家法律、法规和党的方针、政策,搞好单位内部安全保卫工作,维护正常的生产、工作秩序。

2.负责单位内部治安管理,制定落实防范措施,负责查处内部治安案件,做好违法人员的帮教、转化工作,预防和减少违法犯罪。

3.开展敌情、社情的调查研究,掌握治安情报信息,及时向上级有关部门和领导反馈有关情况,并做好保密工作。

4.抓好消防管理、监督、检查工作,制定消防管理措施,落实责任,防止火灾事故的发生。

5.配合有关部门开展安全检查和安全活动,做好有关记录,搜集、整理、汇总有关文档资料,负责科室内业管理工作。

6.负责航道公报、航行通告、水情预报或灾害性气象预报等安全信息的接收和及时传递,并督促有关部门和船舶采取相应的安全措施以防范事故发生。

(三)机务科

1977年4月,车渡站设置材料供应股。主要职责是贯彻增产节约的方针,按需采、供、用、妥善保管,保证物资供应,以满足生产需要。

1998年9月14日,车渡站设置机料科,曾晓富任机料科科长。

2002年9月4日,邓孝渝任机料科科长。

2011年4月15日,彭明涌任机料科科长(副科级),免去邓孝渝机料科科长职务,改任机料科副科长,协助科长处理部门日常事务工作。

2016年4月11日,免去彭明涌机料科科长职务。同年11月2日,刘朝荣任机料科副科长职务(原职级不变)。同年11月14日,许森德任机料科负责人(享受部门副职待遇)。

2017年12月25日,许森德任机料科负责人试用期满,按期转正,试用期计入任职时间。

2020年6月,机料科更名为机务科,负责人为许森德。负责站船舶建造、改造及管理工作。负责站生态环境保护和节能减排事务工作。负责站项目预算的编制工作。

附录一 机料科工作职责

1.根据国家和上级主管部门颁发的有关机械设备的技术方针、技术标准、技术规范和各项管理制度,制定全站机务设备和材料的管理办法,督促、检查和指导各队(厂)及单车单船的机料工作。

2.管理全站所属船舶、车辆、机具设备,制定机械设备的购置计划,对新购设备进行验收、调整分配。办理设备的调拨、封存、启用、调度、维护保养、大中修计划、改型、技术改造、报废及处理工作,并按规定上报主管部门。办理船舶、车辆的检验和延期手续。

3.编制船舶(拖轮、车驳、跳船、趸船)、车辆和其他设备的大、中修工程计划和预决算。安排全站各项维修工程(项目审核、下达工单、组织施工)并督促完成。在工程施工中实行全面质量管理,保证修造质量达到有关技术规范的要求,并负责组织有关部门对工程检查验收和上报。

4.处理有关调度、机务设备技术、能源、材料等方面的往来文件和日常事务,解决有关调度、机务设备技术、能源、材料等方面的纠纷。协助有关部门制定技术培训计划,对职工进行技术教育、技术培训。协助有关部门做好职工的技术年审、技术鉴定、职务提升。配合安全部门进行技术、安全检查,并对事故中的技术责任,进行分析、鉴定、处理。

5.建立和保管船舶、车辆及其他设备固定资产的技术档案和维修保养资料。管理与统计全站船舶、车辆日常油耗、机具设备运行情况和渡运量,及时准确填报相关报表。保质保量,及时、准确采购大、中修和维修工程材料,确保库存物资账账相符,账物相符。

6.完成领导交办的其他任务。

附录二　机料科科长岗位职责

1.根据国家和上级主管部门颁发的有关机械设备的技术方针、技术标准、技术规范和各项管理制度,制定全站机务设备和材料的管理办法,督促、检查和指导各队(厂)及单车单船的机料工作。

2.管理全站所属船舶、车辆、机具设备,制定机械设备的购置计划,对新购设备进行验收、调整分配。办理设备的调拨、封存、启用、调度、维护保养、大中修计划、改型、技术改造、报废及处理工作,并按规定上报主管部门。办理船舶、车辆的检验和延期手续。

3.编制船舶(拖轮、车驳、跳船、趸船)、车辆和其他设备的大、中修工程计划和预决算。安排全站各项维修工程(项目审核、下达工单、组织施工)并督促完成。在工程施工中实行全面质量管理,保证修造质量达到有关技术规范的要求,并负责组织有关部门对工程检查验收和上报。

4.处理有关调度、机务设备技术、能源、材料等方面的往来文件和日常事务,解决有关调度、机务设备技术、能源、材料等方面的纠纷。协助有关部门制定技术培训计划,对职工进行技术教育、技术培训。协助有关部门做好职工的技术年审、技术鉴定、职务提升。配合安全部门进行技术、安全检查,并对事故中的技术责任,进行分析、鉴定、处理。

5.负责本站科学技术创新工作,积极采用先进技术和先进操作方法,作好科研成果的收集、整理、上报工作和技术交流工作。

6.带领全科保质保量,按时完成各项工程项目计划和上级领导交办的其他任务。

附录三　材料管理员岗位职责

1. 认真贯彻执行国家有关物资能源的方针、政策,模范遵守国家的法律、法规。
2. 认真学习业务知识,及时准确采购大、中修和维修工程材料,对船舶配件材料及时供给、合理储备。
3. 认真作好材料统计工作,仔细填报好相关报表,确保库存物资账账相符,账物相符。
4. 严格遵守易燃、易爆、有毒物资的保管和储运规定,制定好切实可行的安全措施,严防事故发生。
5. 对涉及安全渡运生产的物品不拖压,保证质量及时供应。
6. 及时回收废旧材料和包装品,废旧材料处理的资金,按规定交回站财务。

(四)资产法规科

1998年9月14日,车渡站行政管理部门设有收费办公室、路政中队办公室,与行政办公室合并办公。

2002年9月4日,周光华任路政(收费)科科长。

2017年6月12日,免去周光华路政(法规)科科长职务。同年7月10日,樊莉果任车渡站路政(法规)科负责人(主持工作)。

2020年6月,路政(法规)科更名为资产法规科,科长为樊莉果。承担站国有资产管理工作。负责所属公路渡口路产路权维护、巡查工作;承办站有关法律事务工作。

附录一　路政(收费)科工作职责

1. 贯彻执行路政法律法规和战备公路渡口的相关规定,维护公路渡口的路产路权,保证渡口功能完整。
2. 加强公路渡口的上路巡查,确保公路渡口的安全畅通。
3. 在职权范围内审批公路渡口范围内的挖掘、临时占用公路和公路用地,并对其实施行为进行监督检查。
4. 严格贯彻执行重庆市公路路政管理总队所规定的"路政人员六不准"。
5. 严格按照重庆市物价局、重庆市财政局、重庆市交通委员会制定的过渡费征收标准征收过渡费,并做好收支两条线的解缴工作。
6. 负责过渡票的领用、保管、发放工作。
7. 负责对收费人员的票、款、账进行稽查,对违规违纪者按照规定进行严肃处理。
8. 定期组织路政、收费人员培训学习,不断提高政治素质和业务素质。
9. 负责受理、调查和处理路政、收费方面的投诉和举报。

附录二　路政(收费)科科长岗位职责

1. 宣传贯彻执行公路路政管理法律、法规,定期组织路政、收费人员进行业务培训。

2.按照《公路法》《重庆市公路路政管理条例》和战备公路渡口的相关规定,维护路产路权,防范和查处非法侵占公路渡口范围内的违法行为。

3.根据路政法律法规,在职权范围内审批确因建设需要而占用和挖掘公路、公路用地及公路附属设施,按规定征收规费。

4.组织路政人员对公路渡口的上路巡查,确保公路渡口的安全畅通。

5.根据上年度过渡费征收完成情况,拟定过渡费征收计划。开展优质服务工作,确保全年过渡费征收任务的完成。

6.加强过渡费征收工作的管理,不定期对收费人员的票、款、账进行稽查。

7.负责受理、调查和处理路政、收费方面的投诉和举报。

附录三　路政(收费)管理员岗位职责

1.宣传贯彻执行公路路政管理法律、法规和战备公路渡口的相关规定。

2.依法查处、制止破坏和侵占公路渡口及附属设施的违法行为。

3.办理占用和挖掘公路、公路用地及公路附属设施的审批手续。

4.负责路政、收费文件的收发和文书档案管理工作。

5.不定期对收费人员的票、款、账进行稽查。

6.完成领导交办的其他任务。

(五)财务科

1977年4月,车渡站设置财务股,主要职责是贯彻执行节省开支、支援建设的方针,搞好全站财务管理,为生产服务。

1982年8月,车渡站设置财务股,主要职责为贯彻执行节省开支,支援建设的方针,坚持财务制度,履行财务监督,管好、用好各种费用,为站的生产和职工生活做好服务。

1998年9月14日,丁瑶任财务科科长。

2012年8月27日,彭敏任财务科副科长(主持工作)。同年12月2日,彭敏任财务科科长(副科级,试用期一年)。

2014年3月7日,彭敏任财务科科长(副科级)试用期满,按期转正,试用期计入任职时间。

至2020年12月,财务科科长为彭敏。负责站预决算、会计核算、财务管理、政府采购管理等工作。

附录一　财务科工作职责

1.贯彻执行党和国家的财经方针政策和财务会计制度,严格遵循《会计法》《会计基础工作规范》《公路养护会计制度》的规定。

2.建立健全内部控制制度,实行财务监督,妥善处理各方面的经济关系。

3.做好财务日常基础核算工作;及时编制、报送各种财务报表,保证各项财务数据真实、准确。

4.指导各队的财务工作,协助收费办公室管理好票据及账务。
5.协助各部门工作,做好固定资产、各项物资管理。
6.定期向领导汇报财务状况,完成领导交办的其他工作。

附录二　财务科科长岗位职责

1.健全内部控制制度,完成财务监督,妥善处理各方面的经济关系。
2.对各项经济活动进行严格的核算和监督;参与经营管理决策,拟定审查单位相关制度和文件。
3.按照有关规定,及时合理地组织并控制各项经费使用情况。
4.及时准确地编制各种会计报表。
5.做好固定资产、物资管理工作。正确处理各项基金的提存、使用和管理。
6.定期、及时、准确地向领导汇报财务情况,提出合理化建议,完成领导交办的其他工作。

(六)组织人事科

1977年4月,车渡站设置劳工股。主要职责是贯彻党的合理安排,节约使用劳动力的方针,执行劳动工资政策,调动职工积极性,做好安全快渡。
1982年8月,车渡站设置劳工股,主要职责包括劳动工资和劳动保护。
1998年9月14日,陈云炼任劳工科科长。
1999年3月26日,蹇锡伟任劳工科科长,免去陈云炼劳工科科长职务。
2002年9月4日,李世姿任劳工科科长。
2016年,劳工科更名为人事教育科。
2020年6月,人事教育科更名为组织人事科,科长为李世姿。承担站党的建设、队伍建设工作。承担站干部人事、劳动工资、机构编制工作。负责站离退休人员管理工作。指导所属基层党组织建设和党员管理工作。负责站职工教育培养工作。联系工会、共青团等群团工作。

附录一　劳工科工作职责

1.根据单位工作需要并结合职工的实际情况,合理安排好劳动力组合工作,办理相关工种调剂及工作变动工作。
2.熟悉全站每个职工的工作能力、技术水平、文化程度、特长爱好、身体状况等情况,协助有关部门搞好对职工职务的升降和调整,加强对职工的劳动纪律教育及各种技术培训工作。
3.按照国家有关政策办理职工的工资晋级及福利,办理学工、熟练工的转正定级和职工的退休、退职、招收新工人等工作。
4.贯彻国家及单位的有关工资政策,建立健全劳动工资原始档案依据,并负责劳动工资的核定、管理职工的社会养老保险及失业保险工作、职工住房公积金工作,准确及时地编制劳动工资的月报、季报和年报表等工作。

5.维护劳动纪律,负责对全站职工的劳动考勤监督和核查工作,处理职工的伤、病、事假等问题,结合本单位的实际情况,草拟单位内部的劳动纪律管理规章,同时会同相关部门处理对职工的奖励和纪律处分。

6.加强业务学习,不断提高工作效率和业务水平,指导各队、厂义务劳工员的工作。

附录二　劳工科科长岗位职责

1.认真贯彻执行国家及单位有关劳动、工资的政策。

2.结合单位实际和特点,合理安排劳动力组合,协助领导及有关部门搞好对职工职务的升降和调整及工作变动。

3.草拟单位内部劳动纪律管理的规章制度,并认真加以贯彻和组织进行考核。

4.负责对职工进行遵章守纪的教育,组织职工的技能培训工作,负责职工的继续教育工作。

5.负责处理职工的伤、病、事假等问题,会同有关部门办理对职工的奖励和纪律处分。

6.主持处理本科室的日常事务。

(七)渡口建养科

2020年6月,设立渡口建养科(渝路中心党发〔2020〕20号)。负责所属公路渡口码头及其附属设施的建设、养护和管理工作。负责所属道路设备管理工作。承担站科技技术项目的研究引进、开发应用工作。承担站信息化工作。

第四节　站属机构

20世纪60—80年代,车渡站站属机构除各队(渡口)外,还设置有锚地、油趸、船修厂。1998年9月24日,对站属队(渡口)、厂管理机构重新进行设置,设置鱼吊队、三土队、李九队、船修厂(原锚地、油趸合并为船修厂管理)。2020年,车渡站下设三土队、李九队和储奇门应急救援中心(原船修厂)、铜元局应急救援中心。

一、鱼吊队

1971年7月1日,鱼洞—吊儿咀渡口正式开渡,为车渡站的一个队。

1991年5月17日,免去李蜀渝鱼吊队队长职务。

1993年11月10日,杨怀昌任鱼吊队队长;免去陶强鱼吊队队长职务。

1994年9月20日,站办公会研究决定,任命罗友林为鱼吊队队长,免去杨怀昌鱼吊队队长职务。

1998年5月18日,李蜀渝任鱼吊队队长,免去徐荣贵鱼吊队队长职务。

2002年9月4日,蒋华树为鱼吊队队长。

2005年8月22日,免去蒋华树鱼吊队队长职务,改任船修厂副厂长;罗开胜任鱼吊队队长。

2006年4月25日,罗开胜任车渡站安全(保卫)科副科长,免去其鱼吊队队长职务;张国祥任鱼吊队队长。

2008年7月21日,周光华兼任鱼吊队队长;免去张国祥鱼吊队队长职务(另有安排)。同年12月29日,张国祥任鱼吊队队长,周光华不再兼任鱼吊队队长职务。同年,鱼吊渡口停渡。

2011年10月8日,张国祥任三土队队长,周光华兼任鱼吊队队长;免去张国祥鱼吊队队长职务。

2014年10月9日,叶强任鱼吊队副队长(主持工作),周光华不再兼任鱼吊队队长职务。

2017年6月26日,免去叶强鱼吊队副队长(主持工作)职务,改任铜元局应急救援中心副主任(主持工作)。张国祥任鱼吊队队长。

2018年8月3日,熊华任鱼吊队副队长(主持工作)。

2019年5月27日,恢复李九队,熊华任李九队副队长(主持工作),免去其鱼吊队副队长(主持工作)职务。撤销鱼吊队。

二、三土队

1960年,江北县养路队承建三土渡,该渡口衔接北碚区施家梁到江北县水土镇、静观等公路。同年,三胜土沱渡口开渡。

1962年下半年,江津公路总段接收江北县养路队,并成立江北养路段。三土渡由江北县养路段管辖。

1974年初,三土车渡划给重庆市车渡管理站管理,改称三土队。

1998年9月14日,李长春任三土队队长。

2011年10月8日,张国祥任三土队队长,免去李长春三土队队长职务。

2017年4月25日,刘朝荣兼任三土队队长,免去张国祥三土队队长职务。

至2020年12月,三土队队长未变,为刘朝荣。三土渡仍开展公益渡运。

三、李九队

1938年10月,设置娄九渡。1954年,该渡迁往李家沱,时称李家沱汽车渡,为渡口管理所(1953年石门车渡与海棠溪车渡合并成立渡口管理所)的一个站——李家沱站。1961年,李九渡改称李九队,由重庆市车渡管理站管辖。1997年7月1日,因重庆长江李家沱大桥建成通车,李九渡停渡。渡口由车渡站管理和养护。1998年9月14日,对车渡站所属队(渡口)、厂管理机构重新进行设置,李正荣为李九队队长。同年11月24日,蒋华树任李九队队长,免去李正荣李九队队长职务。2019年5月27日,熊华任李九队副队长(主持工作)。2020年4月28日,王志华任李九队队长。

四、储奇门应急救援中心(原船修厂)

车渡站船修厂前身为后勤修理厂,后勤修理厂由原后勤组组建而成。

1988年5月4日,车渡站委派陈信全担任锚地长。锚地长是受站委托在锚地督促、贯彻执行各项规章制度和安全法规的负责人,负责锚地所有船、驳、人员的安全。杜绝发生任何大小事故,保证各船的承包工作顺利进行。

1994年9月20日,免去罗友林船修厂副厂长职务。

1998年9月14日,车渡站对所属队(渡口)、厂管理机构重新进行设置,原锚地、油趸合并为船修厂管理,吴国林为船修厂厂长,蹇锡伟、邓孝渝为船修厂副厂长。

1999年3月26日,蹇锡伟任劳工科科长,免去其船修厂副厂长职务。

2002年9月4日,刘朝荣任船修厂厂长。

2005年8月22日,免去蒋华树鱼吊队队长职务,改任船修厂副厂长。

2008年7月21日,邓孝渝兼任船修厂厂长,免去刘朝荣船修厂厂长职务。

2012年5月15日,刘朝荣任船修厂厂长,邓孝渝不再兼任船修厂厂长。同年10月9日,熊华任船修厂副厂长。

2016年11月,为更好履行应急救援职能,适应车渡站转型发展,在船修厂基础上成立储奇门应急救援中心。同年11月2日,罗开胜兼任储奇门应急救援中心主任(原职级不变),刘朝荣不再担任船修厂厂长职务。

2019年5月,王科任储奇门应急救援中心副主任,主持工作。

五、铜元局应急救援中心

2017年6月26日,成立车渡站铜元局应急救援中心。叶强任铜元局应急救援中心副主任(主持工作)。2020年4月28日,叶强任铜元局应急救援中心主任。

第五节　站属企业

一、站属企业发展概况

1983年2月,重庆市车渡管理站决定成立劳动服务分公司,站长刘功举任分公司经理,彭阳春、周清明任副经理,工作人员为何永泉。由周清明负责日常事务。分公司办公室设在市中区(现渝中区)储奇门行街3号车渡管理站劳工股。分公司具体包括:汽车修理组1个(借用车渡站船舶修理厂空地60平方米作为施工场地)、儿童玩具糖果加工生产及销售组1个(市中区新华路324号),承接本系统生产上的临时辅助工作(如运输工等)、流动服务点(到渡口代销糖果、香烟、饮料等)、轻工业产品和农副产品销售服务点。

1993年1月5日,车渡站工会牵头组建"重庆市公路实业总公司盛通公司"(简称盛通公司),主营业务为船舶运输、房屋出租。将原站管辖的"活桥劳动服务公司"划归盛通公司。具体如下:原市中区活桥汽车修理厂(市中区储奇门行街1-1号)变更为"重庆盛通配件公司"(市中区新华路324号);原市中区活桥百货商店(市中区新华路340号)变更为"重庆市盛通百货经营公司"(市中区新华路340号)。站利用优势,在3个渡口开办洗车场。

2007年12月,成立重庆通洋公路工程有限公司(简称通洋公司,见图1-1)。公司专业从事公路工程施工、公路养护、港口与海岸工程施工、航道工程施工等。

图1-1 重庆通洋公路工程有限公司成立座谈会

2011年3月,通洋公司出资成立重庆通洋公路工程质量检测有限公司(简称通洋检测公司),具有公路工程综合丙级试验检测和CMA计量认证资质。

2020年7月20日,车渡站召开国企改革职工大会,传达上级部门关于国企改革的相关文件、会议精神。同年10月22日,通洋公司召开划转工作宣布会,通洋公司正式划转至重庆高速集团旗下的通力公司,市公路事务中心相关部门负责人、高速集团相关部门负责人、通力公司负责人、车渡管理站负责人、通洋公司全体员工参会见证。

二、重庆通洋公路工程有限公司沿革

2007年12月18日,重庆市公路局批复,同意车渡站成立重庆通洋公路工程有限公司(简称通洋公司),注册资本1000万元。

2008年2月2日,重庆市交通委员会批复,同意市公路局所属车渡管理站成立重庆通洋公路工程有限公司,公司注册资本1000万元,属国有独资公司。同年10月29日,设立公司总工办、机运部。

2009年3月6日,车渡站向通洋公司增资2000万元,通洋公司注册资本金达到3000万元整。同年,取得公路施工总承包贰级资质。

2010年4月28日,成立重庆通洋公路工程有限公司试验检测中心,全面负责组织工程试验的相关事宜。同年10月28日,公司机运部更名为机料部。

2011年3月5日,在重庆通洋公路工程有限公司试验检测中心基础上,成立重庆通洋公路工程质量检测有限公司(简称检测公司)。

2013年11月13日,撤销公司安全部,成立质量安全部。

2015年12月2日,公司机料部更名为设备部。

2016年,公司注册资本金从3000万元增资到6000万元;公路养护资质由二类甲级升级为一类资质。同年,成立车渡站第二党支部。

2017年1月20日,公司质量安全部变更为安全部。同年,公司注册资本金从6000万元增资到1亿元。

至2020年9月,通洋公司注册资本1亿元,具有公路工程施工总承包贰级、公路养护一类、路基路面工程甲级、港口与海岸工程专业承包叁级、航道工程专业承包叁级等资质。公司下设综合办公室、财务部、总工办、工程部、安全部、设备部6个部门。下属检测公司具有公路工程综合丙级试验检测和CMA计量认证资质。公司拥有各类现代施工机械设备、道路质量检测设备近200台(套),公路检测参数:土、集料、水泥、水泥混凝土、砂浆、外加剂、无机结合料稳定材料、沥青、沥青混合料、钢筋(含接头)、路基路面、结构混凝土。

2020年10月22日,通洋公司正式划转至重庆高速集团旗下的通力公司(图1-2)。

图1-2　2020年10月22日,通洋公司划转签字仪式

三、重庆通洋公路工程有限公司人事

2008年1月18日,聘任杜志坚为通洋公司总经理,聘任陈永明、蓝川为通洋公司副总经理。同年10月24日,聘任郭鹏举为通洋公司副总经理,免去陈永明副总经理职务。

2009年12月29日,聘任符冠荣为通洋公司总经理,免去杜志坚通洋公司总经理职务。

2010年2月16日,聘任王世伟为通洋公司总工程师。

2014年3月1日,黎峰任通洋公司执行董事(法人代表)兼总经理。

2016年1月15日,甘林坤任通洋公司执行董事(法人代表)兼总经理。同年4月19日,彭明涌任通洋公司副总经理。

2019年12月,通洋公司总经理甘林坤,副总经理郭鹏举、彭明涌。公司共有员工44人(其中:事业身份人员12人、企业身份人员32人),本科及以上学历36人(含研究生3人),拥有各类专业技术人员34人(其中:高级职称7人、中级职称15人、一级建造师5人、试验检测师6人、二级建造师12人),党员16人,无离退休职工。

2020年10月22日,通洋公司正式划转至重庆高速集团旗下的通力公司,编制在车渡站的公司人员回车渡站工作,其余公司人员随公司划转。

通洋公司、检测公司人员基本情况见表1-2、表1-3。

重庆通洋公路工程有限公司人员基本情况统计表 表1-2

序号	姓名	性别	序号	姓名	性别	序号	姓名	性别
1	段炳俊	男	14	杨硕	女	27	张哲瑞	男
2	甘林坤	男	15	李双	女	28	许桂瑜	男
3	郭鹏举	男	16	张翠娅	女	29	陈彦君	男
4	彭明涌	男	17	王谊	女	30	周果	男
5	王世伟	男	18	夏红余	男	31	向嵘	女
6	林小波	男	19	董平浩	男	32	田宇凡	男
7	张峻晨	男	20	刘红	女	33	杨武平	男
8	魏祺	女	21	张瑜婕	女	34	何首勇	男
9	陈佳琦	女	22	罗禹	男	35	赵丹	女
10	王晖	男	23	周应时	男	36	罗成	男
11	黄兴军	男	24	王怡升	男	37	代倩	女
12	王顶	男	25	李伟	男	38	张浩	男
13	郑天毅	男	26	赵安	男	39	梁隆强	男

注：统计时间为2019年6月。

重庆通洋公路工程质量检测有限公司员工基本信息表 表1-3

序号	姓名	性别	序号	姓名	性别	序号	姓名	性别
1	黄星	女	4	易思	男	7	赖星睿	男
2	向警吾	女	5	卓强	男			
3	杨敏	女	6	瞿庆华	男			

注：统计时间为2019年6月。

四、重庆通洋公路工程有限公司运营

通洋公司在重庆20多个区县承接工程项目。其中在合川、巫溪所承建的国省道大中修工程被评为重庆市仅有的2个"市级优良工程"。

2010年，通洋公司全年主营业收入5892.2万元，净资产收益率17.5%。国有资产年初为3047万元，年底为3632万元，实现国有资产保值增值19%。全年完成招投标项目10个，中标3个。

2011年，公司全年主营业收入6085.6万元，净资产收益率2.1%。国有资产年初为3632万元，年底为3707万元，国有资产保值增值2.1%。参与工程招投标18项，中标3个，中标金额9000万元，总里程60余千米。

2013年，通洋公司完成产值14705.3万元。全年参加5个项目的投标工作，中标5个，中标金额14514.5万元，全长118.21千米。共签订合同7份，合同金额15000万余元。续建2012年的项目3个。

"十二五"期间（2011—2015年），通洋公司承建各类工程项目34个，完成产值6.06亿元，年均净资产收益率4.8%，年均国有资产保值增值率128%。

2014年，通洋公司将设备投入江津、綦江、忠县（图1-3）与璧山等项目，实现设备租赁收入50万元,经营产值86万余元。全年参加30个项目的投标,中标6个,中标金额约13764万元,中标里程72千米。在黔江区、秀山县推广微表处新工艺。

图1-3　2014年1月7日,忠县省道103沙田大桥至黄金段公路改造工程

2015年,全年共参加43个项目的投标,中标5个,业主直接委托建设项目6个,全年合同额总计1.43亿元,合同内里程170千米。

2016年,全年实施工程项目13个(其中2015年续建项目4个)。全年签订合同金额破2亿元,比2015年同比增长50.9%,超目标值116%。实现主营业务收入1.13亿元(同比下降30.52%)、产值8941万元、净利润612.6万元(同比增长29.38%)、净资产收益率11.13%、国有资产保值增值率110.04%。

2017年,完成产值1.2亿元,营业收入1.31亿元,净利润357.96万元。

2018年,中标项目5个,全年承建工程项目14个(其中:完工5个,实施中9个),签订合同4.2亿元,累计完成产值3亿元,收回工程款3.1亿元,首次实现利润超1000万元。同年末,企业资产总额2.56亿元,负债总额1.94亿元,现金流量净增加额1246万元。

2019年,通洋公司实施项目施工管理任务8个,其中完工项目5个,完成产值3亿余元。

至2020年9月,通洋公司在建项目8个,合同金额33311.81万元,完成产值9927万元。通洋公司历年承接部分工程项目见表1-4。

重庆市车渡管理站重庆通洋公路工程有限公司承接部分工程项目统计表　表1-4

工程项目名称	项目所属重庆区县	项目承接时间
重庆市国省道桥梁的防护系统加强工程		2008年
省道S202城黔公路忠县段改造工程(一期)	忠县	2008年
G318线万分路落凼—麻柳湾段路面大修工程	万州区	2008年
省道102线巫溪邓家院子至敖家垭口段公路大修工程	巫溪县	2008年
綦江县国道210线大修工程(一期)	綦江县	2008年
綦江县国道210线大修工程(二期)	綦江县	2008年
永川区永铜公路A合同段路面大修工程	永川区	2009年

续上表

工程项目名称	项目所属重庆区县	项目承接时间
重庆市云阳县云开路路面大中修工程	云阳县	2009年
省道S202城黔公路忠县段改造工程(二期)	忠县	2009年
G319线同心至西门段路面大修工程	铜梁区	2009年
重庆市云阳县渝巴路大中修工程	云阳县	2009年
G319线黔江段路面大修工程三标段	黔江区	2009年
垫江S302石垫路大修工程	垫江区	2009年
垫道路S203高安镇至杠家收费站段中修工程	垫江县	2009年
省道S207线铜梁界至永武路南津街高速路口段大修工程	合川区	2009年
S102线渝巫路垫江县城北转盘(kl53+221)至新民镇场口(K161+721)路面中修	垫江县	2010年
云阳县云开路(渠马大桥头至云开界分水梁)路面大中修工程	云阳县	2010年
綦江县国道310线大中修二期工程	綦江县	2010年
铜元局战备码头改造工程	南岸区	2010年
李家沱战备码头改造工程	巴南区	2010年
S102线渝巫路垫江县澄溪土桥至县城段路面大修工程	垫江县	2010年
S204万梨路改建工程(綦江段)WL5合同段	綦江县	2010年
G319线沙(溪桥)至张(关)段路面大修工程	渝北区	2010年
城口至万源快速公路通道工程CW04标段	城口县	2010年
S304西阳县路路通加油站至阿蓬江大桥段路面改造工程(A合同段)	酉阳县	2011年
永津路(断桥水库至江津交界段)路面大修工程	永川区	2011年
綦江S303线温塘至雷神店段大修工程	綦江区	2011年
S207线武永路龙市至兰花山段大修工程	合川区	2012年
秀山县宋农镇大土至海洋(宋农段)村级通畅公路改建工程	秀山县	2012年
S410W秀山龙池至湖南界段公路路面改造工程	秀山县	2012年
S202线彭水万岩至连湖大桥段公路改造工程	彭水县	2012年
S304西阳县路路通加油站至阿蓬江大桥段路面改造工程(第二期罩面工程)	酉阳县	2013年
酉阳县S304线阿蓬江大桥至向家堡大桥段路面改造工程	酉阳县	2013年
公运驾校	大渡口区、南岸区、江北区	2013年
S109璧山界至永川幺店子段路面改造工程	永川区	2013年
忠县S103沙田大桥至黄金段公路改造工程	忠县	2013年
水土北备战岸码头整治工程	北碚区	2013年
李家沱备战码头改造工程(延续工程)	巴南区	2013年
秀山县国道319线苏家湾至平凯段路面改造工程(二标段)	秀山区	2013年
重庆港主城港区吊儿咀码头维护工程	大渡口区	2014年
铜元局战备码头三期工程(含管理用法)	南岸区	2014年

续上表

工程项目名称	项目所属重庆区县	项目承接时间
国道 G319 黔江濯水至两河段微表处工程	黔江区	2014 年
G319 线秀山县平凯至酉阳界段公路路面预防性养护工程	秀山县	2014 年
S107 江津区复兴岔路口至东胜公路大修改造工程	江津区	2014 年
忠县 S302 石垫路大都会至巴营段路面大修工程	忠县	2014 年
忠县渝巴路胥家切口段路面病害修补工程	忠县	2014 年
荣昌县 X811 广盘路（广顺至双堰段）道路改造工程	荣昌县	2014 年
璧山县丁家至健龙段路面改造工程	璧山县	2014 年
璧山县定林至三合公路路面改造工程	璧山县	2014 年
奉节县羊市至甲高、兴隆镇至渝鄂界公路改造工程 GZ1402 标段	奉节县	2015 年
S103 南涪路路面大中修工程（三标段）	巴南区	2015 年
重庆港主城港区三胜战备码头场平工程	北碚区	2015 年
码头下河引道及系泊设施工程（水土和鱼洞）	北碚区、巴南区	2015 年
G319 线酉阳县秀山界至黔江界段公路改造工程	酉阳县	2015 年
国道 G319 黔江濯水至刘家湾微表处工程	黔江区	2015 年
铜梁区 G319 线团碾至中和段路面改造工程（二标段）	铜梁区	2015 年
石柱县国道 G211 峡口至万州界路面大修改造工程	石柱县	2015 年
（酉阳）酉阳县 S304 线路路通加油站至阿蓬江大桥段公路路面改造工程（第二罩面工程）	酉阳县	2015 年
潼南县 S205 线（潼沪路）塘坝至大足界段路面改造项目（四标段）	潼南县	2015 年
S204 线万盛至綦江梨园坝段 K39+350 处抗滑桩工程	綦江区	2015 年
李家沱战备码头（洪水码头）下河引道维修整治工程	巴南区	2015 年
铜元局战备码头下河引道维修整治工程	南岸区	2015 年
梁平县农村联网公路明达至梁山段改建工程	梁平县	2016 年
璧山区省道 S107 线升级改造工程	璧山区	2016 年
酉阳县 S210 线 K79+630 至 K79+865 地质灾害抢险工程	酉阳县	2016 年
石柱县 G211 南宾至鱼池段路面改造工程	石柱县	2016 年
S449 中峰至江津界道路改造工程	江津区	2017 年
酉阳县 G326 线 K66+050 至 K76+650 段沥青路面预防性养护工程	酉阳县	2017 年
酉阳县 S305 线（原 S210 线）毛坝至县城段工程	酉阳县	2017 年
酉阳县省道 S306 线湖南桂塘界至分水岭段工程	酉阳县	2017 年
梁平区三王垭口至凉水治超站（大河坝至仁贤段）农村联网公路建设工程	梁平区	2018 年
巴南区 S105 线渝建路 K32+600~K36+900 段沥青路面预防性养护工程	巴南区	2018 年
巫溪县宁万公路（宁厂至天星段）公路改建工程二期工程（K3+600~K9+603.963）	巫溪县	2018 年

续上表

工程项目名称	项目所属重庆区县	项目承接时间
酉阳县深度贫困乡扶贫项目泔溪至车田(湖北界)公路改建工程(K0+000~K27+310)	酉阳县	2018年
酉阳县S306赵世炎烈士故居至江丰(秀山界)段公路改建工程	酉阳县	2018年
巫溪县S201巫恩路K28+400~K46+400段沥青路面预防性养护工程	巫溪县	2018年
潼南区G319线塘坝至彭家垭口段预防性养护工程	潼南区	2018年
G210线1905+769至K1932+037段预防性养护工程	綦江区	2019年
沙坪坝区S547杨松路新桥至净龙段、沙坪坝区G212线碚青路口至石碾村段路面改造工程	沙坪坝区	2019年
酉阳县S306赵世炎烈士故居至江丰(秀山界)段公路改建工程	酉阳县	2020年
G210线1905+769至K1932+037段预防性养护工程	綦江区	2020年
沙坪坝区S547杨松路新桥至净龙段、沙坪坝区G212线碚青路口至石碾村段路面改造工程	沙坪坝区	2020年
武隆区鸭江至聚宝段公路升级改造工程(鸭江至庙垭段)	武隆区	2020年
S107渣滓洞至高店子段公路整治工程	沙坪坝区	2020年
涪陵区县道XL07龙骨坑至罗云段改建工程	涪陵区	2020年
綦江区省道S207线黄桷(巴南界)至温塘村段改建工程(三期)	綦江区	2020年
巫溪2020年国省道干线路面改造及S301溪城路下堡至中梁预防性养护工程	巫溪县	2020年

第二章　党群组织

第一节　车渡管理站党组织

1966年1月11日,中共重庆市车渡管理站支部委员会召开第一届大会。2006年1月9日,中共重庆市车渡管理站总支委员会成立。2012年11月12日,中共重庆市车渡管理站委员会成立。

一、党组织发展

1961年4月,重庆市车渡管理站成立,随即车渡管理站党支部成立。站长刘功举兼任党支部书记。

1963年,肖光常任车渡站党支部书记。

1966年1月11日,车渡站党支部召开第一届党支部大会。

1975年1月12日,重庆市交通运输管理局下发《关于重申重庆市车渡管理站领导关系的决定》(渝交革〔76〕字第012号),指出:重庆市车渡管理站党的关系早已由市公路养护总段党总支领导。在此重申,自1976年1月9日起,市车渡站党、政关系,全由市公路养护总段直接领导。

1975年11月20日,市公路养护总段党总支提陈勇为车渡站党支部副书记,免去简素芳车渡站党支部副书记职务。

1980年3月13日,市公路养护总段党委批复:同意车渡站党支部改选结果,陈友华、刘功举、杨少华、胡利舍、蒋云纯、刘树云、罗文才7人组成新的支部委员会(第四届支部委员会),陈友华任党支部书记。

1983年3月1日,刘代全任车渡站党支部副书记。

1984年5月15日,市公路养护总段通知:赖成全任车渡站党支部副书记,朱辉全任(车渡站站长)党支部委员,免去刘代全车渡站党支部副书记职务,免去刘功举党支部委员职务。10月25日,市公路养护总段党委批准,车渡站党支部由赖成全、朱辉全、李正荣、谭代富、刘树荣5人组成,赖成全任支部副书记。

1986年6月27日,唐安全任车渡站党支部副书记、支部委员。7月12日,赖成全任市公路养护总段纪律检查委员会专职委员(副科级),免去其车渡站党支部副书记职务。12月8日,市公路养护总段党委批复,车渡站换届选举后由唐安全、朱辉全、李正荣、黄佐贵、陈海荣组成党支部委员会。唐安全任党支部副书记。

1993年3月23日,赵可友任车渡站党支部书记、党支部委员。同年,车渡站党支部共有党员36人,其中在职党员20人、退休党员16人。

1996年4月25日,车渡站党支部召开党员大会,对支部委员会进行换届选举,赵可友、宁路长、李正荣3人当选为支部委员,赵可友当选为党支部书记。

1997年11月3日,市公路养护总段党委任命赖成全为车渡站党支部书记、党支部委员;免去赖成全市公路养护总段工会副主席职务,免去赵可友车渡站党支部书记、党支部委员职务。

1998年2月24日,增补巫立豹、刘定强为车渡站党支部委员。6月11日,免去宁路长党支部委员职务(提前退休)。6月25日,增补邓淮为车渡站党支部委员。9月29日,经市公路局党委研究,同意重新组建车渡站党支部,支委会由3人组成。11月2日,市公路局党委批复,同意车渡站党支部由巫立豹、张容、邓淮3人组成,巫立豹任党支部书记,张容任党支部副书记。12月23日,江恩任车渡站党支部委员、党支部副书记(正科级,试用期一年),主持车渡站党支部工作。

2002年10月,张容任车渡站党支部书记。

2005年2月4日,江恩任车渡站党支部副书记、党支部委员,试用期满,按期转正,试用期计入任职时间。同年底,车渡站共有党员58人(不含借调局机关工作的2人),其中在岗党员21人、退休党员37人。

2006年1月9日,中共重庆市公路局委员会批准,设立中共车渡管理站总支委员会,新设立的党总支委员会由5人组成。1月10日,彭宗泉任车渡站党支部委员、党支部书记(副处级);免去江恩车渡站党支部书记、党支部委员职务。同年3月22日,中共重庆市车渡管理站召开党员大会,选举彭宗泉、邓淮、曾晓富、宁涛、罗开胜为党总支委员。选举彭宗泉为党总支书记。4月7日,市公路局党委批复,同意车渡站党总支选举结果,由彭宗泉任党总支书记。总支下设3个党支部。

2010年12月21日,中共重庆市车渡管理站总支委员会召开换届选举党员大会,选举彭宗泉、邓淮、符冠荣、曾晓富、蓝川为第二届总支部委员会委员,选举彭宗泉为总支部书记。同年,车渡站共有党员66人,其中退休党员32人、预备党员2人。

2012年,车渡站共有党员71人(正式党员67人,预备党员4人)。第一党支部由在职党员38人组成(含通洋公司党员);第二支部和第三支部为退休党支部,有退休党员33人。11月12日,中共重庆市交通委员会研究决定,同意成立中共重庆市车渡管理站委员会。

2013年2月4日,中共重庆市公路局委员会批复:同意成立中共重庆市车渡管理站委员会,第一届委员会由符冠荣、郭鹏举、彭宗泉、曾晓富、蓝川5人组成,彭宗泉任党委书记。10月25日,增补黎峰为车渡站党委委员。

2014年2月19日,免去郭鹏举车渡站党委委员职务。11月17日,陈军任党委委员,免去蓝川车渡站党委委员职务。

2016年1月14日,甘林坤任车渡站党委委员,免去黎峰车渡站党委委员职务。8月16日,刘发文任车渡站党委书记。

2017年9月11日,市公路局党委研究决定:免去符冠荣车渡站党委委员职务。10月31日,段炳俊任车渡站党委委员。

2017年,车渡站党委有党员81人,其中在职党员50人、退休党员31人。下设4个党支部:第一党支部由车渡站在职党员34人组成,第二党支部由在通洋公司工作党员16人组成,第三党支部由退休党员19人组成,第四党支部由退休党员12人组成。大学专科以上党员43人,其中研究生6人;女性党员17人;35岁以下党员22人。

2018年5月30日,车渡站召开党员大会,选举产生新一届中共重庆市车渡管理站委员会和纪律检查委员会。选举刘发文、段炳俊、陈军、甘林坤、曾晓富为党委委员,选举刘发文为党委书记。

2019年6月3日,免去甘林坤车渡站党委委员职务。

2019年12月,刘发文任车渡站党委书记。站党委下设4个党支部,有中共党员84人(正式党员82人,预备党员2人;在职党员及预备党员51人,退休党员33人)。一支部党员36人,支部书记谢静;二支部党员15人,支部书记林小波;三支部党员19人,支部书记李素英;四支部党员14人,支部书记殷丽。

2020年11月11日,刘发文任重庆市公路事务中心组织人事处处长,免去车渡站党委书记职务。段炳俊任车渡站党委书记,党委委员有段炳俊、陈军、曾晓富。12月,站党委下设1个党支部,有中共党员81人(在职正式党员46人,预备党员2人,退休党员33人)。站党支部书记唐福军。

重庆市车渡管理站历任党组织领导及部分年份党员人数见表2-1、表2-2。

重庆市车渡管理站历任党组织领导名录 表2-1

职 务	姓 名	任 期	备 注
党支部书记	刘功举	1961—1963	1967年下半年,受"文化大革命"影响,刘功举、肖光常被撤销党内外职务 1970年10月解放刘功举、肖光常
	肖光常	1963—1967	
		1972—1980.03	
	陈友华	1980.03—1984.05	
	赵可友	1993.03—1997.11	
	赖成全	1997.11—1998.11	
	巫立豹	1998.11—2002.10	
	张 容	2002.10—2003.12	
党总支书记	彭宗泉	2006.01—2013.02	
党委书记	彭宗泉	2013.02—2016.08	
	刘发文	2016.08—2020.11	
	段炳俊	2020.11—	站长兼党委书记
党支部副书记	简素芳	不详—1975.11	
	陈 勇	1975.11—不详	1986—1996年任市公路局党委书记
	刘代全	1983.03—1984.05	
	赖成全	1984.05—1986.07	主持党支部工作
	唐安全	1986.07—1993.03	主持党支部工作
	张 容	1998.11—2002.10	
	江 恩	1998.12—2006.01	

重庆市车渡管理站部分年份党员人数统计表　　　　表2-2

年份(年)	人　数	备　　注
1964	36	
1965	43	预备党员1人
1978	49	
1982	37	
1993	36	在职党员20人、退休党员16人
1994	35	在职党员19人、退休党员16人
1996	37	在职党员20人、退休党员17人
1997	37	预备党员2人
2003	49	正式党员47人，预备党员2人
2004	51	退休党员37人，预备党员2人
2005	58	在职党员21人，退休党员37人
2006	53	在职党员18人，退休党员35人
2007	54	退休党员35人
2010	66	退休党员32人，预备党员2人
2012	71	正式党员67人，预备党员4人
2013	73	退休党员33人，预备党员1人
2017	81	在职党员50人，退休党员31人
2019	84	在职党员51人，退休党员33人
2020	81	在职正式党员46人，预备党员2人，退休党员33人

二、党建工作

1964年，车渡站党支部组织开展社会主义教育。结合国际国内形势，组织职工听取和讨论"反美援越"等报告；学习《为人民服务》《反对自由主义》《纪念白求恩》《将革命进行到底》等文章。车渡站党支部坚持"三会一课"制度，组织党员学习解放军、学大庆，学习毛主席备战备荒思想，带头发扬艰苦朴素作风；每月坚持1~2次支委(扩大)会，及时传达党的指示精神。提出"不怕担子重，我们要挺胸"的口号，保证安全快渡。

1965年，站党支部在阶级斗争、生产斗争、科学实验三大革命运动中，坚持学习毛主席著作，发扬理论联系实际、紧密联系群众、批评与自我批评三大作风，促进党员和干部革命化。坚持党的民主集中制原则，发挥党支部战斗堡垒作用；以不断革命的精神，教育和领导群众向资产阶级思想作风作斗争，克服生产上的困难，提高渡口过车能力；通过党员发挥模范带头作用，全站有"五好"职工31人(党员16人)、生产能手37人(党员6人)。

1966年1月，站党支部召开第一届党支部大会。5月，"文化大革命"开始。车渡站成立"车渡红浪纵队"，党支部工作在曲折中开展。

1968年，站党支部开展活学活用毛泽东思想活动，进行整党建党工作，在党的绝对领导下开门整党,开展"三反"运动。

1973年,车渡站进行党的基本路线教育,集中在车渡站举办培养学习中共十大文件的骨干学习班、执行计划会议精神学习班等。领导干部分片包干,到渡口为职工做宣讲。同时吸收1名老工人入党。

1976年,站党支部、革委会组织学习无产阶级专政的理论,学习贯彻毛主席指示。站党支部、革委会领导分头向各渡口、厂(队)传达学习,以渡口、厂(队)为学习单位,全年举办5期理论学习班。革委会主办3期学习简报,报道各渡口、厂抓革命,促生产的事迹。9月9日毛主席逝世后,组织全站职工开展悼念活动。10月6日,党中央粉碎江青、张春桥、姚文元、王洪文反革命集团,全站深入开展揭批"四人帮"活动。

1978年,站党支部组织职工学习党的十一大文件和五届人大文件,按照省委有关"一批两整顿"的指示,结合车渡情况,拨乱反正,提高全站职工的政治觉悟,明确新时期总任务。党支部恢复和坚持"三会一课"制度,开展清查工作,澄清是非,统一认识。每周开展党小组生活,学习党章,谈思想,开展批评与自我批评。同时,党支部领导开展整风。

1979年,站党支部开展整风运动,支部班子自我检查思想僵化和懒散问题,统一思想,加强团结,振奋精神。在全站范围开展组织、思想作风、制度和纪律4个方面的整顿工作。对中石队、储海队、后勤厂、各股室人员做适当调整(12人);着重进行思想作风整顿,整顿渡运工作中的霸道作风(如私放"脸嘴车"❶优先,无理卡压个别过江车辆)。老工人主动找青年工人谈心,言传身教、以身作则带青年工人开展整顿。同年,全站职工每周进行政治学习,包括学习十一届三中全会和五届人大二次会议文件、叶剑英委员长的国庆讲话。

1981年,站党支部组织职工学习元旦社论和中央2号文件,全站党员分两批集中学习(每次3天)。下半年,以贯彻六中全会精神和学习《关于建国以来党的若干历史问题的决议》为主要内容。其中,分两批组织党员、行政干部、队长、宣传员对《决议》进行学习讨论,每批学习5天,共有87人参加。

1982年,站党支部着重加强党员干部、广大职工的思想教育。组织职工学习1982年元旦社论,组织学习《市政府工作报告》《中央、国务院关于打击经济领域中严重犯罪活动的决定》以及《为人民服务》等4篇毛主席著作。组织召开"加强思想政治工作座谈会",开展以"党性、党风、党纪"为重点的三会一课教育。3月2日,联系车渡站实际,开展"文明月"活动。坚持干部每周时政学习制度,帮助教育干部,提高政治及业务水平。9月3日,召开党支部扩大会议,学习十二大报告,并培训党、团、工会等骨干。组织宣传小组,到队、厂宣讲十二大精神。全年共办黑板报30余期、车渡简报21期,书写大小标语1000余张。

1983年,站党支部以中共十二大精神为中心学习内容,在全站党员、职工中进行宣传教育,坚持举行定期的各队、厂党小组长、宣传员会议。用各种形式宣传车渡站职工中的好人好事,全年共办黑板报、墙报40期、车渡简报17期,在简报中表扬好人好

---

❶ 指私自放行熟人、有关系走后门的车辆。

事近 40 件。同年,发展新党员两名。

1984 年,站党支部进行新《中国共产党章程》和《中共中央关于整党的决定》的学习,集中举办整党学习班 1 次。进行党风、党纪教育,学习发扬党的光荣传统,支部作风根本好转。10—11 月,举办两期青年工人政治轮训班,62 人参训,政治轮训集中学习《中国近代史》《科学社会主义常识》《中国工人阶级》3 本书。

1985 年 5 月 3 日—11 月 8 日,车渡站开展整党工作,历时 6 个月。整党后,有中共党员 41 人,其中预备党员 3 人、党员干部 10 人、退休党员 6 人。

1987 年,站党支部在工会、共青团、宣传部门配合下,重点抓青年职工的政治思想工作。开展"四职"教育,树立"职业责任、职业道德、职业纪律、职业技能"观念。完成对 40 名青年工人的政治轮训工作,合格率 100%,对 6 名优秀学员进行表扬和奖励。组织青年工人参观重庆市"十一届三中全会以来成果展"。

1992 年,车渡站加强思想政治学习,各队每周学习 3 天,站和后勤厂每周星期六学习。组织职工收看中共十四大会议实况,组织行管人员分成 3 组到各队、厂宣讲邓小平南方谈话和十四大文件精神。对入党积极分子 12 人进行党课教育,发展新党员 3 人。4 月 9 日—6 月 5 日,开展民主评议党员工作,党员 35 人全部参加。全年收取党费 658.18 元。

1993 年,站党支部宣传党的方针政策、社会主义市场经济知识和反腐倡廉。组织党员、职工学习中共十四大会议精神,转换思想观念。利用各种形式宣传思想政治工作,把脱产培训与平时教育相结合,提高职工思想、业务素质。坚持学习制度,各队每周学习 3 次,站和厂每周学习 1 次,站每月出黑板报 1 期。全年共收党费 586.40 元。6 月 4—14 日,开展民主评议党员活动,36 名党员全部参加,全部定为合格党员。

1994 年,车渡站组织党员学习贯彻十四届三中全会、四中全会通过的决定(以经济建设为中心,发展社会主义市场经济,发展社会主义民主政治,发展社会主义精神文明)。组织党员学习公路养护总段党委《贯彻执行〈中国共产党全民所有制工业企业基层组织工作条例〉的实施细则》。全年出简报 12 期,黑板报及学习园地 25 期,编印职工手册。全年收取党费 992 元,按季上交。5 月 30 日—6 月 9 日,开展民主评议党员活动,35 名党员全部参加,均为合格党员。

1995 年,车渡站学习贯彻十四届四中全会通过的《中共中央关于加强党的建设几个重大问题的决定》、五中全会文件,发至每个党员人手一册。每周组织政治学习,下发《爱国主义教育材料》30 册。全年出简报 11 期、黑板报及学习园地 25 期,向《重庆交通报》《公路管养信息》投稿 24 篇,书写大小标语 50 多条。组织职工参加渝中区精神文明办公室组织的"爱中华、爱家乡、建渝中"知识竞赛。全年收取党费 1309 元。

1996 年,站党支部组织党员干部和职工学习领会五中全会通过的"九五"计划,2010 年远景目标的建议以及江泽民总书记、李鹏总理的重要讲话,学习建设有中国特色社会主义理论和《中国共产党章程》。举办"党的十四届五中全会知识竞赛",300 名职工参加。在党员干部中组织学习六中全会通过的《中共中央关于加强社会主义精神文明建设若干重要问题的决议》,干部在政治学习中组织学习,党员在各小组组织生活中学习。在当月的安全生产会上作学习安排,组织"什么是渡运工人的形象"

等问题的讨论。全年出简报11期、黑板报22期,《重庆交通报》用稿13篇。2月和8月,分别召开一次民主生活会,开展批评与自我批评。加强对年轻干部的培养,支持、鼓励年轻干部学知识、钻业务。全年收取党费1400元,党支部党员增至37人。

1997年初,站党支部对干部进行思想、业务考核,建立预备干部队伍。每周五站宣传部门坚持组织学习党的十五大精神、邓小平理论。新发展党员2人,增补支部委员2人。全年收取党费1472元。在香港回归、重庆直辖之际,组织职工收看电视节目,提高职工的民族自豪感和对重庆的认识。

1998年6月25日,中共重庆市公路养护总段委员会表彰车渡站赖成全、李川、吕廷贵、杨昌禄为"1998年度优秀共产党员"。

1999年,站党支部年初制定"领导班子创五好规划",重新划定党小组。坚持抓好每半年一次的民主生活会,建立完善党内各种制度。利用党组织生活和党课时间,进行党的基础知识、党性、党史、党纪政纪,党风廉政建设,国情、站情教育。创先争优活动中,把"三讲"(讲学习、讲政治、讲正气)、"三新"(新时代、新要求、新奉献)教育作为对党员进行思想教育的重点。6月8日,开展民主评议党员活动,39名党员均认定为合格党员。派员工参加公路局组织的庆"七一"爱党、爱国演讲赛。全年6名青年递交入党申请书。结合"三讲"教育,号召职工向芦振龙、周林志、小英雄陈渝学习。同年,站支部把精神文明建设纳入重要议事日程,制定《九九年度精神文明创建规划》,并有专人负责抓文明创建具体工作。

2000年,坚持"三会一课"制度,支部每月召开一次支委会,开展一次党小组活动,每季度召开一次党员大会,每半年上一次党课。加强党的思想、组织、作风建设,在开展创先争优活动中,坚持以"三个代表"重要思想为指导,要求党员爱岗敬业,吃苦在前,享受在后,坚定信念,增强宗旨意识和组织观念,提高自身思想素质和科学文化素质。

2002年,站党支部利用党组织生活、党课时间开展对"三个代表"重要思想的重大指导意义和深刻内涵的学习,理解党的十六大精神。6月,在民主评议党员活动中,50名党员均被认定为合格党员。

2003年5—9月,车渡站开展行风评议工作。10月28日,召开领导班子民主生活会。11月25日,印发《关于认真开展学习贯彻党的十六届三中全会精神的通知》,下发各党小组、科室、队(厂),发放十六届三中全会精神学习资料45份,组织党员、职工学习26次,参学人员达100%。组织党员干部观看话剧《郑培民》等。6月26日,重庆市公路局党委表彰车渡站邓淮为"优秀共产党员"。

2004年4月2日,站党支部召开支委(扩大)会议,学习《中国共产党党内监督条例(试行)》和《中国共产党纪律处分条例》,全体支委、各党小组长和支部干事参会。6月17日,开展民主评议党员活动,推荐5名优秀党员出席市交通局党委"七一表彰会",支部表彰10名优秀党员。9月29日,号召全站党员和干部职工向重庆市公路局养护处援藏干部樊德学习。全年编写简报12期,制作张贴宣传标语28幅和板报10期。全年新发展党员3人。7月1日,重庆市公路局党委表彰车渡站党支部为"先进基层党组织",表彰邓淮为"优秀共产党员"。

2005年7月18日,站党支部印发《关于印发〈保持共产党员先进性教育活动实施方案〉的通知》,在全站开展保持共产党员先进性教育活动,站支部55名党员全部参加此次先进性教育活动,其中在岗党员18名、离退休党员37名,参加率100%,每个在岗党员学习时间40小时以上。行政小组集中学习14次,各退休党小组集中学习8次。组织辅导讲座8次,组织观看宣教片6场次,参加者达265人次。发放学习材料80份,笔记本55本。11月11日,重庆市公路局党委表彰车渡站四公里党小组为"先进基层党支部(小组)",授予车渡站党支部"先进性教育活动信息报道先进奖"。

2006年,车渡站党总支成立,下设3个党支部。站党总支组织党员学习十六大和十六届四、五、六中全会精神。领导班子带头讲学习、讲政治、讲正气,班子成员深入队(厂)检查指导工作,了解职工关心的热点问题,密切联系群众,开展谈心活动。站党总支对2003年后的文件进行汇编,形成后的文稿按内容分为《精神文明建设篇》《党建思想工作篇》《安全生产管理篇》。6月29日,重庆市公路局党委表彰车渡站第二党支部为"先进基层党组织",表彰曾晓富、庄永惠、罗开胜为"优秀共产党员",表彰彭宗泉为"优秀党务工作者"。

2007年,车渡站党总支通过观看电视直播、学习领导重要讲话、举办十七大精神竞答比赛等方式学习贯彻十七大精神。全年发展党员3人,其中一线青年党员2人。开展"作风建设年"活动,进行"清廉从政、服务发展"专项学习教育活动。围绕"长期受教育、永葆先进性"目标,把该项工作纳入党总支工作目标的重要内容。配合市公路局的赠书活动,组织在岗党员及部分群众开展相关书籍阅读活动并撰写心得体会。

2008年,站党总支宣传和学习党的十七大精神、全国两会精神及市委第三次党代会精神,把握科学发展观的内涵和精神实质。3—12月,站党总支开展"解放思想、扩大开放"大讨论活动。"5·12"汶川大地震发生后,由总支书记带队,先后派出18人奔赴重灾区之一的四川什邡红白镇进行抗震救灾工作。组建重庆交通(公路)抢险突击一队,负责抢通四川省老省道广青公路红白镇至金河磷矿段。经过17天的奋力拼搏,6月4日完成抢险任务凯旋。参与抗震救灾突击队的有党员干部7人。7月2日,市公路局党委表彰杜志坚、刘朝荣、李素英为"优秀共产党员",曾晓富为"优秀党务工作者",车渡站党总支为"优秀基层党组织"。7月30日,市交委党委表彰车渡站党总支为"五个好"基层党组织,表彰船舶修理厂机修工为"优秀共产党员示范岗"。同年,经过民主评议和党员推荐,单位表彰优秀党员6人。全年发展新党员6人。站党总支向灾区人民缴纳特殊党费22000元。

2009年3月3日,站党总支成立"深入学习实践科学发展观活动"领导小组,彭宗泉、邓淮任组长,杜志坚、曾晓富、蓝川任副组长,下设办公室,曾晓富任办公室主任。3月17日起,车渡站开展深入学习实践科学发展观活动,主要经历学习调研、分析检查、整改落实3个阶段,结合车渡转型、公司发展实际开展工作。6月26日,站党总支召开学习实践科学发展观专题民主生活会,站总支书记彭宗泉、站长邓淮、副站长杜志坚、工会主席曾晓富开展批评与自我批评,站中层干部代表、党员代表、退休代表、群众代表、一线职工代表参会。市公路局党委书记万雅芬、副局长朱顺芳、检查审计处处长刘复、人教处处长杨德武到会指导。同年，车渡站开展"写警句、传箴言"活动，党总支共收到警句箴言216条。同年6月19日，市交通委员会党委表彰车渡站副站长杜志坚为"优秀共产党员"，表彰车渡站党总支书记彭宗泉为"优秀党务工作者"。6月24日，市公路局党委表彰车渡站第一党支部为"先进基层党组织"，表彰车渡站彭明涌、蓝川、庄永慧为"优秀共产党员"，表彰车渡站张弛为"优秀党务工作者"。全年共有预备党员6人转正，新吸收2人加入中国共产党，退休职工1人参加交通局党委组织的积极分子培训。

2010年1月30日至3月31日，站党总支在全站开展以"读书感悟"为主题的读书活动，营造"读书受人尊敬，阅读使人高贵"的氛围，形成"爱读书、多读书、读好书"的文明风尚。5月17日，党总支组织召开创先争优活动动员大会。7月6日，站支部召开组织生活会，进行民主评议党员和党员推优等工作。坚持中心组学习制度，开展理论学习，每位成员以"三个代表"重要思想和科学发展观为指导，学习党的十七大文件，参与学习实践科学发展观活动。坚持民主集中制，形成强有力的领导核心。在处理重大问题过程中，班子成员充分发表意见，集体研究决定。6月28日，市公路局党委表彰车渡站党总支为"先进基层党组织"，车渡站彭明涌、符冠荣、李世姿为"优秀共产党员"，车渡站曾晓富为"优秀党务工作者"。

2011年3月1日—5月31日，站党总支开展"学党史、强党性"主题读书活动，支部党员撰写心得体会37篇。11月4日，站党总支召开2011年度党员领导干部民主生活会，市公路局纪委书记贾元亭、副局长朱顺芳等到会指导。全年站各支部开展结对帮扶活动，从政策、物质、精神和技能培训上予以支持帮助，班子成员每人确定一个工作"联系点"，每月调研基层8个工作日以上，将热点难点问题解决在基层。宣传独特的车渡文化，编演原创音乐剧《移动的桥梁》，在公路行业"文化建设年文艺汇演"舞台上展现车渡职工以人为本、见义勇为、无私奉献的时代风尚。在全市交通系统"勤政廉政箴言创作活动"中，车渡站获评"优秀箴言"5条，退休党员撰写的读书心得《共产党好》被评为市交委纪念建党90周年优秀文章三等奖。全年报送信息简报137篇。6月16日，重庆市公路局党委表彰车渡站党总支第一支部为"先进基层党组织"，表彰车渡站工会主席、办公室主任曾晓富、车渡站劳工科科长李世姿、车渡站机械主修熊华为"优秀共产党员"，表彰车渡站第三支部书记李素英为"优秀党务工作者"。全年发展预备党员4人，按期转正党员3人。

2012年，站党总支开展"凝心聚力谱新篇，喜迎党的十八大"实践活动，收集职工合理化建议20余条。把开展创先争优活动、基层组织建设年与喜迎十八大活动相结合。学习党的十八大和市第四次党代会精神，在创先争优活动中开展"基层组织建设年"活动，到10月，历时2年的创先争优活动结束。6月，重庆市公路局党委表彰车渡站党总支第三支部为"先进基层党组织"，车渡站劳工科科长兼通洋公司综合办公室主任李世姿、车渡站办公室副主任唐福军为"优秀共产党员"，车渡站船修厂机械主修熊华为"优质服务标兵"。全年按期转正党员4人，发展预备党员1人。11月12日，车渡站党委成立。

2013年3月8日，车渡站党总支召开"学习贯彻十八大精神，保持党的纯洁性"专题民主生活会。市公路局党委书记万雅芬、副局长谭立云、人教处处长杨德武到会指导。车渡站及下属通洋公司6位领导班子成员参会,部分党员干部、党代表、一线职工代表列席会议。6月25日,车渡站开展民主评议党员工作,全站党员70余人参加。7月5日,车渡站彭宗泉、符冠荣等站领导带领全体党员和部分干管人员参观聂荣臻元帅陈列馆,开展纪念建党92周年暨缅怀革命先烈主题教育活动。7月23日,车渡站成立党的群众路线教育实践活动领导小组,彭宗泉、符冠荣任组长,蓝川、曾晓富、郭鹏举任副组长,领导小组下设办公室,曾晓富兼任办公室主任。7月29日,车渡站召开党的群众路线教育实践活动动员大会,站党委书记彭宗泉作动员讲话,市公路局党委书记万雅芬、副局长谭立云出席大会。8月2日,车渡站召开党的群众路线教育实践活动主题学习会,车渡站领导班子成员及全体干管人员参加学习会。8月9日,市公路局副局长谭立云到车渡站,推进党的群众路线教育实践活动。9月13日,车渡站组织召开党员干部严明政治纪律"八严禁"、严肃作风"十二不准"专题学习会,车渡站、通洋公司全体机关党员干部参会。10月29日,车渡站领导班子召开党的群众路线教育实践活动专题民主生活会,班子及成员按照"照镜子、正衣冠、洗洗澡、治治病"的总要求,联系自己的思想实际、岗位职责和工作经历,聚焦"四风"逐一作对照检查,直面问题,开展批评与自我批评,查找不足并提出整改措施。11月29日,车渡站召开传达学习党的十八届三中全会精神专题会议,机关全体党员干部参会。

2014年2月11日,车渡站党总支召开党的群众路线教育实践活动总结大会。市公路局活动办,车渡站党员、干管人员、队、厂负责人、离退休党支部书记、一线职工代表60余人参会。市公路局党委书记万雅芬讲话,车渡站站长符冠荣主持会议。6月18日,车渡站开展以"责任、使命、发展"为主题的党日主题活动。9月12日,车渡站组织党员干部职工观看革命历史题材电影《大顺·一九二七》,接受爱国主义革命传统教育。9月19日,车渡站第三党支部以观看车渡历史纪录片《江上活桥》的形式过党组织生活,站党委书记彭宗泉和三支部退休党员20余人参加。10月11日,车渡站召开全体党员干部会议,站党委书记彭宗泉传达习近平总书记在党的群众路线教育实践活动总结大会上的重要讲话精神,对下一步车渡站贯彻落实讲话精神进行部署。10月24日,车渡站召开干管人员会议,传达学习党的十八届四中全会精神,站党委书记彭宗泉主持会议。6月12日,重庆市公路局党委表彰车渡站党委第一支部委员会为"先进基层党组织",表彰彭明涌为"优秀共产党员",表彰谢静为"优秀党务工作者"。

2015年1月23日,车渡站及下属通洋公司党员干部集中观看中央纪委拍摄的《作风建设永远在路上》专题片。3月31日,市公路局党委书记万雅芬、局人事教育处副处长刘发文出席车渡站召开的2015年度党委工作会议。4月17日,车渡站第一党支部组织开展"清明祭英烈、共铸中华魂"为主题的教育活动。8月28日,车渡站党员干部到南山抗战遗址博物馆开展以"重温抗战历史,弘扬爱国主义精神"为主题的纪念抗日战争暨反法西斯战争胜利70周年活动。10月23日,市公路局副局长谭立云到车渡站讲授"三严三实"专题党课。11月中旬至12月中旬,站党委利用每周五上午开展政治理论学习会,分 7 次播放 14 集特别节目《社会主义核心价值观讲坛》。其中 11 月 27 日,站党委组织站机关党员干部观看红色电影《冲锋号》。6 月 15 日,重庆市公路局党委表彰车渡站党委第一支部委员会为"先进基层党组织",表彰符冠荣、彭明涌为"优秀共产党员",表彰谢静为"优秀党务工作者"。全年缴纳党费 17283 元。

2016 年 4 月 29 日,站党委召开全体党员干部会议,学习传达中央、市委和市公路局党委关于开展"两学一做"学习教育部署要求。5 月 9 日,召开全体在职党员、各支部负责人和干管人员会议,成立领导小组及办公室,下发学习教育实施方案,建立工作例会、资料收集、学习督查、信息报送等制度。9 月,站党委 3 个党支部换届选举,将通洋公司的党员新组建为在职第二党支部。全年站党委中心组开展 3 次集中学习研讨会,站党委班子成员、各支部书记带头讲党课报告 9 次,各党支部组织开展党员集中讨论交流 14 次,共计撰写发言提纲 230 份、心得体会 138 份。建立健全 2013 年后的各支部工作手册,对提供个人材料不规范、不深入、缺失的党员责令其整改,最终建立完善党员个人基本信息 75 人,补充、完善党员档案 5 人。督查党员学习笔记、个人查摆整改事项和发言提纲,组织开展党员微信群的专题学习研讨 24 次。转正党员 1 人,发展预备党员 1 人。全站在职党员 48 人,退休党员 33 人。全年收缴党费 21420 元,并确定每月 9 日为全站党员集中交纳党费日。在职党员 46 人、退休党员 3 人主动补缴党费共计 28629 元。

2017 年 1 月上旬,站党委结合开展"两学一做"学习教育,利用两个半天组织干部职工集中学习观看由中央纪委宣传部、中央电视台联合制作的电视专题片《永远在路上》第 1~4 集。2 月 9 日,车渡站召开党员领导干部民主生活会,市公路局纪委书记、副局长谭立云、局监察审计处处长张容、组织人事处副处长李林到会指导。7 月 1 日,站党委开展庆祝建党 96 周年活动,组织"为党旗添彩,做车渡先锋"演讲比赛,编排微型情景剧"信仰的力量"。站党委表彰先进基层党组织 2 个、优秀共产党员 13 人、优秀党务工作者 4 人。中共十九大召开后,车渡站迅速组织学习十九大报告,订购十九大相关学习书籍 200 册。深入学习贯彻习近平新时代中国特色社会主义思想,利用重庆公路网站、办公内网和党员微信群等媒介载体宣传党的十九大精神,撰写学习宣传十九大简报信息。12 月 8 日,车渡站开展"做悦读党员,建书香支部"主题读书活动。站党委全年开办"两学一做"学习教育专栏 26 期,开展集中学习交流活动四个场次、专题讨论十个场次、周五微学习微讨论 13 次、党员微信群学习 50 余次,撰写心得体会 100 余篇,编印《党建理论及相关知识口袋书》300 册。同年,召开党委会研究审议党建等重大事项,开展党建培训和 5 个党组织、81 名党员的基本信息采集工作,规范接转组织关系 5 人。所属第一党支部新设立 4 个党小组。加强对升级版 12371 党建信息平台的管理维护,完成半年和全年党内统计工作。全年培训入党积极分子 5 人,发展党员 1 人,走访慰问老党员和困难党员 11 人。全年收缴党费 30511 元。

2018 年 1 月 22 日,车渡站党委成立站党建工作领导小组,刘发文、段炳俊任组长,曾晓富任副组长,成员有陈军、甘林坤。领导小组下设办公室在站办公室。围绕"基层组织建设年"活动方案,各党支部推行党员活动纪实制度,建立完善考勤、补课制度。全年共召开党委会 16 次、办公会 24 次,对工程项目立项、物资采购、干部选拔、财务管理等事项集体研究、科学决策。开展有车渡站特色的党内教育活动,抓干部职工思想政治引领。全年组织两个批次党员干部参加市公路局党委学习贯彻十九大精神专题培训班,召开党委中心组(扩大)学习会16场、周五理论学习会30场次、十九大专题讲座1场。召开专题会议对全站意识形态工作进行部署,推行意识形态"一岗双责"工作责任制,对各科室、队(中心)、通洋公司落实意识形态工作提要求,进行专项督查。组织党员学党章修正案、学系列讲话,安排全站职工收视收听习近平总书记参加重庆代表团审议时重要讲话和纪念马克思诞辰200周年、改革开放40周年大会讲话精神,组织机关干部学习《习近平新时代中国特色社会主义思想三十讲》、新修订的《中国共产党纪律处分条例》。党支部开展专题学习、微学习微讨论50余次。领导干部和支部书记、普通党员讲党课10场次。党员干部撰写心得体会50余篇。站领导班子成员和机关干部15人次到渡口、码头和建设工地调研,形成调研报告5篇。开展庆祝建党97周年系列活动、"不忘初心,做新时代车渡人"演讲比赛、"小平故里听改革"等活动。9月,按期开展党委、纪委换届选举工作。全年新发展党员1人,转正1人,结转党组织关系3人次。收缴党费13709元。

2019年9月18日,在全国公路系统党委书记工作座谈会暨全国公路政研会第30届年会上,车渡站党委书记刘发文作为"全国公路行业优秀政研工作者"获奖代表作经验分享。全年召开党委会24次、中心组学习会30次、周五政治学习22次、讲党课6次。党员干部带头到渡口码头、施工工地等一线宣讲习近平总书记系列重要讲话精神、视察重庆重要讲话精神和"交通强国"系列指示批示。邀请专家教授对十九届四中全会、弘扬红岩精神、落实意识形态工作等进行宣讲,并辅以知识测试、专题讨论等方式,领会其精神要义。开展"不忘初心、牢记使命"主题教育,开展"新时代基层职工教育管理的难点与对策""新时代重庆可持续发展研究"课题调研。对整改落实情况进行"回头看",市委巡视反馈意见整改、班子查找的132个问题和18项整治措施全部整改到位。

同年,站党委制定和发布《党委会议事规则》《党委理论学习中心组学习实施办法》《关于落实意识形态工作责任制实施细则》等制度文件。2个退休支部完成换届选举。与市交通局宣传处党支部、市公路事务中心第一、二、四党支部和车田乡车田村党支部结对共建,通过"党建促脱贫,干群心连心"等主题党日活动,走访贫困家庭,看望慰问留守儿童和驻村第一书记。新发展预备党员2人,转正1人。

2020年3月,车渡站党员干部为支持新冠肺炎疫情防控工作捐款7949元。开通工行E缴费业务进行党费缴纳和上缴,开启网上缴纳党费新模式。6月30日,车渡站组织党员干部前往江津区聂荣臻元帅陈列馆,开展现场党性教育。同年12月23日,车渡站召开党员大会,对通洋公司划转后成立的站属党支部进行换届选举,站党委下设1个党支部,唐福军当选为支部书记,李世姿为组织委员、纪检委员,罗开胜为宣传委员。全年按期转正党员2人,发展预备党员2人,确定入党积极分子5人,正式党员占在职职工人数的41%。全年召开党委会21次,开展党委中心组(扩大)学习会21场次,党员干部周五政治学习会7场次。举办意识形态工作专题讲座1次,集中收看"向抗战烈士敬献花篮仪式"等宣传影像,加强意识形态宣传工作。

附录　重庆市车渡管理站党委会议事规则(2019年6月3日印发)

为进一步提高站党委会质量和效率,实现决策的民主化、科学化、规范化,根据我站实际情况,制定本议事规则。

一、议事范围

(一)学习传达上级重要会议精神和重要决定,研究制定贯彻落实的意见和措施。

(二)研究全站工作规划、年度工作计划和重大工作部署,通报本系统阶段性工作。

(三)研究决定"三重一大"(即:重大问题决策、重要干部任免、重大项目投资决策、大额资金使用)的重要问题。

(四)研究决定全站党的建设、思想政治工作、领导班子建设、干部队伍建设、精神文明建设、廉政建设等方面的重要问题。

(五)研究决定站机关和站属单位机构设置、职能分工、人员编制调配、先进单位和人员表彰、违纪违法人员处理等事项,审批基层党组织设立和批准接收新党员工作。

(六)定期开好党委民主生活会,认真开展批评和自我批评,广泛征求群众意见,研究制定整改措施,并抓好组织落实。

(七)听取党委成员工作汇报,党组织和纪检、工会等工作汇报以及站属各单位或机关各科室上报站党委需要研究审批的重要工作。

(八)审议通过以站党委名义报上级机关的重要请示和报告。

(九)对重大、突发性事件及时作出处置和处理对策。

(十)研究其他需要党委会议决定的有关事项。

二、议事原则

(一)坚持正确的政治方向,以马列主义、毛泽东思想、邓小平理论、"三个代表"重要思想、科学发展观和习近平新时代中国特色社会主义思想为指导,增强政治意识、大局意识、核心意识和看齐意识,在思想上、政治上和行动上始终同党中央保持高度一致。

(二)坚持解放思想、实事求是、与时俱进,认真贯彻落实党的路线方针政策和中央、省市决策部署,紧密结合车渡实际,创造性地开展工作。

(三)坚持民主集中制,凡属站党委会研究的重大事项,按照集体领导、民主集中、个别酝酿、会议决定的原则,由站党委会集体讨论决定。

(四)坚持"四个服从",即:个人服从组织、少数服从多数、下级服从上级、全党服从中央,进一步加强和改进对车渡工作的领导,充分发挥站党委的领导核心作用。

三、议事程序

(一)会前准备

1.提交议题。党委会议题原则上由党委书记提出,党委成员需要提交党委会研究的议题，须经分管领导审阅同意。上会部门需要提交党委会研究的议题，必须报分管领导审批。涉及"三重一大"议题须按规定向纪委报告后，再上会进行研究。

2.会前酝酿。需要提交党委会研究的重要事项，可先由书记和有关党委成员进行酝酿，也可由书记委托有关党委成员进行酝酿。对涉及不同部门的议题，要明确分管领导、牵头单位或责任科室，并强化沟通协调、充分进行酝酿，酝酿不成熟的事项和议题，不提交党委会讨论决策。议题一经确定，不得随意更改，不能临时动议。

3.会议通知。党委会由站办公室负责组织，议题承办部门要做好会前准备，于会议召开前一天将有关议题审批材料报送站办公室，站办公室将会议召开时间、议题内容告知党委成员和纪委书记及列席单位和部门负责人。

(二)会议召开

1.时间安排。党委会原则上每周召开一次，遇有重要情况可随时召开。对需立即处理的重大突发性事件和紧急事项，来不及召开党委会议的，书记和党委成员可在电话沟通、传阅情况下临时处置，但事后须召开党委会议进行追认。

2.参加人员。参会人员为党委成员、纪委书记和与议题内容有关的人员。党委会议必须有三分之二以上党委成员到会方能举行。党委成员因故不能出席会议的，应在会前向书记请假并告知办公室，其意见可用口头或书面形式表达，但涉及"三重一大"事项须以书面形式表达。

3.会议主持。党委会由党委书记召集和主持，书记不能参加时，可由书记委托一位党委成员主持。

4.会议表决。党委会议题，实行一题一议，先由议题部门负责人就议题作汇报和说明，再按照民主集中制原则，由参加会议人员充分发表自己的意见，明确表态。党委书记不能提前授意、不得提前表态。在充分讨论的基础上，由会议主持人根据少数服从多数的原则进行归纳集中，提出明确意见，形成党委会决议。对重要问题意见分歧较大的，除紧急情况外，一般应暂缓做出决议，待进一步调查研究、交换意见后，提交下次党委会讨论决定。会议邀请纪委全程监督。

(三)会后执行

1.形成纪要。站办公室要安排专人做好会议记录，需要形成会议纪要的，会后形成专题会议纪要，会议纪要由参会人员签字。

2.跟踪督办。站党委成员根据工作分工督促相关部门抓好会议决定事项的落实，站办公室要及时了解党委会确定事项的办理进度，积极催办督办，采取一事一报、专项汇报或综合汇报等形式向党委书记报告，重要情况向党委会报告，涉及"三重一大"事项须按规定向纪委报告。

四、议事纪律

(一)与会人员须自觉遵守保密纪律。会前不得向无关人员透露会议议题,会后不得以任何方式擅自泄露会议讨论情况和会议决定,会议决定只能由有关执行部门和具体执行者以适当形式统一发布。

(二)凡涉及本人及夫妻关系、直系血缘关系、近姻亲关系等有利害相关的问题时,有关人员应回避,并不参加表决。

(三)在会议文件的起草、印发、传阅等环节,要做好保密工作,应回收的文件和资料,要及时回收、妥善处理。

(四)党委会研究决定的问题,未经批准公开时,与会人员一律不得泄露,违反规定的,依纪依法给予严肃处理。

第二节　车渡管理站纪律检查委员会

一、纪检机构

2015年7月20日,车渡站纪律检查委员会成立,站纪委委员为曾晓富、李世姿、谢静3人,曾晓富任纪委书记。

纪委书记曾晓富主持纪委工作,负责对党员进行遵纪守法教育、廉政教育、警示教育,保障党员的民主权利。纪律检查委员李世姿负责受理党员申诉和控告,群众对党员干部的检举、揭发和控告并组织查实,党政干部的廉政建设工作。组织和宣传委员谢静负责组织党员学习党纪条规,检查党员干部执行党章、遵守党纪的情况,发现问题及时上报并查处。

2018年5月30日,车渡站召开党员大会,选举产生新一届中共重庆市车渡管理站纪律检查委员会。选举曾晓富、李世姿、谢静为纪委委员,选举曾晓富为纪委书记。

至2020年12月,车渡站纪委书记为曾晓富,纪委委员为曾晓富、李世姿、谢静。

附录一　车渡站纪委工作职责

1.站纪委是站纪律检查工作领导机关,在站党委和市公路局纪委双重领导下依法依纪开展工作,认真履行党章赋予的"教育、监督、惩处、保障"职能,扎实做好各项工作。

2.检查和监督党的路线、方针、政策、国家的法律法规和决议贯彻执行情况,检查和监督党员、干部贯彻组织决议,执行规章制度情况。

3.调查分析本单位党风党纪状况,协助党委抓好党风廉政建设和开展反腐败工作,督促检查落实党风廉政建设责任制的情况,做出关于维护党纪的决定。

4.按照从严治党的要求,坚持教育和严格执行纪律相结合,协助党委利用多种形式对党员、干部进行党性党风党纪教育、遵纪守法教育和廉政教育。

5.按照信访工作制度,认真做好群众来信来访工作,受理对党组织和党员违反党纪的检举、控告,对违纪违规的问题进行调查,并向站党委提出处理建议。

6. 受理党员、干部对纪律处分不服的申诉。协助党组织对受党纪政纪处分的党员、干部的教育工作。

7. 参与重大经营管理活动,实行事前监督。

8. 完成上级纪委和站党委交办的其他党风党纪工作事宜。

附录二 车渡站纪委书记职责

1. 在党委和上级纪委的领导下,主持纪委日常工作。

2. 协助党委组织协调党内监督工作,积极发挥党风廉政建设纪委的监督责任。

3. 组织召开纪委会、纪检监察工作会议等,传达贯彻上级会议、文件及指示精神,通报总结工作情况,安排部署工作任务,研究决定有关事宜。

4. 参加站党委会议、站长办公会、职工代表大会等。参与单位重大问题、重要事项的决策。

5. 着重抓好检查监督党员干部贯彻执行党和国家的路线、方针、政策,执行决议、决定,遵守法规、党政纪律的情况。发现违纪现象,及时进行批评教育或给予纠正处理。

6. 受理对党组织和党员违反党纪行为的检举和党员的控告、申述,保障党员权利,抓好纪检干部队伍的自身建设。

7. 完成党委和上级纪委部署的工作任务,及时报告党内监督工作情况。

二、反腐倡廉

1993年,车渡站贯彻党中央、国务院关于反腐败斗争的精神和党委〔1993〕57号文的工作部署,站党政共同行文提出了"贯彻反腐倡廉,强化优质服务"的实施意见,共八项具体措施,并及时贯彻执行。本年共收到来信5起,基本都是反映收取过渡费和洗车费问题。

1999年,车渡站制定《车渡站党支部党风廉政建设规定》和《贯彻落实党风廉政建设责任制的实施意见》,对贯彻落实党风廉政建设责任制的范围、内容、责任考核作了具体规定,明确了站党支部书记、行政站长为第一责任人,一级抓一级,要求全体党员、干部讲学习、讲政治、讲正气,严格执行党的纪律,认真履行党员义务,廉洁奉公,实事求是,言行一致,忠诚坦白,正确处理国家、集体、个人三者间的关系,脚踏实地工作,坚决抵制各种腐败现象。

2000年,车渡站贯彻落实《党风廉政建设责任制实施意见》,明确了第一负责人。组织党员、干部学习纪检监察政策法规和江泽民总书记的有关重要论述,采用多种形式进行警示教育。站组织学习十六大精神,《"三个代表"重要思想学习纲要》,胡锦涛总书记"七一"讲话,《求是》《党员文摘》《当代党员》上的有关文章,提高思想认识和拒腐防变能力。坚持民主集中制原则,重大问题集体研究决策,第三产业发展的收支情况向职工公开，处理事务，任免干部公开、公正、公平，不徇私情。未发现用公款大吃大喝、到娱乐场所消费、配置个人住宅和电脑情况，无贪污、行贿受贿、侵占单位利益等现象发生。

2004年，车渡站党支部组织党员、干部学习纪检监察政策法规和党的领导人的有关重要理论，用党课时间组织党员和入党积极分子观看《世界执政党兴衰史鉴》。8月24日，组织在岗党员、站中层干部，部分入党积极分子参观《邓小平与重庆》大型图片展。9月22日，组织党员干部到重庆市监狱，通过服刑犯人讲述犯罪历程，开展警示教育。支部组织党员听取党校教授讲解两个《条例》❶报告，开展学习两个《条例》讨论，开办"在岗党员党风监督岗"。

2006年5月起，车渡站开展治理商业贿赂行动。党总支统筹部署，通过总支委员、党员大会以及思想政治学习等途径，强调商业贿赂的危害性。学习胡锦涛等中央领导关于治理商业贿赂的重要批示和中央办公厅、国务院办公厅文件精神，领会治理商业贿赂的意义。学习《中华人民共和国反不正当竞争法》等相关法律法规，检查交通交涉项目立项审批、项目融资、征地拆迁、招标投标、工程分包、项目变更、材料设备购销、质量监督、计量支付、项目审计、竣工验收、公路经营权转让等程序的履行情况。对照程序查台账，检查各种会议记录、报表、文件、合同及其副本或补充协议及备忘录等台账是否完整。

2007年，车渡站开展"清廉从政、服务发展"专项学习教育活动。党总支采取中心组学习、组织生活会、干部职工大会等形式，集中学习《领导干部作风建设教育读本》等教材，学习梁平县虎城镇党委书记邓平寿等优秀基层干部先进事迹，组织观看反腐倡廉警示片。6月上旬，总支书记彭宗泉开讲以"清廉从政、服务发展"为主题的廉政党课。按照"清廉从政、服务发展"要求，查找单位和党员干部个人在作风方面存在的突出问题，剖析产生问题的原因，制定整改措施并具体落实。参加市公路局党委、纪委组织的加强干部作风建设演讲比赛等。

2008年，车渡站把党风廉政建设和行风建设作为实践"三个代表"重要思想的具体措施，要求各科室、队（厂）、公司各部门高度重视，增强紧迫感，扎实工作，务求实效，建立以中心组学习为主，党员干部培训为辅的领导干部学习制度。通过集中学习、个人自学、组织讨论，做笔记、写心得，开座谈会、观看专题片等形式，组织学习党的十七大精神中纪委第六次会议精神和上级有关党风廉政建设和行风建设的会议精神。党总支聘请专业老师指导，抽调20名职工，共同完成《我们的答卷》节目，并作为公路局建局十周年的献礼节目进行公演。同年，组织两次查票，未发现重大问题。接到驾车人员投诉五次，其中三次是对收费标准的异议，支部通过出示财政局的批文，化解了矛盾。

2009年，车渡站对廉政工作实行层层责任制，一把手负连带责任。构筑教育、制度、监督三位一体的防腐体系。重新完善制订"三会一课"制度、支部党员学习制度等规章制度。增加差旅费、招待费、医疗费等日常开支的透明度。按照民主集中制和有

---

❶ 两个条例指的是《中国共产党党内监督条例（试行）》和《中国共产党纪律处分条例》。

关规章制度处理人员进出、职称评定、大额开支等重大事项。

2010年,车渡站定期在每周五进行廉政教育,组织36人参加"廉政准则"知识测试。组织观看反腐电影126人次。组织选手参加"交通杯"廉政故事演讲比赛。制定修订各项廉政建设制度。加强工程项目监督,签订廉政合同,做好渡运收费监督,杜绝乱收费行为。

2012年,车渡站发挥纪检监察与工会组织的监督作用,利用中心组学习、组织生活会、上党课、图片展、周五廉政教育学习会等形式开展党纪政纪和廉政勤政教育。学习市公路局编发的风险防控手册,落实廉政合同制度,开展工程建设领域突出问题专项治理项目的自我排查。63人参加市交委组织的干部任用政策法规及换届纪律规定知识竞赛,20人参加廉政知识网上测试。按照市交委党性党风党纪教育月活动要求,车渡站完成廉政谈心25人次,开展阅读"读书思廉"活动,阅读书籍6本;开展干管人员"体验生活走工地转变作风思发展"活动,组织观看廉政教育片《雨中的树》,学习李林森摆正从业从政心态的先进事迹。

2013年,车渡站组织专题学习《中国共产党党员领导干部廉洁从政若干准则》。开设"道德讲堂",推进道德领域突出问题专项教育;开展廉政风险排查,提出防范廉政风险的工作举措;通过上廉政党课、参观廉政教育基地等方式,强化党员干部严格自律、清正廉洁的政治意识。

2014年,车渡站开展违规违纪典型事例警示教育8次,全年"三公"经费开支节约71.4%,未发现公款送礼、公款吃喝、奢侈浪费等情况。党政主要负责人签订党风廉政建设目标责任书,将廉政责任目标细化拆解落实到每位班子成员、科室负责人和全站职工;建立和完善领导班子例会、民主生活会等制度,在人事安排、干部任免、重大项目安排和大笔财务支出方面始终坚持集体研究决定,及时整改审计存在的问题。围绕项目建设、人事、单位发展等重大问题,全站召开会议43次。站党委在党员干部中开展廉政教育和警示教育,组织观看教育片《大顺·一九二七》,向全体职工通报违反工作纪律的典型案例,在站安全生产会上分析违反规定事例。

2015年,站党委先后印发《关于成立纪律检查委员会的通知》和《站纪委工作职责和纪委委员分工的通知》,做到分工明确、责任到人。站领导班子在涉及重大决策,干部人事任免、调整,重要项目和大额资金使用上,都召开党委会或站长办公会集体决定,专人完整记录决策过程。按照组织程序,把好廉政关,查阅个人有关事项报告。按照职工《工作手册》内容,明确各部门权力和责任清单,公开权力运行流程,完善惩治和预防腐败、廉政风险、交流轮岗和任职回避制度。制定车渡站信访、纪检监察等制度。组织干部观看《作风建设永远在路上》,改进会风、文风,注重精简会议时间和减少文件简报数量。执行《党政机关厉行节约反对浪费条例》,建立健全财务预算、核准和审计制度。全年开展廉政典型教育及案例警示教育15次,党委书记和纪委书记各上廉政党课2次。组织参观抗战遗址,接受爱国主义教育,组织收看14集《社会主义核心价值观讲坛》节目,制作"严以用权"专题廉政教育展板,开展多种廉政文化建设活动。12月17日,市公路局纪委书记贾元亭到车渡站调研党风廉政建设情况。12月23日,车渡站全体领导班子成员及纪委委员到重庆市九龙监狱,参加由市公路局组织的体验式廉洁教育活动。

2016年1月19日,车渡站党委书记彭宗泉、纪委书记曾晓富对新任职的站属通洋质量检测公司的领导干部进行廉政谈话。年初,站党委召开落实"两个责任"党风廉政建设专题会议,制定车渡站2016年度党风廉政建设和反腐败工作要点,明确责任体系,加强党纪建设,提升作风效能,细化20条工作措施。9月14日,车渡站成立站党风廉政建设和反腐败工作领导小组,符冠荣、刘发文任组长,曾晓富任副组长,成员有陈军、甘林坤、郭鹏举、彭明涌。领导小组下设办公室在站办公室,曾晓富任办公室主任。

同年,全站开展"两学一做"学习教育,领导干部带头讲廉政党课,强调讲纪律守规矩,要求做合格党员,执行中央"八项规定"、市委"七条意见"和"八严禁""十二不准"各项规定,营造风清气正、勤政廉政的干事创业氛围。学习传达中央和市委重大决策部署,学习党章党规和系列重要讲话,重点学习贯彻落实党的十八届四中、五中、六中全会和中央纪委六次全会精神,以及市交通党委、市公路局党委纪委、书记例会的工作部署。站党委开展对2008年后党费的清查及补缴活动。组织机关党员干部33人到市廉政教育基地接受教育,撰写心得体会33篇。执行副处级以上领导干部重大事项报告制度,对机关党员干部的个人重大事项进行记录登记。

2017年8月23日,市公路局纪委书记周平、监察审计处副处长牛佶沛到站机关座谈,听取车渡站党风廉政建设和"两个责任"落实情况。站制定下发2017年党委工作要点及党风廉政建设工作要点,召开党建和党风廉政建设工作会、党风廉政建设形势分析会。调整车渡站党风廉政建设和反腐败工作领导小组,抓"两个责任""一岗双责"❶的落实。组织领导班子、中层干部述职述廉,推行党政领导干部、纪委书记述责述廉制度,开展廉政约谈27人次。纪委检查、考核下属企业通洋公司党风廉政建设,党委会、站长办公会涉及"三重一大"议题,主动接受纪委的监督。将"以案释纪明纪,严守纪律规矩"主题警示教育活动贯穿全年,收看《作风建设永远在路上》等教育片。全年开展廉政测试50余人,编发廉政教育简报7期、快讯16期。参加监督执纪问责工作能力提升培训5人次,普通党员干部个人重大事项报备4人次。全年开展劳动纪律、内务检查、车辆停放检查共计20余次。全年未发生一起违纪违法案件。

2018年,站印发《2018年党风廉政建设和反腐败工作要点》《落实党风廉政建设主体责任考核办法》《车渡站2018年党风廉政建设责任分工》等文件,开展廉政谈话、入职谈话,逐级签订党风廉政建设责任书。定期召开党委专题会、党风廉政建设形势分析会。开展落实"八项规定"精神自查自纠及"八项规定"精神30问的监督检查,对不符合要求的问题进行整改。开展2018年度违规吃喝、违规收送红包礼金、违规发放津补贴及福利问题、公车加油卡、对领导干部利用名贵特产类特殊资源谋取私利问题专项整治,对违规操办和参加"升学宴""谢师宴"进行整顿。每逢重大节庆日进行节前提醒、明察暗访、专项检查、随机抽查。通洋公司修订《材料采购管理办法》《分包

---

❶ "一岗"就是一个领导干部的职务所对应的岗位;"双责"就是一个领导干部既要对所在岗位应当承担的具体业务工作负责,又要对所在岗位应当承担的党风廉政建设责任制负责。也就是说,一个单位的领导干部应当对这个单位的业务工作和党风廉政建设负双重责任。

管理办法》,细化建立分包商信息库、规范选取流程和纪委现场监督。全年开展廉政风险点排查两次,编制车渡站《廉政风险防控》手册,制定出台站《"三重一大"事项决策实施办法(试行)》《关键岗位轮岗管理实施办法(试行)》《内部控制建设工作方案(试行)》等6个制度文件。开展党风廉政建设宣传教育,开设廉政教育、案例教育专栏,开展廉政党课、廉政测试、"不忘初心,清廉同行"长寿区廉政基地警示教育、预防职务犯罪专题讲座,观看《苍穹之眼》警示教育片,编印《廉政漫画》等书籍,编发纪检监察简讯、节日廉政提醒短信、微信,营造廉政文化氛围。

2019年,站党委带头宣讲廉政党课,督促检查班子成员"一岗双责"履职情况,开展廉政提醒谈话。全年召开党委专题会2次、党建暨党风廉政建设形势分析会4次。重大节庆日发送廉政短信、微信300余条。开展作风建设明察暗访,对干部职工的工作纪律、公车管理、公款吃喝、乱发津补贴等问题开展督促检查。开展"扫黑除恶"专项斗争,制作宣传横幅10余条、举报箱4个、专题讲座1场次。对照市委第九巡视组巡视反馈意见、选人用人情况和意识形态专项监督检查反馈意见,制定整改措施106条,完成整改任务。12月9日,站党委对内设科室、通洋公司的党风廉政建设"两个责任"进行考核。全年向干部职工赠送《党风廉政建设应知应会手册》《中国家规》等廉政读本230余册。党委书记开展廉政谈话7人次,纪委书记对中级干部、纪委委员、新进人员、新提拔干部开展谈话22人次。编发《党风廉洁教育》18期、《反思警醒》14期、《先进典型引领》14期。开展廉政知识测试2次,共100人次参加;举办法律、宪法知识讲座2次。

2020年,站党委开展廉政风险点排查3次,做到一季度一督查并通报情况,开展廉政谈话28人次,编发党风廉洁教育快讯等简报计27期。依纪依规,针对1名职工犯危险驾驶罪,及时报告并处理,严格执行上级对其开除党籍、行政降级的党纪政纪处分。用身边事教育身边人,围绕典型案例开展"严纪律、讲规矩、守底线"警示教育,"以案四说"、"以案四改"等系列活动。

附录一 重庆市车渡管理站党风廉政建设纪委监督责任

根据市公路局党委关于印发《落实党风廉政建设党委主体责任和纪委监督责任考核办法》(渝路党发〔2017〕18号)的通知精神,制定本责任。

一、强化党内监督

1.落实纪律检查工作双重领导体制,线索处置情况在向同级党委(总支、支部)报告的同时向上级纪委报告;

2.每年上半年、下半年向市公路局纪委和同级党委(总支、支部)书面报告党风廉政建设纪委监督责任工作;

3.每年向市公路局纪委进行书面述职或现场述责述廉;

4.定期约谈被监督单位领导班子成员;

5.监督执纪工作中未发现问题线索,但被上级检查发现的。

二、查处违反中央八项规定精神问题数、通报曝光率和问责率

1.查处(通报、曝光或问责)不力被约谈的;
2.在上级纪委督察中发现问题的;
3.本单位违反中央八项规定精神受到上级纪委查处的。

三、群众反映问题线索上报情况

1.属于上级纪委受理问题线索未上报和未及时报送的;
2.同级党委(总支、支部)管理的干部问题线索和线索处置情况未按规定报送的。

四、运用"四种形态"惩前毖后、治病救人的成效

1.主体责任落实不力,该谈话的而未谈话的、该监督而未监督的、该送审把关的而未送审把关的或审核把关不力的;
2.运用监督执纪"四种形态"相互转化不严格、不规范、不合理的。

五、重视执纪审查,遏制腐败现象滋生蔓延工作成效

1.对同级党委(总支、支部)管理干部立案审查、党纪处分等重要事项未按规定报告的;
2.未严格遵守《重庆市实施〈中国共产党纪律检查机关监督执纪工作规则(试行)〉办法》的;
3.发生执纪审查安全事故的。

六、问责

所管理党组织和党的领导干部违反党章和其他党内法规,不履行或不正确履行职责,有违反《中国共产党问责条例》第六条规定的六种情形,应当予以问责而未问责的。

七、纪检干部监督

1.在监督执纪工作中,未认真遵守监督执纪各项工作规则和业务工作规范,尚未构成违纪的;
2.有跑风漏气、违反安全保密规定、收受财物等违纪行为的。

附录二　重庆市车渡管理站党风廉政建设纪委主要负责人责任

根据市公路局党委关于印发《落实党风廉政建设党委主体责任和纪委监督责任考核办法》(渝路党发〔2017〕18号)的通知精神,制定本责任。

一、强化部署落实

1.及时传达市公路局党委、行政和市公路局纪委有关党风廉政建设和反腐败工作的会议精神;
2.及时向同级党委(总支、支部)和市公路局纪委报告有关党风廉政建设工作情况;
3.及时向市公路局纪委报告落实纪委监督责任工作情况;
4.按照干部管理权限,对党员干部进行诫勉谈话、函询和党风廉政建设约谈;
5.对新提任干部进行廉政谈话;

6.每年纪委(纪检部门)主要负责人书面或现场向市公路局纪委述责述廉。

二、高度重视纪律审查工作

1.严格工作成效,强化监督执纪各个环节的监督制约;

2.对本单位问题线索执纪审查进行组织、指挥和协调。

三、坚守责任担当

1.党性坚强,对党忠诚,永不叛党;

2.带头践行社会主义核心价值观,发扬党的优良传统,讲修养、讲道德、讲诚信、讲廉耻;

3.带头执行中央八项规定精神和市委实施意见;

4.认真履行纪委书记(纪检部门负责人)职责;

5.严格按照规章制度办事;

6.严格监督执纪问责;

7.积极支持和配合上级党组织查处违法违纪案件,为查处案件排除干扰和阻力。

四、加强队伍建设

1.严格要求、严格监督、严格管理,打造忠诚、干净、担当的纪检监察队伍;

2.强化纪律约束,严明政治纪律和政治规矩;

3.加强内部监督制约;

4.严查泄露秘密、以案谋私,防止纪检监察干部"灯下黑"。

五、自觉接受监督

1.带头纠正"四风",严于律己,做好表率;

2.认真执行报告个人有关事项的规定;

3.自觉接受党内、人民群众和新闻舆论的监督。

第三节 工 会 组 织

一、组织建设

1961年4月,车渡站成立,随即成立站工会组织。1964年11月,张万益出任车渡站工会主席。

1970年10月,车渡站工会主席为张万益。

1982年,车渡站工会主席为罗文才,工会干事为李世明。

1985年1月10日,经市公路养护总段党委二届七次会议研究,各基层工会机构单独设立,不由政工股领导,原编制人数不变。

1987年4月5日,贾文媛任车渡站工会副主席(负责工会工作)。

1992年9月22日,宁路长任车渡站工会副主席。

1997年12月8日,车渡站提名宁路长为工会主席。

1998年6月16日,市公路养护总段批准,同意张容任车渡站工会副主席,兼任女工委员会主任。12月10日,市公路局工会委员会批复,同意车渡站新一届工会委员会由张容、郭晋容、李蜀渝、李长春、吴国林5人组成,张容任工会主席。

2004年3月23日,江恩任车渡站工会主席。

2006年4月5日,市公路局工会批复车渡站工会换届选举结果:曾晓富、郭晋蓉、李长春、刘朝荣、罗开胜5人为车渡站工会委员会新一届委员。曾晓富任工会主席。

2010年1月14日,车渡站第三届职工代表大会第一次会议召开,选举李世姿、张国祥、范芝佳、杨武平、曾晓富为第三届工会委员会成员,选举曾晓富为工会主席。李世姿为组织、女工委员,张国祥为经费审查委员会委员,范芝佳为宣传、文体委员,杨武平为劳动生产委员。

2011年5月3日,车渡站工会主席曾晓富自即日起享受同级领导副职(正科级)待遇。

2015年12月18日,车渡站召开站工会换届选举职工会员代表大会,选举产生新一届车渡站工会委员会,曾晓富当选为工会主席。12月28日,市公路局工会委员会同意车渡站第四届工会委员会选举结果:李世姿、杨武平、张国祥、范芝佳、曾晓富为工会委员,曾晓富任工会主席。

至2020年12月,车渡站工会主席为曾晓富。

附录　工会主席职责

1.团结带领全站职工认真执行党的路线、方针、政策,努力完成各项工作任务。

2.通过职工代表大会和其他形式,积极参与本单位的民主管理。

3.监督有关法律、法规的贯彻执行,协助和督促行政方面做好职工的劳动保险、劳动保护工作。

4.认真组织职工开展劳动竞赛、合理建议、技术革新和技术协作活动,总结推广先进经验,做好先进生产(工作)者和劳动模范的评选、表彰工作。

5.抓好职工之家的创建活动,对职工进行思想政治教育,鼓励支持职工学习文化业务知识,开展健康的文化体育活动。

6.开展好群众性的安全生产教育活动。

7.深入一线调查研究,如实反映职工意见,维护职工合法权益。

8.关心职工生活,坚持"五必访",切实解决职工困难。

二、工会工作

1964年,车渡站发动职工完成了两场歼灭战,一是自力更生解决防洪系统设备,二是艰苦奋斗排除航道障碍。组织全体职工观看文化宫举办的阶级教育展览。开展社会主义教育,结合国际国内形势,组织职工听取和讨论援越抗美等报告。学习《为人民服务》《反对自由主义》等文章。组织职工开展增产节约竞赛活动,开展"比、学、赶、帮、超"活动。石门车渡职工利用业余时间,攀悬崖峭壁,挖沙搬石,打石鼻子20个,搭桥子21个,埋地龙8个。海棠溪渡口在解放军帮助下,20天搬走沙石数千吨,疏浚航道130千米。工会主席和家属委员到229户职工家庭进行442次慰问,向家属宣传勤俭持家、计划生育政策。对困难户进行救助,全年共补助238人次,累计4064.05元,棉布1.121尺,棉花58斤,蚊帐42床,棉絮38床。

1965年,车渡站职工树立"勤俭建国、勤俭办企业、勤俭办一切事业"的思想,自力更生,中石渡口打石鼻子20个,储海渡口钉木桩21个,为国家节约人民币218.40元。李家沱渡口1—3月修补整修码头引道15次,储海渡利用业余时间挖沙。开展"比、学、赶、帮、超"活动,涌现6个先进小组。

1973年,车渡站开展整选工会工作,选出新的第三届工会委员会。完成1000余平方米的职工宿舍建造工作,解决30户工人住宿问题。建立职工互助储金,解决职工急需用钱困难。对生活困难的职工按时进行6次补助,全年补助340人次。

1974年,车渡站对生活困难职工进行补助318人次,发放补助金3933元。组织人员对职工的危房进行维修。完成一栋职工宿舍的新建工程,水土车渡职工宿舍完成三分之二。

1976年,车渡站工会配合党支部、革委会抓工会学习,举办工会学习班。遵照毛主席"知识青年到农村去,接受贫下中农再教育很有必要"的教导,派出2名青年带队干部,在丰都县十字公社同心大队开办知识青年点,在酉阳县李溪区李溪公社新开办知青农场。全站知青29人,除病免、特免和在办理病免手续4人,其余下到农村各队,占知青人数的72%。车渡站对生活困难的职工进行补助,对职工住房、公房组织人员进行维修。

1979年,车渡站举办培训工会委员、工会小组长学习班。解决50户职工的住房2000平方米。给全站职工发放卫生费。全年进行两次困难补助共114人次,发放补助金1935元。年终对家居农村的职工进行一次补助。

1980年,车渡站改建危房168平方米,调剂、解决职工住房7家;免费为职工家庭安装水表、电表。工会对生活困难的49名职工进行补助。看望、慰问生病住院职工。将上级奖励的一台12寸电视机转送给水土渡口的职工。发放独生子女奖励费4291元。

1981年,车渡站对293名35岁以下职工进行文化测验,开展职工文化教育。对生活困难的职工进行补助93人次,共1354元。李家沱职工宿舍建成后,通过分配、调剂,解决32户职工的住房问题。同时,对生病职工进行慰问。六一儿童节给387名14岁以下职工子女发慰问信。

1982年,车渡站着重开展企业整顿工作,成立企业整顿领导小组,并设立纪律检查小组、岗位职责资料小组、宣传小组。工会发挥职代会作用,民主管理企业,工人当家做主,凡对职工福利、生产等方面的大事提请职代会研究决定。组织职工学习《企业职工奖惩条例》。召开组长会议、委员会议5次，吸收新会员22人，召开职代会2次。抓全站全年立功创模活动，评选出站先进个人173人，出席总段表彰会28人，出席省表彰会1人，获评先进班组8个。同时，配合有关部门做了后进青工转化工作。宣讲"五讲四美"1期。对全站职工及退休工人和五保户等进行困难补助，全年共补助4060元。开办第一期职工文化补习班。

1983年，全站有职工代表25人，由工会担任职代会的常务工作，重大问题召开全体职工代表大会讨论研究，初步开创职工民主管理的局面。工会修改制定《职工困难补助办法》，对上级拨付的20套水毁住房进行民主分配。全年补助困难职工2664元，共290人次。给就读普通中小学的职工子女发放春秋两季学费补助2900元（每位学生每学期5元）。成立车渡站劳动服务公司，开设"活桥车船修理组"和"活桥儿童服装门市部"，吸收待业青年18人。工会对李家沱、海棠溪部分家属宿舍进行维修，对修理厂的集体宿舍进行改建。调解职工夫妻纠纷14起。

1984年，车渡站进行站工会换届选举，改选职工代表大会。同年，重点抓青年工人的文化教育和政治轮训工作，站成立职工教育领导小组，对车渡站35岁以下的青年工人进行文化补习工作，全年共完成3期，99人参加学习。

1987年，车渡站对工会、职代会进行改选，做到二会合一。全年召开工会委员会7次，女工委员会2次，召开职工代表大会3次。审议通过经济承包、生产计划、房屋分配方案，使房屋分配和调整工作得以顺利进行。响应国家"双增双节"（增产节约、增收节支）号召，工会向全站发出"从点滴做起，从节约一滴油做起，从我做起"的倡议书。全年看望、慰问伤病职工50人次。协助行管部门完成职工宿舍维修工程（中小修）120次。先后组织两批57人到缙云山风景区游览、休养。重阳节组织31名退休职工到文化宫参观"三中全会路线好"展览和赛花会。选送60名在职职工和6名退休干部、老先进员工到缙云山休养。

1988年2月9—10日，车渡站举办第一届春季游园活动，同时组织以队为基础的拔河比赛。5月9—10日，站工会及退休委员会组织40余名老工人游览大足龙水湖，丰富退休职工晚年生活。召开工会委员扩大会2次，对不适应的困难补助条例进行修改。批准新会员6人。选派25人到缙云山休养所休养，其中工人5人。全年调解纠纷7起，看望病员30人，处理退休工人来信27件。

1989年1月23—24日，车渡站举办第二届新春游园活动，进行拔河比赛，请回130余名离退休老职工，邀请交通系统的党、政、工670余人参加新春庆祝活动。12月19日至21日，在鱼洞举办船长、轮机长、水手长学习班，站工会安排食宿。全年看望、慰问病员职工94起，慰问品费用407.40元，为74名困难职工进行补助2878元。春节期间对2户烈属进行慰问，每月对3家五保户进行探望并送发补助。全年解决12户住房困难职工的住房问题，为南岸80户职工安装天然气。派送17名职工到缙云山疗养所疗养。车渡站职工抢救落水者6起，申请三等功1名，集体立功1个。全年调解家庭纠纷56次。

1990年3月和5月，车渡站分两次召开工会委员会，推选6名工会小组长参加总段举办的培训会。春节、五一劳动节、国庆节前夕，对各渡口、厂进行清洁卫生检查。

春节期间为130名退休职工赠送节日礼物,"红五月"活动中,向各渡口、厂、船印发歌单,大唱革命歌曲,在鱼洞举办"红五月"革命歌曲演唱会,共有28人参加。11月,对各船的炊具进行清理并向全站19条船、茬新配纱布和毛巾,添置菜盒。全年看望、慰问住院职工73起,对家庭生活困难、生病住院的职工进行照顾。全年调解家庭纠纷14次。

1991年6月12日,车渡站工会召开工会委员会,讨论并通过有关职工生病住院的修改规定,对职工亲属死亡的安抚工做了修改,审定17名春运优质服务员名单。6月24日,海棠溪民生码头24号职工住宅被风吹毁后,组织人员进行抢修。7月上旬,苏皖地区洪水泛滥成灾,站工会组织职工捐款976.50元,支援灾区恢复生产。7月29日,市交通工会组织交通系统所属工会主席、干事对车渡站劳动保护工作及工会工作进行检查。市交通局组织合川、江津、潼南等地公路渡口领导及生产骨干20多人,到李九渡口现场观摩和交流经验。职工冒着酷暑对李九队、水土队的各种标志进行整修、重新油漆。开展建站30周年庆祝活动,对青年职工进行站史教育,举行文艺汇演,举行交谊舞、卡拉OK比赛等,谱写《车渡人之歌》,并对全站职工进行教学唱活动。拍摄反映车渡建站30周年、安全渡运15周年的录像片《巴蜀天堑变通途》。全年为3户职工解决天然气问题,调剂住房3套,改善鱼洞职工旧住宅8户。对4位生活困难职工发放困难补助,安排3名生产骨干到外地疗养,10名职工到缙云山疗养,组织43名退休工人到小泉参观游览。看望病人85人次,慰问职工12人次。

1992年1月23—26日,车渡站组织看望全站老病员工、3家五保户、2家烈属,送去慰问品。春节前,向全站130名退休老工人赠送毛毯。3月19日,车渡站第四届职工代表大会、第七届工会委员会在鱼洞召开,19名职工代表和各股室负责人参会,通过了对渡口后勤厂的经济责任承包办法、《医药费报销暂行办法》《职工宿舍水、电、房屋管理暂行制度》。5月7日,组织43名退休职工游览南山风景区和老君洞。6月22日,召开职代会第二次会议,讨论通过《重庆市房屋租金实施细则》。9月12日,讨论通过《重庆市车渡管理站关于执行职工宿舍生活用电移交电业局收费的决议》。重阳节向退休工人赠送枕巾。全年探望病员46人次,为70岁高龄老人送生日蛋糕23个。

1993年1月11日,车渡站组织召开部分退休工人座谈会,向全站126名退休职工赠送枕套。1月13日,召开复转军属迎春座谈会,32人参加。1月15日,看望3家五保户和烈士家属,送去节日慰问品和生活补助费。1月20日,向已退休的2位老站长拜年,每人赠送被套一床。3月3日,在鱼洞召开劳动竞赛先进表彰会。全年在李九队和后勤厂举办167人次半脱产式的"二五"普法教育。选派4名生产骨干到外地疗养,全年看望病员22人,慰问品费437.5元,处理退休职工来信来访45起,解决职工困难补助1890元,调解职工矛盾纠纷9起。

1994年春节前夕,车渡站组织看望慰问五保户、烈士家属17人次。在纪念毛主席诞辰100周年活动中,组织职工观看历史纪录片《重庆谈判》。站工会审定8名优秀船长、优秀轮机长、优秀水手到北京瞻仰毛主席纪念堂、参观长城,进行爱国主义教育。12月12日,举办有党、政、工、团领导和队、厂长28人参加的中华人民共和国《劳动法》学习班。多次召开退管工作会,重新组建退休工人直接参加管理的退休管理委员会,成立5个退休管理小组,由退休工人自己担任组长。同年,永川地区遭受灾害,站工会组织工人捐款。

1995年1月18日,车渡站工会组织召开退休工人迎新春座谈会,20余名退休工人代表参会。春节前,举办职工迎春联欢会。4月,组织退休职工和生产骨干16人外出考察学习。同年,站工会进行积极分子培训,举办《中华人民共和国劳动法》学习班,成立劳动争议协调小组。工会进行换届改选,审议通过一系列保护职工权益的办法和条例。全年看望生病职工和退休工人21人次,探望9名癌症职工,发放困难补贴4722元。

1996年,车渡站在夏季来临前完成抢修旧房、危房漏雨问题,完成4幢职工住宅电线更新,全年维修职工住宅194次。儿童节为120名儿童赠送节日礼物。全年召开职代会和工会委员会7次,对站全年生产任务、职工福利、职工住宅的分配方案进行讨论,制定和提出积极建议。走访职工家庭3户,慰问15次,探望住院职工和五保户37次,为五保户李万山送去职工捐赠的衣被和营养品,并专程到合川、永川、绵阳、荣昌等地慰问退休老工人。调解职工纠纷15起,做好退休工人来信来访工作,做到有信必复。全年收到退休工人感谢组织关怀的表扬信14封。

1997年初,车渡站在缙云山召开职工代表大会审议和讨论分房方案。召开2次职工委员会,讨论和修改有关新会员和提高探望病员标准问题。全年探望住院职工、退休工人和五保户32人次。调解家庭纠纷3次。

1998年春节期间,站工会开展"送温暖"活动,春节期间慰问军烈属、五保户15人次,慰问高龄退休工人10人次,送去慰问金、年货。职工王世勇的女儿患红斑狼疮病,工会组织职工捐款1042元。本年度分别召开转业军人、退休工人茶话会,介绍车渡站各方面的情况。五一劳动节给每位职工发放电影费30元。5月,执行离岗退养政策。六一节发放礼品费710元。同年,车渡站工会下发各种学习资料200册,给各厂(队)订阅《工人日报》《现代工人报》《四川工人报》等。工会及时增补副主席,正常交接。选取19名正式代表出席市公路局车渡站第一届职工代表大会,差额选举5人组成新一届工会委员会。同年,国家遭遇百年不遇的特大洪灾,车渡站组织职工捐款1237元。全年累计维修职工住宅150次,对20世纪50年代建造的民生码头18号、24号住宅进行中修,对李家沱工联一村职工住宅屋面、门窗作全面维修,对50、70年代的旧住房的水、电线路进行投资改造。办理完善了长滨路100号、红育坡66号、工联二村6号、四公里正街15号职工住宅102户(套)公房出售手续,资助17户职工购买新房乔迁新居,为工联二村32户职工安装天然气。探望生病住院职工30人次,补助职工学费2322元,对癌症病人和五保户补助3960元,按月发出遗孀生活费,全年发放28921.48元。调解家庭纠纷5次。

1999年,站工会以邓小平理论和中国工会十三大精神为行动指南,在全站职工中开展"百万职工学邯郸"活动和"女职工自我素质达标活动"。发挥职代会参政议政作用,为单位发展献计献策,替职工排忧解难。全年累计维修房屋水、电450次,更换两幢职工住宅避雷器系统,翻修民生码头18号、28号老旧房1次,对李家沱工联村住宅屋面进行防漏雨处理,抢修"7·28"风毁房屋面积518平方米(南岸烟雨坡220号、

27号、84号),共投资经费5.5万元。组织职工参加第三次"救助贫困母亲"募捐活动,为秀山灾区献爱心活动,共捐款1624元。全年探望住院职工42人,调解家庭纠纷5次。

2000年,站工会在五一劳动节给每个会员发电影费50元。夏天,为职工送去板蓝根、人丹、十滴水、清凉饮料以消暑。中秋节、国庆节期间,给退休、提前离岗职工发放慰问费和活动费,分别组织8个退休、提前离岗的职工小组到歌乐山、南山、南泉等地搞活动。同年,站工会进行"五必访"48人次,为困难职工发放补助3000元。为会员和退休职工发放色拉油、香菇、木耳等慰问品,为职工子女学费发放补贴3380元。调解职工家庭纠纷10起。

2001年春节期间,站工会为193名在岗职工发放慰问品,给每位会员发放电影费50元。3月12日,参加白和志老人百岁生日庆典,向老寿星表示生日祝贺。劳动节为会员发放电影费共计7980元。国庆节、重阳节为全站退休、退养职工发节日活动费共计31600元。同年,组织以歌颂党、歌颂祖国、歌颂交通事业为主题的征文比赛,有14名职工参赛。开展"百万女职工素质达标"活动,1名女职工入党,6名职工参加大专以上学历教育学习。工会通过对骨干进行培训等形式抓职工学习,干部、职工参学率达98%以上,下发各种学习资料400份。75名职工参加市人事局、港航局等有关单位组织的业务培训。开展做文明市民,创文明队、文明科室,创"五好家庭""职工小家"活动。开展送温暖活动,公民义务献血活动,向酉阳交通希望小学捐款1360元,向贫困母亲捐款492元,为公安局民警王毅捐款450元。全年补贴职工子女学费4200元。看望慰问生病住院职工52人次。调解职工家庭纠纷12起。

2002年,站工会对退休小组重新进行划分。春节期间,对孤寡老人及生活困难职工进行慰问,组织召开退休工人代表座谈会、复退转军人座谈会。重阳节前后,分别组织6个小组的退休、提前离岗职工到歌乐山、南山、枇杷山等地开展活动等。站工会全年维修站属职工住宅226处次,调解职工家庭纠纷15起,慰问生病住院职工19人次。

2003年,站工会组织8个退休、提前离岗小组到歌乐山、南山、南泉等地开展活动。全年看望生病住院职工和安抚慰问职工590人次,调解职工纠纷10起,给予困难职工补助2300元。开展扶贫济困救灾募捐活动,捐款770元,捐衣物17件。

2004年,站工会在三八妇女节给每个女职工发50元活动费,在五一劳动节,给每个会员发电影费100元,在六一儿童节给14岁以下职工子女发活动费6600元;给职工子女学费补贴1060元;酷暑天气给一线职工送板蓝根、十滴水、人丹、清凉饮料;春节、端午节、中秋节、重阳节给每位离退休、退养职工发放慰问费、活动费和大米、食用油等慰问品。全年慰问生病住院职工和安抚慰问职工33人次。慰问生活困难的职工3人次。全年维修住房120余次,其中工程量较大的包括对石桥铺红育坡职工宿舍挡土墙及围墙排危整治并协调供电局对供电线路进行改造,完成李家沱职工宿舍屋面整治及排污管道维修改造,完成站办公室、厨房、厕所改造及周边环境整治。同年,站工会主席江恩随同市公路局党委书记乔墩、纪委书记张云芝、工会主席贾元亭两次到渡口慰问车渡站职工。

2005年春节期间,站工会对生活困难的4名职工进行慰问,在行政部门的支持下,给全站每位退休职工和提前离岗职工发放慰问金200元和大米、食用油等慰问品。召开退休工人代表座谈会,复员军人座谈会等。在五一劳动节给每个会员发100元,六一儿童节给14岁以下职工子女发节日费6700元。给职工子女学费补贴1100元。在酷暑天气,给职工送板蓝根、十滴水、人丹、清凉饮料。重阳节,给每个提前离岗和退休职工发200元的活动费。11月25日,在全站职工中开展一次职工厨艺比赛。

同年,站工会组织职工学习党的十六大及十六届五中全会精神、《中华人民共和国工会法》《中国工会章程》等,职工政治学习活动参学率达100%。配合站行政部门和党支部开展工作,发挥"桥梁纽带"作用,在职工中开展先进性教育活动。全年慰问生病住院职工和安抚慰问31人次。对职工住房、水、电等生活设施进行维修150余次(处),其中对长滨路160号职工宿舍楼主供水管道进行换新改造,解决了该幢楼的经常性漏水问题。分批组织在岗职工利用休息时间开展群体性活动,组织站机关职工开展爬山等娱乐活动。在全站职工中开展献爱心活动,组织职工先后为市交委扶贫助困基金、印度洋海啸灾区、市白血病儿童患者基金会等捐款数千元。通过岗位轮换,提高职工素质,全年共调换工作人员18人次。

2006年春节期间,站工会对6名职工进行慰问。3月,进行工会委员会换届选举工作,选举产生新一届工会委员会。夏季遭遇百年不遇的高温干旱之际,为职工送去板蓝根、十滴水、人丹等防暑降温药品及清凉饮料。选派30人参加市公路局组织的合唱队,参加市公路局纪念"七一"及红军长征胜利七十周年歌咏比赛。8月,向全市抗旱救灾捐款2000元。

同年,站工会重新装修职工之家,购置大量书籍、杂志、报刊,为职工提供阅读学习的场所。为保障离退休人员的权益,工会成立离退休委员会。全年慰问特困职工7人次,慰问家属12人次,慰问生病职工43人次。办理职工医疗费补助24人次,办理特病门诊职工医疗补助1人次,按月给癌症病人和困难职工生活补助7人次。

2007年1月24日,重庆市交通委员会直属机关工会委员会表彰车渡站工会委员会为"合格职工之家"。春节期间,工会发放慰问品。夏季,在全站范围发放夏令药品。8月,号召全站职工为洪水灾区人民和在抗洪一线献出生命的罗义明家属献爱心,收到职工捐款4370元。9月,动员站职工进行义务献血。同年,组织全站职工健康体检1次。全年慰问特困职工12人次,慰问职工家属16人次,慰问生病职工28人次。住院职工医疗费补助19人次,特病门诊职工医疗费补助1人次,每月给癌症病人生活补助6人次。

2008年春节期间,站工会对生活困难的4名职工进行慰问。给全站每位退休职工和提前离岗职工发放慰问金200元和大米、食用油等慰问品。3月27日,重庆市交通委员会直属机关工会委员会表彰车渡站工会委员会为"先进职工之家"。六一儿童节给14岁以下职工子女发节日费6000元,给职工子女学费补贴2700元。在酷暑天气,为职工送板蓝根、十滴水、人丹、清凉饮料。重阳节,给每个提前离岗和退休职工发300元活动费。

同年,站工会获得法人资格,保证了工会在民事和经济法律关系中的法律地位,可以依法独立享有民事权利、承担民事义务。站财务科被重庆市总工会、重庆市交委授予重庆市"巾帼文明岗"称号。工会以职工之家为阵地,开展员工教育和各种文娱活动,组织职工打乒乓球、打篮球、爬山,从而陶冶情操,增强体质。参加上级单位组织的各种活动,如年初派出2名队员参加公路局举办的歌唱比赛。在公路局建局十周年的文艺汇演中,选送节目《我们的答卷》。全年慰问生日职工219人次,慰问生病住院职工和安抚慰问职工56人次。

2009年春节期间,站工会慰问困难职工60人次,五一节劳动给每位会员发100元节日费,六一儿童节给14岁以下职工子女发节日费33500元,给职工子女学费补贴5500元。为了鼓励职工多读书,为职工购买通俗易懂的解读经典类的书籍如《钱文忠解读〈三字经〉》《读点经典》等。开展知识竞赛、歌舞汇演、登山比赛等活动。组织各种文体活动10余次。全年对职工住房、水、电等生活设施进行维修30余次(处)。慰问生病住院职工和安抚慰问职工35人次。

2010年,站工会召开退休职工春节团拜会,领导班子向300多位离退休职工拜年。参加公路局春节联欢活动、庆祝三八妇女节活动。为了健全民主管理制度,发挥民主参与、民主管理和民主监督作用,定期召开职代会,发挥职代会参政议政作用,为车渡站发展出谋划策。组织编排各种形式文艺节目7个,共有8人参加市交委组织的广播体操比赛,参加市交委组队的节目和活动3次,参加各类节目活动人员95人次。全年慰问特困职工20人次,慰问生病住院职工45人次,发放住院职工医疗费补助35人次,特病门诊职工医疗费补助3人次。每月给癌症病人生活补助8人次。

2011年,站工会参加市公路局春节联欢活动。2月底,将离退休职工绩效工资全部发放到位。3月,组织员工参加市交委庆祝三八妇女节活动。在全站范围内开展"节水、节能、节材"专题活动。站工会以职工之家为阵地,组织开展爬山、打乒乓球、体操赛等各种文体活动,组织编排各种文艺节目4个,参加市交委广播体操比赛及职工趣味运动会等活动,全年参加各类节目活动128人次。全年组织慰问困难职工55人次,慰问生病住院职工65人次,慰问职工亲属13人次。

2012年,站工会关注并向上级反映车渡站离退休职工绩效工资比区县离退休职工低等热点问题,并耐心细致做疏导解释工作。对三土渡一线职工宿舍进行装修,更换办公桌、寝具等生活用品。组织开展各种文体活动,参加市交委广播体操比赛,编排诗歌朗诵、舞蹈等节目3个,全年参加各类节目活动共180人次。全年组织慰问特困职工65人次,慰问生病住院职工75人次,慰问职工亲属8人次。

2013年,站工会组织开展各类文体活动,组建羽毛球、篮球兴趣小组。全年组织慰问特困职工65人次、生病住院职工75人次、慰问职工亲属5人次。

2014年2月19日,车渡站工会主席曾晓富被市交通委员会机关工会评为职工信赖的好主席。12月11日,车渡站工会举办"学文化、强体魄、创文明、建和谐"为主题的冬季登山比赛活动。全年组织慰问特困职工66人次、生病住院职工18人次、慰问职工亲属4人次。

2015年8月,为纪念抗日战争胜利70周年,站工会组织会员参观抗战遗址,开展抗战知识抢答赛。11月,站工会下发《关于开展"强身健心"系列活动的通知》(渝路渡工〔2015〕7号),落实全民健身纲要精神,提高职工素质,丰富职工活动。12月18

日,按照工会换届选举工作程序,民主选举产生了新一届职工代表和工会委员会,站工会有会员400余人。12月25日,车渡站工会举办"和谐、健康、娱乐、友谊"为主题的冬季趣味运动会。同年,站工会牵头开展职工教育培训和技能竞赛系列活动。开展多种文体活动,组织篮球、羽毛球兴趣小组每周锻炼一次,不定期组织干部开展爬山活动。全年以站工会为依托的慰问活动80余人次,慰问金额1.6万余元。

2016年,站工会结合"两学一做"学习教育,组织开展"七一建党知识竞赛",评选出"学习标兵"。为全体职工办理电影卡、生日卡,鼓励职工观看《我的工会主席》等电影。组织全体干部职工参观廉政教育基地,并收集心得体会。组织篮球、羽毛球兴趣小组每周锻炼1次,不定期组织机关干部开展爬山活动,每个工作日的上午做工间操。全年慰问住院职工及困难职工280人次,慰问职工家属20人次。

2017年,站工会制定《重庆市车渡管理站工会关于进一步加强工会活动管理的通知》《重庆市车渡管理站工会兴趣小组活动纪律规定》。在全站范围内开展"我为车渡发展建言"职工合理化建议活动,推进"好书伴我行""推荐一本好书"等读书活动,引导机关干部开展"日学1小时,月听1堂课,季度读1本书,年写1篇文"活动,营造学习氛围。新建职工活动室3个,规范开展球类运动、摄影、瑜伽健身、游泳等兴趣小组活动。组织26名职工参与交委"欢乐庆直辖,团结战交通"运动会,聘请教练指导公路局委托负责的拔河队,获三等奖。看望慰问生病住院职工80人次,慰问职工家属10人次,帮扶困难职工105人次。

2018年1月3日,车渡站印发《重庆市车渡管理站关于慰问职工的经费标准(试行)》(渝路渡发〔2018〕2号)。同年,站工会组织开展职工合理化建议活动,收集建议120篇350条。为一线船员配备跑步机等健身器材6台套,安装净水设备7台套,各类书籍300余册。搭建兴趣小组、体育竞技、文艺表演等群众性活动平台,开展"最美公路,交通先行"摄影大赛,举办"改革开放40年,车渡奋进新时代"冬季职工运动会,共110人参加。全年慰问帮扶困难职工68人次、生病住院职工70人次、慰问职工家属11人次。

2019年,为庆祝新中国成立70周年,站工会组织开展"共庆祖国七十年、齐心逐梦新征程"主题登山活动与"我和我的祖国"诵读红色家书活动。在全站职工中开展节能大比武活动,营造"比学赶帮超"氛围。开展"走进四好农村路、助力公路脱贫攻坚"主题活动,组织干部职工到万盛参加学习"四好农村路"建设经验。组织职工购买对口扶贫村酉阳县车田乡车田村农副产品,助推产业脱贫。开展羽毛球、游泳、乒乓球、瑜伽、摄影等兴趣活动,丰富职工业余生活。重要节假日慰问劳动模范、先进职工及困难职工,慰问生病住院职工,慰问职工家属等,全年各类慰问50余人次。

2020年5月9日,车渡站在储奇门应急救援中心举行第三届职工乒乓球比赛,77人参赛。5月21日,车渡站、通洋公司100余名工会会员参加"强健身心快乐你我"户外拓展团建活动。全年看望慰问生病住院职工60人次,慰问去世职工及职工家属11人次;开展高温慰问,为高洪水位船员补充配备生活应急物资。

附录　重庆市车渡管理站关于慰问职工的经费标准(试行)

为认真贯彻落实中央八项规定和市委七条实施意见精神、充分体现以人为本,关心职工,爱护职工,切实解决职工困难,制定本试行标准。

一、范围

重庆市车渡管理站在职职工及退休职工。

二、日常看望慰问

1.在职职工慰问标准严格执行《重庆市市基层工会经费收支管理实施细则》(渝工发〔2018〕1号)。

2.退休职工生病住院慰问,一次性给予慰问金200元和慰问品150元,生病住院慰问每年原则上享受1次。

3.退休职工本人及其父母、配偶去世,前往看望并给予慰问金500元,同时送200元以内的花圈,同一事项,多个职工应分别给予慰问金。

三、年终送温暖

(一)困难慰问。申请人向单位提出慰问申请,申请内容要写明因什么原因致困,并附上生病住院发票原件(如原件另有用途的须经收件人审核后可交复印件)。

慰问标准

产生费用标准(单位:元)	慰问金额(单位:元)
8000~10000(含10000)	500
10000~20000(含20000)	1000
20000~30000(含30000)	2000
30000~40000(含40000)	3000
40000~50000(含50000)	4000
50000及以上	5000

注:产生的费用必须为住院、门诊费用"医疗保险报销后"本人的不含自费药品、自费医疗项目的自付费用。每年12月15日前交站人事教育科,查核后,经办公会研究给予慰问。

(二)患癌得病时间3年以上(含3年)和80岁及以上老同志慰问500元。

(三)常年生病卧床不起,每年春节前进行看望并给予慰问金1000元。

(四)职工配偶及子女(指未满16岁,或成年后有重大、特殊疾病无法就业,无生活来源)生病住院造成家庭生活困难的,视其家庭困难程度,经研究后参照年终送温暖慰问标准进行困难补助。

(五)职工因自然灾害、意外事故或其他原因造成家庭特别困难的,经实地调查后,经办公会研究给予补助。

四、困难职工帮扶费

工会会员本人及家庭因大病、意外事故、子女就学等原因致困时,可给予帮扶、救助和慰问。帮扶、救助和慰问标准5000元以上50000元以下,经实地调查后,公示5个工作日,站领导班子集体研究讨论决定给予帮扶、救助和慰问。

五、本标准从2018年1月1日起执行

第四节 共青团组织

一、组织建设

1964年,车渡站任命党支部组织干事为支部书记。鄢忠利任站团支部副书记。

1976年5月20日,共青团重庆市公路养护总段委员会批复,同意车渡站对原第三届团支部进行改选,刘光喜任团支部书记,胡培生任副书记,张云发、吴国钧、赵风均、王正奇、李家新7人组成第四届委员会。

1982年4月28日,车渡站团支部进行改选,熊毅任团支部书记,蒋华树任团支部副书记,殷丽、江明精、李大连、周光华、蒋华山任团支部委员。

1988年7月8日,车渡站团支部进行选举,新一届团支部由唐笑渝、陈云炼、邓小娟、熊杰、陶强组成。

1997年12月19日,车渡站召开团员大会,选举曾晓富、彭敏、张翠娅为团支部委员,选举曾晓富为团支部书记。

1998年2月9日,共青团重庆市公路养护总段委员会批复,同意车渡站新一届团支委分工,曾晓富任团支部书记。

2006年9月,车渡站团支部进行换届选举,张驰当选为团支部书记。

2011年2月27日,张驰不再担任车渡站团支部书记职务,由唐福军代理站团支部书记。

2017年9月30日,车渡站团支部召开换届选举大会,选举唐福军、罗倩、张峻晨3人为新一届团支部委员会委员,唐福军为团支部书记。11月9日,成立共青团重庆市车渡管理站总支部委员会。团总支委员会由唐福军、罗倩、张峻晨3人组成,唐福军任团总支书记。新设立通洋团支部。

至2020年12月,车渡站团总支书记为唐福军。

二、日常工作

1964年,车渡站团支部指导青年团员学习成都针织二厂团的工作经验。车渡站毛主席著作学习指导员中,80%是青年团员和青年。青年团员在各项义务劳动中争当先锋,要求进步。全年发展新团员13人,2名团员入党。

1973年,车渡站团支部在党支部直接领导下,开展整团建团工作,举办超龄团员退团学习班,办理13名团员的退团手续。全年发展10名青年入团。

1976年,车渡站团支部配合党支部的中心工作,对团员进行马列主义、毛泽东思想教育,组织团员青年到铜梁县参观邱少云烈士纪念馆,进行革命传统教育。粉碎"四人帮"后,团支部召开全站团员、青年揭批"四人帮"声讨大会。同年,举办团员、青年和超龄团员学习班,发展新团员3人。

1979年,车渡站团支部开展"百日争献立功活动",开展青年团员退团、吸收新团员和团支部的改选工作。欢送职工知识青年子女上山下乡,解决27名职工子女的就业问题。

1982年,全站青年职工占总数的80%左右,其中团员46人。贯彻团市委"爱岗位,创一流,当能手"和局团委"五条龙"竞赛活动要求,以小组为单位开展竞赛,以安全快渡,提高服务质量为内容,在团员和青年中掀起比、学、赶、帮、超的热潮。团支部和团小组分别开展大小活动91次。在洪水期间抢运煤5吨,突击挖冲码头泥沙73吨,护树132株,除杂草2亩。成立雷锋小组1个,帮教小组2个。团支部进行思想教育会议4次,240人次参加。开展"三热爱"教育会议5次,173人次参加。文体活动7次,其中篮球比赛2场,教唱革命歌曲5首。发展团员3人。

1984年3月,团支部完成改选。组织团员、青年投入"文明礼貌月"活动。对团员、青年进行"五讲四美三热爱"❶教育,要求做到讲职业道德,文明渡运。

1991年7月1日—9月20日,站团支部开展"团员身边无事故"活动,全体团员均参加,无一起安全事故。七一建党节前后,团支部组织"党的知识和基本国情"知识竞赛。7月3日,10名团员到李家沱渡口油漆安全标语。

1992年,站团支部在五四青年节与三分段、二分段、总段机关团支部举行联欢会。同年,组织团员讨论"破三铁、行三全"的重要性。发展新团员1人。

1994年,在五四青年节期间,站团支部开展"纪念五四运动七十五周年活动"。

1995年,站团支部在五四青年节组织团员参加"爱国奉献在岗位"演讲赛,1名选手获三等奖。组织团员、青年到铁山坪参加活动。11月24日,车渡站团支部组织"11·27"纪念活动,团员们到烈士墓、渣滓洞、白公馆悼念革命烈士,接受革命传统教育。在青年文明号活动中,李九渡口被评为"青年文明窗口"。

1996年,站团支部在春节前夕慰问孤寡老人,上门打扫清洁卫生,送去慰问品。五四青年节组织纪念活动,在李九渡口开展青年文明岗活动。在李九渡口开展为期一个月的"弘扬红岩精神,争做文明使者,优质服务月"活动。

2003年8月29日,重庆市公路局党委表彰读书征文活动优秀论文,车渡站团员张杰的作品《在"非典"时期读〈鼠疫〉》获得二等奖。

2004年,团支部开展读书征文等活动。组织青年积极分子参加党校培训,将其中2名入党积极分子推荐给党支部发展,并协助党支部进行考察工作,1名入党积极分子被批准为预备党员。

2007年3月26日,重庆市交通委员会、共青团重庆市委员会表彰车渡站应急抢修队为2006年度青年文明号集体。站团支部响应"我与祖国共奋进、我与重庆同发展、青春建功314"号召,组织站青年团员贡献自己力量,向全国、重庆市"五四奖章"获得者学习,向站青年岗位能手学习。通过举办培训班,召开技术交流会等方式,提高工作技能和业务水平。

---

❶五讲:"讲文明、讲礼貌、讲卫生、讲秩序、讲道德";四美:"心灵美、语言美、行为美、环境美";三热爱:"热爱祖国、热爱社会主义、热爱中国共产党"。

2008年初，团支部举行换届选举，选出新一届支委委员。"5·12"汶川大地震发生后，团支部派出青年勇士奔赴汶川大地震重灾区之一的四川什邡红白镇进行抗震救灾工作，经过17天的奋力拼搏，于6月4日完成抢险任务并凯旋。团员青年纷纷捐钱、捐物，为灾区献爱心。同年，团支部帮助青年职工立足岗位，提供各种培训机会，提高职业技能，完成从水上作业到陆地施工的转变。以读书活动为阵地，凝聚人心，购买人文历史、政治理论、人物传记、思想修养、文学艺术、现代管理、团史团情等方面的书籍，组织动员青年参与到读书活动中，举行由党总支彭宗泉书记主讲的关于"科学发展观"的专题团课，在活动中青年职工们纷纷撰写心得体会，交流读书的经验、体会和收获，以及对开展读书活动的意见和建议。

2009年，车渡站团支部组织开展学习实践科学发展观活动，向先进典型学习，向全国、重庆市"五四奖章"获得者学习，向站青年岗位能手学习，激励青年崇尚先进、学习先进、争当先进，通过举办培训班、召开技术交流会等方式来提高工作技能和业务水平。开展青年维权活动，完善硬件措施，为生产一线的青年职工提供学习和休闲娱乐的条件。

2011年，团支部完成换届改选工作，组建新一届团支委。加强青年维权活动，完善硬件措施，为生产一线的青年职工提供学习的条件。开展"高举五四运动火炬，激扬青春创先争优"主题活动，激励广大青年崇尚先进、学习先进、争当先进。

2012年，站团支部加强青年维权活动，为青年职工提供学习条件和搭建成长成才平台，开展"四个一"活动，即"建团结协作好团队，添车渡通洋新活力"活动、一次志愿服务、一次职工慰问、一场知识竞赛，激励广大青年崇尚先进、学习先进、争当先进。

2013年5月4日，车渡站组织20名团员青年在长江珊瑚坝，捡拾残留在河坝上的垃圾。12月10日，重庆市交通委员会、共青团重庆市委员会表彰车渡站三土队为"2012—2013年度青年文明号集体"。同年，站团支部发起为边远山区贫困儿童捐款购买书包、工具书和自行车活动；组织给敬老院的老人们捐送电冰箱、谈心慰藉、整理内务等敬老活动。

2014年，站团支部在端午节组织团员青年开展与中梁镇新店子社区的孤寡老人、留守儿童结对帮扶活动。12月2日，车渡站团支部被重庆市交通委员会、共青团重庆市委员会评为"2013—2014年度重庆市交通系统五四红旗团支部"。

2015年9月18日，车渡站团支部开展"新风接力"活动。12月8日，重庆市交通委员会、共青团重庆市委员会重新认定车渡站三土队为"2014—2015年度青年文明号集体"。

2017年，站团支部组织参与五四青年节7项活动，其中"我和党旗合个影"登上团市委微信公众号。9月30日，车渡站完成团支部换届选举。11月9日，成立车渡站团总支。新设立通洋团支部。同年，举办交通系统团组织书记例会，参加团干培训3人次。

2018年，站团总支承办酉阳县车田乡车田村留守儿童走进主城"真情关爱暖童心，三年行动逐梦行"活动。发动全体职工参与"青年大学习"活动。参与"冬日阳光，温暖你我"活动，为贫困孩子送去书包、笔、足球、羽毛球等物品。联合黄桷垭小学

10 余名小学生开展"大手牵小手,护绿水青山"活动。

2019 年,车渡站以党建带团建,开展好青年大学习、纪念五四运动 100 周年、"车渡开放日""学习雷锋,走进轨道"等活动。关爱车田留守儿童 36 名,捐款 4000 元并赠送书籍、衣物、学习用具。

2020 年 4 月 23 日,车渡站团总支组织站机关青年职工、通洋公司青年职工召开"青年大学习·书香满车渡"读书分享会。12 月 3 日,团总支组织开展学习十九届五中全会精神青年宣讲会。同年,组织"学习伟大思想、做新时代交通合格共青团员"教育实践活动和团员清淤等活动。

第五节 妇女工作

车渡站妇女工作由站工会领导,具体由工会女工委员负责。车渡站维护女职工的特殊权益,定期组织女职工进行妇科检查,每年三八妇女节都要组织女职工到郊外开展活动,在日常工作中关爱女职工、培养女干部。

1964 年,向家属宣传勤俭持家、计划生育政策。

1980 年,发放独生子女奖励费 4291 元。

1981 年,儿童节给 387 名 14 岁以下职工子女发慰问信。

1987 年,工会、职代会改选后,召开女工委员会 2 次。

1992 年,车渡站有女职工 90 人,占在岗职工总数 365 人的 25%。在三八妇女节以站女工委员会名义,请站领导和工会领导出面召开全站女工代表座谈会。站领导向女工赠送节日纪念品。10 月,开展女工演讲活动。年底,开展妇科疾病普查工作,对发现患疾的女工及时进行治疗。

1996 年,儿童节为 120 名职工子女赠送节日礼物。

1997 年 3 月 8 日,组织职工到南湖公园开展活动。

1999 年,在全站职工中开展"百万职工学邯郸"活动和"女职工自我素质达标活动"。

2000 年,在三八妇女节给每位女职工发放 50 元活动费。在六一儿童节给 14 岁以下职工子女发活动费 3380 元。

2001 年,组织女工进行身体检查,妇女节给每位女职工发 50 元活动费,组织到永川野生动物园开展庆祝活动。开展百万女职工素质达标活动。活动中,1 名女职工入党,6 名职工参加大专以上学历教育学习。

2004 年,在三八妇女节给每个女职工发 50 元活动费。在六一儿童节给 14 岁以下职工子女发活动费 6600 元。

2005 年,在三八妇女节给每个女职工发 50 元活动费,组织到蜀南竹海等地开展活动。在市公路局举行的三八妇女节庆祝活动中,由站一线妇女职工组成的比赛队伍踊跃参赛,在参赛的 5 个项目中,获个人才艺表演、跳绳比赛个人两个一等奖,跳绳比赛集体二等奖和时装表演集体、个人及个人才艺 3 个三等奖。在六一儿童节给 14 岁以下职工子女发节日费 6700 元。

2007 年 3 月 22 日,中共重庆市交委表彰年度巾帼文明岗巾帼建功标兵,授予车渡站财务科"巾帼文明岗"称号,授予车渡站劳工科科长李世姿"巾帼建功标兵"称号。

2008 年 3 月 1 日,重庆市城镇妇女"巾帼建功"活动领导小组表彰车渡站财务科为"巾帼文明岗"。3 月 18 日,市交通委员会党委表彰车渡站财务科丁瑶为"巾帼建功标兵"。在六一儿童节给 14 岁以下职工子女发节日费 6000 元,给职工子女学费补贴 2700 元。

2009 年,在六一儿童节给 14 岁以下职工子女发节日费 33500 元,给职工子女学费补贴 5500 元。

2011 年 3 月 11 日,市交委党委表彰通洋公司综合办公室为"巾帼文明岗"。

2012 年 6 月,重庆市公路局党委表彰车渡站劳工科科长兼通洋公司综合办公室主任李世姿为"优秀共产党员"。

2015 年 3 月 6 日,三八妇女节前夕,车渡站工会主席曾晓富带领全站女职工 30 人到重庆市儿童福利院,慰问孤残儿童,开展"做爱心妈妈,关爱孤残儿童"活动。

2016 年 6 月 16 日,重庆市公路局党委授予车渡站党委干事谢静"优秀党务工作者"称号。6 月 23 日,车渡站党委表彰李世姿等为车渡站"2015—2016 年度优秀共产党员"。

2019 年,车渡站关爱留守儿童 36 人、捐款 4000 元,组织开展"美丽车渡、魅力女性"活动。同年 12 月 3 日,车渡站人事教育科科长李世姿被重庆市妇女联合会评为"2019 年重庆市巾帼建功标兵"。

2020 年,车渡站为鼓励女职工遇见美、发现美、绽放美,开展"我眼中的最美"主题活动,采取网络征集的形式,为期 5 天,每名女职工提交 1 幅电子版摄影照片或者书画作品,分享自己眼中的最美。车渡站、通洋公司共计 34 名女职工提交作品,内容包括大自然的美好、疫情防控的最美逆行者、生活中的爱等。同年,车渡站开展"美丽车渡魅力女性"主题活动及乒乓球比赛、登山比赛等锻炼活动。

第三章 资产设备

重庆市车渡管理站,是重庆市主城区唯一的车渡管理单位。2020年,车渡站拥有7对战备渡口、15个战备码头,有各类船舶17艘;使用岸线1460米,使用水域27625平方米。

第一节 车渡码头

码头是海边、江河边专供轮船或渡船停泊,让乘客上下、货物装卸的建筑物。人类利用码头,作为渡轮泊岸上落乘客及货物之用。

一、车渡码头概况

重庆因水而兴,山水相连,在以自然经济为基础的传统农业社会,造就了重庆几千年来百物聚散,商贾云集,江河岸边的码头因势而起。经过几千年的变迁,在20世纪30年代,重庆长江、嘉陵江上出现了以渡运汽车过江为主的车渡码头,如储奇门、海棠溪、娄溪沟车渡码头。

1935—1949年,重庆主城车渡码头有:海棠溪车渡码头、储奇门车渡码头、中渡口车渡码头、石门车渡码头、娄溪沟车渡码头、九龙坡车渡码头。

1954—1971年,陆续开通的鱼渡码头有:李家沱车渡码头、石佛岗车渡码头、三胜车渡码头、土沱车渡码头、北碚人民路车渡码头、黄桷树车渡码头、菜园坝车渡码头、铜元局车渡码头、鱼洞车渡码头、吊儿咀车渡码头。

2007年1月8日,重庆市交通委员会在关于重庆市公路局车渡管理站车渡战备码头使用岸线的批复中,同意使用岸线为:①鱼洞车渡码头:长江右岸鱼洞渡口下河公路中心线(165米高程)下游10米至上游30米(距宜昌航道里程约691.90~691.94千米),使用岸线长40米。②吊儿咀车渡码头:长江左岸吊儿咀下河公路中心线上下各25米(距宜昌航道里程约691.20~691.25千米),使用岸线长50米。③李家沱车渡码头:长江右岸上游车道(即岸上溪沟)至下绞车道(距宜昌航道里程约675.20~675.38千米),使用岸线长180米。④九渡口车渡码头:长江左岸枯水期下河公路下沿线至上游40米(距宜昌航道里程约674.67~674.71千米),使用岸线长40米。⑤铜元局车渡码头:长江右岸铜元局车渡下河公路枯水下游20米至上游方向160米处(距宜昌航道里程约659.75~659.93千米),使用岸线长180米。⑥菜元坝车渡码头:长江左岸菜元坝重庆轮船公司趸船尾15米至下污水管处(距宜昌航道里程约666.10~666.16千米),使用岸线长60米。⑦海棠溪车渡码头:长江右岸海棠溪轮渡码头下至下河公路枯水上沿(距宜昌航道里程约662.35~662.39千米),使用岸线长40米。⑧储奇门车渡码头:长江左岸储奇门车渡下河公路中心线枯水上下各20米(距宜昌航道里程约662.62~662.66千米),使用岸线长40米。⑨储奇门车渡修船码头:长江左岸金紫门绞车道以上(距宜昌航道里程约662.80~662.89千米),使用岸线长90米。⑩石门车渡码头:嘉陵江左岸石门车渡码头处(距朝天门航道里程约12.30~12.35千米),使用岸线长50米。⑪中渡口车渡码头:嘉陵江右岸车渡下河公路枯水下沿线至上游方向(距朝天门航道里程约12.13~12.16千米),使用岸线长30米。⑫北碚黄桷树车渡码头:嘉陵江左岸下游车渡处(距嘉陵江航道里程约57.25~57.28千米),使用岸线长30米。⑬北碚东阳车渡码头:嘉陵江左岸上游车渡下河公路处(距嘉陵江航道里程约58.35~58.47千米),使用岸线长120米。⑭水土车渡码头:嘉陵江左岸车渡下河公路枯水中心线上下游30米(嘉陵江航道里程约49.40~49.46千米),使用岸线长60米。⑮三胜车渡码头:嘉陵江右岸车渡下河公路枯水中心线上下游各30米(距嘉陵江航道里程约49.50~49.56千米),使用岸线长60米。⑯人民路车渡码头:嘉陵江右岸东阳大桥上游距大桥桥墩30米以上(距嘉陵江航道里程约57.30~57.33千米),使用岸线长30米。

2009年7月3日,重庆市交通委员会在关于市公路局车渡管理站菜园坝和吊儿咀车渡战备码头岸线调整的批复中,同意菜园坝车渡战备码头岸线在原批复基础上向下游延长120米,调整后的码头岸线位置为:使用岸线$A_{菜园坝}B_{菜园坝}$段,控制坐标为(北京54坐标系):$A_{菜园坝}$:(X=3270753.882,Y=36358334.693),$B_{菜园坝}$:(X=3270822.347,Y=36358501.198)(参考航道进程:长江左岸距宜昌约666.10~666.28千米),使用岸线长180米。同意吊儿咀车渡战备码头岸线在原批复基础上,整体向上游移动5米后,再向上游延长30米,调整后的码头岸线位置为:使用岸线$A_{吊儿咀}B_{吊儿咀}$段,控制坐标为(北京54坐标系)。$A_{吊儿咀}$:(X=3253873.641,Y=36356624.077),$B_{吊儿咀}$:(X=3253865.357,Y=36356703.988)(参考航道进程:长江左岸距宜昌约691.205~691.285千米),使用岸线长80米。

同日,重庆市交通委员会在关于市公路局车渡管理站巴南鱼洞车渡战备码头岸线调整的批复中,同意巴南鱼洞车渡战备码头岸线在原批复基础上向上游延长20米,调整后的码头岸线位置为:使用岸线A鱼洞B鱼洞段,控制坐标为(北京54坐标系):A鱼洞:(X=3253330.825,Y=36356228.240),B鱼洞:(X=3253311.155,Y=36356284.937)(参考航道里程:长江右岸距宜昌约691.90~691.96千米),使用岸线60米。

同日,重庆市交通委员会在关于市公路局车渡管理站北碚三胜等车渡战备码头岸线调整的批复中,同意三胜车渡战备码头岸线在原批复基础上向上游延长50米,向下游延长30米,调整后的码头岸线位置为:使用岸线$A_{三胜}B_{三胜}$段,控制坐标为(北京54坐标系),$A_{三胜}$:(X=3296458.192,Y=35644273.936),$B_{三胜}$:(x=3296371374,Y=35644383.802)(参考航道进程:嘉陵江右岸距朝天门河口约49.47~49.61千米),使用岸线长140米。北碚东阳车渡战备码头岸线在原批复基础上向下游延长80米,调整后的码头岸线位置为:使用岸线$A_{东阳}B_{东阳}$段,控制坐标为(北京54坐标系),$A_{东阳}$:(X=3303293.207,Y=35638846.484),$B_{东阳}$:(X=3303185.787,Y=35639015.542)(参考航道进程:嘉陵江左岸距朝天门河口约 58.50~58.70 千米),使用岸线长 200 米。人民路车渡战备码头岸线在原批复基础上向上游延长 30 米,调整后的码头岸线位置为:使用岸线 $A_{人民路}B_{人民路}$ 段,控制坐标为(北京 54 坐标系),$A_{人民路}$:(X=3302577.836,Y=35639246.949),$B_{人民路}$:(X=3302536.514,Y=35639290.468)(参考航道进程:嘉陵江右岸距朝天门河口约 58.00~58.06 千米),使用岸线长 60 米。

2020 年,车渡站所辖战备码头共 15 个,分别是:储奇门码头、海棠溪码头、菜园坝码头、铜元局码头、李家沱码头、九渡口码头、鱼洞码头、吊儿咀码头、三胜码头、土沱码头、东阳码头、黄桷树码头、北碚人民路码头、中渡口码头、石门码头。其中,北碚人民路码头、中渡口码头、石门码头、海棠溪码头、菜园坝码头 6 个战备码头被社会企业侵占。

2009 年重庆市车渡管理站战备码头岸线调整情况和 2020 年重庆市车渡管理站所辖战备码头主要指标及所辖码头状况见表 3-1~表 3-3。

2009 年重庆市车渡管理站战备码头岸线调整情况汇总表(单位:米)　　表 3-1

序号	码头名称	原岸线	新增岸线	调整后岸线	延长方向
1	菜园坝	60	120	180	向下游延长 120 米
2	吊儿咀	50	30	80	向上游延长 30 米
3	鱼洞	40	20	60	向上游延长 20 米
4	三胜	60	80	140	向上游 50 米,向下游 30 米
5	东阳	120	80	200	向下游延长 80 米
6	人民路	30	30	60	向上游延长 30 米
7	李家沱	180			未调整
8	九渡口	40			未调整
9	铜元局	180			未调整
10	海棠溪	40			未调整
11	储奇门	40			未调整
12	船修厂	90			未调整
13	中渡口	30			未调整
14	石门	50			未调整
15	水土	60			未调整
16	黄桷树	30			未调整
合计		1100	360	1100 米+360 米=1460 米	

注:第 1~6 项根据渝交委港航〔2009〕15 号、16 号、18 号文件整理归纳。

2020 年重庆市车渡管理站所辖战备码头主要指标表　　表 3-2

序号	码头名称	码头形式	靠泊能力	保障区域	备注
1	储奇门	下河公路	3000/车驳	渝中半岛	
2	海棠溪	下河公路	3000/车驳	南岸海棠溪	被企业侵占
3	菜园坝	下河公路	3000/车驳	渝中区上清寺片	被企业侵占
4	铜元局	下河公路	3000/车驳	南岸铜元局	
5	李家沱	下河公路	3000/车驳	巴南李家沱	
6	九渡口	下河公路	3000/车驳	九龙坡杨家坪	
7	鱼洞	下河公路	3000/车驳	巴南鱼洞	
8	吊儿咀	下河公路	3000/车驳	大渡口茄子溪	
9	三胜	下河公路	1000/车驳	北碚三胜	
10	土沱	下河公路	1000/车驳	北碚水土镇	
11	东阳	下河公路	1000/车驳	北碚东阳镇	
12	黄桷树	下河公路	1000/车驳	北碚东阳镇	被企业侵占
13	北碚人民路	下河公路	1000/车驳	北碚城区	被企业侵占
14	中渡口	下河公路	3000/车驳	沙坪坝区	被企业侵占
15	石门	下河公路	3000/车驳	江北区	被企业侵占

表 3-3

2020年重庆市车渡管理站所辖码头状况统计表

所属河流	码头名称（方位）	码头引道（米）	使用水域	码头岸线
长江	鱼洞（南岸）	274×12	距宜昌 691.8 千米；渡口下河公路中心线上游方向 70 米至下游方向 70 米共计 140 米长，距水沫线 60 米宽的水域。（渝海通航〔2002〕51号）	距宜昌航道里程 691.90～691.96 千米，使用岸线长 60 米（渝交委港行〔2009〕16号）
长江	吊儿咀（北岸）	195×17	距宜昌 691.75 千米；渡口下河公路中心线上游方向 20 米至下游方向 30 米共计 50 米长，距水沫线 50 米宽的水域。（渝海通航〔2002〕51号）	长江左岸距宜昌约 691.205～691.285 千米，使用岸线长 80 米（渝交委港行〔2009〕15号）
长江	李家沱（南岸）	1.洪水码头：150×17；2.枯水码头：280×18	距宜昌 675.2 千米；枯水期使用自车渡码头上边缘至下游方向 200 米长，距水沫线 30 米宽的水域。洪水期使用自车渡码头上游方向溪沟至下游方向 100 米长，距水沫线 30 米宽的水域。（渝海通航〔2002〕51号）	距宜昌航道里程 675.20～675.38 千米，使用岸线长 180 米码头岸线（渝交委计〔2007〕4号）
长江	九渡口（北岸）	260×18	距宜昌 674.9 千米；渡口下河公路中心线上游方向 60 米至下游方向 30 米共计 90 米长，距水沫线 30 米宽的水域。（渝海通航〔2002〕51号）	距宜昌航道里程 674.67～674.71 千米，使用岸线长 40 米（渝交委计〔2007〕4号）
长江	铜元局（南岸）	254×14	距宜昌 666.8 千米；渡口下河公路上边缘上下级之间游方向 150 米至下游方向 15 米共计 25 米宽的水域。（渝海通航〔2002〕51号）	距宜昌航道里程 659.75～659.93 千米，使用岸线长 180 米（渝交委计〔2007〕4号）
长江	菜园坝（北岸）	1.自然码头（原轮渡趸船尾下游 20 米处）；2.因滨江公路建设原下河引道已不存在	长江上游航道里程 666.10～666.16 千米共 60 米，距离水沫线 15 米宽的水域	距宜昌左岸距宜昌约 666.10～666.28 千米，使用岸线长 180 米（渝交委港行〔2009〕15号）

续上表

所属河流	码头名称（方位）	码头引道（米）	使用水域	码头岸线
长江	海棠溪（南岸）	280×9（码头引道因滨江公路建设改造后被重庆市公路运输总公司挤占）	没有批复（使用水域已被重庆市公路运输总公司挤占）	距宜昌航道里程约 662.35~662.39 千米，使用岸线长 40 米（渝交委计[2007]4 号）
长江	储奇门（北岸）	第一坡 200×26，第二坡：洪水：150×26，枯水：120×26（泊有跳趸船；被装卸公司挤占）	没有批复	距宜昌航道里程约 662.62~662.66 千米，使用岸线长 40 米（渝交委计[2007]4 号）
长江	船修厂（北岸）		没有批复	距宜昌航道里程约 662.80~662.89 千米，使用岸线长 90 米（渝交委计[2007]4 号）
嘉陵江	中渡口（南岸）	245×8（新形成滨江公路的引道，被地方渔船挤占）	使用水域已被地方渔船挤占（没有批复）	距朝天门航道里程约 12.13~12.16 千米，使用岸线长 30 米（渝交委计[2007]4 号）
嘉陵江	石门（北岸）	235×7.5（江北区石门运输公司挤占）	235×7.5（江北区石门运输公司挤占，没有批复）	距朝天门航道里程约 12.30~12.35 千米，使用岸线长 50 米（渝交委计[2007]4 号）
嘉陵江	三胜（南岸）	145×10	没有批复	嘉陵江右岸距朝天门河口约 49.47~49.61 千米，使用岸线长 140 米（渝交委港行[2009]18 号）
嘉陵江	水土（北岸）	213×12	没有批复	距嘉陵江航道里程 49.40~49.46 千米，使用岸线长 60 米（渝交委计[2007]4 号）
嘉陵江	人民路（南岸）	现滨江公路已形成（原自然码头已不存在）	没有批复	嘉陵江右岸距朝天门河口约 58.00~58.06 千米，（洪水码头）长 30 米（渝交委计[2007]4 号）18 号
嘉陵江	黄角树（北岸，洪水期）、东阳镇（北岸，枯水期）	黄桷树码头：300×7.5 东阳码头：200×5.8	没有批复	左岸距朝天门天门河口约 58.50~58.70 千米，使用岸线长 200 米（渝交委港行[2009]18 号）（枯水码头）

附录一 重庆码头发展简况

重庆拥两江（长江、嘉陵江）之利，汉晋时期水运有较大发展，成为物资集散重镇，码头沿江一带"结舫水居五百余家"，多以运输为业。隋唐起，我国经济中心开始南移，位于长江上游的重庆随着南方经济的发展和物资流量的增加，进出码头的船舶数量增多，航运设施、设备日趋完善。长江上出现了上至重庆、下至东吴的"万斛船"。重庆的青草坝梁沱、唐家沱、郭家沱等码头，水势平缓，水域辽阔，成为停泊和吞吐"万斛船"的集运港湾，"蜀麻吴盐自古通，万斛之舟行若风"。宋元时期，重庆水运进一步发展，长江、嘉陵江不仅成为贡赋军需的重要漕运通道，重庆也成为整个四川百物萃聚及各类大宗物资转运集散的要地。粮食、布帛、丝绸、食盐、茶叶、药材等，经由重庆码头中转，运往京师与长江中下游地区。元末，由于统治者实行民族压迫和民族歧视政策，以及统治阶级的腐朽和内部争斗，加上自然灾害频繁，重庆经济一度衰落。明清时期，重庆地区经济复苏，与上下沿江城镇码头组成贸易营运网络。经重庆码头中转运出的物资首推川盐，其次为茶叶、大米和木材。沿江码头茶、米装船下运，络绎不绝。云南、贵州的烟草、窖酒、山货、药材也经川南运抵重庆中转。明太祖洪武四年（1371年），重庆府指挥使戴鼎大规模筑城，筑成重庆形若九宫八卦的"九开八闭"17座城门。所筑开九门中，朝天门、东水门、太平门、储奇门、金紫门、南纪门、临江门、千厮门等8座开门均建在长江、嘉陵江边，城门外江岸都设有码头。乾隆《巴县志》载，重庆"商贾云屯，百物萃聚，……或贩自剑南、川西、番藏之地，或运自滇、黔、秦、楚、吴、越、闽、豫、两粤之间，水牵云（运）转，万里贸迁"。清光绪十七年（1891年），重庆辟为通商口岸，码头搬运装卸运输逐步以货类分帮。

1923年起，重庆商会修建重庆第一座客货轮码头——人和码头，拉开了近代重庆修建、整治码头的序幕。1926年，川军33师师长潘文华兼任重庆商埠督办公署督办，为筹备设市，扩建市区，提议扩充市政，修建码头，扩大码头港区作业范围。经督办公署行政会议决定，先后将朝天门、太平门、储奇门、金紫门、南纪门、千厮门等城门城墙拆除，改造自然岸坡，修建码头梯道，整治规范码头，使各地船帮按运输的不同物资，停靠相对固定的水域码头。经改造规范后，朝天门沙嘴为日用百货码头，东水门为散杂货码头，太平门为竹子码头，储奇门为山货、药材码头，金紫门为柑橘水果码头，南纪门为蔬菜、牲畜码头，临江门为糖类、石灰码头，千厮门为纸、盐、炭、棉花、皮革码头，菜园坝为粮食码头，兜子背则为木材码头。

抗日战争时期，工厂内迁重庆500余家，长江两岸大小码头72个；先后新建海棠溪等码头5处，改建千厮门等码头22处，维修嘉陵江等码头21处，并重点修建朝天门、千厮门、太平门、金紫门、望龙门、东水门、临江门和嘉陵、江北等码头。

附录二　重庆主要码头简介

朝天门码头　位于长江与嘉陵江交汇处,历史上长江上游和西南地区最重要和最大的货物集散地,重庆历史上最早的老码头,属自然岸坡式,始建于西汉,历来为重庆水运总枢纽。1927年2月,重庆商埠督办公署决定拆除朝天门城墙,修建朝天门码头(今4码头、5码头)和嘉陵江码头,同年7月竣工,新修码头有平台4层。1949年"9·2"火灾,朝天门码头一带化为灰烬。中华人民共和国成立后,对朝天门码头进行改扩建。现朝天门码头包括朝天门沙嘴左边的嘉陵码头与沙嘴右边的月亮碛码头,设有渝港3、4、5、6、7、8、9、10码头。

嘉陵码头　位于渝中区朝天门两江汇合处嘉陵江一侧的嘉陵江尾端南岸江边。1927年前,属自然岸坡式码头。1927年2月,嘉陵码头(今3码头)与朝天门码头(今4、5码头)同时动工修建,同年7月竣工。现嘉陵码头与月亮碛码头统称为朝天门码头。

月亮碛码头　位于渝中区朝天门两江汇合处长江一侧的江岸,是朝天门码头港区枯水季节的主要码头。月亮碛码头因江岸地形得名。重庆解放后,对月亮碛码头整治,重庆港务部门将渝港6、7、8、9、10码头设置在月亮碛。现月亮碛码头与紧邻的沙嘴码头、嘉陵码头统称为朝天门码头。

东水门码头　位于渝中区东正街外长江河岸,因东水门在重庆古城正东,故名。中华民国以前,东水门码头是除朝天门码头外的第一大码头。抗日战争时期,过南岸开始改由望龙门乘坐渡轮过江,东水门码头日渐冷落。

望龙门码头　位于渝中区东南部长江北岸,东水门码头与太平门码头之间,在重庆古城门太安门下江边。1935年,此段江岸城墙开始拆除,修筑石梯通道,开辟到江边的码头。码头上隔江能看见龙门浩巨石上的"龙门皓月"几个大字,故名望龙门码头。此码头有我国第一条公共客运缆车。1996年,渝中区长江滨江路修通后,望龙门缆车与码头轮渡完全停运。

太平门码头　位于渝中区东南部长江北岸江边。太平门最早建于宋代。码头因门得名,最早是木材、竹子集散的码头。

储奇门码头　位于渝中区南侧的长江北岸,紧靠储奇门得名。储奇门码头南岸为海棠溪,是重庆启程到贵州的必经渡口。储奇门码头历来是山货、药材行业的集散地。1930年,储奇门码头发生火灾,焚烧了储奇门、金紫门、人和门3个码头5000余家商铺。

金紫门码头　位于渝中区南岸长江北岸,紧邻储奇门码头。码头附近一带,古有寺庙"金紫寺",又有历代朝廷设置的金银库,明代筑城门名金紫门,码头随门得名。该码头是古代重庆城水运柑橘水果等物资的主要集散地。

南纪门码头　位于渝中区南部偏西的长江北岸南纪门下的江边,因此得名。南纪门是长江上游到重庆城途经的第一道城门,曾是水运木材、牲畜等货物的集散地。1980年7月,石板坡长江大桥通车,南纪门码头与黄葛渡的过江轮渡停运。

菜园坝码头　位于渝中区西南部的长江北岸,下距朝天门7千米,是重庆主城区主要码头之一。1891年,重庆辟为通商口岸后,菜园坝码头开始繁荣。1908年,清政府在菜园坝举办川东地区第一次商业展览会。中华人民共和国成立后,对码头进行整治,分为1、2、3、4码头和兜子背5个码头。1980年前有车渡、轮渡。1980年,石板坡长江大桥通车,菜园坝码头与铜元局码头间过江轮渡、车渡停运。

铜元局码头　位于南岸区西端长江南岸,南滨路江边,与渝中区菜园坝码头隔江相望。1905年,重庆建立第一家大型机械化工业企业——铜元局,以生产金属货币铜元得名,码头随厂得名。该码头开始为铜元局专用码头,后开通与对岸菜园坝之间的摆渡。1970年,开通铜元局码头与菜园坝码头的车渡,1980年,石板坡长江大桥建成,菜铜渡停渡。

黄葛渡码头　位于南岸区西部的长江南岸,长江大桥南桥头下南滨路江边,与南纪门码头隔江相望。该码头在宋朝时期已有木船摆渡过江。清乾隆时巴县知县王尔鉴(任职时间1751—1761年)因黄葛渡一带风光秀美而将其圈定为古巴渝十二景之一的"黄葛晚渡"。

龙门浩码头　位于南岸区西部长江南岸,南滨路江边。此地在宋代已形成水码头,清代成为粮食集散地。历来为重庆通往川南各地的要津。"龙门皓月"系古巴渝十二景之一。1938年,木渡改为轮渡。1996年,码头停运。

海棠溪码头　位于南岸区西部长江南岸,南滨路江边。"海棠烟雨"系古巴渝十二景之一。该码头曾是沟通重庆南北交通的要冲和物资集散地,历来为川黔古道要津,也是长江上游最大、最有名、时间最长的义渡渡口。1935年,储奇门—海棠溪车渡开通。1949年11月30日,解放重庆的中国人民解放军先头部队由此渡江。1980年,长江大桥通车,该码头停渡。

玄坛庙码头　位于南岸区西北部长江南岸,南滨路江边,与朝天门码头隔江相望。该码头有古巴渝十二景之一的"字水宵灯"。清代以前,玄坛庙已形成码头。中华人民共和国成立后,玄坛庙码头有轮渡与朝天门相通。

弹子石码头　位于南岸区西北的长江南岸,南滨路江边,与江北嘴隔江相望。该码头在清代已有木船过江,逐渐形成码头。码头附近有建于1902年的法国水师兵营旧址。

王家沱码头　位于南岸区西北部长江南岸,南滨路江边。该码头是1891年重庆被辟为通商口岸后形成。1937年,国民政府收回王家沱码头及整个租界主权。

梁沱码头　位于江北区下南部的长江北岸青草坝,码头水域有石梁横亘江中,枯水期水退石出。西晋水军的楼船,隋唐时期的万斛船,历代装运粮食、茶叶、食盐、蜀锦、黔铅、滇铜出川木船,大多在此停泊、转载、补给。中华人民共和国成立后,对此码头进行改造,使其成为重庆水上进出口物资主要中转站之一。

大佛寺码头　位于南岸区西北部长江南岸,南滨路江边。与江北寸滩隔江相望。该码头在元朝末年逐渐形成，因紧靠大佛寺得名。20世纪30年代，该码头多为厂矿企业装卸材料、产品等货物所用。

唐家沱码头 位于江北区南部长江北岸，码头以地得名。该码头在唐代即供万斛船停泊。清道光年间（1821—1850年）设有义渡。1918年，英商亚细亚石油公司在此设油库。抗战时期，国民政府在此建机关、学校、工厂。中华人民共和国成立后，这里成为重庆水运主要码头、重庆造船业主要基地。

明月沱码头 位于南岸区北部，是重庆造船业主要基地。水域江宽水深，自然条件优良。20世纪60年代，重庆造船厂在此选址。

九龙坡码头 位于九龙坡区东部长江北岸，原名九龙铺。1938年10月，国民政府在九龙滩附近江边原米坊码头基础上，建成九龙铺码头。1950年，九龙坡码头经过改建，成为重庆第一座水运、铁路联运的机械化码头。

几江码头 位于江津城区的长江南岸，江津城区几江镇码头，统称几江码头。1300多年前，该地已有码头，长江航运常年畅通。中华人民共和国成立后，该码头不断扩建。1997年，江津长江公路大桥建成通车，码头功能日渐衰退。

白沙码头 位于江津区西部白沙镇长江南岸，与成渝铁路白沙火车站和滩盘码头隔江相望。该码头自然条件良好，明代曾在此设水驿站，成为川黔多条古道水路衔接的转换码头。1935年，民生公司在该码头设置趸船，经营航运业务。

长寿河街码头 位于长寿区长江北岸。1925年后，有"长庆""民生"等轮船往返于长寿、涪陵与重庆之间。20世纪50年代，对码头进行整修，成为长寿客运与商业和农用物资进出的主要口岸。

西沱码头 位于石柱县西沱镇长江南岸。该码头以长江航运与汽车运输为主。

白帝城古码头 位于奉节县瞿塘峡口北侧白帝山下长江江边。该码头遗迹为考古调查西晋偷水孔栈道遗址时，在栈道石孔向白帝山下江边延伸的地方发现的。2003年6月，三峡大坝蓄水，该码头遗迹沉入江底。

江北嘴码头 位于嘉陵江与长江交汇处北岸，因泥沙淤积，江岸形成沙嘴得名。与朝天门码头隔嘉陵江相望，与弹子石码头隔长江相望。1966年，牛角沱嘉陵江大桥建成通车，由江北嘴码头过河相对减少。1982年，嘉陵索道建成营运，江北嘴码头客流量日渐减少。

临江门码头 位于渝中区北部嘉陵江南岸。因上岸直通临江门得名。该码头是嘉陵江水运货物入城的主要通道之一。沿江岸边码头较多，有正码头、新码头、大码头、石灰码头等。临江门码头主要为糖类、石灰等水运货物集散地。1966年1月，牛角沱嘉陵江大桥建成通车，该码头客货运业务逐渐萎缩。1999年12月，嘉陵江黄花园大桥建成通车，该码头货运业务停止。

千厮门码头 位于渝中区北部偏东的嘉陵江尾部南岸一侧。千厮门最早建于南宋。千厮门码头对岸为重庆江北老城。汉晋时期，千厮门码头已是重庆溯嘉陵江而上,经合川、南充、阆中、广元,直通汉沔一带的重要门户。明清时期,川盐经千厮门码头销往嘉陵江上游一带,直至陕西。中华人民共和国成立后,对码头进行扩建,主要用于客运与杂货运输。

磁器口码头　位于沙坪坝区东部嘉陵江南岸,沙滨路尽头江边。该码头以出产和远销瓷器得名。抗日战争时期,每天有300多艘货船出入磁器口码头。20世纪60年代,随着沙坪坝区商业中心的转移和水运交通的衰落,该码头渐趋萧条。现已成为游人休闲、旅游的胜地。

北碚码头　位于北碚区城区朝阳街道嘉陵江南岸。1926年7月,北碚码头始有轮船停靠。货运大部分为煤炭。1942年,北碚镇改为朝阳镇,故北碚码头又称朝阳码头。20世纪60年代,码头经过改造,成为北碚港区主要的客运码头和货运码头。20世纪70年代末,随着襄渝铁路建成营运,该码头货运业务开始衰减。

合川钓鱼城水军码头　位于合川钓鱼城下南北两面的嘉陵江边。水军码头建于宋蒙战争时期,为当时停泊艨艟、走舸、斗舰等战船和训练水军之用。码头长70米、宽60米,用大条石砌成阶梯,十分牢固。时至今日,大部分保存完好,仍为过往船只停泊处。

龚滩码头　位于酉阳县北部龚滩镇阿蓬江与乌江交汇处。历史上一直为水运繁忙的码头。随着彭水水电工程的兴建,龚滩古镇开始整体搬迁,龚滩码头成为历史,永沉江底。

羊角碛码头　位于武隆区西北的羊角镇乌江南岸河畔。为乌江航运的中转码头。20世纪70—80年代,大力根治五里滩,礁石、险滩被炸掉,几千年来人拉滩、牛绞滩、电绞滩的历史逐步结束。

安居码头　位于铜梁区北部的安居镇琼江与涪江交汇处。码头长235米,泊位8个,靠泊能力均为60吨级。古时的安居码头商贾云集,贸易繁盛,是物资的重要集散地。货运以粮、煤、盐、纸为主。20世纪60年代前后,年平均吞吐量14万吨。20世纪70年代末,上游修水电站,安居码头货运量逐渐下降。

路孔码头　位于荣昌区东部路孔镇濑溪河边。濑溪河被白银石滩阻断,分为上下两个码头,上游码头称牛下坝码头,下游码头称沱湾码头。沱湾码头又称孔漕运码头,始建于北宋咸平元年(998年),明清时期多次修筑、改建。今尚存码头遗址。

龙潭大码头　位于酉阳县东南部的龙潭镇龙潭河江西潭右岸,万寿宫左下侧。该码头始建于清乾隆四十七年(1782年),至今保存完好。码头为条石结构,由踏道、拴船孔和码头碑组成。从乾隆年间至中华民国末年,龙潭码头一直是龙潭通往湖南常德的水运码头,为主要的交通要道。

老关嘴码头　位于开州区旧城老关嘴街头的东河与南河交汇处附近。该码头为石梯步码头,主要装卸煤、盐、粮食、桐油和日用百货等货物。宋代,仅盐一项货物年吞吐量75300吨。1962年,码头年吞吐量262000余吨。1968年,在彭溪河云阳县高阳区青树子修建小江电站后,河床加速提高,水运事业逐渐衰减至零。该码头逐渐被泥沙埋掉6~7米,现存3米左右。

二、车渡码头建设

1944年4月1日,重庆市工务局为建设中渡口码头,拨款72800元(法币),修建石级910米、石板路128米。

1958年,石门渡对两岸码头进行加宽改造,铺条石路面,宽7米。

1962年,北碚—黄桷树—东阳渡由车渡站管辖。车渡站将其东阳镇码头引道改建为长200米、宽5.8米的水泥路面,将黄桷树码头引道改建为长300米、宽7.5米的条石路面。

1965年,李家沱河床变化,重庆市交通局投资修建李家沱洪水码头和引道。同年11月15日,重庆市交管局规划扩建中渡口码头,投资80万元。同年,中渡口码头建成条石结构的阶梯直立平台式码头,修好下河引道880米。

1969年12月,四川省交通厅投资在鱼洞镇岸修建码头和引道。码头用条石砌成,引道为混凝土路面。1971年7月1日竣工并设渡。

1972年初,四川省公路局投资修建铜元局岸边码头引道,长100米,宽14米,纵坡13%,水泥混凝土路面,1974年竣工。

1972年秋,四川省交通厅投资在"九一五"码头下游100米处修建吊儿咀码头和引道,1974年竣工投入使用。该码头用条石砌筑,引道为水泥路面。

1976年8月11日,四川省交通局批复,交通部补助长江水系投资中安排修建黄桷树码头投资30万元。其中800毫米皮带机100米,投资5万元;安装皮带机及靠船用小趸船3艘,投资4万元;斗式取料机1台,投资3万元;梭筒及电子秤投资1万元;生活生产用房700平方米,投资6万元;其他1万元。

1977年,车渡站对中石渡口两岸码头及引道进行改造,建成水泥混凝土结构。

1978年,车渡站在海棠溪设置外锚。1980年10月,车渡站要求重新在原处设置外锚。

1979年12月,四川省公管处和市公路养护总段启动李家沱下河引道工程。新建引道设计分为码头坡度段和引道平直段。改建的新引道在水位为172.60米以下时使用。

1990年2月7日—3月31日,车渡站对李家沱码头下河引道向左侧何家滩上游方向扩宽20米、长度60米,呈直角三角形的混凝土路面。同年,鱼洞码头、吊儿咀的条石引道改造为混凝土路面,两岸引道长450米,宽15米。

2008年6月3日,市公路局批复,同意车渡站对三土渡口码头引道进行路面整治。整治路段全长470米,其中三胜岸长210米,水土岸260米。项目总费用199.85万元。在三土战备公路渡口两岸码头引道上分别安装减速带和更新警示标志。

2009年,车渡站对铜元局战备码头进行改造。对原下河公路进行延长降坡,利用下河公路平拓宽建设可停靠100吨级的专用战备运输泊位1个;改造原有下河引道公路长430.5米,宽度为9.0米;在下河公路后方布置长118米,宽18米高水平台。

2011年10月20日,市公路局批复,同意李家沱战备码头改造工程一阶段施工方案:下河公路271.191米,进出港道路40.74米,3000吨级战备码头泊位1个,陆域平台12810平方米;设计最高水位186.63米(黄海,五年一遇),设计最低水位163.66米(黄海),港池水深4.2米。安全等级为二级,设计码头类型为三类。

2012年,完成李家沱的两条下河公路建设,下河公路长335米。

2013年,启动吊儿咀、水土两个码头改造项目,在实施过程中遇到一些实际问题。吊儿咀码头受地产集团阻挠,其间召开几次协调会,未开工。水土码头因水位原因停工,水位下落至施工平台以下后复工。

2014年,完成水土、鱼洞2个战备码头的下河引道建设,水土战备码头下河公路长213米,宽12米;鱼洞战备码头长274米、宽22米。基本完成北碚黄桷树、东阳战备码头改造方案。建成具有经营许可证的码头2个(李家沱码头、铜元局码头)。

2015年,完成铜元局、三胜两个战备码头的下河引道建设,铜元局战备码头下河公路长254米,宽14米;三胜战备码头下河公路长145米,宽7~15.6米。完成鱼洞码头的系泊设施及引道改造工程、三胜战备码头场平工程。完成北碚东阳战备码头下河引道及场平工程的方案评审及造价报审工作。

2017年,完成东阳战备码头的下河引道建设,下河引道长193.6米。修建长50米,宽5米的铜元局战备码头下河梯道(为车渡站自行修建的第一条下河梯道),新增2处地锚设施;在水土、鱼洞码头安装隔离网、防护栏。

2018年,完成"三胜至水土公路安全生命防护工程",铺设彩色抗滑薄层2800平方米,安装新型旋转式护栏300米、橡胶减速带66米,施划标线430平方米。完成储奇门下河公路改造工程招投标工作和开工前的手续。完成铜元局码头下河梯道,并在边坡修建观光花台。

2019年,完成九渡口和吊儿咀下河引道建设,九渡口下河公路长160米,宽16米;吊儿咀下河公路长140米,宽15米。同年,车渡站推进与巴南区政府关于李家沱引道及渡工房还建、移交事宜,收回引道公路210米。

2020年,完成铜元局、九渡口、李家沱3个战备码头下河公路升级改造。将码头建设融入两江四岸城市景观带,着重体现绿色、环保理念。在码头安装太阳能高杆路灯6根,铺设彩色抗滑薄层2800平方米,设置太阳能地埋灯26个,安装LED可变信息牌1个。使战备码头与重庆城市风貌相统一,凸显重庆特色。

2012—2019年重庆市车渡管理站新建码头设施见表3-4

2012—2019年重庆市车渡管理站新建码头设施统计表　　表3-4

建设年份(年)	码头名称	建设类别	建设内容	建 设 规 模
2012	李家沱	新建	下河公路	长250米、宽35米,长85米、宽12米
	李家沱	新建	陆域平台	14000平方米

续上表

建设年份(年)	码头名称	建设类别	建设内容	建设规模
2014	鱼洞	新建	下河公路	长274米宽22米
	水土	新建	下河公路	长213米宽12米
	水土	新建	陆域平台	3300平方米
2015	铜元局	新建	下河公路	长254米、宽14米
	三胜	新建	下河公路	长145米、宽7~15.6米
	三胜	新建	陆域平台	2900平方米
	铜元局	新建	陆域平台	5200平方米
2017	东阳	新建	下河公路	完成193.6米
	东阳	新建	陆域平台	5860平方米
2019	吊儿咀	改造	下河公路	长140米、宽15米
	九渡口	改造	下河公路	长160米、宽16米

第二节 公路渡口

重庆渡口靠木筏、独木舟、木船过渡延续了几千年。抗战时期，市区实现轮渡，并有木船兼渡。

公路渡口是指由公路主管部门管理，联通水域两岸公路，专门供运送机动车辆(包括同时搭载人员)的渡船停靠、运行作业的人工构造物及相应的引道、码头、安全设施及其附属设施。

一、公路渡口概况

1935年8月，四川省公路局开设海棠溪汽车渡口，配备专职人员。海棠溪渡口与北岸的储奇门渡口相接，称储海渡。该渡为重庆市最早的汽车渡口。同年10月，储海渡开始渡运。

1937年，西南公路运输管理局批准建造7艘汽划。1938年4月27日第一艘竣工下水，并交付川黔路，川黔长储海渡正式参加渡运。此为四川第一处机动汽车渡口，时有渡工和管理人员96人，洪期增设飞班30人，配有汽划1艘和木车驳2艘，每艘能载车2辆，日均渡运汽车20~30辆次。

1937年8月，川黔公路7千米处开始修建娄溪沟入长江口行车便道，1938年建成。同年10月，设渡口，与对岸的九龙坡渡口形成对渡，命名为娄九渡，配拖轮和2车车驳各1艘。1942年渡口汽划达6艘，车驳7艘，两岸各设码头趸船，员工35人，洪期增设飞班28人。

1939年8月起，国民政府开始修筑汉渝公路，起自重庆小龙坎，经大竹、达县、万源，到达西乡与汉白路相接，全长952千米，1941年底完成。是重庆经川东北与陕西相连的陆上通道。汉渝路从小龙坎出发跨嘉陵江,其南岸是沙坪坝区中渡口,北岸是江北石门,1941年4月正式设渡,名中石渡,亦称石门渡(时名"重庆嘉陵江渡口"),配有小火轮1艘、趸船和装煤船各1艘、木车驳4艘,两岸建有条石路面引道,有员工20余人。

1945年,四川省除长江娄九渡、嘉陵江石门渡各有1艘趸船外,其余渡均无。储海渡、李九渡能开展夜渡。

1954年,娄溪沟渡口迁至李家沱,李家沱九龙坡车渡正式运营,称李家沱车渡或李九渡。

1958年,綦江石佛岗车渡开渡,衔接綦江到三角地区的广大乡村,川黔公路的网络支路、綦江火车站❶。

1960年,北碚三胜土沱车渡建成。

1962年,北碚黄桷树车渡开渡。

1967年,在"文化大革命"武斗中,中石渡口跳船被击沉,中石渡口停止渡车并撤离。但由于沙坪坝和江北盘溪的车辆过江,要绕道渝中区牛角沱的嘉陵江大桥,多行20多千米,极不方便。1969年9月,中石车渡恢复渡车。

1969年10月,设菜铜渡,有职工17人,拥有160匹马力的钢结构拖轮1艘和自带跳板的6车钢驳1艘。10月1日正式开渡。同年,北碚黄桷树车渡停渡。

1971年7月1日,鱼洞吊儿咀车渡正式开渡。

1972年,车渡码头附近的綦江大桥通车,綦江石佛岗车渡停渡。

1980年7月,重庆长江大桥正式建成通车,菜铜渡运量骤减。同年,菜铜渡、储海渡停渡。

1989年,中石渡停渡。

1997年7月1日,因重庆长江李家沱大桥建成通车,李九渡停渡。

2002年11月25日,重庆海事局下发《关于重庆市车渡管理站使用水域的批复》(渝海通〔2002〕51号),同意车渡站使用水域:①鱼洞—吊儿咀车渡:左岸吊儿咀侧(距宜昌航道里程691.75千米),渡口下河公路中心线上游方向20米至下游方向30米共50米长,距水沫线50米宽的水域。右岸鱼洞侧(距宜昌航道里程691.8千米),渡口下河公路中心线上游方向70米至下游方向70米共140米长,距水沫线60米宽的水域。②李家沱—九渡口车渡:左岸九渡口侧(距宜昌航道里程674.9千米),渡口下河公路中心线上游方向60米至下游方向30米共90米长,距水沫线30米宽的水域。右岸李家沱侧(距宜昌航道里程675.2千米),枯水期使用车渡渡口下游方向下河公路上边缘至下游方向200米长,距水沫线30米宽的水域。洪水期使用自车渡渡口下河公路上游方向溪沟至下游方向100米长,距水沫线30米宽的水域。③铜元局—菜园坝车渡:右岸铜元局侧(距宜昌航道里程666.8千米),车渡渡口下河公路下边缘上游方向150米至下游方向15米长,距水沫线25米宽的水域。

2008年,鱼吊渡停渡。

---

❶1963年,綦江车渡交重庆市车渡管理站,成为车渡站管辖的一个队。

至 2008 年,随着城市大规模的建设,交通事业飞速发展,大桥相继建成,战备公路渡口相继停航。部分渡口的周边单位、个人非法侵占战备公路渡口,导致储(奇门)海(棠溪)战备公路渡、菜(园坝)铜(元局)战备公路渡、李(家沱)九(渡口)战备公路渡等多处战备公路渡口的功能丧失或部分丧失。

至 2020 年 12 月,车渡管理站所属主城区战备公路渡口共计 7 个、码头 15 个,码头引道总长 3090 米,岸线总长 1460 米,水域面积总计 27625 平方米,覆盖主城 9 个行政区,7 个渡分别位于长江与嘉陵江上。长江上分布有储(奇门)海(棠溪)、菜(园坝)铜(元局)、李(家沱)九(渡口)、鱼(洞)吊(儿咀)4 个渡口,嘉陵江上分布有三(胜)土(沱)、北(碚人民路)黄(桷树)、中(渡口)石(门)3 个渡口。其中,三(胜)土(沱)渡仍在开展渡运工作。

附录　1935—2020 年重庆市境内公路渡口概况
（含重庆市车渡管理站管辖范围外的公路渡口）

1935 年 8 月,四川省公路局开设海棠溪汽车渡口,该渡为重庆市最早的公路渡口。

1937 年,重庆市境内的公路渡口有 12 处:重庆储海渡、酉阳两河口渡、酉阳苦竹坝渡、秀山姚家湾渡、彭水乌江渡、武隆芙蓉江口渡、黔江冯家坝渡、秀山茶洞渡、秀山洪安渡、黔江湾塘渡、綦江转弯口渡、綦江赶水渡。

1950 年,重庆市境内公路渡口有 11 处:重庆储海渡、重庆娄九渡、重庆石门渡、彭水乌江渡、武隆江口渡、秀山茶洞渡、酉阳苦竹坝渡、酉阳姚家湾渡、黔江冯家坝渡、黔江两河口渡、黔江湾塘渡。

1979 年,重庆市境内有公路渡口 22 处:重庆储海渡、重庆石门渡、重庆李九渡、重庆菜铜渡、重庆鱼吊渡、重庆水土渡、万县长江渡、忠县芥园沱渡、长寿石踏坡渡、江津长江渡、潼南城关渡、合川盐井渡、合川云门渡、合川官渡渡、武隆中兴渡、涪陵长江渡、涪陵乌江渡、云阳长江渡、忠县下河渡、巫山龙门渡、云阳盛堡渡、开县开竹渡。

1990 年,重庆市境内公路渡口有 28 处:重庆储海渡、重庆中石渡、重庆三土渡、重庆李九渡、重庆鱼吊渡、重庆菜铜渡、重庆北黄渡、万县长江渡、涪陵长江渡、江津长江渡、忠县长江渡、奉节长江渡、忠县长江渡、合川盐井渡、合川云门度、合川官渡渡、长寿石踏坡渡、潼南瓢儿堰渡、长寿长江渡、武隆中兴渡、奉节梅溪河渡、巫山长江渡、巫山水口渡、云阳长江渡、江津笋溪河渡、江津长江渡、江津镇紫街渡、开县谭家渡。

2020 年,重庆主城公路渡口 7 对 15 个码头:重庆储海渡、重庆中石渡、重庆三土渡、重庆李九渡、重庆鱼吊渡、重庆菜铜渡、重庆北黄渡。

1985 年和 2020 年重庆市车渡管理站所辖汽车渡口和公路渡口见表 3-5、表 3-6。

表 3-5

1985 年重庆市车渡管理站所辖汽车车渡口一览表

渡名	所在线路	江区	渡运量（辆）	船名	机动			渡驳		渡工（人）			建渡时间（年）	禁航水位（米）
					机型	功率马力（千瓦）	类型	载重（吨）	驾驶	轮机	水手			
储海渡	川黔	长江	350	"公路106"轮	G6135×2	240	专用车驳载标准车6辆	53	4	4	4	1935	175
李九渡	川黔	长江	700	"公路103"轮	ZCa6135×2	326	专用车驳载标准车12辆	100	6	6	9	1939	178
			700	"公路112"轮	G6135×2	240	专用车驳载标准车12辆	100	6	6	9	1939	178
			700	"公路116"轮	G6135×2	240	专用车驳载标准车12辆	100	6	6	9	1939	178
中石渡	汉渝	嘉陵江	350	"公路105"轮	G6135×2	240	专用车驳载标准车12辆	51	4	4	4	1942	175
北碚车渡	北岳公路	嘉陵江	60			240	钢质6车驳	56	4	4	8	1958	183
三土渡	施土	嘉陵江	700	"公路101"轮	GAaB6135×2	300	专用车驳载标准车12辆	80	6	9	12	1959	183
鱼吊渡	渝茄公路	长江	700	"公路102"轮	G6135×2	240	专用车驳载标准车12辆	80	6	9	12	1971	172

2020年重庆市车渡管理站所辖公路渡口统计表　　　表3-6

所属流域	渡　名	状　态	开渡时间	停渡时间
长江	储奇门—海棠溪	战备	1935年	1980年
长江	铜元局—菜园坝	战备	1969年	1980年
长江	李家沱—九渡口	战备	1954年	1997年
长江	鱼洞—吊儿咀	战备	1971年	2008年
嘉陵江	中渡口—石门	战备	1941年	1989年
嘉陵江	三胜—土沱	公益渡运	1960年	在航渡口
嘉陵江	北碚黄桷树—东阳	战备	1962年	1969年

二、公路渡口简介

(一)储奇门—海棠溪渡

1935年8月,设海棠溪汽车渡口,海棠溪渡口与北岸的储奇门渡口相接,称储海渡,设有海棠溪渡口管理所,由四川省公路局管辖,配有专职管理人员。同年10月开渡。1938年,有渡工和管理人员96人,洪期增设飞班30人。1942年,储海渡改隶西南公路管理局。1948年,储海渡改隶交通部公路总局五区工路工程管理局工务第一总段,定为特等渡。有汽划班、渡船班各1个,员工59人,汛期增设飞班30人。1951年,改隶重庆市建设局。1952年,改隶川东行署交通厅。1953年,储海渡与石门渡合并成立渡口管理所。1961年,储海渡改隶重庆市车渡管理站。1964年,在储奇门码头岸修建办公房1处,结束几十年在趸船上办公的历史。1970年,储海渡有拖轮3艘,1120马力,职工100人,有夜航设备。

1980年4月,重庆轮船公司鉴于重庆长江大桥通车后,储海渡、菜铜渡不再渡车的情况,向上级报告,要求将储海、菜铜2个渡码头移交该公司使用。1981年5月12日,四川省公路局发文:"鉴于重庆长江大桥建成通车,储海渡运量减少,渡口规模也应相应缩小。""除保留一套轮驳维持渡运,对两岸码头、引道必须加强养护,确保车辆畅通之外,渡口所属船划其中2艘拖轮、1艘车驳调给宜宾地区交通局;2艘拖轮调给江津地区交通局。轮驳人员原则上随船调动。储海渡保留船划一套。并派专人看守,以备急用。"

该渡上游距重庆长江大桥约1千米。北岸位于储奇门,连接长滨路,2019年,下河引道长度120米,岸线利用长度为130米;南岸位于南岸区海棠溪烟雨公园处,连接南滨路,2019年,下河引道长度280米,岸线已利用长度为40米。此战备渡口主要服务区域为渝中半岛和南岸海棠溪等片区,渡口作为重庆长江大桥战时的应急救援,保障两岸人流、车流互通。

(二)菜园坝—铜元局渡

20世纪60年代,重庆长江两岸过往车辆急剧增多,为缓解重庆长江汽车渡口运力与运量的矛盾,另辟一条通往川黔公路的支线。1969年10月,四川省公路局批准设置菜园坝—铜元局车渡,隶属重庆市车渡管理站。有职工 17 人,160 马力的钢结构拖轮 1 艘和自带跳版的 6 车钢驳 1 艘。10 月 1 日正式开渡。铜元局岸系借用重庆电工厂的码头引道,菜园坝岸利用河边天然卵石河滩。1971 年,职工 40 人。1972 年初,四川省公路局投资修建铜元局岸边码头引道,长 100 米,宽 14 米,纵坡 13%,水泥混凝土路面,1974 年竣工。菜园坝岸仍为天然码头引道,系砂卵石河滩,长 150 米,宽 15 米,纵坡 8%。1979 年,该渡有职工 20 人。1980 年 7 月 11 日,重庆长江大桥建成通车,菜铜渡运量骤减,其他单位车船占用了码头。1981 年 5 月 12 日,经四川省公路局批准该渡撤销。其两岸码头、引道继续养护备用。

2019 年,该渡口下距菜园坝长江大桥约 0.5 千米,距重庆长江大桥约 2 千米。北岸靠近菜园坝火车站,连接菜袁路,至 2019 年岸线已利用长度为 180 米;南岸为铜元局,连接南滨路,2019 年,下河引道长 254 米,岸线已利用长度为 180 米,有陆域平台 2900 平方米。此战备渡口的主要服务区域为菜园坝和铜元局等片区,渡口作为战时菜园坝长江大桥的应急救援,保障两岸人流、车流互通。

(三)李家沱—九渡口渡

1937 年,为解决九龙坡区飞机场人员、车辆过长江问题,在川黔公路 7 千米处修建娄溪沟入长江行车便道,1938 年完工。10 月,设渡,名娄九渡,配备拖轮和 3 车驳船各 1 艘。由交通部公路总局五区工路工程管理局管辖。设有管理员 1 人(高志明,后由孟子厚负责),船上总班长为严洪喜。1948 年,定为特等渡,有员工 35 人,洪期增设飞班 28 人。中华人民共和国成立后,九龙坡机场改为铁路货站,娄溪沟车渡渡运量减少。1954 年,该渡迁往李家沱,时称李家沱汽车渡。为渡口管理所(1953 年石门车渡与海棠溪车渡合并成立渡口管理所)的一个站—李家沱站,站长为王志君。李家沱岸码头河床变化大,洪期有大量淤沙堆积,轮驳靠岸困难。九龙坡岸码头和引道系 1950 年解放军投资修建的军用码头,较窄小,1953 年,重庆市建设局进行加宽。同年,有职工 20 余人。

1961 年,李九渡改称李九队,由重庆市车渡管理站管辖。1965 年,因李家沱河床变化,重庆市交通局投资修建洪水码头和引道。随着重庆长江大桥建成通车,物资流向流量初期曾发生短暂变化,1981 年,李九渡过江车辆稍有下降。随后社会车辆逐渐增多,通过李九渡的车辆逐月上升。市公路养护总段会同车渡管理站,增调人员。1984 年,李九渡有职工 108 人。1988 年,经四川省政府批准,李九渡开始征收过渡费,从 1989 年 4 月 1 日起执行。1991 年,李九渡口日均渡车量 2500 辆次,年渡车量 70 万辆次,是四川省车流量最多、规模最大、设备较全的公路渡口。1997 年,李九渡停渡。

该渡口位于李家沱长江大桥下游约 1 千米。南岸为李家沱,连通巴滨路与李渡路,2019 年,下河引道长度 335 米,岸线已利用长度为 180 米,有陆域平台 14000 平方米;北岸为九渡口码头,连接九龙坡杨家坪,2019 年,下河引道长度 266 米,岸线已利用长度为 40 米。此战备渡口的主要服务区域为巴南李家沱和九龙坡杨家坪等片区,渡口作为战时李家沱长江大桥的应急救援,保障两岸人流、车流互通。

(四)鱼洞—吊儿咀渡

1969 年 12 月,为衔接巴县南北两岸交通,缓解海棠溪、李家沱车渡的渡运压力,四川省交通厅投资在鱼洞镇岸修建码头和引道。码头用条石砌成,引道为混凝土路面。1971年7月1日竣工正式设鱼吊渡,又称鱼洞车渡。吊儿咀岸码头引道,系借用第六机械工业部驻渝单位的"九一五"码头,渡口由重庆市车渡管理站管理,以1艘240马力的钢质拖轮与1艘自带跳板的6尺钢驳配套使用。1972年秋,四川省交通厅投资在"九一五"码头下游100米处修建码头和引道,1974年竣工投入使用。该码头用条石砌筑,引道为水泥路面。1982年,渡口基本成型,两岸码头均为条石铺筑。吊儿咀码头宽15米,长100米,纵坡12%;鱼洞码头长150米,宽12米,纵坡11%。两岸引道均为水泥路面,吊儿咀岸长126米,宽15米,纵坡12%。鱼洞岸长150米,宽12米,纵坡6%。2008年,鱼吊渡停渡。

该渡位于鱼洞镇滨江路上,上距鱼洞长江大桥约3千米。其中南岸为鱼洞码头,位于长江滨江路上,2019年,下河引道长度274米,岸线已利用长度为60米;北岸为吊儿咀码头,位于大渡口区钓鱼嘴,2019年,下河引道长度195米,岸线已利用长度为80米。此战备渡口的主要服务区域为巴南鱼洞和大渡口茄子溪等片区,渡口作为战时鱼洞长江大桥的应急救援,保障两岸人流、车流互通。吊儿咀渡口公示牌、渡口守则及渡口警示牌见图3-1。

图3-1 吊儿咀渡口公示牌、渡口守则及渡口警示牌

(五)三胜—土沱渡

1959年底,江北县水土镇到皮家山、水土镇到施家梁公路通车。1960年,由江北县养路队承建三胜、土沱渡,同年正式设渡,有能载3辆车的木车驳。衔接北碚区施家梁到江北县水土镇、静观等公路。1962年下半年,江津公路总段接收江北县养路队,并成立江北养路段,该车渡由江北县养路段管辖。1967年,江津总段投资兴建下河引道及码头,1969年初完工。1974年初,该车渡交由重庆市车渡管理站管辖,从此成为车渡站管辖的一个队。2019年,三土渡仍在航。

该渡距嘉陵江河口约50千米处,其中北岸为土沱码头,位于北碚水土镇,连接公路G351,2019年,下河引道长213米,岸线已利用长度为60米,有陆域平台3300平方米;南岸为三胜码头,位于北碚区三胜村,通过施家梁三胜公路S625连接公路S542,2019年,下河引道长145米,岸线已利用长度为140米,有陆域平台2900平方米。此战备渡口主要服务区域为北碚三胜和北碚水土等片区,渡口平时作为汽车渡口,战时作为北碚水土大桥的应急救援,保障两岸人流、车流互通。水土渡口警示牌、公示牌、渡口守则见图3-2。

图 3-2 水土渡口警示牌、公示牌、渡口守则

(六) 北碚—黄桷树—东阳渡

1955 年, 北 (碚) —黄 (桷树) —东 (阳) 渡开渡, 由北碚水运公司 (时称北碚水上运输合作社) 管辖。有 1 艘能载 3 辆车的木车驳, 没有渡口所属拖轮, 其渡车所用拖轮从其他单位租用。枯水渡运用人力绞, 洪水期向外单位借用拖轮。这一时期, 南岸为北碚码头❶(枯水码头在朱家碛、洪水码头在北碚码头), 北岸为黄桷树、东阳码头 (枯水码头在黄桷树、洪水码头在东阳镇), 所有码头均为自然码头。1962 年, 该车渡交重庆市车渡管理站管辖, 从此成为市车渡管理站的一个队。车驳由载 3 辆车的木车驳变为载 6 辆车的铁质车驳, 有 120 马力的拖轮。1969 年, 因北碚朝阳桥公路索桥开通, 该渡口停渡。

该渡位于北碚区, 距嘉陵江河口 58 千米。其中南岸为北碚区人民路渡口, 位于北碚区滨江路, 2019 年下河引道长 177 米, 岸线已利用长度为 60 米; 北岸为黄桷树码头与东阳码头, 分别用于枯水期与洪水期。2019 年, 黄桷树码头下河引道长 250 米, 岸线已利用长度为 30 米。同年, 东阳码头下河引道长 400 米, 岸线利用长度为 200 米, 有陆域平台 5860 平方米。此战备渡口主要服务区域为北碚城区和北碚东阳镇等片区, 作为战时北碚嘉陵江大桥的应急救援, 保障两岸人流、车流互通。

(七) 中渡口—石门渡

中渡口设渡历史悠久, 清康熙年间, 清政府曾在中渡口设置沙坪场, 来往商旅和过江行人甚多。开始是义渡和营业渡木船过江, 航线是中石线, 从中渡口至石门。1925 年, 曾在江边设有木质趸船。1941 年 4 月, 中 (渡口) 石 (门) 渡正式设为车渡, 名中石渡, 亦名石门渡 (时名"重庆嘉陵江渡口"), 属汉渝路公路工程处管辖。两岸建有浆砌条石路面码头引道。1942 年, 有员工 20 余人。1946 年 4 月, 该渡由交通部公路总局五区工路工程管理局接管, 隶该局三总段, 定为甲等渡。配有汽划班 7 人, 渡船班 23 人。军运紧急和洪水期另增渡工 10 人。1948 年底, 有员工 38 人, 其中汽划班 6 人、渡船班 27 人。洪期增飞班 18 人。中华人民共和国成立前, 先后任管理员的有高占文、严作祥、黄炎希、耿换章、毛某某、王纪真。

1950 年, 石门渡由江北县管辖, 定为一等渡。1953 年, 石门渡与储海渡合并成立渡口管理所。1958 年, 石门渡对两岸码头进行加宽改造, 铺条石路面, 宽 7 米。1962

---

❶南岸码头后因修建滨江公路被占, 原码头已不复存在。

年,石门渡改称中石渡,归重庆市车渡管理站管辖。1966年,嘉陵江牛角沱大桥建成通车,但车辆大多不愿绕道,仍从石门渡渡江。"文化大革命"中,该渡受武斗干扰,跳船被打沉停渡,一度撤销。1968年9月,恢复渡运,以2套船划作业。1977年,车渡站投资,对两岸码头及引道进行改造,建成水泥混凝土结构。经四川省政府批准,1985年1月1日起,石门渡收取过渡费,有职工39人。1988年12月,嘉陵江石门斜拉桥建成通车,该渡撤销。

该渡距嘉陵江河口12千米,紧邻嘉陵江石门大桥,连接汉渝公路。其中石门码头位于江北区大石坝,嘉陵江北岸,2019年,下河引道长235米,岸线已利用长度为50米;中渡口码头位于沙坪坝区沙滨路,嘉陵江南岸,2019年,下河引道长245米,岸线已利用长度为30米。此战备渡口主要服务区域为江北区大石坝和沙坪坝区小龙坎等片区,作为战时石门大桥的应急救援,保障两岸人流、车流互通。

(八)綦江—石佛岗车渡

该渡位于长江重庆段支流綦江。1958年下半年,修通綦江到三角的公路。1959年上半年,由綦江县交通科承建渡口并正式开渡运车。有1艘载3辆汽车的木车驳,上下车所用木跳板连接在驳船两头,利用杠杆原理人力放跳、起跳。1962年初,綦江成立县养路队,该车渡由养路队管辖。1963年,綦江车渡交重庆市车渡管理站管辖,成为车渡站管辖的一个队。1968年,使用40马力的单机拖轮,但由于河面窄,调头不便,运行时间较长,1年左右便停止使用机动船渡车。后在船驳上安装1部195柴油机,固定在两岸的竹纤绳换成钢丝绳,用动力渡车。

建渡时过江车辆不多,平均渡车量10辆左右。20世纪70年代初,日平均渡车量40辆左右。建渡时有工人7~8人,最多时有10余人。1972年,车渡码头附近的綦江大桥通车,该车渡停渡。

第三节　战　备　平　台

战备码头(渡口)是国防交通基础设施的重要构成,承担着水上战备渡运、水上应急救援等国防功能,同时也为当地群众出行、生产就业以及地方经济发展提供重要支撑。车渡站历来重视交通战备工作。

1983年,四川省人民政府等单位下发四川省战时交通保障计划的通知,对战备公路渡口予以保留。

1990年,车渡站成立战备领导小组,站长鄢忠利任组长,副站长刘定强任副组长,战备领导小组下设办公室在行政办公室,刘光喜负责日常工作。同时,各队、厂成立战备突击分队,做到在紧急情况下招之即来,来之能战。

1996年10月,成都军区下发关于战备渡口保留的文件至重庆市战备办公室。

1997年4月20日,成都军区国防动员委员会交通战备办公室下发的关于战备渡口管理体制问题的意见规定:对于渡口、码头的管理,在军区和各级政府未作出其他新规定之前,按照1990年军区战备办公室、1992年重庆市政府通知的有关精神执行。

21世纪初,车渡站所辖各渡大多停运(鱼吊渡和三土渡在航),部分战备公路渡口、码头逐渐被社会单位侵占。

2004年,车渡站所辖具备战备渡口功能的渡有鱼(洞)吊(儿咀)公路渡、三(胜)(水)土公路渡、李(家沱)九(龙坡)公路渡。部分功能丧失的战备公路渡口有4个。①菜(园坝)铜(元局)战备公路渡:因渝中区滨江公路的建设,原菜园坝下河公路引道被截断,在随后的滨江公路的延伸工程中要求渝中区滨江公路建设指挥部给予恢复菜园坝下河战备公路引道;铜元局码头为车渡站战备物资、油料存放地,未被其他单位侵占,具备战备功能。②储(奇门)海(棠溪)战备公路渡:因两岸滨江公路建设码头变迁,渡口引道、泊位部分被公安水警、公路运输公司等挤占。③中(渡)石(门)战备公路渡:因石门大桥通车后,渡口停航,渡口引道、码头泊位部分水上鱼庄船、石门运输公司等挤占。④北(碚)黄(桷树)战备公路渡:因朝阳公路索桥建成通车后渡口停航,后又因北碚正码头滨江路建设将下河引道变迁了位置。黄桷树码头具备战备公路渡口功能。

2007年,成都军区召开交通战备工作会议,要求加强交通战备基础设施建设,确保重要交通战备基础设施正常运行。

2010年3月8日,市公路局同意车渡站铜元局战备码头改造工程一阶段施工设计方案,项目设计最高水位186.90米(黄海,五年一遇),设计最低水位160.71长(黄海,保证率98%),港池水深4.2米,3000吨级泊位1个,安全等级为二级。建设主要内容为下河公路(码头水工构造物实体)、管理站房及配套附属设施。6月9日,车渡站开始对铜元局下河公路码头实施改造。12月,铜元局战备码头改造一期工程完工。

同年,车渡站委托重庆市交通规划勘察设计院编制2010—2015年重庆市车渡管理站战备渡口建设规划。

2011—2015年,"十二五"期间,车渡站对战备码头进行现代化改造,先后在三胜、土沱、李家沱、铜元局等建成战备物资平台和仓库。

2011年,成都军区战备办公室下发关于重庆市主城区战备渡口建设专项规划的批复,要求在制定战备渡口具体改建方案和建设中要充分征求部队意见。要加强战备渡口的使用管理,研究制定管理办法,尽快恢复和完善战备渡口功能。同时要加强国防教育宣传,提高群众支持国防建设、爱护战备设备的意识。总后部军交处、成都军区交战办、市交委等多次到车渡站战备公路渡口检查。

同年7月,车渡站委托重庆市交通规划勘察设计院编制重庆港主城港区李家沱战备码头改造方案。8月29日,市交通委员会批准该方案,设计高水位186.63米(黄海,五年一遇),设计低水位163.66米(黄海),设计河底高程159.46米。水工建筑物安全等级为二级,改建3000吨战备码头泊位1个。新建下河引道、护岸挡墙结构和路面铺筑及附属设施。预算总额4878.23万元。

2012年,市公路局启动完善主城区战备公路渡口应急保障体系建设工作,并将其作为整个重庆水上交通应急救援保障体系的重要组成部分。同年,完成李家沱战备码头的总体建设,建成李家沱战备码头陆域平台14000平方米。

2013年5月,对铜元局战备码头进行二期改造,拆除引道边危旧管理房,重新修筑单层框架线构房屋,同时在引道内侧的高水平台上修筑两层战备物资储备仓库,第一层高3.8米,第二层高3.6米,其结构为钢筋混凝土框架结构,基础为φ1.2米的人工挖孔桩,共计建筑面积为2650平方米。9月17日,市公路局批复,同意铜元局战备码头三期维护工程设计方案,同意码头维护工程的建设标准。桩板式挡土墙140米,框架结构式管理用房2栋,共计建筑面积4900.13平方米,设计标高187.20米(黄海高程)。在该码头二期工程下游开挖边坡,延伸原战备用船停靠区域,同时修建桩板式挡土墙以稳固陆域平台,在陆域平台上修建码头管理用房。估算金额2284.1425万元。

2014年,累计投入1600万元,对战备码头进行改造升级。建成具有经营许可证的码头2个(李家沱码头、铜元局码头)。7—9月,对所辖7对公路战备码头就功能定位、建设情况技术等级等码头现状进行专项调研,编纂完成《重庆市车渡管理站"十三五"交通战备基础设施调研报告》《重庆市车渡管理站战备公路码头项目统计表》等调研材料。车渡站所辖15个战备码头,可供改造13个。同年,完成鱼洞、水土战备码头建设,建成水土战备码头陆域平台3300平方米。

2015年,完成铜元局、三胜战备码头的总体建设。建成三胜战备码头陆域平台2900平方米、铜元局战备码头物资仓库5200平方米。10月26日,市公路局批准东阳战备码头下河引道及场平工程一阶段施工方案,主要修建下河引道左侧挡墙,全长158.1米;下河引道,全长370米,路基宽9米,最大纵坡10%;系船柱7个。同日,市公路局批复铜元局战备码头下河引道维修改造工程一阶段施工设计,沿原下河引道延伸100米,路基宽8.2米至20米,路基沿江侧设置重力式挡墙,墙高0~7米,路面宽6.7~18.5米。同时在下河公路,每隔20米设置系船柱,共5个。

2016—2020年,"十三五"期间,车渡站实施"359"布局,即3处战备船用基地(储奇门、铜元局、李家沱)、5处战备物资集结地域(铜元局、李家沱、东阳、水土、吊儿咀)、9处战备码头(鱼洞、铜元局、李家沱、东阳、水土、三胜、吊儿咀、储奇门、北碚人民路)。

2017年,完成东阳战备码头的总体建设。建成东阳战备码头陆域平台5860平方米。

2018年,重庆交通战备办公室下发关于同意建设三胜战备码头战备物资仓库的通知,同意三胜码头修缮后的渡工房可用作战备物资仓库。

2019年,车渡站启动铜元局、九渡口、李家沱、鱼洞战备公路生命安全防护工程设计。铺设反光图案防滑路面、安装旋转护栏、设置LED信息屏、安装太阳能灯和减速带。启动东阳战备码头公路和边坡整治工程。

2020年12月14日,市车渡站模拟实战,开展战备渡口紧急启用训练。训练队伍在接到紧急启用战备渡口指令后,立即启动应急响应,派驻港船舶"公路101"轮拖带"公路4号"车驳火速将积压在九渡口战备渡口车辆装船运送至鱼洞战备渡口、吊儿咀战备渡口,完成船舶停靠渡口及车辆上下船舶等训练。同年,东阳战备码头新建500平方米陆域平台。

第四节　设备打造

一、船舶更新

中华民国时期,各渡口设备有限且均为木质船舶,单船渡运能力仅2~3台汽车。

1938年4月27日,西南公路运输管理局交付储海渡汽划1艘,长12米,宽2米,装有2台道奇汽油机,共160马力。储海渡配木质汽划1艘和车驳2艘,每艘能载车2辆。10月,娄九渡开渡,配备3车驳船各1艘。

1941年4月,石门渡口正式设渡,配有小火轮(以蒸汽机为动力的拖轮)1艘,木驳改装的趸船和装煤船各1艘。

1942年,石门渡口有小马力木质拖轮3艘:"天福""国安""嘉陵",有3车木驳数艘。同年,娄九渡有汽划6艘,渡船7艘。

1945年,娄九渡新增3艘趸船。

1948年,储海渡有汽划4艘(其中2艘能使用),车驳4艘,趸船2艘。船划均为木质结构。最大车驳能装载3辆汽车。6月,交通部公路总局五区工路工程管理局投资59亿多元(法币)对储海渡进行整治,但由于物价飞涨,法币贬值,收效甚微。同年,娄九渡有汽划5艘(能行驶的1艘)。

中华人民共和国成立后,至20世纪50年代末,新建4艘木跳船,1艘趸船。船划设备仍为木质结构。

1950年,石门渡有单机汽划1艘,3车木驳2艘。

1952年8月,川东行署交通厅兴建2艘木跳船使用于储海渡两边码头。

1953年,石门渡修建跳船2艘,用作连接两岸码头。同年,李九渡拖轮1艘,3车驳2艘、跳船1艘,均为木结构,拖轮船体小,40马力。2车驳中有1艘能载车过江,1艘仅能装载油料工具等杂物。跳船设在李家沱码头,九龙岸与军用码头共用1艘跳船。

1959年,购置公路趸船1艘,船体尺寸为27.2米×7.2米×1.55米,价值12万元。

20世纪60年代起,船舶开始改为钢结构,且拖轮功率、船体尺寸增加较快。单船渡运能力增加至6台汽车。部分设备为木质结构。

1961年,李九渡拖轮更换为钢结构,功率增至240马力。车驳仍为木驳,装载能力6车。同年,重庆公路养护总段为储海渡购置240马力钢质拖轮和6车钢驳各1艘。

1962年,储海渡机动船划增至3套,拖轮、车驳各3艘,均为钢结构,新建钢趸船2艘。石门渡有拖轮3艘,车驳2艘,均为钢结构。11月,为三土渡从温江航运公司调来了1艘单机150匹马力的拖轮。

1963年6月,建造"公路4号"跳船,船体尺寸为19米×6.5米×1.3米×0.6米。同年,建造钢质"公路103"拖轮、"公路107"轮。建造"公路10号""公路11号"光头车驳。建造"公路1号""公路3号"跳(趸)船,船体尺寸为17米×6.5米×1.3米,按通过解放牌汽车总重量次8吨与渡载6车驳配套渡运建造。

1964年,建造"公路106"轮并投入使用。

1965年,建造"公路104"轮。

1968年9月,石门渡有240马力双柴油机钢拖轮2艘,自带跳板的6车钢驳2艘。同年,车渡站用13号木质车驳改建成浮吊工作船。

20世纪70年代起,船舶绝大多数为钢结构,拖轮功率、船体尺寸继续增加。增加1艘12车钢驳,车驳以单船渡运能力6至12台汽车为主。

1970年初,储海渡口跳船更换成铁质结构。10月,菜铜渡开渡,有160匹马力的钢结构拖轮1艘和自带跳板的6车钢驳1艘。

1971年,菜铜渡新增钢质轮驳1套。李九渡新建240马力双柴油机钢质拖轮1艘,6车钢驳、12车钢驳各1艘,新建钢跳船2艘,与军渡跳船分开。同年,合川大桥通车,从合川车渡为三土渡调1艘双机160马力的拖轮和1载4辆车的自带跳铁车驳。

1974年,三土渡划归市车渡站后,双机160马力拖轮更换为双机240匹马力拖轮。

1977年,石门渡有拖轮和钢驳各1艘,均为钢结构。5月,"公路18号"车驳建成投入使用。

1979年5月,"公路116"轮建成投入使用。同年,车渡站建造"公路1号"趸船,总长32.4米,宽9.8米,型深1.4米,价值21.3万元。

20世纪80年代起,船舶均为钢结构,拖轮功率和12车钢驳继续增加,车驳以单船渡运能力12台汽车为主,船舶大多进行技术更新,改为电动起跳。

1980年,江津新造车驳1艘,20.50万元。无偿拨入、移交拖轮2艘,车驳3艘,共计93万元。

1981年,由于储海渡、菜铜渡停渡,移交"公路114"轮、"公路110"轮、"公路101"轮、"公路111"轮给江津车渡和合川车渡。

1982年,鱼洞渡有钢拖轮1艘300马力、钢质车驳1艘。同年1月20日,重庆市公路养护总段报请四川省公路局同意投资22万元,修建12车钢驳1艘。车渡站为李九渡配备3艘拖轮与2艘12车钢驳和1艘6车钢驳配套渡运。

1983年,车渡站有拖轮11艘,总功率2540马力。车驳10艘。

1984年6月,车渡站建造"公路6号"趸船("公路1号"车驳改建),总长32.4米,宽8.6米,型深1.4米,价值22万元。

1985年6月,车渡站购置"公路2号"车驳(船体尺寸:32.4米×8.6米×1.4米),价值29.118万元。同年,"公路10号"车驳改造成趸船。

同年底,车渡站有240~340马力柴油机拖轮7艘,载运12辆车的车驳5艘,载运6辆车的车驳2艘,跳船(即趸船)6艘,修理厂1个。

1986年10月,车渡站给鱼洞渡装备1艘12车钢驳。同年,"公路15号"车驳报废。

1987年，车渡站有拖轮12艘，主副机、电动起跳副机功率3518马力。车驳12艘(电动起跳车驳3艘)，跳船3艘(电动起跳1艘)，各类趸船5艘。新建船驳2艘。

1988年4月，"公路104"轮、"公路8号"车驳报废处理。

1989年11月13日，车渡站无偿调拨给长寿县交通局机动船1艘("公路105"轮)、自带跳6车驳船1艘("公路19号"车驳)。

20世纪90年代，随着多数渡口停渡，设备数量减少。

1990年，购置"公路1"号跳趸船，船体尺寸为25米×8米×1.55米，价值451182.80元。

1991年，车渡站共有生产用船舶9套(拖轮9艘、车驳9艘)，12车位车驳6艘，6车位车驳3艘。

1995年，"公路3号"跳船和"公路13号"车驳报废。

1997年，"公路105"号拖轮建造并投入使用。该拖轮船体尺寸为：25米×5.6米×1.75米，总功率为340千瓦，造价220万元。

1998年11月1日—1999年1月15日，车渡站"公路107"轮进行大修特检工程。

1999年1月20日—3月20日，"公路115"轮进行大修特检工程。

进入21世纪，至2015年，除三(胜)土(沱)渡仍开展公益渡运外，战备公路渡口相继停航。车渡站所属设备多报废，无新造船舶。

2002年，"公路106"轮、"公路4号"跳船(旧)报废。

2007年，车渡站对3艘工作跳船进行改建，主要包括船底板挖补105平方米，船体骨架结构改善，增设系缆桩。将"公路6号"趸船二楼改建为船修厂会议室兼学习室。同年，"公路105"轮报废。

2012年12月3日，车渡站报废1959年购置的趸船1艘。

同年，车渡站有船舶设备17艘，其中拖轮4艘、车驳6艘、各类趸船7艘，船舶设备原值990余万元。

2013年，启动打造1艘拖轮计划，完成前期设计论证方案。

同年，车渡站有船舶设备17艘，原价值共计990余万元，总吨位为2282.88吨。按照船舶功能划分，其中拖轮4艘、车驳6艘、各类趸船7艘。按照船龄划分，其中30年及以上船龄5艘、20~30年船龄8艘、15~20年船龄4艘。按照吨位划分，其中100吨以上9艘、100吨以下8艘。

2014年5月13日，购置于1990年的"公路1号"跳趸船，使用年限达24年，船底板严重锈蚀，管线等船用设施普遍老化，安全隐患严重，作报废处理。

2015—2020年，车渡站转型发展，强化应急救援功能，逐年打造、接入一系列船舶。

2015年，打造"公路101号"拖轮，船体尺寸为28.33米×6.8米×2.3米，主机功率440千瓦，改写车渡站多年未打造新船的历史。同年，车渡站接手大型水上应急装备——"渝救援113号"拖轮，船体尺寸为46米×10.5米×3.6米，主机功率3048千瓦。同年，"公路103"轮报废(船体尺寸：25.47米×5米×1.75米，原值36万元)。

2016年,接手大型水上应急装备——"重庆车渡1号"趸船,船体尺寸65米×13米×2.2米。同年9月9日,市港航局将持有的"渝救援113"号拖轮无偿划转给市公路局。同年9月29日,市公路局向车渡站无偿划转"渝救援113"轮(船长46.00米、型宽10.50米、型深3.60米、设计吃水2.60米,3台TBD620V8主机、单台功率1016千瓦,2台120千瓦船用柴油发电机组)。

同年8月17日,购置于1985年的"公路2号"车驳(船体尺寸:32.4米×8.6米×1.4米),作报废处理。

2017年,车渡站打造"重庆车渡103"拖轮,船体尺寸为28米×7米×2.4米,主机功率440千瓦。同年,打造"重庆车渡2号"趸船,船体尺寸为45米×11米×2.2米。同年起,逐步添加救援设备,采购六翼无人机1台,150全液压挖掘机1台,3吨和5吨清扫车各1台。9月26日,市港航局无偿划转"重庆车渡1号趸"给车渡站,主要用于停靠"渝救援113"轮和存放救援物资,同时兼顾应急和战备要求。

同年4月24日,"公路107"轮(总长25.45米,型宽5米,型深1.75米,主机功率240千瓦,原值36万元,1985年6月建成)作报废处理。

2018年,打造"车渡001"号巡逻船,船体尺寸为28.9米×5.3米×2.2米,主机功率596千瓦。同年,打造"车渡002"号冲锋舟。9月11日,市公路局召开专题会议,审议并同意车渡站建造"公路107"汽渡船及配套车驳、"公路5"号趸。同年12月5日,市公路局同意车渡站"公路108"轮报废。报废后交由重庆船舶交易市场以挂牌竞卖方式公开竞价处理。

2019年,打造"冲锋1"号、"冲锋2"号冲锋舟。打造"公路3号"趸船,船体尺寸为48米×13.8米×2.2米,该趸为重庆主城区第一艘车用应急绿色环保船趸,排水量679吨,车辆通行能力50吨,可容纳50人,装有伸缩岸跳板和1.2米高护栏。

2020年4月8日,车渡站账面原值150万元的"公路4号"跳船报废。5月25日,车渡站新建的"公路5号"趸船在明月沱水域成功下水。该船总长30米、型宽10米、型深2.2米、设计吃水0.9米,用于替换已超过30年的"公路3号"趸,值守储奇门战备码头下锚地。8月24日,由重庆中江船业有限公司为车渡站建造的"渝路107"轮完成下水作业,船长42.8米、船宽10.5米、设计吃水2.1米、主机功率2502马力、设计排水量566吨、设计航速23公里/小时,主要用于重庆港区水域救援作业,顶推或绑拖其他船舶。10月18日,"渝路107"轮在中江船厂码头顺利离港,开始首次航程,在铜元局救援中心靠泊。11月23日,车渡站采购的应急救援冲锋艇"车渡003"号、"车渡005"号正式交付,投入运营。同年,开工建造重庆市第一艘全回转车客渡船——"公路108"号渡船。

2020年底,车渡站有各类船舶17艘,其中拖轮5艘,车驳3艘,趸船4艘,冲锋舟5艘。

2008年、2013年、2020年重庆市车渡管理站船舶设备基本情况见表3-7~表3-9。

表 3-7

2008年重庆市车渡管理站船舶设备基本情况表

序号	设备资产编号	设备名称	设备类型	船体尺寸（米）	制造厂	出厂年月	安装（使用）时间
1	542400202	"公路103"轮	运输船舶	25.40×5.00×1.75	重庆船舶厂	1985.06	1985.06
2	542400204	"公路107"轮	运输船舶	25.40×5.00×1.75	重庆船舶厂	1985.06	1985.06
3	542400205	"公路108"轮	运输船舶	25.40×5.00×1.75	重庆船舶厂	1987.05	1987.05
4	542400207	"公路116"轮	运输船舶	24.00×4.20×1.50	长寿水运船厂	1979.01	1979.01
5	543000202	"公路2号"车驳	运输船舶	32.40×8.60×1.40	重庆船舶厂	1985.06	1985.06
6	543000203	"公路3号"车驳	运输船舶	32.40×8.60×1.40	重庆船舶厂	1986.10	1986.10
7	543000204	"公路4号"车驳	运输船舶	39.60×9.60×1.65	重庆船舶厂	1997.10	1997.10
8	543000205	"公路5号"车驳	运输船舶	39.60×9.60×1.65	重庆船舶厂	1997.02	1997.02
9	543000206	"公路14号"车驳	运输船舶	32.40×8.60×1.40	重庆船舶厂	1972.11	1972.11
10	543000207	"公路18号"车驳	运输船舶	32.40×8.60×1.40	长寿水运船厂	1977.05	1977.05
11	546900201	"公路1号"跳船	运输船舶	25.00×8.00×1.55	重庆船舶厂	1990.02	1990.02
12	546900203	"公路3号"跳船	运输船舶	25.00×8.00×1.55	重庆船舶厂	1997.03	1997.03
13	546900204	"公路4号"跳船	运输船舶	25.00×8.00×1.55	重庆船舶厂	1997.03	1997.03
14	546701201	"公路1号"工作艇	运输船舶	32.40×8.60×1.40	江津地区船厂	1980	1980
15	546701202	"公路2号"工作艇	运输船舶	27.20×7.20×1.55	重庆水运船厂	1959	1959
16	546900202	"公路3号"工作艇	运输船舶	25.00×8.00×1.55	重庆船舶厂	1990.02	1990.02
17	543000201	"公路6号"工作艇	运输船舶	32.40×8.60×1.40	重庆船舶厂	1984.06	1984.06

2013年重庆市车渡管理站船舶设备基本情况表

表 3-8

序号	船舶名称	船舶类型	船体尺寸（米）	总吨位（吨）	建造时间	船龄（年）	设备原值（万元）
1	"公路103"轮	拖轮（机动船）	25.47×5×1.75	79	1985.06	27	36
2	"公路107"轮	拖轮（机动船）	25.45×5×1.75	79	1985.06	27	36
3	"公路108"轮	拖轮（机动船）	25.34×5×1.75	79	1987.05	25	37
4	"公路116"轮	拖轮（机动船）	24×4.2×1.5	70	1979.05	33	25.6
5	"公路2号"车驳	车驳（非机动船）	32.8×8.6×1.4	78	1985.06	25	29
6	"公路3号"车驳	车驳（非机动船）	32.4×8.6×1.4	191	1986.10	26	31
7	"公路4号"车驳	车驳（非机动船）	39.6×9.6×1.65	325	1997.10	15	170
8	"公路5号"车驳	车驳（非机动船）	39.5×9.6×1.6	325	1997.02	15	160
9	"公路14号"车驳	车驳（非机动船）	32.4×8.6×1.4	82.94	1972.11	40	12
10	"公路18号"车驳	车驳（非机动船）	32.4×8.6×1.4	82	1977.05	35	19
11	"公路1号"跳趸	趸船（非机动船）	25×8×1.55	139	1990.02	22	45
12	"公路3号"跳趸	趸船（非机动船）	25×8×1.55	110	1997.03	15	150
13	"公路4号"跳趸	趸船（非机动船）	25×8×1.55	110	1997.03	15	150
14	"公路1号"工作趸	趸船（非机动船）	32.4×9.8×1.4	191	1980	32	21.3
15	"公路2号"工作趸	趸船（非机动船）	27.2×7.2×1.55	120	1959	53	1.2
16	"公路6号"工作趸	趸船（非机动船）	32.4×8.6×1.4	82.94	1984.06	28	45
17	"公路3号"趸	趸船（非机动船）	25×8×1.55	139	1990.02	22	22
合计	17			2282.88			990.1

表 3-9

2020年重庆市车渡管理站船舶设备基本情况表

拖轮

船名	船体尺寸（长×宽×型深，米）	主机功率（千瓦）	空载吃水（米）	层高（米）	排水量（吨）	造价（万元）	出厂时间
"公路101"轮	28.3×6.8×2.30	440	1.2	2.4	143	400	2015年
"渝救援113"轮	46×10.5×3.6	3000	2.3	2.7	660	2500	2015年
"重庆车渡103"轮	28×7×2.4	440	1.2	2.4	142	400	2017年
"车渡001"轮	25.66×5.3×2.2	600	1.1	2.5	77	500	2019年
"渝路107"轮	42.8×10.5×3.2	2502	2.1	2.8	566	1100	2020年

车驳

船名	船体尺寸（长×宽×型深，米）	车位数量（小车）	空载吃水（米）		排水量（吨）	造价（万元）	出厂时间
"公路3号"驳	32.40×8.60×1.40	16	0.56		204	31	1986年
"公路4号"驳	39.60×9.60×1.65	24	0.62		280	170	1997年
"公路5号"驳	39.50×9.60×1.60	24	0.62		277	160	1997年

趸船

船名	船体尺寸（长×宽×型深，米）			层高（米）	满载排水量（吨）	造价（万元）	出厂时间
"重庆车渡1号"趸	65.00×13.00×2.8			3.5	912	930	2016年
"重庆车渡2号"趸	45.00×11.00×2.2			3	471	700	2017年
"公路3号"趸	48×13.8×2.5			3.5	804	980	2019年
"公路5号"趸	30×10×2.2			3	270	290	2020年

冲锋舟

船名	船体尺寸（长×宽×型深，米）			航速（千米/小时）	续航里程（千米）	造价（万元）	出厂时间
"车渡002"轮	6.40×2.08×1.02			45	200		2018
"冲锋1号"轮	6.40×2.08×1.02			50	200		2019
"冲锋2号"轮	6.40×2.08×1.02			50	200		2019
"车渡003"轮	9.80×2.80			45			2020
"车渡005"轮	6.30×2.20			50			2020

二、水上重装

2020年,重庆市车渡管理站大型水上装备有:"渝救援113"轮、"公路101"轮、"重庆车渡1号"趸、"重庆车渡2号"趸、"重庆车渡103"轮、"渝路107"轮等。

"渝救援113"轮 2015年打造,建造公司为重庆川东船舶重工有限责任公司。船体尺寸为46米×10.5米×3.6米,主机总功率为3048千瓦,满载排水量659吨,是长江中上游功率最大的救援拖轮。2015年2月3日,"渝救援113"轮下水,5月15日成功试航。2016年9月29日,市公路局向车渡站无偿划转"渝救援113"轮。

"公路101"轮 2015年打造,船体尺寸为28.33米×6.8米×2.3米,功率为440千瓦,满载排水量142吨。准予航行川江及三峡库区水域B级;J2航区(航线),作拖(推)船用。2015年2月16日,"公路101"拖轮在重庆东港造船厂下水。5月18日,"公路101"轮在储奇门船修厂实施交接。同年12月19日,"公路101"轮从铜元局战备码头起航,开始正式渡运作业生产。

"重庆车渡1号"趸 2016年由重庆市港航局牵头打造。船体尺寸为65米×13米×2.8米,满载排水量921吨。该船与"渝救援113"轮配套,作为水上交通应急救援基地。2016年11月22—25日,车渡站将"重庆车渡1号"趸船移至储奇门应急救援中心。同年12月1日,车渡站"重庆车渡1号"趸交接仪式在储奇门应急救援中心完成。2017年9月26日,市港航局将持有的"重庆车渡1号"趸,无偿划转给车渡站。

"重庆车渡2号"趸 2017年打造,船体尺寸为45米×11米×2.2米,满载排水量471.6吨,房间层高3米,核定船员25人。该船为车渡码头工作趸船。2017年6月7日,"重庆车渡2号"趸入住铜元局战备码头。同年6月20日,在铜元局战备码头举行"重庆车渡2号"趸交接仪式。

"重庆车渡103"轮 2017年打造,船体尺寸为28米×7米×2.4米,满载排水量142吨。该船航行水域为嘉陵江上至北碚,长江上至江津,下至宜昌。主要用于绑拖车驳、渡运船舶。2017年6月20日,在铜元局战备码头举行"重庆车渡103"轮交接仪式。

"渝路107"轮 2019年开工建设,由重庆中江船业有限公司为车渡站打造,船体尺寸为42.8米×10.5米×3.2米,主机功率2502千瓦,满载排水量566吨,空载吃水2.1米,层高2.8米,设计航速23公里/小时。2020年8月24日完成下水作业。主要用于重庆港区水域救援作业,顶推或绑拖其他船舶。10月18日,在中江船厂码头顺利离港,开始首次航程,在铜元局救援中心成功靠泊。

三、陆上装备

车渡管理站拥有完成公路工程任务所需的大功率、大容量、高技术附加值的机械设备,有摊铺机、装载机等道路应急抢险救援设备,通洋公司拥有拌合楼、压路机等施工设备。其中,各类施工机械设备17台(套),公路质量检测设备116台(套),有配备齐全的沥青混凝土拌合楼、划线队、公路质量检测实验室和检测车。包括:沥青混凝土搅拌设备、2米履带式铣刨机、戴纳派克履带摊铺机、水稳摊铺机、日立ZX330-3G液压挖掘机、卡特320D挖掘机、12吨双钢轮压路机、20吨单钢轮压路机、多功能洒水车、多功能装载机、悍马HD128铰接式双钢轮压路机、全智能沥青洒布车。检测设备有：卡部罗落槌式弯沉仪、劳雷地质雷达、全自动抗折抗压试验机、自动封闭式锯石机、全自动混合料搅拌机、低温双速沥青延伸度仪、混凝土钻芯机、电脑数控马歇尔稳定度测定仪、数显压力试验机、万能材料试验机。

第五节　资产设备管护

一、码头渡口管护

20世纪30年代中期，四川省范围内公路渡口由四川公路局批准设管理员1人，负责渡口码头、船划设备养护、人事及渡运安全的维护工作。渡口接受所在地公路管理机关指挥。渡口码头、船划设备的改良，由省、市公路主管机关指定专人负责，每月对码头及船划设备检查一次，随时严密勘察渡工勤惰，以凭奖惩。

全面抗战时期，车渡归国民政府军事委员会战时运输统制局管理。各渡口由所在地公路主管机关派员负责，接受后勤部派遣的渡口指挥官监督指挥。大渡口指挥官由县区司令部或交通指挥部派高级官长担任，小渡口指导官由该管车站司令办事处或管理站派员担任。

重庆车渡在运输安全和渡运秩序方面，重庆卫戍总司令部进行宏观管理，具体事务则指定相关警察分局路警行使。主要是警察局第十二公局、第三分局负责。有时在路警未派到以前暂由航务处负责。1945年11月，改由重庆市政府工务局管理。其他运输行业归重庆市社会局统管。

1944年10月，因储奇门码头附近污渍不堪，码头趸船倾倒垃圾，以前曾查禁，近日在码头倾倒垃圾者又复甚多，重庆卫戍总司令部电请重庆市政府转饬严行禁止倾倒垃圾，并饬令该码头注意整饬清洁。

1945年，江北石门渡、重庆储海渡、娄九渡都设有渡口管理所。1946年6月，交通部五区局颁发《渡口管理所章程》，规定车辆过渡的指挥、查验、登记；渡口设备的保管使用维修；渡口用具用料的领发购置；油料燃料领用考核报销；经费领用报销；渡口员工的管理督率考核及渡口业务的推行改善，均由渡口管理所执掌。

1947年1月21日，重庆市政府转发《海储娄九两渡口交通管理办法及车辆过江规则》，规范两渡交通管理及车辆过江。

1948年，储海长江渡、九龙坡长江渡设置为特等渡，江北石门渡设置为甲等渡。

1951年8月31日，西南交通部重新划分渡的等级，重庆储海渡、李九渡和江北石门渡为一等渡。

1953年，储海渡与石门渡合并成立渡口管理所。9月21日，四川省交通厅拟定《四川省公路渡口车辆过渡管理规则》，西南交通部于1954年2月20日核准实施。1955年5月、1956年11月，分别颁发《四川省公路渡口安全技术暂行规则》。

1956年起,渡口职工执行八级工资制,其中汽划工工资等级为三至七级。驾驶、大车、轮机可以划到八级,木船渡工工资一至五级。

1960年,重庆市人委下发《重庆市港口、码头管理暂行办法》(〔60〕字第419号),设立码头管理站(组),配备专人开展码头管理工作。

1961年4月,重庆市车渡管理站成立。8月,四川省交通厅制定《公路渡口管理暂行办法》。

1962年1月,交通部发布《公路渡口管理暂行办法》。同年3月,四川省交通厅制定《四川省公路渡口管理实施细则》,进一步明确公路渡口(渡工班)是管理业务的基层单位,受养路段交通部门双重领导。重庆市车渡管理站以养路段领导为主。

1964年,车渡站改善渡口渡容和服务质量,各渡口拖轮、趸船均备有茶水、毛巾供应车方人员解渴、洗脸,并备有《毛泽东选集》等书籍供车方阅读,船尾船舱清扫后供车方休息。

1967年,四川省交通厅下发《关于民兵警戒桥梁、渡口、码头的任务和职责》。"文化大革命"期间,重庆市车渡管理站成立"车渡红浪纵队",渡口管理相对混乱。

1971年1月17日,重庆市交通运输管理局革命委员会、中国人民解放军重庆市交通局军事管制委员会下发《关于进一步加强我市码头管理工作的通知》(〔71〕渝交革字第008号),规定:加强对码头管理的组织领导,将原委托给各区代管的各码头管理站(组)及其所属管理人员,统收回市交通运输管理局,设立重庆市码头管理站。

1973年,四川省交通局重新制定《四川省公路渡口车辆过渡管理暂行规则》。

1979年,鉴于嘉陵江大桥通车后中石渡车辆减少,菜铜渡车辆增多,车渡站将人员、船驳调到菜铜渡,平衡渡的人力、运力,提高渡运效率。

1980年,长江大桥通车后,一些单位认为储奇渡可开可不开,单位船只与该渡挤占码头,有的单位车辆在两岸引道装卸货物,影响渡运畅通与安全,储海渡甚至被迫停渡。

1982年5月1日—6月30日,车渡站调整各渡口开收渡时间。李家沱至九龙坡渡执行昼夜24小时渡运(按原规定不变),储奇门至海棠溪渡、鱼洞溪至吊儿咀渡、中渡口至石门渡、三胜庙至水土沱渡,上午6点30分开渡,下午7点30分收渡。

同年,四川省公路局下发关于编制公路战备保障方案的通知,要求对已停运的战备渡口进行经常养护管理,保持渡口、码头、引道、设备的完好。

1987年,全国轮渡管理委员会成立。重庆市车渡管理站与中国交通企业管理协会轮渡管理委员会挂钩并参加该会。

1988年4月,车渡站制定《优先车过渡管理与违章处理暂行办法》(渝车渡〔88〕字第015号)。有紧急任务的军用车、消防车、工程车、警备车、公务小汽车、客运班车和邮政车等可优先过渡。车辆过渡在李九渡实行渠道化管理,设置优先车候渡控制护栏,凡非优先车辆候渡,李家沱渡口停在引道右侧,九龙坡渡口停在引道左侧控制护栏内侧,过渡车辆候渡停在控制栏外侧。事先经过与值班人员联系的执行紧急任务的警备车、消防车、救护车可予提前优先过渡。凡过军渡车辆原则上一律不安排从车渡渡口过渡,在车辆少的情况下可酌情调配。上述办法自同年5月1日起执行。

同年,车渡站调整各渡开收渡时间,4月17日凌晨起至同年9月11日晚12时止,李九渡昼夜渡运,晚上 12 点后每小时一班;鱼吊渡、中石渡、三土渡早上 7 点 30 分开航,晚上 8 点 00 分收班,收渡后在安全可靠情况下,凡遇急运,可支持解决。

同年,四川省公路养护管理体制下放,公路渡口船划及设备人员随同一起下放。

1989 年 1 月 1 日起,凡通过往返李家沱、九龙坡、鱼洞、吊儿咀、水土、三胜庙渡口的持证优先车辆,一律持证按达到渡口的先后顺序并服从渡口安排过渡;未持证车辆一律不准优先过渡(渡口管理规定范围内的优先车除外)。凡需办理优先过渡通行证的车辆,提前持单位介绍信到车渡站领取申请表填写并加盖单位公章,车渡站批准后发放通行证。办理 3 天以上的通行证一律到站办理,3 天以内的临时优先证由各渡口办理。各渡口每月办理临时优先证,李家沱渡口不得超多 5 个,鱼洞渡口、水土渡口不得超过 3 个。原车渡站白底黑字的优先证一律作为 3 天以内的临时通行证使用。3 天以上的通行证一律启用新证,新证改称通行证。

同年 10 月 20 日,车渡站将石门公路渡口暂时交由重庆公路运输总公司沙坪坝站维护使用,车渡站仍是权属单位。沙坪坝站一次付给车渡站年管理费 3000 元,同时在两岸渡口区域起止点处设置"车渡码头"界碑。石门公路渡口起止是:石门,石门街 30 号住家户平对下公路为起点线,至下河引道水沫线下水域,下河引道边至上游 30 米,下游 10 米。中渡口,汉渝路 158 号,沙坪坝站大门口前 10 米处为起点线至下河引道水沫线下水域,下河引道边至上游打水趸船,下游 5 米(引道止点以最枯水位为准)。

1990 年 3 月 7 日,交通部制定《公路渡口管理规定》,于 4 月 1 日起施行。1962 年 1 月交通部发布的《公路渡口管理暂行办法》同时废止。按照规定,公路渡口受国家法律保护,任何单位和个人均不得侵占和破坏。汽车渡船接受港航监督部门年检并持有合格证书。车辆和人员过渡,服从指挥。执行紧急任务的特种车有过渡优先权。运送危险品的车辆过渡,出示"危险品运输许可证"。自然灾害危及渡运安全时,公路渡口管理单位发布公告停渡。实行以渡养渡制度,经批准对过往渡口的车辆征收过渡费。9 月 21 日,车渡站转发《公路渡口管理规定》。

1990 年 4 月 12 日,四川省交通厅等单位下发《关于公路改线、改渡为桥后对原公路、码头权属问题的通知》,明确公路改线、改渡为桥后原码头、引道及其附属设施为公路部门的财产,未经批准任何单位和个人均不得占用或改作他用。对已经侵占蚕食的应限期归还给原权属单位。战备渡口管理机构,在平时可以搞一些对外有偿经营服务,逐步做到自负盈亏,以战备设施养战备设施。各级交通部门不得随意放弃主权或移交,也无权处理原有道路、码头、引道及其附属设施。

根据《中华人民共和国公路法》《重庆市公路路政管理条例》、四川省人民政府《关于四川省战时交通保障计划的通知》(川府发〔1983〕151 号)、四川省人民政府办公厅《关于保留战备渡口有关问题的通知》(川办发〔1992〕54 号)、重庆市人民政府办公厅《关于保留战备渡口有关问题的通知》(重办发〔1993〕64 号)、重庆市人民政府办公厅《转发市计委市交通战备办公室〈关于加强战备渡口管理、维护的通知〉》(重办发〔2000〕15 号)等分别从法律、条例文件对车渡站所属公路渡口确定为战备公路渡口,并作出了对战备公路渡口相应的管理规定。所属战备公路渡口分别是储(奇门)海(棠溪)战备公路渡、菜(园坝)铜(元局)战备公路渡、李(家沱)九(渡口)战备公路渡、鱼(洞)吊(儿咀)战备公路渡、中(渡口)石(门)战备公路渡、三(胜)土(沱)战备公路渡、北(碚人民路)黄(桷树)战备公路渡。

1992年2月17日,重庆市交通局发布《关于加强对交通战备渡口及基础设施加强管理使用的通知》(重交局企〔1992〕3号),要求立即组织力量对纳入市、局战时军事运输保障计划的战备渡口进行清理整顿,战备渡口及设施凡被挤占、挪用的应尽快收回。8月21日,四川省人民政府办公厅《关于保留部分战备渡口有关问题的通知》(川办发〔1992〕54号)规定:重庆长江储奇门渡,仍作为战备渡口予以保留,归属关系不变。渡口、码头设施及渡区,任何单位和个人不得挤占。渡口管理部门应主动向所在地的国土、江河管理部门申报,国土与江河管理部门应按照有关法令、政策划定区域,明确地籍,发证管理。任何单位和个人不得在影响渡口使用的规定范围内修建永久性建筑及擅自挖沙、采石等作业。

1993年,重庆市人民政府办公厅《关于保留战备渡口有关问题的通知》(重办发〔1993〕64号)第一条规定:重庆市车渡管理站所辖的7个公路渡为战备渡口,归属关系不变,原码头设施及渡口泊位,任何单位和个人不得挤占。同年,车渡站开始实行"以渡养渡"。

1994年起,车渡站对李九、鱼吊、三土渡和锚地实行"以渡养渡"内部独立核算经济责任目标。

1995年4月4日,市交通局下发《关于加强公路渡口渡政管理的通知》(重交局公〔1995〕53号),规定:公路渡口渡政管理机构和人员有权依法检查、制止、处理各种破坏渡口设施和危害渡运安全、危害渡运正常秩序的行为;凡违反《公路渡口管理规定》的车辆、人员造成渡口经济损失的则按照停渡的时间和航次费用总数的一至五倍予以计算,由车方(人员)全额赔偿,最少不低于300元;凡是违反《公路渡口管理规定》的车辆、人员经渡口管理人员教育劝阻无效时,情节又严重的,则给予100至1000元的罚款;凡是将运输工具作为障碍交通,堵塞渡口导致停渡的,为尽快恢复渡运,渡口管理人员可采取排堵措施,由此而产生的排堵费和因排堵时造成违规运输工具受到损失的所有费用一律由当事人自行承担。排堵费一次收费标准参照交警排堵收费标准执行;凡是违反《公路渡口管理规定》的车辆、人员,拒不服从处理的,渡口管理人员有权给予暂扣车辆和扣证,交公安机关处理;凡是违反《公路渡口管理规定》的车辆、人员造成极为严重后果应受治安管理处罚的,交由公安机关处理,构成犯罪的,由司法机关依法处置。

同年5月9日,车渡站印发《关于加强公路渡口管理的通知》(重路渡发〔1995〕字第1-24号),明确市公路路政管理大队第十一中队是上级明确授权维护车渡站路产,路权的路政管理行政执法机构,确定了第十一中队维护路产、路权的范围。规定了过渡费征收必须按市物价局核定的标准征收,规范了费用征收的管理。

同年5月16日,车渡站印发《关于加强各渡口车辆渡运调度人员管理的通知》(重路渡发〔1995〕字第1-25号),规定:车辆调度人员的业务、人事安排统一由车渡站直接管理。每月实行调度人员到站汇报制度不少于1次,建立调度人员交接班制度和记录,实行上岗佩证,接受社会监督。同时规定了调度人员"十不准"(不准故意刁难、卡压、敲诈勒索车方或擅自收受车方的现金和物品,谢绝车方敬烟;不准擅自放行非优先车过渡和逃票车辆过渡;不准让非调度人员调度车辆;不准违反安全管理规定调度车辆;不准放行非随车人员上船过渡;不准不使用红绿旗不佩戴证件上岗;不准使用不文明语言辱骂、殴打车方;不准让车辆在码头引道上乱停乱放;不准擅自调班连续作业;不准交接班不明确或记录不全擅自交接班)。

1997年4月20日,成都军区国防委员会交通战备办公室重申相关文件精神,再次明确要求保持战备渡口码头的完整性,以备应急启用。在军区未作出新规定之前,仍按原规定办理。直辖市成立后,重庆市政府再次明确有关保留战备渡口及其有关管理权属的规定很有必要。

2002年,车渡站对长江战备渡口的水域进行申报确权,鱼洞—吊儿咀、李家沱—九龙坡、铜元局码头水域于12月经重庆海事局批准确权。同年2月14日,市交通局下发《关于加强战备渡口管理、维护的通知》(渝交局〔2000〕117号),要求将车渡站管理、使用的吊儿咀—鱼洞、九龙坡—李家沱、菜园坝—铜元局、储奇门—海棠溪、北碚—黄桷树、三胜庙—土沱、石门—中渡口加强管理、维护。因历史原因造成权属未定或手续不全的抓紧与规划、港口等有关部门协商落实办理有关手续,确定使用权属,并制定战备渡口有关管理、使用、维护工作实施细则,确保并完善战备渡口功能。

同年8月8日,车渡站发函至南岸区人民政府办公室。为支持滨江路建设,南岸海棠溪泊位的船筏全部移泊北岸储奇门公路渡口码头靠泊,南滨路建成,按照1999年3月15日的《重庆市南岸区人民政府办公室关于恢复建设海棠溪公路渡口码头引道的函》(南府办函〔1999〕5号)中阐明,南岸海棠溪公路渡口是车渡站的战备公路渡口,在工程设计、施工中恢复设置海棠溪下河码头引道。1999年6月29日,恢复还建的海棠溪战备公路渡口由重庆滨江建设开发有限公司误将南岸海棠溪和上新街两个码头合并在海棠溪码头一处,集中补偿给了重庆市公路运输总公司。南岸海棠溪战备公路渡口码头引道、泊位被市公路运输总公司凭借拆迁补偿协议独占使用。车渡站函请南岸区政府对海棠溪战备公路渡口码头、泊位具体位置进行确定。

2004年,根据战备公路渡口平战结合的原则,李九战备公路渡口出租给轮船公司使用,同时车渡站不定期到现场巡查,在出租创收同时保证战备公路渡口的战备功能。

2006年7月7日,车渡站以《重庆市车渡管理站关于重庆市公路运输(集团)公司第八分公司在李九战备公路渡口李家沱渡口码头禁止范围内擅自拦河筑坝等违法行为的函》函告重庆市交通行政执法总队直属支队第六执法大队,请求执法部门制止该公司违法行为、恢复渡口原貌。7月24日,该公司的违法行为被媒体曝光,《重庆晚报》以《万吨垃圾倾倒长江回水沱》为题进行报道,引起市政府重视,并由市政府督查室督办此事。7月31日,市政府督查室在市交通委员会组织协调会,市交通委员会、市公路局、市交通行政执法总队、市地方海事局、巴南区海事局、市车渡管理站、市公路运输(集团)公司第八分公司出席,经共同协商,会议要求重庆市公路运输(集团)公司第八分公司与周边单位协商,完清各项法定手续后,才能拦河筑坝。

2007年1月8日,车渡站对所属战备公路渡口码头的岸线进行确权请示,收到重庆市交通委员会关于重庆市公路局车渡管理站车渡战备码头使用岸线的批复。在该文件中确定车渡站所属各战备公路渡口码头使用岸线的长度,但在战备公路渡口的维护管理工作中发现,所批复的码头岸线不能适应车渡船舶安全靠泊作业需要。

2008年4月29日,车渡站再次申请调整战备公路渡口码头使用岸线。同年,重庆市港航管理局多次进行现场勘查,确定的调整方案为:有争议的码头岸线不做调整,仍按原来重庆市公路局车渡管理站车渡战备码头使用岸线的批复执行。没有争议的码头岸线,根据实地勘察结果以及战备公路渡口建设维护的相关规定,进行相应调整。

同年5月30日,为解决李九战备公路渡口李家沱码头引道的违法建筑问题,车渡站组织召开协调会,市交通行政执法总队直属支队、市交通行政执法总队直属支队巴南区大队、巴南区花溪镇群乐村第五村民小组(简称群乐五社)等单位的领导和相关人员参加协调会。会议认为:群乐五社沙场承包人郭世建在李九战备公路渡口李家沱码头引道边缘(河家滩)建临时堡坎、房屋,违反相关的法律、法规,属于违法建筑。鉴于该沙场的客观情况,已搭建的违法建筑(所建堡坎、房屋)不得扩建,保持原貌。同意群乐五社沙场承包人郭世建临时使用,使用期间接受市交通行政执法总队直属支队巴南区大队、市车渡管理站的监督管理。若市车渡管理站李九战备公路渡口改(扩)建工程启动、群乐五社(郭世建)接到拆除通知十日内无条件自动拆除堡坎、房屋及其所有附属设施。由重庆市巴南区花溪镇群乐村第五村民小组(郭世建)给车渡站出具书面承诺书。

2009年7月3日,重庆市交通委员会在关于市公路局车渡管理站菜园坝和吊儿咀车渡战备码头岸线调整的批复中,同意菜园坝车渡战备码头、吊儿咀车渡战备码头岸线进行调整。同日,重庆市交通委员会在关于市公路局车渡管理站北碚三胜等车渡战备码头岸线调整的批复中,同意三胜车渡战备码头、北碚东阳车渡战备码头、人民路车渡战备码头岸线进行调整。

2012年,车渡站经现场勘查,发现北碚区水利局实施的嘉陵江滨江堤防工程侵占北黄战备公路渡口黄桷树码头引道及岸线,导致该公路渡口黄桷树码头战备功能丧失。6月20日,车渡站致函北碚区水利局,要求在实施滨江堤防改造工程的同时,重视战备公路渡口的保护工作,确保该公路渡口功能完善,能够满足战时应战、平时应急之需。

同年11月,重庆港湾储运有限公司在未经车渡站许可和有关部门审批情况下,非法在九渡口战备码头("公路4号"趸船下游方向)倾倒土石方、蓄意侵占车渡站合法岸线(渝交委计〔2007〕4号)和使用水域(渝海通航〔2002〕51号),造成该码头丧失战备功能,严重危及船舶靠泊和军用产品过驳作业安全。车渡站要求重庆港湾储运有限公司收到函后5个工作日内清除车渡站所辖岸线范围内(从该码头引道边缘起算向下游方向约100米)的土石方,恢复码头原貌,确保船舶靠、离泊和生产作业安全,保障战备功能完善。

2013年,李家沱码头租赁给科德公司,租期3年;铜元局码头租赁给佳宜物流公司,租期6年;九渡口码头租赁给能泓公司,租期5年。

2014年,根据战备渡口"平站结合"的原则,将吊儿咀码头、鱼洞码头管理房,九渡口码头及管理房、趸船,铜元局码头引道外侧平房、部分管理房等码头资产和车驳进行租赁,并将码头租赁所得收入56.9万元和车驳租赁所得12.3万元全额用于码头管理维护及补贴绩效工资。加强对派驻各渡口码头船员的教育,树立整体观念和大局意识,做到在守船的同时,也要看护好码头、岸线、水域等,防止被蚕食。

同年,发挥PAD在渡口管理工作中的作用,派专人采集7对渡口、15个码头的GPS定位信息,拍取实景照片,分类整理后把码头地理坐标、实景照片及基本属性等信息上传到公路电子地图,实现码头信息在公路电子地图上的适时共享,为渡口码头的日常管理提供必要的数据支撑。投入24万元,建成视频监控点7个,覆盖李家沱、铜元局、水土、吊儿咀、储奇门等6个战备码头,全天24小时掌握码头日常渡运、生产经营等工作情况。

2015年,车渡站通过信息化与日常巡查相结合的手段进行渡口码头管理。发挥远程视频监控系统的实时性和便捷性,全天24小时对李家沱、铜元局、水土、吊儿咀、鱼洞、储奇门等6个战备码头进行监控,掌控码头日常渡运、生产经营及侵占路产路权等工作情况。

2016年,车渡站在储奇门、铜元局、水土、鱼洞码头设立水位标示线;在水土、铜元局码头上增设波形护栏600余米;在鱼洞安装防护栏40米;在九龙坡增设地牛2处;更换和新增T型桩26个。

2017—2018年,车渡站分别在三胜、李家沱、铜元局、储奇门、水土5个战备码头安装界碑及标识标牌,鱼洞、三胜、水土3个战备码头安装隔离网530米、防护栏205米。参照全市公路服务设施通用图在李家沱、吊儿咀、鱼洞、水土4个码头修建大门、围墙,对实际管理的9个码头全面实行封闭式管理。

2019年,车渡站将原有跳板改造为曲面跳板,设置安全挡板、警示标志,安装防护栏杆,防止车辆"溜车",乘客"坠江"。在水土、铜元局、九渡口等码头安装信息化指示牌,实时公示渡运班次、水文、气象等重要信息。完成铜元局、吊儿咀、三胜、东阳及公路4号车驳等8个监控点位安装调试工作。对9个码头全面实行封闭式管理。

2020年,清扫车清扫码头170余次,接收固体垃圾80.48立方米、生活污水890.46立方米、油污水29.1立方米。发挥码头经济效益,合理利用闲置码头,做好码头租赁管理,协调处理与各码头租赁方关系,配合相关单位修建李家沱大桥复线桥、制作长江航道整治关键性材料"扭王块"等,助力轨道交通、长江航道建设。

二、船舶设备管护

20世纪30年代,各汽车渡口船舶设备简陋,渡船为木结构。由渡口管理员每月对船划设备检查一次。

自1961年车渡站建立后至1980年,拖轮、车驳的大中修工程交由四川省船厂、江北船厂等单位承修。小维修可在车渡站自修。其间的1974年,车渡站发动后勤厂维修组职工,利用陆续添置的简陋设备,承担部分驳船大中修任务。此后,后勤厂大中修能力逐年提高。

1962年4月,交通部文件(安船〔62〕字第172号)规定,船用主机必须安全可靠,无论新建或旧有的客轮、轮渡、交通艇,以及以后新建的拖轮、工作艇一律不许采用汽油机或汽油发动火燃机,对于旧有的拖轮、工作艇也应限期更换主机。鉴于四川公路渡口机动船划有三分之二为汽油机,短期内全部更换做不到。11月,四川省交通厅内核局、公路局共同研究,对原有公路渡口的汽油机船划,仍准予继续使用,由省公路局统一安排,逐步调换。12月11日,重庆市公路养护总段制定《船只进厂大、中修工作的规定》。对进厂前的准备工作、进厂后的监修工作、船员自修范围作了详细规定。

1964年,修理船舶以铁代木,钢木结合,开展自修,全年自修大小三角跳板8副。拖轮出勤率87.5%,车驳出勤率100%。

1973年,车渡站完成"公路103"轮、"公路107"轮、"公路104"轮的大中修计划,完成2台6135型主机的装配。完成2只铁驳的大中修工程,将8米长的已不能使用的跳板改为6米的新跳板,解决九龙坡渡口的重车运输问题。全年完成10对铁木跳板的改造、修理任务。每周维修、每月检修船舶,杜绝船舶带病出行。全年完成各项大小维修工程158项。

1974年,车渡站船、驳大中修,由四川省局下达计划给省船舶厂,由于省船舶厂任务太大、生产紧张,按计划进厂的拖轮不能按时出厂,满关大修的拖轮送不进厂,车驳、跳船相继损坏,互不配套。车渡站发动后勤厂维修组职工,利用陆续添置的简陋设备,发扬艰苦奋斗、自力更生精神,承担驳船大中修任务。全年完成船驳大中修项目6艘次,维修机动船7艘次,非机动船17艘次。与供电单位联系,解决困扰多年的电源问题。

1976年,车渡站完成跨年工程13项。同年完成12项大修工程项目,占计划的77%。新建及改建工程5项,大修工程2项;中修工程5项,3项未完成。后勤厂大修机动船2艘,非机动船5艘。小修机动船5艘,非机动船36艘次。抢修海损机动船3艘,突击小修各渡口船、趸、跳。车渡站船只完好出勤率69%。检修汽车21辆次。

1978年,车渡站为后勤厂安装CW6163型长车床1台,安装镗缸机和油泵校验台,购置带锯1套,提高后勤厂的船舶修理能力。全年完成大中修计划的93%。船只完好出勤率85%。

1979年,车渡站完成"公路107"轮、"公路103"轮、"公路104"轮、"公路113"轮、"公路13号"车驳、"公路4号"跳船的中修工程和"公路106"轮、"公路110"轮的大部分中修项目。年底安排进行"公路3号"跳船、"公路17号"车驳和"公路109"轮的中修工程。后勤修理厂对车渡站的船驳、车辆进行经常性的维修、保养。各拖轮主副机维修、水线作业、船体设备的修补安装和车辆的修理项目均及时完成。船只完好率88%,出勤率85%。

1980年起,车渡站拖轮和车驳的中修工程,大部分交由车渡站后勤修理厂自主修理。

1980年,完成1979年遗留的"公路106"轮、"公路109"轮、"公路110"轮、"公路3号"跳船、"公路17号"车驳的维修工程,完成"公路102"轮、"公路105"轮、"公路111"轮、"公路112"轮的中修工程。

1981年,长江大桥通车后,储海渡渡运量减少,将"公路108"轮、"公路109"轮、"公路110"轮、"公路111"轮、"公路113"轮等5艘拖轮停封。停封期间,对船舶设备、工具进行清理登记,进行维护保养。根据四川省公路局决定,车渡站将上述5艘拖轮和"公路20号"车驳移交给永川地区交通局、宜宾养路总段和宜宾地区交通局。5艘拖轮的42名船员一部分充实到其他航线,一部分留在车渡站作为机动人员。同年,完成"公路107"轮、"公路111"轮、"公路113"轮、"公路114"轮、"公路7号"车驳、"公路20号"车驳、"公路1号"车驳的中修工程。车渡站船只完好率87%,出勤率85%,航行10741小时、80849航次。

1982年,拖轮完好率80%,出勤率67%,航行9081小时、78396航次。

1983年,完成公路"公路101"轮、"公路102"轮、"公路105"轮、"公路112"轮、"公路114"轮拖轮中修工程,完成"公路13号""公路14号""公路15号"车驳中修工程。中修跳船1只("公路2号"跳船)。车渡站船只出勤率71%,船只完好率84%,船舶航行8390小时、68147航次。

1985年9月5日,重庆市公路养护总段下发《关于下放权力的暂行办法》规定,各类机具设备的使用、管理,仍按两级管理权限办。2~4吨级压路机、350公升以内的洒布机以及195型、285型运料车和洒布车,不提基本折旧费;维修费仍按规定提取,用于维修支出;机具设备每台原值在8000元以下(不含运杂、安装费)的购置,由各单位自筹资金解决,并自行选型和订货,报总段备查。每台原值在8000元以上(不含8000元和运杂、安装费),由总段审定;维修、改造。在严格执行保修间隔规定的前提下,安排提高机具性能的维修、改造计划,由各单位自行决定和实施;设备的封存、启封、报废,改变车船用途,由各单位提出意见,报总段审批或转报上级审批。

同年,各公路渡口拖轮均配备了救生衣、照明、声号、锚泊等设备。渡船配备了救生衣、三角木、防滑设备。健全了船划检验保养、船长渡工的考评、安全操作、安全度夜等制度。

1987年,完成船舶大中修工程7项,其中大修"公路112"轮、"公路114"轮、"公路115"轮、"公路116"轮、"公路18号"车驳、"公路19号"车驳;中修"公路103"轮。完成大中修工程40万元。船舶完好率85%,出勤率75%,共航行8698小时、70363航次。

1988年5月4日,车渡站委派陈信全担任锚地长。锚地长是受站委托在锚地督促、贯彻执行各项规章制度和安全法规的负责人,负责锚地所有船、驳、人员的安全。杜绝发生任何大小事故,保证各船的承包工作顺利进行。

5月5日,车渡站印发《锚地所属人员和船舶的管理暂行办法》,规定:①交接班时间为上午9:30~10:00。各船"三长"必须坚持集体交接班制度。接班者未到下班者不准走。接班人员超出半小时者扣其本人当月奖金的5%,1小时者扣10%,1小时以上者,视其情况给予适当扣发。接班者未到,下班者私自提前下班半小时离船扣当月奖金8%,1小时者扣奖金15%,按当月被扣人所得奖金的总额比例扣除。不执行交接班制度的"三长"按承包办法扣罚。病假者持医院证明,而又没有另行安排人顶班,病者的奖金生活补助费由本船自行计扣。事假一律经站批准,并将批准假条交锚地长登记。任何人都不得假后补交手续(特殊情况例外)。②每星期一、二上午9:00接班人员统一参加学习1小时。两次未到者扣当月所得奖金的10%,三次未到者扣15%(休息例外)。③加强劳动纪律,坚守工作岗位。执行护船制度,私自离船者经查出按旷工处理,发生事故后果自行负责。各机动船临时出航或调生产第一线,由于个别人私自离船直接影响出航按旷工处理。各船长或值班驾驶在无任务的情况下对本班人员准许1小时以内的临时假,一次只准许1个人。④各船机具设备一定做到完好。做到经常检查系缆、缆桩和一切安全设施。如因责任心不强以致失职造成后果除追究直接责任者的责任外,同时追究有关联人员的责任。⑤当班人员不准饮酒和违章作业,任何人不准带小孩上船当班。船上不准留宿非本单位人员。⑥提高警惕,加强责任心,严格火源管理。本着"预防为主,防消结合"的原则,各船应搞好消防设施的检查,杜绝发生火灾。⑦各船炊事员要保证做到食物清洁卫生,保证船员准时吃好三顿饭。炊事员每天不煮够三顿饭,按旷工处理。各船炊事员统一安排在星期天休息。上述规定从5月9日起开始执行。

同年,车渡站完成"公路106"轮、"公路1号"车驳、"公路6号"车驳、"公路105"轮、"公路6号"跳船、"公路3号"跳船的大修工程。船舶出勤率77%,船舶完好率91%,航行10006小时、77562航次。

1989年,车渡站制定《关于实行施工领料及船舶进厂修理有关规定》,要求进厂的大中修船舶,进厂前编报审定的修理计划项目,如无特殊情况需要,一律不准擅自临时增加修理项目和配备各种设备。站机务部门、厂工程人员、主修人员对船员的不合理要求可拒修、拒配,如确因特殊情况需要增加修理项目或配备设备,由船舶负责人增编计划报站机务部门审核。经供应、厂管工程人员和主修人认可签字方可立项修、配。机动船、非机动船要在进厂大中修前提前2个月编造修理计划,报站机务部门审定。1989年3月1日起,机动、非机动船驳进厂修理,一律要求配备船员,系缆设备要求完整。因人员不随船到厂,或系缆设备不足则可拒修。造成事故的,追究有关人员责任。

1990年,车渡站制定船舶保养制度,坚持以渡口为基础的日常保养,白天渡运,夜间保养,出航前检查、收渡后保养,小修保养不到厂。每月定期在渡口全面保养1次。上级分两次下达全年船、驳大中修工程7项。分别是:"公路107"轮、"公路103"轮、"公路112"轮、"公路18号"车驳、"公路2号"车驳、"公路4号"车驳、发电机专用船。完成大中修工程投资50.2万元。完成铜元局油趸船、李家沱"公路3号"工作趸船的船面除锈、油漆保养工作。后勤厂对各渡口修理施工项目253项次。全年船只完好率100%,出勤率75%,航行1017小时、61807航次。

1991年,车渡站制定《设备的使用、维护和检修制度》《设备的改造和更新制度》《设备管理的教育、培训制度》《关于设备管理的奖励与处罚制度》《设备选型购置制度》《设备事故的处理制度》。完成"公路101"轮、"公路102"轮、"公路116"轮、"公路2号"趸、"公路1号"车驳大修,"公路6号"车驳中修。全年维修工程120个工号、210个项目。7月1日起横江渡轮实行轮渡新标记。车渡站完成9艘拖轮的油漆新标记、新色带工作,完成3艘300马力船舶的油水分离器和4艘240马力船舶的污油柜安装工作。全年船舶完好率89%,出勤率78%,航行8056小时、63538航次。

1992年,车渡站完成"公路114"轮、"公路107"轮、"公路108"轮、"公路3号"车驳、"公路18号"车驳大修,完成"公路1号"跳船、"公路2号"跳船、"公路101"轮、"公路102"轮中修。全年完成船舶维修136个工号、230个项目;完成"公路112"轮、"公路103"轮、浮吊趸船、储油趸船、3号工作船小修保养工作。船舶出勤率82%,船只完好率89%,航行10082小时、71752航次。完成汽车维修89个工号、235个项目。完成8台汽车二级保养和年审修理。

1993年,车渡站完成大中修工程12项(大修7项、中修5项)。除"公路116"轮为跨年工程外,其余11项全部完成。完成船舶维修98个工号、208个项目;完成汽车维修37个工号、82个项目。完成9辆汽车年审修理。

1994年6月4日,车渡站下发《关于执行船舶主要常用配件实行配额使用的规定的通知》,对各机动船、机驳、机跳(趸)船的主要配件应蓄存量进行统一规定。全年完成大中修工程13项,其中大修3项,中修10项。全年完成船舶维修128个工号、182个项目;"公路102"轮大修工程达到优良工程。船舶出勤率87%,完好率95%,船舶航行9323小时、64734航次。完成汽车维修40个工号、96个项目。

1996年,车渡站完成大中修工程6项,其中大修工程4项,中修工程2项。"公路112"轮、"公路115"轮、"公路103"轮3项大修工程被总段评为优良工程。维修船舶132个工号、185个项目。船舶出勤率85%,船只完好率95%,船舶出勤2255天,航行8677小时、69489航次。完成汽车维修76项次。

1997年1月6日,车渡站"公路107""公路108"轮大修工程被重庆市公路养护总段评为优良工程。完成"公路2号""公路3号"车驳的大中修工程。全年完成船舶维修95项。完成汽车维修67项。

1998年,车渡站完成"公路107"轮"公路115"轮特大修特检,完成"公路116"轮、"公路103"轮中修。完成船舶维修156项、二保5项。完成其他设备维修53项。机械加工设备完好率为88%,利用率18%。燃油消耗,柴油105吨、汽油7.5吨。船只完好率为90%,出勤率65%,船只出勤4235天,航行7336小时、25603航次。完成汽车维修98项、二保5项。汽车出勤636天。

1999年,车渡站完成"公路105"轮中修,"公路108"轮大修特检,车驳改建工程。船舶维修共65个工号148项,二保8项;完成其他维修项目共计27项。机械加工设备完好率85%,利用率20%。船只完好率82%,出勤率65%,船只出勤天数3837天,航行6624小时、16560航次。汽车设备维修共112项,二保5项。汽车完好率98%,出勤率90%,出勤天数648天。

2001年8月1日,交通部下发《关于对老旧运输船舶执行特别定期检验的通知》(交海〔2001〕430号),要求2001年4月9日已达或超过《老旧运输船舶管理规定》规定的特别定期检验船龄,但未达到强制报废的船舶,运输船舶的船舶所有人、经营人或管理人应向船籍所载海事管理机构认可的船舶检验机构申请特别定期检验。完成定期检验后,一律换发船检证书,并注明下一次特别定期检验日期,有效期均为1年。

同年,车渡站完成"公路103"轮、"公路116"轮大修特检,完成"公路1号"趸大修(2000年未完成)工程,完成"公路4号"车驳中修,完成"公路6号"趸泊位安装工程的10%。完成船舶设备维修78项次,二保5项。机械加工设备完好率85%,利用率18%。全年更新、补充系泊设备钢筋水地牛1个、锚链50米、各种规格钢丝绳2500米、扣环8个、T型桩8个。添置救生衣20件、救生圈10个、消防水带200米、太平桶6只、太平斧4把、灭火机12只、安全网4张、安全标牌4块。船舶完好率92%,出勤率80%,航行4965艘天、26848航次。完成汽车设备维修31项次,二保4辆。完成其他器械设备维修26项次。汽车完好率98%,完成东风加油车的报废及更新工作。

2002年6月13日,车渡站印发《重庆市车渡站船舶除锈油漆管理办法》,规定:船舶大、中修以及维修除锈油漆工作是船员应尽职责,所有船员必须参加此项工作;大副、趸船水手长编制除锈油漆材料计划,并具体安排船员工作;车驳由船修厂和在修船员共同负责除锈油漆工作。大修指整体除锈面积不低于总面积(包括船用器具、门、窗)的85%～95%,车驳、跳船、趸船,包括舱底除锈必须95%以上;整体铁质部分(包括船用器具),除锈增补底漆红丹二度;整体(包括船用器具)色漆二度。中、小修要求整体除花锈不低于总面积(包括船用器具)的50～65%,车驳、跳船、趸船舱底除锈65%～80%;整体铁质部分(括船用器具包),增补红丹,其面积不低于总面积的60%～75%;整体色漆二度。船舶新建和改建工程除锈油漆保健费另定。船舶局部除锈油漆保健费按局部面积占整个船体面积的比例确定。该《办法》列明奖惩规定:因疏忽大意或故意漏除锈、漏打漆者,根据情节后果按站设备管理规定进行处罚;不服从安排,没有正当理由而拒绝参加除锈油漆者,按站劳动纪律规定进行处罚;除锈油漆工作完成后由站机料科、安全科会同船修厂进行验收,按其实际工作质量评定等级标准。船长、趸船水手长凭验收报告到站机料科申报油漆保健费。

同年,车渡站完成"公路108"轮、"公路2号"趸的大修工程,"公路3号"车驳中修工程。完成船舶大中修工程投资34万元。船舶小修、维修项目56次120项。船舶完好率85%。车辆大修1次,车辆小修、二保3车次。

2003年,车渡站完成"公路105"轮、"公路3号"趸船大修,完成"公路103"轮、"公路116"轮中修。完成船舶大中修工程投资50万元,完成计划的100%。船舶小修、维修项目40次102项。新装油水分离设备共4套(3艘拖轮和船修厂机修车间)。机具设备共计10台(套),完好率90%,利用率70%。设备管理保持3级。完成"公路4号"(旧)跳船报废处理工作。船舶完好率92%,出勤率82%,航行4450天、18262航次。车辆二保5车次,汽车完好率100%,出勤率100%,出勤1200天。办理完成车辆养路费免征和新购金杯轻型客车的相关手续。

2004年2月12日,车渡站下发《关于实施〈重庆市车渡站设备管理及奖惩办法〉的通知》。规定实行全员设备管理,机料科负责全站生产用设备的管理工作,各队(厂)长在机料科的指导下负责本队(厂)的设备管理工作,各船、趸、跳船的船长、轮机长、水手长在机料科和所在队(厂)长的领导下按船员职责的规定做好所管设备的管理工作,站机动船由船修厂管理,在接受任务后由所在队(厂)负责管理。各设备使用部门和各级设备管理人员、操作人员必须严格遵守安全操作规程及各项规章制度。设备的大中修按计划进行。站定期开展设备管理工作的先进评比、技术练兵等竞赛活动,对获站设备管理先进的个人给予100～200元的奖励;先进集体给予300～600元的奖励，并由站进行表彰。对获市公路局、市交通局等上级有关设备管理部门表彰奖励的先进个人给予200~500元奖励；先进集体给予800~1500元奖励。对在设备管理、更新、改造和维护保养中积极推广新技术、新工艺、新材料取得重大成果，做出突出贡献的单位和有关人员按其经济效益给予表彰和奖励，并向上级申报有关成果。

该《办法》同时规定，对因设备管理不善而影响渡运生产与安全的单位和有关责任人员，要给予处罚；对技术技能差、设备管理工作差的，应视为不适岗。可建议劳工部门将其调离现工作岗位；因设备管理混乱，设备严重失修而影响安全与生产的人员和单位，应令其限期整顿，并对有关责任人员扣其职务工资的处罚；对玩忽职守，违反设备操作、使用、维修、检修规程，造成设备事故的责任人员，应视其情节分别追究经济责任和行政责任，构成犯罪的由司法机关依法追究刑事责任；对造成设备事故的有关责任人员，应扣其当月的职务工资，并视情节扣其岗位工资的部分直至全部；对造成经济损失的有关责任人员，应按比例共同承担经济损失，经济损失在1000元以下的，应承担比例为30%；经济损失在1000~3000元的，其超100元的部分应承担比例为20%；经济损失在3000~5000元的，其超过300元部分应承担比例为10%；经济损失在5000~10000元的，其超过5000元部分应承担比例为5%；经济损失在1万元以上的，其超过1万元部分应承担比例为1%。

同年2月23日，车渡站下发《船舶、车辆大中修及维修管理办法》。该办法自2004年2月26日起执行。同年，车渡站全年完成"公路5号"车驳大修，"公路108"轮中修，"公路3号"车驳中修共3项船舶大中修工程。完成大中修工程投资42万元。渡运船舶的维修，均安排在当天渡口收渡后进行，并必须在第二天开渡前完成。全年维修船舶62次165项。"公路113"轮（"重庆602"轮）租赁期满，完成收回交接工作。全年船舶完好率92%，船舶出勤率85%，船舶航行2120艘天、21600航次。

2005年，车渡站完成"公路108"轮大修、"公路107"轮大修、"公路4号"车驳大修、"公路103"轮中修共4项船舶大中修工程。完成船舶大中修工程投资45万元。严格按照车渡站下达给船修厂的《工程项目计划书》施工，不随意增加项目，大部分项目坚持自修，尽量减少外修项目，节约经费支出。完成船舶维修35次72项，完成船舶小修、维修保养投资26万元。巫山车渡租用的"公路107"轮、"公路2号"车驳因租赁期届满，完成收回交接工作，并对继续租用的"公路18号"车驳重新签订租用协议。闲置设备"重庆602"轮（"公路113"轮）根据上级的批复，按规定交由重庆瑞升资产评估有限责任公司评估，在重庆船舶交易市场待售。全年船舶完好率为92%，船舶出勤率为85%，船舶航行1600艘天、23400航次，柴油消耗量122吨。汽车完好率为100%，汽车出勤率为85%。

2006年9月28日，车渡站下发《船舶修理工程监修、验收和船舶交接管理规定》，要求机动船舶在厂修理期间，该船船长、轮机长除积极配合船修厂参加船舶的修理工作外，还应对照驾机两部的修理项目计划分别对船体、机电设备进行监修，如果对修理项目、工艺等有争议时，由站机料科协调解决；非机动船待令靠泊船修厂期间，由船修厂机钳组组长负责其机电设备的日常维护管理工作，确保处于适航状态；船舶修理工程的验收由该船船长、轮机长、船修厂厂长、站机料科科长、安全科科长组成验收小组，对修理质量进行现场验收并签字认可。非机动船舶修理工程完工后,由站机料科科长、安全科科长、船修厂厂长共同组成验收小组,对修理质量进行现场验收并签字认可。非机动船舶外修时,由站机料科指派专人到现场负责监修,修理工程完工后,由机料科会同安全科共同进行现场验收。《规定》明确非机动船舶的交接要求:在航渡口的非机动船舶在派调船修厂之前,该渡口必须清理干净船舱内和甲板上的泥沙、油污水及杂物,由站机料科科长、安全科科长、船修厂厂长和该渡口队长共同现场验收,并签字认可后方得拖带回厂;船修厂负责管理的非机动船舶在派调渡口前,必须保证该船舶船体、舾装、机电设备完好适航,同时还必须清理干净船舱内的泥沙、油污水及杂物,由站机料科科长、安全科科长、船修厂厂长和拟使用该船舶之渡口的队长、轮机长共同组成验船小组,现场验收并签字认可后方得出厂投入渡运作业(特殊情况除外);机动船舶拖带车驳外运作业回厂后,由该拖轮的船员负责清理该车驳舱内和甲板上的油污水、泥沙及杂物,否则船修厂将另行派人清理,并从该轮应得的外运业务提成费中酌情支取一部分给予参与清理作业人员;非机动船泊在租赁期结束拖回船修厂后,该船舶的油污水、泥沙及杂物由船修厂负责清理,并视清理工作量的大小从该船舶租赁费中酌情支取一部分对参与清理作业人员予以补助。该规定自2006年10月1日起执行。

同年,车渡站完成"公路103"轮、"公路107"轮、"公路116"轮、"公路3号"车驳、"公路2号"车驳大修,"公路4号"车驳特检等船舶大中修工程6项。完成船舶大中修工程投资计划80万元。完成各项抢险检修48次,完成小修工程23次。"公路18号"车驳继续租赁给巫山车渡使用,"公路14号"车驳租赁给长江航道工程局使用,"公路3号"跳趸船租赁给乾方商贸有限公司使用。车渡站定期到现场检查设备,保证完好。完成"重庆602"轮有偿转让工作。全年船舶完好率95%,船舶出勤率89%,船舶航行1610艘天、23750航次。汽车完好率100%,汽车出勤率92%。严格核定和控制千米耗油量,节约用油。完成解放牌小货车报废处理工作,完成五十铃生产(抢险)车的报废更新工作。

2007年,车渡站完成"公路1号"工作趸船大修、"公路116"轮大修、"公路14号"车驳大修等船舶大中修工程共6项。完成船舶大中修工程投资计划25万元,完成计划的100%。全年船舶完好率为95%,船舶出勤率为92%,船舶航行天数为2130艘天,船舶航行次数为27000航次。

2008年,船舶大中修工程完成"公路5号"车驳、"公路103"轮、"公路107"轮中修,完成计划投资28万元,完成率100%。设备维修、小修完成54项次,完成"公路108"轮、"公路116"轮、"公路3号"车驳、"公路2号"车驳检验工作。全年船舶完好率95%、出勤率92%。完成车辆年检工作,汽车完好率100%、出勤率100%。

2009年,船舶大、中修工程完成"公路4号"车驳中修、"公路108"轮中修、"公路5号"车驳中修、"公路116"轮中修,费用36万元。船舶完好率95%、船舶出勤率92%、船舶航行792天、船舶航行16125航次。

2010年,全年完成"公路14号"车驳中修、"公路103"轮中修、"公路5号"车驳中修、"公路107"轮中修工程共4项,完成年度计划的100%。完成各项抢险检修共计48项次。全年船舶完好率95%、船舶出勤率92%。

2011年，完成"公路2号"趸、"公路103"轮、"公路18号"车驳、铆焊工作趸共计4项大中修工程，完成年度计划的100%，完成抢修维修48项次。全年船舶完好率95%、出勤率92%。

2012年，车渡站有各种船舶17艘，均建造于20世纪，其中25%具有40年以上船龄，53%具有20年以上船龄，船龄最短的15年以上，船舶的船型、引擎动力、跳板等主要设施相对落后。汛期前，对所有船趸的技术状况进行检查摸底，制定船趸大修和维护保养计划。全年对8艘船趸进行维护保养。完成"公路3号"趸船、"公路116"轮、"公路1号"跳船的大修改造工作；对船修厂"公路1号""公路6号"趸船进行除锈打漆保养；启动"公路107"轮、"公路108"轮、"公路5号"车驳的大修工作；完成"公路2号"工作趸报废审批。

2013年，车渡站完成"公路103"拖轮、"公路108"拖轮、"公路1号"趸船、"公路1号"跳船、"公路3号"跳船、"公路3号"趸船6个大修项目，全年累计投入资金200万元。对"公路2号"趸船、"公路116"拖轮、"公路18号"车驳3艘老旧船舶实施报废处理。

2014年，车渡站完成"公路2号"趸、"公路103"轮、"公路18号"车驳、铆焊工作趸共计4项大中修工程，完成年度计划的100%，完成抢修维修65项/次，船舶完好率96%、出勤率92%。

2015年，车渡站完成"公路107"轮、"公路2号"车驳、"公路4号"跳船等8艘船舶大、中修及检验工作。完成全站12艘船舶日常的维护保养，进行渡运设备抢修工作6次，配送船舶设备及物料备件68次。船舶完好率为98%。

2016年，车渡站完成船舶年度检验2艘次，中间检验3艘次，特别检验2艘次，在航渡口航次修理车驳2次，拖轮1次，停泊船航次修理2次，修理计划完成率100%，船舶出勤率99.5%，船舶完好率99%。

2017年，船舶修理计划完成率100%；邀请相关人员现场教学日常保养，让船员进一步熟悉新机型结构特点、拆装要点以及注意事项。船舶完好率96.6%。

2018年，车渡站完成船舶年度检验1艘次、中间检验3艘次、特别检验2艘次，在航渡口船舶航次修理2艘次，待令船舶航次改造修理3艘次，修理计划完成率100%，船舶关键设备完好率100%。

2019年，车渡站完成船舶年度检验5艘次、中间检验1艘次、特别检验2艘次。同时开展船舶维护，技术改造2艘次，待令船舶航次修理3艘次，修理计划完成率100%，船舶关键设备完好率100%。新建"车渡001"轮、"公路3号"趸进行船舶视频监控入网。

车渡站在船舶使用期间，督促操作人员严格按照机械保养规程，做好保养工作，包括例行保养、定期保养和特殊保养。对设备抢修工作严格管理，船舶设备突发故障时及时组织抢修，安排操作人员配合维修人员在最短的时间内抢修好设备，以确保各种设备设施有较高的利用率，并做好维修记录。对出租设备定期进行现场检查，发现问题的要求承租方整改，完成整改并经检查后方可再行作业。

2020年,车渡站增设地牛10个,锚链5根,更换、储备1300米钢丝绳、锚链17节,增购救生衣250件、救生圈150个、雨衣雨靴150套。安全移泊船舺235次,设备检查500余次,清理各类漂浮物800余吨。

附录一　重庆市车渡管理站车船使用规定

1.全站所有船舶实行统一管理,统一安排,统一调度的原则。

2.船舶分类:在航船舶、机动船舶、大中修船舶、停靠船舶。

3.在航船舶由所在渡口的队管理使用;机动船舶、大中修船舶、停靠船舶由船修厂管理使用。

4.船舶的调动和对外作业任务必须由机料科下达《船舶调动令》和本船船长、轮机长、水手长在船的情况下,方可航行作业。

5.任何人在没有机料科调令而私自对外作业的,将按《重庆市车渡管理站职工考核办法》从重处理。

6.全站所有车辆实行统一管理,统一安排,统一调度的原则。

7.汽车驾驶员必须遵守《中华人民共和国道路交通安全法》,遵守劳动纪律,出勤时间与站行政人员同步。

8.车辆调度由机料科统一安排,各用车部门由部门负责人提出用车计划,机料科进行合理安排并出具调(派)车通知单。驾驶员必须按调(派)车通知单所规定的线路方向完成指派的任务。

9.在没有机料科同意下,驾驶员私自出车的,将按《重庆市车渡管理站职工考核办法》进行处理,由此造成的交通责任事故由驾驶员自己承担。

10.车辆停放由机料科统一指定场所停放,出车期间需行走收费路、桥和临时停车的,凭发票报销。

11.节、假日不加班的驾驶员必须将车钥匙交给机料科保管。

12.本规定从2004年5月1日起施行。

附录二　重庆市车渡管理站船舶车辆大中修及维修管理办法

1.全站所有船舶的大中修及维修工作,均由站船修厂修理。

2.船舶大中修由船长、轮机长编制修理项目计划交队(厂)长核准后报站机料科,经机料科审定后下达工程计划项目书,船修厂按计划进行施工。船修厂不能修理的工程项目,经机料科同意后,可到指定厂家进行修理。

3.所有船舶必须坚持每月一次的一级技术保养工作,此项工作由轮机长组织轮机人员完成。在航船舶收渡后进行一级技术保养的,按照实际轮机人员数,每人每月补贴30元。

4.在航船舶的年度检验工作:由轮机长组织本船轮机人员完成修理并经船检部门检验合格的,按照实际轮机人员数,每人每天补贴30元(带增压器的船舶修期为叁天,不带增压器的船舶修期为贰天);由船修厂完成修理的,不享受此项补贴。

5.轮机长在每月21日至25日之间必须向机料科汇报船舶运行情况,柴油机状况和当月的柴油、柴机油耗量。

6.船修厂人员出差维修、抢修工程的补贴标准按照站《差旅费补助报销管理办法》执行。

7.站机动船舶(包括停靠船舶),经站调动执行渡运或其他任务的当天,相关人员按站《差旅费补助报销管理办法》标准进行补贴。①船舶上坞(摆墩)修理,按实际参加船员人数和天数按以上标准进行补贴;②船舶加注燃润料等作业,只有本船当班船员按以上标准享受补贴,当本船定员不足时,报销人数不能超过最低安全配员数(一班人员)。

8.全站所有车辆的修理,均由机料科指定厂家进行,驾驶员不得到非指定厂家修理。如遇特殊情况,必须事先向机料科汇报并经同意后,可以根据实际情况,进行特别处理。

9.车辆修理由驾驶员拟出修理计划清单,经机料科审核同意后,到指定厂家进行修理。

10.车辆在厂修理期间,驾驶员必须到现场监督,保证修理质量,车辆修理如需换总成或大件,必须报请机料科批准。

11.驾驶员必须在每月26日将车辆行驶里程数和油耗量报机料科登记。

12.对违反以上规定的,将严格按《重庆市车渡管理站职工考核办法》的规定处理。

13.本办法自2004年2月26日起施行。

第四章 渡运工作

重庆车渡自 1935 年设储海车渡开始,主要作用就是在有公路无桥梁的断头路,利用渡轮连接城市两岸交通,渡运来往车辆,起着"江上活的桥梁"的作用,从而成为公路的延续。抗日战争时期,重庆车渡运送大批抗战物资及知名人士进出重庆;解放战争时期,车渡运送中国人民解放军将士过江,见证、参与重庆解放;中华人民共和国时期,车渡参与社会主义建设,积极发挥"江上活桥"的功用;21 世纪,车渡转型发展,发挥"公益渡运、应急救援、交通战备、交通旅游"等作用。

第一节 抗日战争时期的渡运工作

一、渡运概况

1938 年 7 月,国民政府交通部迁往陪都重庆,统制抗战大后方交通运输。1941 年,全国公路机构从交通部划归军事委员会战时运输管理局统制,以适应战时需要。

1938 年深秋,长江航线从宜昌被日军切断,公路成为陪都重庆与西南、西北各省以及国际交通线连接的主要渠道,云集重庆的汽车急剧增多。在国民政府统制政策下,公路运输以货运为主,主要运输进出口物资和国防物资,重要运输线路有:重庆—贵阳—昆明,重庆—綦江—沅陵—长沙,重庆—成都—陕西。

川黔公路经贵阳连接云南滇缅路,是最为重要的战略物资运输路线。为加强对川黔公路的管理,重庆行营对该路实行军事管制,禁止私人车辆在该路行驶,以保证军需运输。1939 年,运输货物 4530 吨;1940 年,增至 8927 吨;1941 年,运输货物 33275 吨;1942 年,运输货物 33800 吨,历年运输量为大后方各公路之首。这些物资大部分由滇缅公路抢运回国,包括战争前线急需的武器、弹药、兵工器材等,同时将桐油、钨砂通过该线运出换取外汇。此时的重庆,没有资金和技术修建过江桥梁,物资运送大多靠渡船,车渡在这一时期发挥了重要作用。

大部分战略物资尤其是兵工器材,从川黔公路运达重庆后,需要经过储海渡、娄九渡、中石渡,才能运往重庆各大兵工厂。各大兵工厂生产的武器、弹药,也需要经过上述渡口运出重庆,输送至抗战前线。

1942 年,日军占领滇西腾冲、龙陵,滇缅公路被切断,川黔路运量锐减,美军被迫开辟驼峰航线。该航线始发于印度汀江,终点为昆明、成都、重庆,其中运往重庆的兵工物资经兵工厂加工后,仍需经过车渡渡运过江输送至前线。

1938—1943 年,日军对重庆实施长达 5 年,累计 218 次、11500 枚炸弹的大轰炸,重创重庆的主要民用、军用交通运输线路,给重庆人民造成了惨痛的牺牲和巨大损失。储海渡、娄九渡、中石渡的200余名员工，在日机轰炸中，继续运送抗战物资过江，保持重庆与抗战前线的联系，为中国抗日战争的胜利做出了贡献。这一时期的车渡员工，有名可查的有杨少华、严少华、殷吉祥、薛海亭、王长荣、蒋荣纯、刘树荣、刘树臣、汪绍成、蒋少武、况岐顺、王道成、杨世安等。

抗日战争时期，储海渡口汽车流量较大，每天3只拖轮同时渡运。职工人数最多180人左右，渡车日均量一般20~30辆，军车队过江渡车时，可达70~80辆。大批美军卡车从娄九渡口过江，援助前线作战。

二、物资渡运

1940年4月20日，重庆卫戍总司令部发电至重庆市政府，鉴于以前制定的防护部队渡江办法"事久情迁，且雾期已过，空袭可虑"，特修订重庆空袭后防护部队渡江暂行办法。

6月12日，资源委员会中央电器厂重庆办事处致函军事委员会交通管理处储奇门检查站："有该厂卡车一辆（国桂5338号），经由桂运料来渝，汽车通行证已向重庆卫戍总司令部请领，因重庆市轰炸猛烈，须将该厂公物资载运南岸黄桷垭存放，请发给渡江证。"同日，重庆电力股份有限公司致函重庆卫戍总司令部："重庆电力股份有限公司向昌兴商行购买卡车2部，由海棠溪驶往城区，抢修被炸电线，请予渡江。"7月2日，重庆卫戍司令部交通处致函储綦段储奇门站："材料库租用新中运输商行卡车4辆（国渝字5248、5249、5250、5947）运送酒精赴滇（云南），请予核发渡江证。"7月9日，军政部制呢厂以厂长签名公文请储奇门轮渡管理所发给渡江证明，以便其租用完毕的一辆汽车（6843）还回汽车公司。7月27日，重庆市郊外市场营建委员会工务处国5320汽车赴南岸黄桷垭装运材料，由储奇门过江，致函储奇门交通管理站。8月13日，资源委员会中央电器厂重庆办事处致函重庆卫戍总司令部稽查处、军事委员会交通管理处土桥管理站："该厂有一部分公物存放在黄桷垭，急需搬回，需渡江装运，特请发放渡江证、通行证。"

附录　修正重庆市空袭后防护部队渡江暂行办法

一、警报解除后防护部队渡江便利，俾救济迅速起见，特订定本办法。

二、本市空袭后为部队渡江时其所需轮木渡船暂定如下之各码头：

甲、轮船方面。1.储海线，2.望龙线，3.朝坛线。

乙、木船方面。1.黄桷渡至茄子码头（大河），2.临江门至兴隆桥，3.朝天门至勤阳门，4.刘家台至大溪沟（以上小河）。

三、警报解除二小时内轮渡须控制一艘预备防护部队渡江之用，其余一艘照常行驶。木船除朝天门至勤阳门准备六只外，其余各码头均准备三只，均由川江航务处分别派员负责办理。

四、过江在一班以上者，得称为部队，如一班以下或个别渡江，仍照一般渡江规定，但以警报解除后负有任务之部队为限。

五、如部队奉令渡江,救护时应即指派官长或军士一员事先与川江航务处所派之码头负责人接洽。

六、部队渡江在空袭后,如由轮渡运送时,其渡资以一班以上一排以下完全免费;排以上每人以一分为标准计算,倘由木船渡江,则以次数计算过来时,渡资每次给予四角。任务完毕回去渡江时,由航务处指派差船,不另收费。在警报解除二小时内不用时,可自由营业并给予补助费乙元,概由各船主报请航务处转空袭紧急救济联合办事处发给,一面呈报本部备查。

七、轮渡于繁急警报后须一律停靠重庆各码头对岸隐蔽,不得速离。

八、空袭解除后,各渡口木船调度由航务处规定信号,指派负责人员办理。

九、各渡口负责人员暨防护部队以及船只概由救济处分别制发旗帜一面,以资识别。

十、如有未尽事宜,随时修正之。

十一、本办法以部令施行。

1941年5月12日,重庆中南银行向川桂公路线区司令部海棠溪车站办事处申请,一辆临时牌照道奇车存于海棠溪外三公里半汇利车厂,需开回自备防空洞内,请求准予渡江。7月16日,国赣8153号卡车渡江至两路口办理过户手续。7月23日,交通部公路运输总局汽车配件制造厂转知重庆南岸工商车辆管制所,准予制造厂进口新车渡江至化龙桥卸货。9月27日,资源委员会中央电工器材厂总经理恽震签发文件给重庆办事处,通报运输统制局已同意后勤部代电意见,储海段汽车渡口空地狭小,经规定由八公里军车指挥处填发装卸登记,限时起运。10月31日,资源委员会中央电工器材厂重庆办事处致函后方勤务部川桂公路线海棠溪车站司令部:"该厂卡车国桂5207、5208号两辆,载该厂自用材料由桂抵渝,驶往化龙桥该厂电池分厂卸货,请予渡江。"

1942年2月9日,重庆市工务局第5568号卡车赴南岸罗家坝经济部液体燃料管理委员会油库运油,至海棠溪车辆指挥所领取渡江证。3月4日,资源委员会中央电工器材厂重庆办事处致函后方勤务部川桂公路线海棠溪车站司令部办公处:该厂卡车国桂5207号由桂林抵渝,载电池材料,拟驶往化龙桥该厂卸货,并留化龙桥检修一星期,请予渡江。同日,资源委员会中央电工器材厂重庆办事处致函九龙坡检查站:"该厂卡车国桂5207号一辆业经修理完工,装载该厂自用材料暨调职员工家属等由渝驶往桂,请予发给渡江证。"4月7日,资源委员会中央电工器材厂重庆办事处致函后方勤务部川桂公路线海棠溪车站司令部办公处:"该厂车国滇11500、11501、13362、13364号4辆自昆明装运该厂自用材料到渝,拟即驶往化龙桥该厂卸货,并检修机件,请予发给渡江证。"7月6日,重庆市自来水公司新购卡车,申请发给渡江证。7月8日,中央汽车制造厂致函川桂线区司令部:"该厂卡车国黔6078号驶往化龙桥第一分厂运备用机料,请准予从娄九渡往返渡江。"7月16日,中央汽车制造厂致函川桂线区海棠溪车站司令部:"该厂卡车7617号,拟由娄九渡渡江,请予放行。"11月8日,中央汽车制造厂致函娄溪沟管理站:"交通运输部材料研究会十一月八日上午乘重庆市公共汽车管理站第601号客车来厂参观,下午往化龙桥该厂第一分厂参观,请予渡江。"

1943年1月16日，交通部运务总处、交通部公路总局致函川桂线区司令部海棠溪车站司令办公处："请准予发放国桂5947号车渡江证。"5月18日，中国汽车制造公司华西分厂致函八公里车辆指挥所、复兴关车辆指挥所："华西分厂自有汽车国渝字第6881号卡车一辆驶往化龙桥，经由娄溪沟—九龙站渡江，请核发渡江证。"5月25日，资和钢铁冶炼公司为申请汽车渡江证，致函海棠溪车站司令部、交通部海棠溪工商车辆管理站、嘉陵江渡口工务所。6月15日，经济部工矿调整处材料库发函至储奇门海棠溪车辆登记发证处："该厂国渝第2301号因公驶往巴县一品场，请准予渡江。"8月3日，资源委员会中央电工器材厂重庆办事处致函工商车辆管制所海棠溪总站："该厂托贵阳源丰运输行运输该厂器材2692公斤，业经抵渝，请予渡江卸货交化龙桥货栈。"8月10日，资源委员会中央电工器材厂重庆办事处致函工商车辆管制所海棠溪总站："该厂托贵阳源丰运输行运输该厂器材5435公斤，第一辆车业经抵渝，请予渡江卸货交化龙桥货栈。"8月26日，渝鑫钢铁厂运煤卡车渡江，致函九龙坡渡江管理处。12月29日，国特警备车3辆0843、0844、0845由储海渡过江，重庆市警察局派员赴川桂公路线区海棠溪车站司令办公处领取载货汽车特渡证3张。

1944年1月18日，中国毛纺织厂股份有限公司致函重庆车辆调配所："国渝6927号卡车一辆前曾本准放行装运该厂呢料运蓉销售。该车已返抵渝，需先行渡江前往该公司海棠溪四公里停车场修理。特填具车辆渡江申请书。"

1945年2月3日，战时生产局工矿调整处材料库致函海棠溪调配所："国滇11646、11649两车需至化龙桥卸载，请准予渡江卸货后即返南岸报到。"2月20日，中国毛纺织厂特种股份有限公司致函西南公路运输局海棠溪工商车辆调配所："该公司九龙铺新建停车场房屋业已修建完毕，所有原停海棠溪四公里半旧车场之国渝6925、6926、6920、6918号卡车四辆需迁往新停车场修理。并展限修理日期，请予发给渡江证。"3月9日，重庆市工务局园林管理处卡车急赴贡山公路输送林苗以备栽植，致函储奇门登记处。5月30日，美军请求在储海渡增加设备，以便美军载货汽车在中小水位时可在此处过渡。由于美军载货汽车向来在娄九渡过渡，若改在储海渡过江，则大批载货汽车必须经由市区行驶。对于市内交通有无影响，抑或制定行驶规定以便管理，军事委员会战时运输管理局函请重庆市政府给出意见以便办理。

第二节　解放战争时期的物资渡运

一、物资渡运

1946年7月3日，资源委员会中央电工器材厂致函后方勤务部大坪分所："该厂国41045号卡车装载氧气18瓶，灯泡、商务纸3万斤至黄桷垭该厂电照组卸货，请予渡江。"8月10日，资源委员会中央电工器材厂致函后方勤务部大坪分所："该厂国41045号卡车装载灯泡钢壳共计22万套，约重1.5顿，至黄桷垭该厂电照组卸货，请予渡江。"12月26日，资源委员会中央电工器材厂重庆分厂致函第一区公路指挥部九龙坡分所:"该厂自用卡车国 41045 号由化龙桥该厂装运块煤 3.5 顿至南岸黄桷垭该厂电照组,请予核发渡河证。"

1947 年 1 月,联勤总部第一区公路军运指挥部制定《重庆区海储娄九两渡口车辆渡江规则》(见附录一)。同年 3 月 27 日,重庆市政府训令,废止前述规则,并颁布《各公路渡口渡河规定事项》(见附录二)。

同年 2 月 27 日,中国汽车制造公司华西分厂致函第五区公路工程管理局:"贵局未到办公时间,华西分厂客车国 2086 号、卡车国 10880 号渡江,请予通融,回时再予补办购票手续。"5 月 10 日,交通部公路总局第五区公路工程管理局为催缴卡车渡江费,致函中国汽车制造公司华西分厂。

1948 年 3 月 5 日,中国银行重庆分行致函海棠溪渡江管理站、海棠溪宪兵检查站:"由上海运来新卡车 7 辆,交由中国汽车公司配装,车身已有 2 辆装妥,特派司机黄勇、宋德林 2 人前往驾驶赴重庆市工务局检验站领取牌照,请予渡江。"3 月 13 日,交通部公路总局第五区工程管理局训令储海渡管理所,此前 250 千克小板车渡河费为 47.670 元,车商负担重,纷纷请求减免。故决定按驮马过渡费率(即人、兽力车渡费率之半数)征收。4 月 15 日,交通部公路总局第五区公路工程管理局公务第一总段发布训令至海棠溪渡口所,时值军运紧急时期,要求从速恢复娄九渡汽划,以利军运,并将办理情形尽快上报。

1949 年 5 月 17 日,免收工务局工程卡车车渡费(由储奇门渡江运工料回局)。

5 月 23 日,交通部公路总局第五区公路工程管理局致函重庆市工务局:"该局工程车一辆过储海渡,免征过渡费,已遵照办理。"6 月 20 日,经济部工矿调整处关于自备货车 5083、5084 号 2 辆往来渝昆运输机器配件,准予发给渡河证书给豫丰和记纱厂重庆分厂筹备处。8 月,国民党 3 辆载运粮食的军车,从石门车渡过江到沙坪坝,快到岸时,3 辆军车同时倾入江中。9 月 7 日,中国汽车制造公司致函中国汽车制造公司华西分厂、第五区公路工程管理局,免收第 200770 号客车(小型客车,经过海棠溪渡口)渡费。11 月 8 日,交通部公路总局第五区公路工程管理局发文(渝〔卅八〕工字第 07125 号),自 11 月 9 日起,有重要车辆须经海棠溪、娄溪沟两渡口过江,要求两渡口加强渡运。海棠溪渡口管理所接西南军政长官公署电,11 月 9 日起约有百辆车自娄溪沟、海棠溪两渡口过渡,应加强渡运,必要时可增夜渡以利运输,不可拖延懈怠。

中华人民共和国成立前夕,国民党军队从娄九渡大批撤离,车渡工人四处躲避战乱,致使船只无人管理,机器锈蚀,娄九渡处于瘫痪状态。

附录一 联勤总部第一区公路军运指挥部
重庆区海储娄九两渡口车辆渡江规则(1947 年 1 月)

一、本规则依照海储娄九两渡口交通管理暂行办法第十二条规定订制,在两渡口使用渡船期间施行之。

二、两渡口渡车时间自上午六时起,至下午八时止(冬令时间),非有特别情况,在无夜航设备前,夜间一律停止渡江。

三、车辆达到渡口行线处应即按照到达先后向本部渡口登记站申请登记领渡江证。如经核定征收过渡费者并应向轮渡管理所缴纳过渡费壹仟伍佰元。无渡江证或未缴纳渡费者不得渡江。

四、待渡车辆一律单行停靠渡口行道右侧,按达到先后排列,不得任意超越争先,每车距离五公尺,行道以内及左侧不得停车。然后依次发船过渡,并将渡证缴交轮渡管理员查验。

五、待渡车辆之司机须坐守驾驶室,并受轮渡管理员及本部登记站驻站参谋之指挥,上下轮渡及停放车辆悉以红绿旗指挥之。

六、待渡车辆须先向轮渡管理员说明车身载重,客车过渡乘客须一律下车。军、公、商、货车载重逾四吨必须照木驳载重限制卸货后方可过渡,以防危险。

七、如因过渡车辆拥挤,下列各种车辆得经本部登记站同意许可提前渡江并于渡证左上角加盖"提前渡江"四字戳记,以资识别。

1.军政高级长官坐车。

2.消防匪警救护车(救护车须有病人,消防匪警车须对岸确有匪火警)。

3.路局客车及工程抢修车。

4.邮政快车。

5.行辕特别交通车。

6.紧急军品运输车(须有本部路单及准行证或其他军政机关证明者)。

八、所有行人跟车、驮马另搭渡船驳渡。

九、其他机关或私人船只不得在渡车码头停靠。

十、渡江车辆必须遵一切交通规则及严守本规则规定事项,如遇临时发生意外事态并应接受轮渡管理员及本部驻站参谋之指挥。如有争先抢渡,不守秩序,借端滋扰等情事,行辕依法严办。

十一、渡江车辆须按管理办法规定并应予核收过渡费,并由轮渡管理员填发收据外,其他车辆一律免费过渡。倘有敲诈勒索及故意为难情形准由当事车辆负责人或驾驶人密报本部查办。

十二、本规则如有不尽事宜,得随时修正之。

十三、本规则呈请核准施行。

附录二 各公路渡口渡河规定事项

(1947年3月27日,重庆市政府训令)

(一)凡绥靖地区各公路渡口应由各该区最高军事指挥机关及兵站分派员兵分驻渡口两岸,会同公路局人员负责维持渡口秩序及渡口阻塞时之处理办法等,以符军事上之需要。

(二)非绥靖地区而军运频繁之各公路重要渡口应由各该区之兵站及军运指挥机构斟酌情形,各派员兵驻守,负责指挥军车过渡并会同各渡口、路局所派人员维持秩序,必要时可请求当地军事机关酌派员兵协助。

(三)车辆渡河应照左列(下列)次序办理。

1.装运限期达到部队或紧急军运之车辆。

2.公路局各车及邮车。

3.一般军车。

4.商车及其他车辆。

(四)凡发到渡口之车辆,均应向渡口指挥人员先行申请登记,照前项规定依序渡运。如待渡之车辆甚多而其隶属单位及任务各不相同时,应由渡口指挥人员按照各该车辆到达渡口之先后及其任务之缓急或上级之指示决定其渡河次序,不得任意争先抢渡。

(五)有紧急任务而持有证明之公务车及政府高级长官之乘车,其渡河秩序得比照装运限期到达部队或紧急军运之车辆办理。

(六)工商车辆装载军品或部队时,以军车论其过渡之秩序,视其任务之紧急与否而定其先后。

(七)军车奉准装运公商物品者与商运性质不同,应视为一班军车而定其过渡之次序。

(八)待渡之车辆于渡口下渡船及到彼岸登陆时,应由各该车队自派官佐或班长协助渡口员兵照料。车辆驾驶人员尤须审慎将事,以免发生意外。

(九)各项车辆不论其过渡之次序如何,均应按照到达渡口之先后尽量靠公路之右侧,每车取适当距离,按次排列,绝对不得并列阻塞渡口。

(十)渡船之容量及过渡之时间应由兵站及军运指挥机关所派人员会同各渡口及其所派人员决定之。绝对禁止强迫载渡,以免危险。

(十一)各项车辆如果不遵上项规定,不听指挥者,得呈报各有关主管机关查处。

二、解放重庆

1949年11月26日,刘伯承、邓小平根据战局发展,向所属部队发出伺机解放重庆的命令:"我12军已于11月25日解放南川,并向綦江追击中。敌罗广文部之主力,现被我11军、47军压迫于南川以北之冷水场、龙潭场地区,正向重庆、木洞镇逐步撤退中。宋希濂部已溃不成军。我以歼灭罗广文三个军于长江南岸,提早完成渡江包围或相机占领重庆之目的,部署如下:(甲)12军应速向綦江继进,捕歼陈春霖44军。尔后,即直趋顺江场(綦江河口有船),准备渡江,迂回重庆。(乙)11军、47军(陈谢转令)速协力捕歼冷水场、龙潭场地区及向重庆、木洞镇逃窜之罗敌主力。尔后,11军即以一部出老厂,监视重庆之敌,主力出鱼洞镇,准备渡江,协同12军伺机解放重庆。47军即准备由木洞镇东西及长寿段渡江。"[1]

另据中共重庆市委党史研究室徐塞声主编,重庆出版集团和重庆出版社出版的《重庆解放档案文献资料汇编》(上)记载:11月26日,刘伯承、邓小平根据战局的发

---

[1] 中共重庆市委党史研究主编:《中国共产党重庆历史·第一卷(1926—1949)》,重庆:重庆出版集团 重庆出版社,2011年,第560页。

展,向所属部队发出伺机解放重庆的命令。当解放军逼近重庆时,蒋介石急调胡宗南的王牌部队第一军增援重庆,但已无济于事。解放军只在重庆南郊的南温泉、黄桷垭等地与胡宗南部发生几场小规模激战,其余部队则在长江南岸各个渡口进行敌前登陆,先后控制了西起江津,东至木洞近百公里的长江南岸地区。28日晚,解放军部队占领李家沱、马王坪。29日占领海棠溪和木洞,巴县解放。29日和30日,解放军先后占领重庆南岸长江各渡口。30日,川东中共党组织的代表和重庆工商界的代表乘轮渡过江到海棠溪,欢迎解放军入城。傍晚,解放军先头部队分几路在朝天门、储奇门等处进入市区,受到重庆人民的热烈欢迎。12月1日,二野向中央军委和毛主席报告:"我三兵团先头部队于昨下午解放重庆,守敌西逃。十一军之一个师定今正式入城。"宣告重庆市解放❶。

　　1949年11月28日,刘邓大军二野11军32师95团在黄桷垭与敌军交战,29日下午2时,守敌溃败,晚上9时,95团团长严大芳率团冲进海棠溪,俘虏敌军汽车团军车200余辆、官兵1300余人,缴获军用物资堆积如山。30日清晨,储海渡由船长杨少华、驾驶严少华开船,机舱司机徐天华,行船水手殷吉祥、薛海亭、王长荣、蒋荣纯,跳船水手刘树荣、刘树臣、汪绍成、蒋少武、况岐顺、王道成、杨世安等人将95团的辎重车辆、大炮、马匹和部队渡运过江,95团乘车渡从储奇门上岸后,一路打到七星岗、上清寺,肃清国民党残余势力,将五星红旗插上重庆街头。为支援川西地区的解放做出了巨大贡献。

　　同年11月30日傍晚,人民解放军从南纪门、储奇门、朝天门等处进入市区,宣告重庆解放❷。

　　另据时任11军32师95团团长严大芳和政委方音以及时任11军31师93团团长陶怀德的回忆录,部队还从铜元局、李家沱片区进入重庆(图4-1)。

图4-1　解放重庆的主力——刘邓二野大军

---

❶ 徐赛声主编:《重庆解放档案文献资料汇编》(上),重庆:重庆出版集团 重庆出版社,2017年,综述第8-9页。
❷ 中共重庆市委党史研究主编:《中国共产党重庆历史·第二卷(1949—1978)》,重庆:重庆出版集团 重庆出版社,2016年,第13页。

附录一 刘伯承邓小平等关于速歼长江南岸之国民党军相机占领重庆部署致杨勇等电(1949年11月26日)❶

杨、苏、杜、王、范、林、谭、萧、陈谢(转曹里怀)王、萧、曾、鲍,并报军委,贺、李:

我十二军已于25日解放南川,并向綦江追击中。敌罗广文部之主力,现被我十一军、四七军压迫于南川以北之冷水场、龙潭场地区,正向重庆木洞镇逐步撤退中;宋希濂部已溃不成军。我以歼灭罗广文3个军于长江南岸,提早完成渡江包围,或相机占领重庆之目的,部署如下:

甲:十二军应速向綦江继进,捕歼陈春霖之四四军,尔后即直趋顺江场(綦江河口有船),准备渡江迂回重庆。

乙:十一军、四七军(陈、谢转令)速协力捕歼冷水场、龙潭场地区,及向重庆木洞镇逃窜之罗敌主力,尔后十一军即以一部出老厂,监视重庆之敌,主力出鱼洞镇,准备渡江,协同十一军视机解放重庆。四七军即准备由木洞镇东西及长寿段渡江。

丙:请林、谭、萧即令五十军向涪陵急进,并令一五〇师、一五五师及独一师迫近丰都、涪陵段(可利用乌江船只),准备同时渡江。

丁:我十军12月1日可到赤水,五兵团主力12月1日可到叙水、古宋地区。

刘、邓、张、李

26日午

附录二 毛泽东主席关于吸引胡宗南部到重庆而后聚歼之给刘伯承、邓小平的电报(1949年11月27日)❷

刘、邓并告贺、李:

据报蒋介石令胡宗南以汽车800辆运其第三军到重庆。请注意:(一)是否能吸引更多的胡宗南部到重庆。(二)我向重庆方面攻击之各军,是否有必要稍为迟缓其行为,以利吸引较多之敌军据守重庆而后聚歼之。因为蒋介石自己在重庆,可能打一个聚歼汤恩伯于上海那样的好仗。

毛泽东

11月27日

附录三 刘伯承、邓小平等关于在重庆长江两岸作战部署致曾绍山等电(1949年11月30日)❸

曾、鲍,并陈、谢转四七军,杨、苏、杜、王、尹、吴,军委,林、谭、萧:

(一)据现有材料,十一、十二两军在27、28、29三天停敌4500,并已占领

---

❶原件存于中国人民解放军档案馆。
❷徐赛声主编:《重庆解放档案文献资料汇编》(上),重庆:重庆出版集团 重庆出版社,2017年,第81页。
❸徐赛声主编:《重庆解放档案文献资料汇编》(上),重庆:重庆出版集团 重庆出版社,2017年,第84页。

鱼洞场到江津等江南岸要地,四七军29日已到木洞场,渡过江北岸1个连,其详细战况尚未得报告。十一军主力2个师,仍继续协同四七军歼击向木洞场及重庆逃窜之敌。

(二)敌四四军27日由綦江、松坎线向合江方向逃窜,我十军2个师主力,可能于12月2日迫近合江,敌我先头部队均可能于12月1日到达合江。我十六军如今30日渡过赤水河(高山铺北),则1日可到叙永,至迟5日可达泸州、辰[纳]溪江南岸。

(三)因此,十二军全部附十一军之三十一师共4个师,如允许,应就现态势速行渡江,主力控制江北岸鱼洞场冷水场、白市驿、走马岗迄江津地带,并以一部巩固南岸适当阵地,尽量控制船只。完成渡江后,首先要巩固阵地,然后看情况,如重庆无敌固守,则占领之;如有相当兵力守备,则暂时置之不理。如杜、王十军在合江渡江困难,则接引[应]之。

(四)第十一军主力2个师,必须继续协同四七军主力,扫灭木洞、重庆以南之敌,四七军应至少以1个团巩固木洞江北岸。

(五)据前方报告,胡宗南第一军已到重庆,我已在南岸俘其数十人,你们要切实注意江北岸及重庆敌情,侦察电告。

刘、邓、张、李

30日戌

附录四　重庆解放第二天解放军续:渡江入城经过市区向成都推进(1949年12月2日)[1]

(本报消息)昨天下午2时,解放军第二野战军某部由南岸分批渡江、继续前进。大军由海棠溪渡江,到达储奇门时,市民皆夹道欢呼,报以热烈掌声。战士们以嘹亮壮阔的歌声来感谢市民。战士表面上看来似乎略有倦容,但他们仍充沛了健旺的精神。大队经凯旋门、较场口、和平路出城,往成渝公路推进。

下午3时,解放军一大卡车开到储奇门停下,解放军向人民群众讲述解放南京、上海的情形说:"蒋军不敢打,南京登陆和渡江只是40分钟。"一个北方口音的解放军说:"25天以来,我们走了3000多里路,蒋军跑得太快了,我们坐汽车都追不上"

第三节　新中国时期的物资渡运

中华人民共和国成立后,由军代表接管娄九渡,娄溪沟附近的军用仓库由部队使用。

---

[1]原载《大公报》1949年12月2日,有删节。

20世纪60年代,车渡站规定,为保证过江车辆安全,渡轮白天工作,夜晚停泊。遇紧急情况如警车抓捕犯罪嫌疑人、军队救护车以及医院救护车等夜晚需要渡运,船队必须及时出船。

1964年,磁器口码头的业务开始转到中渡口码头,该码头成为重庆港的重点码头,也是嘉陵江上一个吞吐量较大的码头,年吞吐70万吨,主要物资是煤炭、钢铁、水泥、木材、粮食等。但枯水期间,由于船舶停靠区域小,只能容纳2~3只驳船卸载,下河引道较差,车辆周转困难;洪水期间,没有货场。

同年,车渡站共渡运机动车273242辆次,比1963年增加38%。渡运非机动车61462辆次,比1963年降低0.5%。共渡运牲畜9639头。

1968年,车渡站渡运各类车辆461296辆次,渡运非机动车辆11858辆次,渡运过江人员1183319人次,渡运牲畜6403头。

1973年,车渡站渡运各种机动车辆739831辆次,渡运非机动车1090辆次,渡运牲畜131头。

1974年,中石渡因船厂修船停渡6个月,三土车渡因修船停渡1个月,储海车渡因码头争端停渡45天,菜铜车渡因渡运交通秩序混乱停渡1个月。全年各渡口共渡运各类车辆751699辆次。

1976年,车渡站共渡运机动车869148辆次,比1975年同期渡运车辆提高127.7%。同年,鱼洞车渡为支农,不分昼夜渡运化肥车过江。开展农业学大寨,改山改土需要炸药,鱼洞车渡几天内完成有关单位要求半月渡运完炸药车的任务,收到表扬锦旗。

1977年3月,春耕时节,九龙坡区花溪公社到九龙坡突击运送肥料400多吨,动用全部大小拖拉机和汽车,经与渡口联系,李九渡派出2只船,不分白天夜晚,奋战两天两夜,完成支农任务,受到花溪公社党委表扬。同年,车渡站渡运车辆831077辆次。其中李九渡全年渡运机动车379575辆次,特种重型车112辆次。

1978年,车渡站共渡运机动车辆972496辆次,比1977年完成的渡运量增加11%。

1979年,车渡站渡运车辆1067584辆次,其中特殊、大型车辆15辆次。渡运量比1978年有所增加,李九渡日渡运量平均最高达1156辆次,渡运大型车辆突破历史记录,达87吨。

同年8月的一个深夜,车渡站李家沱渡口渡运一辆草绿色军车过江,车上装运的是在对越自卫反击战前线负重伤的军人,需送到主城各大医院紧急抢救。

1980年,车渡站全年渡运车辆852810辆次,日均渡运2336辆次。其中储海、李九渡为通宵渡运。长江大桥通车前的1—6月,渡运585527辆次,日均渡运3234辆次。长江大桥通车后的7—12月,渡运267283辆次,日均渡运1453辆次。大桥通车后储海渡日均渡运30辆次,鱼吊渡、中石渡渡运量无变化。

1981年,车渡站渡运各类车辆485457辆次,日均渡运1385辆次。其中李九渡日均渡运730辆次,储海渡日均渡运51辆次。

1982年,车渡站渡运各类车辆560173辆次,日均渡运1535辆次。渡运量最大的是李九渡,日均渡运938辆次。鱼吊渡日均渡运115辆次。

1983年,车渡站渡运车辆544134辆次。其中储海渡983辆次、李九渡339060辆次(停渡3天)、中石渡80632辆次(停渡39天)、鱼吊渡34542辆次(停渡11天半)、三土渡88917辆次(停渡33天半)。

1986年,车渡站渡运车辆90多万辆次,日渡运量2500辆次。

1987年,车渡站渡运车辆862417辆次,日均渡运2395辆次。

1988年,车渡站渡运车辆974196辆次,日均渡运3291辆次。

20世纪90年代初期,李九渡是李家沱、巴县地区粮食、煤炭运输的重要渠道,重庆公路运输总公司各分公司每天有上百辆车免费优先昼夜运送粮、煤过江。

1990年,全站3个渡口共渡运各类大、小车辆780335辆次,日平均渡运2143辆次。其中李九渡511580辆次,日平均渡运1402辆次(全年365天在航);三土渡渡运150282辆次,日平渡运412辆次(因汛期洪水超过警戒水位停渡1天);鱼吊渡渡运118473辆次,日平均渡运329辆次(因汛期洪水超过警戒水位停渡5天)。

1991年,渡运各类车辆834305辆次,日均渡运2454辆次。其中李九渡渡运533489辆次,日均渡车量2500辆次,是四川省车流量最大的公路渡口;鱼吊渡渡运130415辆次,日均渡运371辆次;三土渡渡运170401辆次,日均渡运476辆次。

1992年,3个在航渡(鱼吊、三土、李九)安全渡运各类大、小型车辆997424辆次,日均渡运2770辆次。比1991年同期增长19.5%。其中李九渡渡运612335辆次,日均渡运1701辆次;鱼吊渡渡运211424辆次,日均渡运587辆次;三土渡渡运173665辆次,日均渡运482辆次。

1993年,车渡站全年安全渡运车辆656455辆次,日均2001辆次(全站因洪水停渡28天)。其中李九渡渡运371218辆次,日均渡运1027辆次;鱼吊渡渡运128611辆次,日均渡运361辆次;三土渡渡运156625辆次,日均渡运448辆次。

1994年,李九、鱼吊、三土3个在航渡安全渡运各类车辆717069辆次,日均渡运1964辆次。其中李九渡渡运401311辆次,日均渡运1099辆次;鱼吊渡渡运147745辆次,日均渡运405辆次;三土渡渡运168004辆次,日均渡运460辆次。

1995年,李九、鱼吊、三土3个在航渡渡运车辆697672辆次,日均渡运1912辆次。8月,水北路初通,三土渡渡运量较原先下降三分之二。

1996年7月20日—10月30日,北碚朝阳吊桥断流维修,水土渡口承担100天分流车辆任务,日渡运量由400多辆增至1500多辆次,车渡站增加一套船舶,延长渡运时间。车渡站各渡日均渡运车辆1812辆次,免征过渡费车辆44119辆次。

1997年,长江二桥建成通车,水北路竣工,李九渡停渡。水土、鱼吊渡过渡车辆大幅度下降。全年渡运车辆52765辆次,日均渡运145辆次。其中三土渡渡运9455辆次,日均渡运26辆次;鱼吊渡渡运13310辆次,日均渡运119辆次。

2001年,外运作业8航次,港内4次,马桑溪大桥2次,奉节1次,巫山1次。嘉陵江朝阳大桥限制超重车辆通行,三土渡开通夜渡。

2003年,为特殊作业渡运车辆,包括为西南车辆厂渡运军品6个航次,为轻轨牛角沱项目部在牛角沱—董家溪渡运出渣车辆。

2005年,全年渡运车辆134658辆次。

2006年,全年渡运车辆145578辆次。

2007年,全年渡运车辆16万余辆次。

2009年,全年渡运车辆120332辆次。

2010年,全年渡运车辆102584辆次。

2011年,全年渡运车辆71697辆次。

2014年,车渡站运送重要设备420台/次、重要物资200余吨。三土队渡运车辆69800辆次。

2015年,三土队渡运车辆60835辆次。

2016年,三土队渡运车辆64545辆次。

2017年,三土队渡运车辆54405辆次。

2018年,三土队渡运车辆83600辆次。

2019年,三土队渡运车辆100591辆次。

2020年,受疫情影响,三土渡1月25日开始停渡,3月16日恢复渡运。全年安全航行222天,渡运车辆89647辆次。

附录　车辆过渡须知

1.车辆到达渡口应按先后次序排好候渡队列,服从渡口工作人员的调度、指挥上下渡船。

2.机动车驾驶员不得将制动、转向系统不良和有其他故障影响安全行车的车辆驶上渡船。

3.装载物超长、超宽、超高的车辆或超轴载质量车辆过渡,必须持有公路管理机构签发的《超限运输车辆通行证》并事先与渡口管理单位联系,采取有效安全技术保护措施后才准过渡。

4.载有易燃、易爆、易腐蚀、易挥发、易污染及其他危险品的车辆过渡时,车辆驾驶员须向渡口管理人员出示公安机关签发的《危险品运输许可证》,待采取必要的安全措施后方得安排渡运。

5.车辆驶上渡船后驾驶员不得擅离岗位,待渡船到达对岸码头安全停靠后再依次下船驶离渡口区域。

6.汽车渡船严禁非随车人员搭乘,请待渡车辆不要在码头引道上搭载非随车人员过渡。

7.渡船在航行中会遇风浪摇晃,汽车驾驶员不得离开驾驶室和车辆随意在船上走动,避免发生落水危险;请驾驶员拉好制动器,以免发生车辆掉江危险或过渡事故。

8.车辆在渡口码头引道上和上下渡船时应低速行驶,以策安全。

第四节　名人与车渡

车渡作为重庆的"活桥梁",除渡运物资外,还承担着渡运众多历史人物的过江重任。抗日战争时期,国民政府军政要员及商界、学界人士。乘坐汽车进出重庆城,便需要通过储海车渡等渡过江。

一、蒋介石与车渡

1937年11月17日,国民政府主席林森率领国民政府大小官员撤离南京,并于3日后在武汉发布《国民政府移驻重庆宣言》,宣布迁都重庆,重庆正式担负起中国战时首都的责任。

重庆国民政府位于渝中区人民路232号(旧名国府路),国民政府各大机构办公地点大多位于渝中区渝中半岛。蒋介石在重庆共有四大官邸,分别是曾家岩府邸、林园府邸、黄山府邸及小泉校长府邸。蒋介石和夫人宋美龄大多数时间工作和生活都在南山的黄山官邸——云岫楼,位于南岸区南郊黄山23号。如果往返渝中区的国民政府和南岸区的黄山官邸,则必须渡过长江。以下史料即证明,蒋介石是在储(奇门)海(棠溪)车渡过江;而蒋介石专用渡江汽艇也曾停泊九龙坡、海棠溪渡口。

1944年10月,储奇门码头附近污渍不堪,码头趸船倾倒垃圾,重庆卫戍总司令部电请重庆市政府转饬严行禁止倾倒垃圾,并饬令将该码头注意整饬清洁。(附原文)

附录一 重庆卫戍总司令部代电 巽一字第1101号

中华民国三十三年十月

重庆市政府公鉴:据报储奇门委员长过江码头附近,污渍不堪,又该码头趸船上流不断倾倒垃圾。前曾查禁有案,惟近日该处倾倒垃圾者又复甚多等情,特电请贵府转饬,严行禁止倾倒垃圾,并饬将该码头注意整饬清洁为荷。重庆卫戍总司令部酉蒸巽一印。

附录二 重庆市政府训令 警察局清洁管理委员会将重庆卫戍司令部代电委员长过江码头附近请禁止倾倒垃圾等由令饬遵照由 市秘肆10934号

中华民国三十三年十月十七日

训令

令警察局清洁管理委员会 按据重庆卫戍总司令部酉蒸巽一代电内闻,据报储奇门(并原代电抄至)为荷等由,准备查本案前将重庆卫戍总司令部代电关于本年八月九日(九月七日以市秘四字第八三八九号、第九六六四号、字第八三八九号)训令饬遵在卷。兹将前由除分令(清洁管理委员会、警察局)外,合□令希该局(会)迅遵前令转饬:所属第三分局指派干警一人专负指导查禁之责,注意打扫清洁,并随时派员前往巡查。勿许任意倾倒垃圾以保整洁。所收办理情形具报备查为要!

此令

市长 贺

1945年7月25日晚1时许,军委会汽艇管理所九龙铺趸船停泊的主席渡江汽艇(成渝)遭风暴吹流储奇门,船中仅有水手1人,沿江漂流至储奇门时大声呼喊救命。警察局水上分局海棠溪派出所以为匪警发生,即派人携抢前往追捕并鸣枪3响向各岗联络。后来海棠溪汽艇管理所发觉系主席渡江汽艇,即派汽艇施救,在东水门兴象鼻子之间将该艇救返,停泊在海棠溪(附原文)。

附录　为据报以"主席渡江汽艇被风吹流至海棠溪所救返报请鉴核由"督调字一〇四一号

中华民国三十四年八月六日

案据本局水上分局本年七月二十七日呈称:"窃据职分局海棠溪派出所巡官晏植报称:'窃本月二十五日晚一时许,军委会汽艇管理所九龙铺趸船停泊之主席渡江汽艇(成渝),遭风暴吹流储奇门。船中仅有一水手,以至沿江漂流至储奇门时大声呼喊救命,职当以匪警发生,即饬携抢前往追捕并鸣枪三响向各岗联络。经海棠溪汽艇管理所发觉系主席渡江汽艇,即派汽艇往救,在东水门兴象鼻子之间始将该艇救返,现停泊海棠溪。理合将经过情形报请钧局鉴核备查。'等情据此,理合将经过情形转呈钧局鉴核备查"等情据此,除分呈并指合外,理合备文呈请鉴核!

　　市长　贺

　　　　　　　　　　　　　　　　　　　　　　警察局长　唐毅

二、朱德与车渡

据中共四川省委党史研究室组织编写的《朱德与四川》(四川人民出版社,1996年版)第225—241页记载,朱德分别于1957年、1960年、1963年三次视察重庆。其中后两次游览南温泉公园和南山公园,需渡江到达。

1960年3月4日,全国人大常委会委员长朱德携夫人康克清飞抵重庆,下榻潘家坪招待所(今渝州宾馆,始建于1958年,位于渝中区渝州路)。同日,朱德游览南温泉公园,沿山间石梯登上仙女洞。6日,朱德视察位于北碚的西南师范学院(今西南大学前身)。7日,朱德与康克清去红岩村参观原第十八集团军驻重庆办事处旧址(也是原中共中央南方局驻地)。8日,朱德乘飞机飞往南充。

此次视察,朱德游览的南温泉公园位于巴南区,从下榻的潘家坪招待所到南温泉公园,须渡过长江。此时长江开设有李(家沱)九(渡口)、储(奇门)海(棠溪)2处车渡。李九车渡离下榻之地甚远。据车渡站老职工回忆,朱德是从储海车渡过长江前往南温泉公园。

1963年4月4日,全国人大常委会委员长朱德到重庆视察,下榻潘家坪招待所一号平房。4日早上,朱德在四川省委书记陈刚、省公安厅副厅长刘号州随同下,乘火车抵达重庆。在陈刚、刘号洲和重庆市委书记处书记鲁大东随同下,乘火车赴綦江县三江镇,视察重庆三江钢铁厂和一〇三厂。5日上午,朱德登上位于市区的鹅岭公园游览。6日,朱德自朝天门码头乘船顺江而下,赴长寿县狮子滩水电站。10日,朱德重游北温泉和缙云山。13日,听取中共四川省委书记兼重庆市委第一书记任白戈汇报工作。朱德到重庆南山公园游览时,在兰草园里为随行人员讲解兰花及林木的许多知识。

此次视察,朱德游览了位于渝中半岛对岸的重庆南山公园。此时长江开设有李(家沱)九(渡口)、储(奇门)海(棠溪)两处车渡。李九车渡离下榻之地甚远。另据重庆市档案馆珍藏历史照片显示:1963年4月,朱德委员长视察重庆,在中共重庆市委书记任白戈随同下,乘坐渡船前往南泉公园。可以断定,朱德委员长是从储海车渡过长江前往南山公园、南温泉公园。

三、其他名人与车渡

1963年4月,中共重庆市委第一书记任白戈,随同在重庆视察的党和国家领导人朱德委员长,乘坐汽车渡船前往南山公园。

1978年9月5日,中共重庆市委书记丁长河(1978年8月—1980年3月任中共重庆市委第一书记)小车在巴县过江。由于小车底盘低矮,跳板较陡,无法正常下跳。当班船员全力抬车尾,保证了小车下跳完好无损。

2016年7月12日上午,中国人民解放军西部战区司赵宗岐到车渡站所辖鱼洞战备码头,调研军地防洪抗汛应急演练工作,指出要进一步增强军地联合意识,强化联合指挥、联合行动、联合建设,打赢防汛救灾这场特殊战役❶。

2019年5月24日,中共中央政治局委员、中共重庆市委书记陈敏尔,重庆市政协主席王炯到北碚车渡站水土渡口调研生态环境保护工作。陈敏尔强调,要深入抓好生态文明建设,统筹山水林田湖草系统治理,以钉钉子精神抓好生态环保问题整改,切实加强生态保护与修复,推动城乡绿色发展,筑牢长江上游重要生态屏障,努力在推进长江经济带绿色发展中发挥示范作用❷。

---

❶《赵宗岐在渝调研防汛救灾工作指出 军地联合打赢防汛救灾特殊战役》,《重庆日报》,2016年7月13日第001版。

❷《陈敏尔王炯在调研生态环境保护工作时强调 切实加强生态保护与修复 努力推动城乡绿色发展》,《重庆日报》,2019年5月25日第001版。

第五章 安全工作

　　安全工作是车渡站的一项重要工作,历来极受重视。在几十年的发展过程中,逐步建立起完善严密的安全规章制度,开展职工安全教育,进行日常安全检查。1978年起,每年均开展"百日安全无事故"活动。1979年起,每年开展"安全优质服务月"活动。

第一节 安全管理

一、管理机构

　　中华民国时期,重庆车渡在运输安全和渡运秩序方面,由重庆卫戍总司令部进行宏观管理,具体事务则指定相关警察分局路警行使。主要是警察局第十二、第三分局负责。有时在路警未派到以前,暂由航务处负责。1945年11月,改由重庆市政府工务局管理。其他运输行业归重庆市社会局统管。

　　中国人民共和国成立后,车渡站安全管理机构为站安全股、安全(保卫)科。

　　1977年4月,车渡站设置安全股,主要职责是贯彻执行预防为主的安全生产方针,减少或避免一切事故,确保渡运安全质量。1995年7月1日起,车渡站安全办公室、保卫科试行合署办公,统称为安全(保卫)科。2020年6月,车渡站安全(保卫)科更名为安全应急科。同年底,车渡站安全应急科科长是罗开胜。

　　除安全(保卫)科负责日常安全事务外,车渡站成立安全领导小组,由党政主要领导牵头,负责统筹全站各类安全事务工作。

二、安全工作

　　1940年4月16日,重庆卫戍总司令部训令(巽一字第0934号,总司令刘峙签发),令重庆市警察局取缔汽车渡河乘客不下车及司机不遵守单行停靠守则等现象。训令援引军事委员会29年(即1940年)4月14日办二通渝字第1625号训令内容"汽车渡河乘客多不下车,万一翻车覆船,人车俱难救护",又援引军事委员会训令称,开抵歇宿站及船路停车时,汽车司机亦有未能恪遵驾驶守则成一单行停靠,仍有两车并列情形,既碍交通秩序,尤易肇事,亟应注意取缔以策安全。为此,重庆卫戍总司令部训令要求周知各有关机关、各行营行辕主任及各省政府主席外,并令所属汽车部队及各渡口稽查宪警切实纠正前述违规现象,具体由警察局第十二、第三分局负责。

　　1947年1月,联勤总部第一区公路军运指挥部制定《重庆区海储娄九两渡口车辆渡江规则》,第六条规定:待渡车辆须先向轮渡管理员说明车身载重,客车过渡乘客一律下车。军、公、商、货车载重逾4吨必须照木驳载重限制卸货后方可过渡,以防危险。

同年3月27日,重庆市政府发布《各公路渡口渡河规定事项》训令,第十条规定:渡船之容量及过渡之时间应由兵站及军运指挥机关所派人员会同各渡口及其所派人员决定。绝对禁止强迫载渡,以免危险。

中华人民共和国成立后至"文化大革命"前,设立有各项安全制度,如交接班制度、护船制度、调车制度等。20世纪60年代,车渡站文件规定,为保证过江车辆安全,渡轮白天工作,夜晚停泊。

"文化大革命"中后期,车渡站坚持"防字当头,预防为主"的安全生产方针,要求每天安全交接班,值班守夜。建立民兵执勤队伍参与维护交通秩序。

1973年,车渡站坚持"防字当头,预防为主"的安全生产方针。采取洪水防枯、枯水防洪的原则,把工作做到枯洪水季节前。以站革委会领导牵头,建立安全防洪领导小组,各渡口建立安全防洪组织,设立安全员。每天安全交接班,值班守夜,节假日前进行安全检查。对全站职工进行安全生产的思想教育,教育职工贯彻航监部门有关安全航行的各项规定。

1974年,结合整顿车渡交通秩序,学习中央21、26号文件,强调维护车渡交通秩序是车渡工人的光荣传统。同时,协助民兵执勤。枯水时期,给各车渡码头增设铁棒41个、铁环7个、地龙18个、木棒13个,加宽海棠溪引道,清除淤沙,挖深海棠溪洪水航道。将堆放在河边的修船设备、材料、物资等转移到安全地带。

1976年4月,召开安全生产经验交流会。执行每周三安全活动、安全交接班、值班守夜、每周维修船划设备、水情预报等制度。后勤厂建立危险物品专人管理制度。9月12日,车渡站李九渡口发生特大海损事故,3辆过渡车辆从"公路102"轮拖带的车驳上翻坠江中,淹溺死亡随车人员11人,重伤1人,直接经济损失67万元,间接损失上百万元。此次事故为车渡站建站以来最大的水上交通恶性事故。11月29日,发生三土车渡"公路114"轮停靠沉没的重大事故。

同年,车渡站成立一支14人的脱产民兵执勤班,担负储奇门、菜园坝渡口执勤和储奇门地区的社会执勤任务。渡口"脸嘴车、脸嘴人"过渡现象有所好转。在社会执勤中,配合当地专政机关,坚持晚上巡逻执勤。全年转发安全学习文件80份,散发和张贴安全标语250张。

"文化大革命"后,车渡站生产秩序逐渐恢复正常,并加强安全生产工作,同时常年采用大小标语、横幅、专栏等形式,宣传安全生产。

1978年,恢复"文化大革命"前的各项安全制度,如交接班制度、护船制度、调车制度等。同时,加强车渡站安全工作的组织领导,成立安全领导小组,党支部书记任组长,站安全股增加1名干部,李九、中石重点渡设2名脱产安全员,各渡口、船、趸、车间、班组选出义务安全员35人,基本形成站安全工作网。以岗位责任制为主,结合各队实际情况,健全安全快渡各项规章制度。各队每周三开展安全活动,实行水手用哨音指挥拖轮开靠头。实行专人调车,禁止脸嘴车、脸嘴人过渡。采取思想教育、行政措施与经济手段相结合,解决职工当班不穿救生衣的老大难问题。凡不穿救生衣者写检查,会上做检讨,不准当班,取消评奖资格。同年,在全站开展第一次"百日安全无事故"活动。贯彻"防字当头,预防为主"的安全生产方针,增添和改进安全设施,李九渡跳船增加栏杆,加大头缆。后勤为各渡口购置大量救生衣、救生圈,做三角木88个,解决车辆在车驳上的防滑问题。更换灭火机溶液40多个。举办2期轮机基础学习班,1期驾驶技术考核学习班,培训80余人。采用大小标语、横幅、专栏等形式,宣传安全生产。

1979年,车渡站由行政人员3人负责安全工作,各渡口、船都设有义务安全员,共35人。开展第二次"百日安全无事故"活动。举办司机、水手长短期技术训练班,邀请轮渡公司退休驾驶员到站上技术课。11月17日,在李九渡口举行"救生、消防"演习现场会。全年新安装地龙、桩子,打石鼻子60多处。通过各种大小会议,结合法制教育,宣传"遵章守纪光荣、违章肇事可耻"。同年,车渡站发生上报事故1次(工伤),各种小事故17件,损失1075.44元。

1980年,全站安全员占职工总数的8%。全年召开全站性的安全会议14次。发动全站职工开展第3次"百日安全无事故"活动,开展全站安全大检查,提出整改意见183条。开展船舶的维修保养,新安地龙、扣环和安全标志110件。开展为期3天的消防安全培训,参训23人。书写安全标语700多张,大横幅8幅。全年发生小事故7件,死人事故1件(死亡1人),事故损失4574元。

1981年,车渡站定期召开班组安全员会议。以贯彻各种安全规章制度为主对职工进行安全思想教育。重点抓操作规程、交接班制度、护船制度、当班水手穿救生衣制度、制止非随车人员过江等规章制度的贯彻执行。全年开展春节前安全大检查、五月安全月活动、防洪安全检查、国庆安全大检查和百日安全无事故活动,新埋地龙9处,石鼻子、扣环等27处,群众提出49条安全整改意见且全部完成整改。其中,5月开展"安全优质服务月"活动,对职工提出的24条整改意见全部解决。长江大桥通车后停封的5只拖轮从李家沱转移到较安全的铜元局码头。7月15—17日,重庆市出现特大洪水,后勤厂车间和站库房全部被淹没,渡口陆上交通中断、通信中断,各防洪领导小组带领职工各自为战,抗洪抢险。李九、鱼吊、中石渡分别于7月20日、7月21日、7月22日恢复渡运,被评为出席市和省公路局抗洪救灾先进单位。车渡站职工除保护站船舶安全外,为省船厂施救厂修船只3艘,为李家沱地区抢运大米1700多袋,抢运猪肉30多吨。全年共刷安全横幅6幅,张贴标语196张,出墙报7期,简报6期。全年发生安全事故6起,工伤3起,死亡1人。

1982年,在洪期和重大节日前,车渡站开展安全大检查,发现不安全因素95起,90起得到及时解决。实行奖惩结合,开展安全渡运。凡发生事故,不论事故大小,不遵守制度(护船制度、穿救生衣制度、当班不准饮酒制度)均扣除本人奖金。

1983年2月,市公安局、交通局联合下发《关于加强重庆市公路渡口安全管理的通告》后,车渡站抽点18名青壮年职工组成执勤队,由市水上分局派来的民警和站安全、宣传、保卫干部带队,到各渡口执勤,保障《通告》的执行。

同年5月6日,重庆市交通安全委员会下发《关于船舶违章罚款暂行办法》,提出船舶违章经教育不改的,根据情节轻重,分别给予以下罚款处理:违反安全管理有下列情况之一者,处以1~10元罚款,包括不具备有效的船舶证书或证书所载与实际不符或船舶技术情况不良,带病航行者;不办理进出港口签证,擅自航行者;超过航行有效期或航行区域不符者;驾驶、轮机人员无证开船或主要驾机人员配备不足或冒名顶替及船员证书未注明航行区域者;船舶无航行日志和轮机日志或缺一者。超载超客超拖或违反客货装载规定者;装载危险货物未经核准者;码头、渡口、锚地、停泊区安全设备不符合规定者;擅自进行水上、水下施工作业或向航道中倾倒一切物品者;两岸所设灯光射向江面,妨碍船舶航行者。违反航行规定有下列情况之一者,处以3~15元的罚款,包括:未按规定显示航行号灯者;违反大桥、大坝有关规定者;港区内航行未控制航速者;两船相遇不按规定交换避让信号,进行避让或在航行中未按规定减速、抢漕、抢航、强行追越者;非编解作业和非执行任务的船舶穿行锚地航行者;船舶未经批准在港区内试笛或进行操纵试验者;人力船、帆船在航道中停桨流放或用挽篙钩拖机动船船尾拖带或在港内拖带浮材或其他物体者;渔船捕鱼时,阻碍其他船舶航行或在航道上设置固定渔具者;不遵守单线制河段规定,有碍航行秩序者;航行中撞损航标隐瞒不报者;船舶使用探照灯影响其他船舶航行者;对遇险船舶或溺水者不进行施救者。违反停泊规定,有下列情况之一者,处以5~20元的罚款。包括:在航道上任意锚泊或违反锚地规定影响过往船舶航行者;抢挡、抢靠码头,不听从码头工作人员指挥或靠泊超过规定的宽度者;停泊时未按规定留足值班人员者;在油区、油码头或油船附近违章作业者。罚款由船舶违章个人承担,其所属单位不得报销;船舶违章,原因是所属单位指使或纵容、包庇而造成的,除处以违章个人的罚款外,并可处以单位领导3~50元的罚款,必要时处以单位50~500元的罚款;被罚款的个人或单位拒交罚款,对个人可以吊扣、缴销船员证书,对单位可以扣船,并增收年率6%滞纳金;对情节严重的肇事人员,可提请司法机关依法惩处。

1987年,车渡站成立由党、政、工、团负责人及各职能部门负责人、队(厂)长组成的站安全领导小组。每周进行安全学习,组织职工反复学习和讨论总段、交通局"关于做好今冬明春安全工作"和市政府、省交通厅的"加强防汛工作的通知"等文件。全年召开安全生产会议6次,125人次参加。召开"9·12"事故教训会,50人参会。全年开展12次安全大检查,提出118条整改意见,均限期整改。开展夜查5次,纠正违章24人次,扣罚违章者奖金11人次,罚款、停职检查2人次,处理违章肇事8人次。新设地龙3个,锚链150米,石鼻子14个,维修保养扣环、T型桩68个,增加钢丝绳1300米,更新、增发救生圈16个,救生衣36件,消防桶14个,沙箱18个,干粉灭火器6个。全年举办队(厂)长、安全员业务培训班2期,50人参训5天。召开事故分析会2次。站利用各种形式进行安全宣传教育,出安全专刊20期,收看安全录像250人次,张贴安全标语、警句421张。全年抢救遇难船只2次,救落水者6人,抢救失火车辆1次。

1988年3月,进行为期1月的驾驶及轮机培训工作。3月31日,车渡站制定《重庆市车渡管理站安全管理办法》。5月1日至31日开展第10次"安全优质服务月"活动。9月20日,车渡站结合此前站发生"8.16"未遂事故,向各轮机部门重申轮机交接班制度。对轮机长(轮机员)接班、交班的工作程序包括班前会和检查技术状态的操作细节做了详细说明。10月1日起,路安人员着装执法。10月1日至1989年1月8日,开展第11次"百日安全无事故"活动。11月19日,市政府发布《关于加强国道"319"号公路交通管理的通告》,各种类型的改道车辆大增,频繁通过石门公路渡口,载运易燃易爆危险物品车辆与常规车辆同船混装过渡。对此,车渡站于 11 月 25 日印发《关于易燃、易爆等危险物品通过石门公路渡口的紧急通知》,规定:载运易燃、易爆、有毒、腐蚀等危险物品车辆通过石门渡口,必须对所载危险物品、车辆采取一定的安全防护措施,经重庆市公安局批准,到车渡站(市中区新华路 334 号)办理危险物品准通证,方能通过石门公路渡口,载运危险品未办理准通证的车辆一律不准渡运。12 月,站制定《关于渡口防火工作的有关规定》。

全年组织安全大检查 17 次、267 人次。夜查 10 次、48 人次。纠正违章 21 人次,扣罚违章奖金 12 人次,停职检查 2 人次,处理违章肇事 5 人次。召开事故分析会 4 次、82 人次。提出 250 条安全整改意见,限期完成整改。枯水季节对码头系泊设备进行修复更新,新设地龙 15 个,用锚链地 50 米,钢丝绳 150 米,扣环、T 型桩 120 个。洪水退后,修复扣环、地龙 12 个,清除码头泥沙 1500 立方米。增设安全指示、禁令标志 150 余块。路政执法对渡口上下游水域船舶乱停乱放进行清理整顿 5 次 30 天。洪水季节,根据码头狭窄,水态紊乱,制定停办优先车和禁止重量 20 吨以上车辆过渡等措施。对过渡车辆违规、违章占道、在渡口闹事以及检查到未缴养路费等的车辆进行教育及处理 120 辆次。清除李九渡口九龙坡码头占道堆砌物 450 平方米,中渡口石门垃圾 200 平方米,石门桥处堆积物 400 平方米。同年,举行消防演习 120 人次,后勤厂对特殊工种人员进行年审 36 人次,对车辆年审 12 辆次。全年发生 3 期海损事故和 1 起机务事故以及"8·16"未遂事故,造成经济损失 1120 元。

1989 年 4 月 1 日起,对公路渡口渡运秩序进行清理整顿。在李九渡口引道内设置路政检查岗。要求检查优先过渡车辆情况和车辆装载情况,对超限车辆要求其改道运行,严格执行客车装载规定,制止非乘车人员由车渡过江。6 月 26 日,车渡站向总段请示雇请 4 位保安人员(经费 15000 元),制止李九渡口非随车人员过江。7 月 7 日至 12 日,两江(长江、嘉陵江)进入第 3 次洪峰,洪峰过后,李九、鱼吊、三土、铜元局渡口、后勤厂等 7 条引道受到不同程度水毁。10 月 1 日至 1990 年 1 月 8 日,开展第 12 次"百日安全无事故"竞赛活动。12 月 1 日,车渡站成立调查组,调查"11.27"重大未遂事故。

同年 10 月 4 日,四川省交通厅通知,从当年 10 月 1 日起发放"船员违章记录卡",并下发《四川省船员违章记录卡使用管理办法》。其中第三条规定,"船员违章记录卡"全卡为一联五张,每年 10 月由船籍港航监督机关发放。发放时应造册存查。第四条规定,各级港航监督机关在安全检查中发现或根据反映经查实有下列违章行为之一者,可裁剪"记录卡"一张并将违章情况和处理结果填写在"记录卡"背面,妥为保管备查。保存期 1 年,至发新卡为止。船舶不按规定载客载货,危及船舶安全的;证书超过期限或超越航区航线行驶的;酒后驾驶操作的;冒雾航行、争漕抢航、强行追越、不服从信号台指挥的;在禁航封渡水位冒险航行的;不具备夜航条件冒险夜航或在长江重庆以下航标不发光河段夜航的;未经批准载客的船舶违章载客的;有意不办理进出口签证的;擅自涂改和撕毁航行日志的;不按规定办理危险品货物准运手续的。

1990 年 5 月 8 日,召开防洪工作会,站、队、厂、锚地成立 5 个防洪领导小组,共

59人。后勤厂成立25人组成的防洪抢险突击队。建立24小时值班护船制度。站、队、厂与航监处、当地码头管理站建立水位消息联系网络。开展"安全质量月"活动。洪期前对9艘拖轮进行稳性校核,实施对铜元局油趸船安全技术规范要求改造。站9艘拖轮及各渡口、厂、锚地、油趸全部配备高频无线电话,形成安全、生产指挥通信网络。按国家国定,9艘拖轮全部配备控制河段使用的悬挂标志。各渡口补充、维修T型桩41个、扣环105个、地龙7个、救生衣21件、沙箱18个,各种规格钢绳2300米,恢复李九渡口的路政检查岗,维护涂刷码头引道标志28块,维修分道护栏36米。安全活动中,书写安全标语270张。3个渡口安装扩音机,宣传《公路渡口管理规定》。

同年8月28日,交通部《公路渡口管理规定》在全国已实施5个月,但车渡站设施设备较落后,渡运客车的相应执法手段等条件不具备,未执行《公路渡口管理规定》第十九条"车辆通过渡口,随车人员应下车过渡"。因改造设施设备仍需过渡阶段,决定在未落实执行《规定》第十九条前,客车过渡仍按原惯例过渡,但应采取以下临时安全管理措施:各渡口12车位车驳凡装载客车,连客车在内只准装载10辆;车驳当班水手对排在车驳前第一辆车和最后一辆车及客车要填塞打眼木,否则驾驶员不准开航;每轮(班)次只准载客车一辆,客车上船要排在车驳中间位置,不准上第一或最后;客车到达渡口,不准乘客下车,不准在渡口再增载乘客;客车在船上不准乘客上下车;调车人员要有高度责任心,精心合理调配车辆上船,以保证车驳平衡安全;指挥客车上下渡船的人员要严守岗位,正确使用指挥标志。对不称职人员要立即撤换。11月27日至12月1日,站进行冬季防火安全检查,在各队、厂、锚地、油囤、劳司、汽车班、职工住宅、单身宿舍检查时发现问题19个,全部进行整改。12月26日,车渡站下发《关于安全事故处理程序试行办法》。12月30日,车渡站下发《关于事故处理暂行规定》。

全年开展安全大检查6次,查出安全隐患308条,全部限期整改完毕。站安全、劳工、行政组织夜查渡口、厂9次,参加28人。全年开展防火安全检查14次,查处隐患49件,全部限期整改。参加消防演习9次,增加消防桶100个,8公斤干粉灭火机30具。查安全用电、用水、用房3次,查处违章人员32人。全年召开各种形式安全工作会议39次,安全业务学习会28次,业务培训会4次,"9·12"事故反省座谈会1次。受教育1479人次,职工受教育面99%。召开事故分析会4次,73人次参加。发专题事故通报1件,发交通事故案例分析4件。全年抢救落水者10人次,突出的好人好事15件次。水土渡口10名船员4月2日夜间救起一落水村民,受到在场外宾赞扬,集体立二等功。车渡站好人好事多次被《重庆晚报》报道。

1991年1月29日,车渡站转发1991年1月28日《交通部关于船舶遇险紧急通信处理细则的有关规定》。6月14日,车渡站下发《关于执行交通部〈客渡轮专用信号标志管理规定〉的通知》,要求制作完成专用色度、号灯、号型、标志图型、标志旗并于7月1日执行《客渡轮专用信号标志管理规定》。未完成配备的船舶不准投入渡运。6月17日至23日开展"安全生产周"活动。8月1日至11月10日开展"百日安全无事故"活动。9月12日召开"9·12"事故教育座谈会。11月21日至23日,车渡站对37名持证船舶驾驶员进行《91内规》集中学习,于12月25日学完考试,合格率100%。同年,每月28日定期召开安全生产会。全年安全检查450人次,提出整改意见980条。全年安全夜查120人次,查处7起违章行为。开展消防安全检查21次,发现隐患24起,查处3起违章行为。进行消防演习10次,对66名职工进行消防专题教育。全年发生安全事故5起,工伤事故3起,未遂事故3起,经济损失980元。

1992年1月6日,重庆市安全生产委员会表彰重庆市车渡站为1991年度地方水上安全工作先进单位,鄢忠利、唐安全、邓淮、任朝荣为先进个人。4月汛期前,对全站防洪工作进行大检查,增添地龙、扣环、T型桩62个,更新钢缆500米。5月,开展第14次"安全优质竞赛服务月"活动。同年,各渡口、厂每周组织一次安全学习,各船(班组)每月开展一次安全活动日。安全活动、安全学习使职工接受安全教育面100%。站进行定期不定期安全检查28次,参检471人次,提出整改意见80条,均及时整改。组织夜查渡口16次,查处8起违章。开展防火安全检查37次,查出一般安全隐患11次,均全部整改。站进行定期设备检查12次,参加检查人员117人次,不定期检查抽查14次,参加检查人员65人次,夜查3次。各基层单位进行消防救生演习12次。书写安全标语100余幅,设安全警告牌27个。

1993年,站安全领导小组与各队、厂签订安全目标责任书,制定年度水上交通安全控制目标图,将事故经济损失和安全责任分解到各队、厂。站安全领导小组每月召开一次有各队、厂安全员参加的安全生产会议。5月15日召开"站93年度防汛工作部署会",针对各基层单位的码头、航道条件及工作环境,制定不同的安全度汛措施。汛期前进行全面检查,添补、修复地龙、扣环、T型桩,新添钢缆800米。5月1日起,各要害部门和重点岗位实行定员挂牌值班制度,下午4点汇报当日安全生产情况,收听站的防洪工作安排。同月,开展第15次"安全优质服务月"活动,张挂大幅标语12幅,小标语180幅,渡口广播大量宣传,各渡口、厂办安全活动专刊1期,出专题简报1期,进行消防救生演习9次。8月至11月10日,开展第16次"百安活动暨四个安全整顿回头看活动",消除职工麻痹思想。强调交班水手必须使用口哨。同年,站组织定期不定期安全检查12次,参加检查人员245人次,提出整改意见72条并全部整改。组织夜查8次,查处违章2起。

1994年1月1日—3月5日,开展春运工作,站成立春运工作监督领导小组,各船在1月进行一次消防、救生抢险演习。4月,全站共组建各级防洪度汛领导小组6个,同时组建一支抗洪抢险突击队。针对重庆175米、180米、185米及以上的不同水位进行抗洪抢险模拟演习,每日进行汇报。5月,开展第16次"安全优质服务月"活动,各渡口、厂张贴横幅标语10幅,书写安全标语警句120张,渡口共举办安全活动专刊5期,站出专题简报1期,开展消防救生演习共9次。10月1日至次年1月1日,开展第17次"秋冬百日安全无事故"活动。同年,站每月组织定期和不定期的安全检查27次,参检人数326人次,提出整改意见75条并全部整改。组织夜查16次,参查108人次,查处违章违纪共8人次,并进行处理。全年发生交通事故6件,经济损失4482元。

1995年,全站各渡口、厂组建防洪领导班子4个,组建防洪突击队6个。4月26日,召开防汛部署工作会。汛前新添钢缆800米,增设换新洪水位泊位T型桩84个,扣环26个，整改防汛设施5处。同年，对易发生安全事故的生产环节进行整改80多次，杜绝事故隐患。

1996年，5月1日起，站渡口实行值班挂牌制度，按时收听水情，根据水位变化，做好防洪安排布置。5月，开展站第18次"安全优质服务月"活动。洪水来临前，渡口、码头引道添补、修复地龙、扣环、T型桩52个，添换钢缆2300米，更新卸扣110个。年底，开展第19次"百日安全无事故"活动。同年，安全检查参检280人次，提出整改意见25条，全部限期整改完成。夜查值班人员120人次，查处35次违章行为。全年对渡口、厂、油趸船进行消防安全检查15次，参检81人次，查出安全隐患28件。对易发生火警的职工住宅增设干粉灭火器15具，新购置更换干粉灭火器40具。投资1.5万元对3个单元的职工住宅电表进行增容，保证职工用电安全。全年书写、张贴安全标语250幅。

1997年3月27日，市交通局、市安委会办公室评选1996年度地方水上交通安全先进单位、先进集体、先进个人，车渡站获得先进单位(集体)名额1个，先进个人名额5个。4月，车渡站进行汛前防洪安全大检查，对各渡口、码头、引道的系泊设备，地牛、扣环、T型桩修复和增设22个，更新船舶钢缆2000米，更新卸扣、提头60个，对各队、厂存在的安全隐患全部整改。5月19日，重庆市船舶检验处要求各有船单位按国家船舶检验局要求在1997年6月30日前更换现船舶检验证书簿。8月4—9日，参加重庆市港航监督处举办的年审学习班三期，每期两天。参加市港航监督处于9月8日—10月23日举办的一期二、三、四等船舶的船员培训及考试。

同年11月，站领导班子调整后，颁布《加强安全管理工作的通知》，明确重申有关安全管理规章制度。

1998年1月4日，市港监处、市船检处转发交通部1997年第15号令《中华人民共和国船舶安全检查规则(1997)》。2月17日，市公路养护总段转发市交通局《关于加强长江干线港航监督管理》的通知，要求车渡管理站与港航监督机关办理船舶登记手续，联系船员培训、考试、发证事宜，对油趸、后勤厂作业场地进一步加强管理，严禁违章作业。4月初，在汛期前，为增强抗洪能力，新换钢绳2500米、锚链50米、卸扣30个，修补地龙、扣环、T型桩43个，配置灭火箱5个。9月7日—10月26日，参加市港航监督处举办一期一、二、三等船舶船员培训及考试。

同年，车渡站每月召开一次各单位安全员会议。全年开展安全检查49次，开展第20次"百日安全无事故"活动，安全活动中书写标语200幅，办各类墙报4期。经受8次洪峰考验，未发生任何事故和财产损失。全年仅发生交通小事故2起，损失1451元；工伤2起，损失312元；道路交通事故为零。

1999年，根据港航监督处安排，组建抗洪抢险突击队(由"公路105"轮和"公路4号"车驳组成)。为确保安全度汛，新配置各种规格系缆800米，码头新增扣环和T型桩16个，浮吊工作趸更换锚链1000千克，增设钢缆140米，增设高位洪水地牛4个，更换消防、冲沙水带200米，新添灭火机具25具。11月30日—12月2日，站长巫立豹、副站长邓淮带队对站属各单位进行年终安全大检查，列出整改意见18条。重申4条注意事项：严禁在船员舱室使用大功率生活电器；加强救生、救火器材、设施的维护管理和定期检查,放置在取用方便的地方,消防泵消火栓等灭火器材和设施要随时处于良好状态,保证能够应急启用;机动船必须每月举行一次救生(救火)应变演习,并做好记录,队安全员签字鉴证;严禁非本单位职工在船留宿,职工家属不得长期在船居留。同年,开展安全大检查7次,夜查48次,整改事故隐患9次,查处违纪人员9人。全年评选安全先进集体2个,先进班组10个,先进个人112人。全年发文、转发上级文件及典型案例通报23件,书写安全标语95条。

2000年3月1日,市安全生产委员会办公室表彰车渡站为1999年度重庆市水上安全工作先进集体。5月1—31日,车渡站开展第21次"安全优质服务月"活动,评先进集体1个。

2001年,年初拟定站属各队(厂)的安全目标任务及工作内容,站长与各队(厂)长签订《质量安全目标责任书》。3月5日,市交通委员会、市经委安全生产局表彰2000年度地方水上交通安全工作先进单位和个人,车渡站被评为先进单位。邓淮、巫立豹被评为先进个人。配合"水上运输安全管理年",5月和9—12月,分别开展"安全优质服务月"和"百日安全无事故"活动。同年,每月召开一次站安全生产例会,总结当月安全生产工作。全年开展安全夜查15次,参检人员64人次,查处违规违纪3人次。配合港监人员对5艘机动船进行定期(每半年一次)安全检查,全年检查10艘次,绝大部分合格,部分不足之处均进行整改并申请复检合格。对在职特种作业人员7人进行消防安全培训。全年有3次船舶轻微事故,经济损失400元。

2002年4月11日,市交通委员会表彰车渡站为2001年度水上交通安全工作先进单位。5月1—31日,车渡站开展第23次"安全优质服务月"活动,评出先进集体1个。5月8日,车渡站下发《重庆市车渡管理站关于加强船舶安全管理基础工作的通知》,再次重申站、队(厂)、船舶(班组)安全管理分级负责制,落实安全生产岗位责任制,实行安全管理责任追究制。同年12月13日,车渡站接到重庆海事局下发《关于对长江干线汽车渡船进行检验复核的通知》,按照《关于加强长江干线汽车渡船安全管理的通知》(交海发〔2002〕495号)要求,逐项制定整改措施和申请检验复核的计划安排,于2002年12月31日之前报所在地船舶检验机构。

2003年,开展治理公路"三乱"宣传检查活动。详细拟定三土渡口《渡运作业季节性安全措施》,明确在不同水位期和特殊气象条件下的安全操作要点以及在洪汛期间小河涨水时的封航停渡水位。在鱼吊、三土两个在航渡口的码头引道和船舶新设安全标志,设置渡口标志牌和限速、限重标志牌12块,制作《过渡须知》告示牌4块。6月,开展第24次"安全优质服务月"活动。9月10日—12月18日,开展第25次"百日安全无事故"活动。全年车渡站未发生船舶、行车、工伤等上报事故,火灾、失盗控制率100%。

2004年6月1—30日,开展第25次"安全优质服务月"暨"反三违月"活动,评出先进集体1个。5月1日—9月30日,站、队(厂)每天安排专人值班负责接收水情预报(或灾害性天气),值班人员进行记录,通报有关部门和人员,并公布上墙。"重庆602"轮("公路113"轮)收回后,致使船修厂囤船的系泊形式发生变化,囤船负荷增大。同年,进行3次安全生产大检查。路政人员维护码头秩序,指挥过渡车辆在指定位置待渡、上船、下船和安全有序通行。

2005年4月20日,车渡站安全生产领导小组转为防汛抗洪工作领导小组,组长邓淮,副组长江恩,成员10人,负责防汛抗洪工作。6月,开展安全生产月活动,制作安全生产月活动大型宣传标语5幅分别在码头、船趸的显著位置悬挂,发放安全知识小资料和《过渡安全须知》传单600份。在船修厂组织召开主题为"遵章守纪,关爱生命"的安全生产专题座谈会,与会职工50余人。开展汛期安全生产大检查2次,检查出安全隐患和设备缺陷项目11项,并限期整改完毕。站安全、劳工、机料部门组织突击安全夜查3次,检查当班的70多名职工夜间遵守劳动纪律的情况。9月10日—12月18日,开展第27次"百日安全无事故"活动。

2006年6月,在全站开展第27次"安全优质服务月"活动。9月10日—12月18日,在全站开展第28次"百日安全无事故"活动。全年开展安全生产大检查13次,其中汛前、汛中专项检查5次,突击安全夜查3次,共提出整改意见75项,全部在规定时限内完成整改。

2007年2月8日,重庆市公路局表彰车渡站为"安全生产管理三等奖",可对本单位在岗职工按人均1个月工资予以奖励。6月1—30日,车渡站开展以"预防为主,保障平安"为主题的第28次"安全优质服务月"活动,设安全宣传标语7幅,发放宣传资料1000余份。汛期前,为船修厂在更新1000千克的开锚(原开锚300千克)。9—12月,开展第29次"百日安全无事故"活动。开展消防安全月活动,专项整治火灾隐患,举办队(厂)、汽车班安全员消防安全座谈会。同年,车渡站三土渡口和鱼吊渡口公路引道边缘安装波形防撞护栏,完善公路渡口标志、限速、限重标志。全年开展安全大检查12次,其中汛期专项安全检查2次,提出整改意见68项,全部限期整改完成。组织开展避雷专项检查。

2008年1月23日,市公路局表彰车渡站为"2007年度安全生产目标管理先进单位"。年初,执行《安全一岗双责制度》,由站长与各队(厂)长、汽车班长签订安全生产目标责任书。同年,开展第29次"安全优质服务月"活动和第30次"百日安全无事故"活动。每月例行进行安全生产大检查,每逢"春节""国庆节"等重要节假日前,均组织开展专项安全检查。全年开展安全生产大检查12次,专项检查4次,提出整改事项共73项。突击夜查3次,查处违纪船员2人。利用修船、换船机会,组织对技术船员进行顺江、横江实作培训6航次,参加培训13人次。

2009年6月1日至30日,开展"全国安全生产月"暨第30次"安全优质服务月"活动。7月15日—12月15日,开展安全生产大排查大整治大执法专项行动。9月10日—12月18日,开展第31次"百日安全无事故"活动,活动期间共制作宣传标语横幅12幅,发放安全知识传单300份。

同年,对各队(厂)安全生产大检查11次,专项检查3次,提出整改意见89项,全部在规定时限内完成整改;通洋公司对各项目部安全生产大检查5次,专项检查1次,提出整改事项29项,全部完成整改。站安全部门协同通洋公司安全机运部,共同编纂《安全工作手册》和各项目部安全管理台账等一系列制度范本。全年对过渡车辆进行安全检查,查禁可疑物品,防止可疑人员在车渡船舶上制造事端。对装运民爆、化危物品的车辆查验其有无合法准运手续,并实行单独渡运。开展船舶救生救火演练,使职工熟练掌握相关消防设备和器材的使用方法。分批组织管理人员和项目部安全员到重庆建筑技工学校培训,系统学习安全管理知识,35人获颁相关等级安全管理证书。

2010年,对通洋公司相关安全制度进行修改,对站、公司的安全台账进行整理分类、归档保存。购置安全管理书籍2套、档案盒20个,规范安全用品的采购管理和安全公文的办理程序。全年安全生产大检查12次,专项检查6次,提出整改意见79项,全部在规定时限内完成整改。通洋公司对各项目部安全生产大检查3次,专项检查2次、提出整改事项10项,全部完成整改。其中,4月开展车渡站安全生产大排查大整治专项行动回头看工作,督促各班组做好接班前(开工前)、生产作业期间的例行检查。对船舶、机具设备进行定期检查维护每月不少于2次。专项行动期间共查出一般安全隐患5处,提出安全整改事项34条,期限内整改完毕。另分别组织开展春运安全、国庆、中秋期间安全专项检查各1次,汛期安全和消防安全专项检查各2次,印发安全检查通报。9月10日—12月18日,开展第32次"百日安全无事故"活动,共制作宣传标语横幅16幅,发放安全知识传单300份。同年,在各渡口对装载有有毒有害、易燃易爆、强腐蚀等危险物品车辆坚持单独渡运。新购灭火器50具,消防水带20盘、灭火器箱12个、消防桶20只。各队(厂)、船趸每月开展船舶救生、救火演练。全年共编发安全生产信息简报10篇,张贴安全画报20张,插设安全彩旗30面。

2011年,洪期来临前,督导各队(厂)对码头,泊位的系泊设施设备(扣环、T型桩、锚缆、地牛)进行全面检查和维护,采购储备必需的防汛物资器材;各施工工地,冷(热)拌站在汛前完善排水设施,防止雨季发生内滑,对松软基础进行强基固体。5月30日—6月30日,站和通洋公司开展"全国安全生产月"暨第32次"安全优质服务月",活动期间,进行专项检查,查出一般安全隐患12项、纠正"三违"行为3例。9月10日—12月18日,开展第33次"百日安全无事故"活动。10月9—10日在全站开展"清剿火患"专项行动。全年安全生产大检查12次,专项检查2次,提出整改意见104项,全部在规定时限内完成整改。通洋公司对各项目部进行安全生产大检查6次,专项检查2次,提出整改事项22项,全部完成整改。全年无重大工程缺陷和质量安全事故发生。

2012年4月和9月,举办2场消防知识讲座;5—6月,开展"安全生产月活动",其间分两批对42名船员进行水上基本安全培训;9月至12月,开展"百日安全无事故活动";10月下旬开展为期1个多月的应急巡航演练,11月上旬船修厂举行救生、救火、救船演练。全年站开展安全生产大检查12次,专项安全检查3次,启动安全夜查12次,日常巡查100余次。排查化解重大安全隐患2项,一般安全隐患75项,限期完成整改77项,整改率100%。

2013年6月,开展"安全生产月暨创建平安交通活动"。活动组织开展水上安全教育培训活动2期,消防知识讲座1次,张挂安全横幅2条。开展安全巡查4次,未发现重大安全隐患和"三违"行为。9—12月,开展"百日安全无事故活动"。全年安全生产大检查12次,专项检查2次,提出整改意见96项,启动安全夜查10次,日常巡查 100 余次。排查化解重大安全隐患 3 项，一般安全隐患 72 项，限期完成整改 75 项，整改率 100%。全年成功应对长江 15 次洪峰（最高一次超警戒水位）、嘉陵江 12 次洪峰的考验，船舶设备安全度汛。

2014 年，开展防洪度汛安全检查及专项检查 3 次，并印发整改通报和专项安全管理通知。8 月 1 日起施行交通部 6 月 19 日颁发的《内河渡口渡船安全管理规定》（交通运输部令〔2014〕9 号），《公路渡口管理规定》（交通部令〔1990〕11 号）同时废止。10 月，在全站范围内开展"清剿火患"专项行动。全年对各队（厂）安全生产大检查 10 次，专项检查 2 次，提出整改意见 104 项，全部在规定时限内完成整改。

2015 年 5 月 1—9 月 30 日进入汛期，车渡站执行 24 小时值班，做好各项防范，排除安全隐患，做好信息传递。6 月 1 日至 30 日，开展主题为"加强安全法治，保障安全生产"的全国安全生产月活动。8 月 4 日，车渡站印发安全生产"党政同责、一岗双责"制度。对主要领导、各部门安全责任进行明确。

2016 年，年初落实安全生产"党政同责""一岗双责"制度，签订安全目标责任书 10 份。5 月 1 日至 9 月 30 日，执行 24 小时值班制度。按照新《安全生产法》和《企业安全标准化基本规范》关于实施安全标准化管理要求，重新制定和修订了船舶、码头、仓储各生产板块的安全规章制度以及汛期 24 小时"无缝隙"值班制度。全年召开月度安全生产会 12 次，季度安委会 4 次，专项安全生产会 2 次，全年大检查 12 次，专项检查 4 次，提出整改意见 25 项，并全部在规定时限内完成整改。在储奇门、铜元局、水土、鱼洞码头设立水位标示线；在水土、铜元局码头上增设波形护栏 600 余米；在鱼洞安装防护栏 40 米；在九龙坡增设地牛 2 处；更换和新增 T 型桩 26 个，将安全设施提档升级。

2017 年，年初签订安全责任书 10 份。汛期执行 24 小时值班制度，收发气象、水文预报预警信息。6 月 1 日至 30 日，开展主题为"压实企业安全主体责任，助力平安交通纵深发展"的安全生产月和安全生产"渝州行"活动。8 月 1 日，获市公路局下达安全工作专项经费 20 万元，用于增添、更新相关安全设施设备。全年开展安全生产大检查 34 次，专项检查 4 次，整改意见 15 项，全部在规定时限内完成整改。召开月度安全生产会 12 次，季度安委会 4 次，专项安全生产会 2 次，把安全"一票否决制"纳入部门和职工考核中。安全宣传工作观看安全警示教育片 2 次，张挂宣传横幅 2 幅，向水土过渡车辆驾乘人员发放安全知识传单 300 份。

2018 年，车渡站与各下属单位签订安全生产工作目标责任书 11 份，将安全"一票否决制"纳入考核标准。汛期关键期制定防汛防洪应急预案，明确红、橙、黄、蓝四级响应机制和响应措施。委托专业机构对储奇门、铜元局、九渡口开展趸船系泊设施安全评估，汛前安全自查 20 余次，提出整改意见 23 条，整改完成率 100%。收发水文、气象信息 60 余条，并第一时间传达到渡运一线。全年执行安全生产"月度例会、季度专题会"制度，召开月度安全生产会 12 次，季度专题安委会 4 次。党委也召开专题研究安全工作会。全年以"安全生产年"为主线，开展"渡运安全""应急安全""工地安全"专项行动。定期或突击对渡运、码头、工地、消防、信息等检查 31 次，提出整改隐患 43 项，整改率 100%。组织 130 余名职工观看安全警示教育片。在船舶、码头张挂宣传横幅 10 幅，发放安全知识传单 200 份。

2019年,车渡站与所属各队、中心签订安全目标责任书11份。组织安全生产会、季度安委会16场次,开展安全检查27次,整改31项。应对洪峰过境7次,清淤除沙2万立方米。

2020年,车渡站贯彻"安全第一,预防为主,综合治理"的方针,签订安全生产工作目标责任书11份,明确目标,细化责任,确保各项措施落实。召开月度安全生产会12次,季度专题安委会4次,坚持自查与督查结合,安全检查15次,提出整改意见18项,整改率100%。组织观看安全警示教育片,参加安全生产月知识竞赛,张挂宣传横幅11幅,张贴安全海报8幅、安全标语8幅,发放安全知识传单200份。疫情期间,迅速成立疫情防控工作领导小组,购买卫生口罩、消毒水、红外线体温仪等抗疫物资,实行分餐制,掌握职工日常动态。

第二节 应急救援

一、队伍组建

随着重庆两江(长江、嘉陵江)的开发利用,水上应急抢险和救援工作成为常态。车渡站主动找上级管理部门陈情,要求承担部分应急抢险责任,得到上级部门批准。车渡站抓住建立水上应急救援体系的机会,融入站的码头、船舶、人员等方面资源,作为单位可持续发展的支撑力量。在战备码头的改造、船员引进培养等方面向水上应急体系靠拢。

2010年11月4日,车渡站印发《公路渡口应急救援队伍建设方案》。2011年2月15日,车渡站成立"平安重庆·应急联动防控体系数字化建设领导小组"。

2013年,市交通委员会主任办公会明确赋予车渡站部分水上应急抢险职能。同年,第一批应急设备(3900马力拖轮)完成前期设计工作。

2015年,车渡站重新拟定站职责任务,新增开展水上、公路应急抢险工作职能。

2016年9月29日,市公路局向车渡站无偿划转"渝救援113"轮。11月,为更好地履行应急救援职能,适应车渡转型发展,在船修厂基础上成立储奇门应急救援中心。11月2日,罗开胜兼任储奇门应急救援中心主任(原职级不变)。11月22日至25日,车渡站将"车渡1号"趸船移至储奇门应急救援中心。

2017年6月20日,"重庆车渡103"轮和"重庆车渡2号"趸船完工,移泊至铜元局战备码头。6月26日,成立铜元局应急救援中心。免去叶强鱼吊队队长(主持工作)职务,改任铜元局应急救援中心副主任(主持工作)。7月5日,车渡站党委书记刘发文到铜元局应急救援中心召开职工大会,宣布机构和人员组成事项。副站长陈军宣读关于成立铜元局应急救援中心的文件。

2018年,车渡站购置配套应急船艇,完成1艘冲锋舟的前期调研、技术论证并组织采购。

2019年5月27日,王科任储奇门应急救援中心副主任(主持工作)、王平任储奇门应急救援中心副主任试用期满,按期转正。

同年,车渡站成立水上应急抢险突击队,22人取得红十字会救护员资格证,11人取得快速船操作资格证。站共有应急救援队员90余人,其中船长及驾驶人员22人。

2020年,车渡站有储奇门应急救援中心、铜元局应急救援中心,有大型救援设备"渝救援113"轮、"公路107"轮及巡逻船、冲锋舟、六翼无人机、150全液压挖机、清扫车等应急救援设备。同年,采购手持甚高频、手提探照灯、应急安全头灯等各种救援装备共计10种150件。基本满足突发情况时交通战备的需求。

二、日常工作

1965年3月14日,"公路101"轮抢救"江北县1016"号木船1只,人、船、货均未受损失。4月8日,"公路108"轮抢救"市运1-080"号煤驳1只,使煤炭免遭损失。

1978年6月23日,"吉林102"轮发生海损事故,鱼洞车渡船员冒雨抢救,使运送的102头猪仅损失3头。9月18日,巴县农机厂一号车装钢梁过江,超长、超重,上跳时车头上翘,全渡想方设法,协助驾驶员开车上跳,既避免车辆滑跳,又保证正常渡运。

1988年6月16日,通用机器厂一辆渝州牌汽车从石门渡口码头开下河洗车,由于车况不好,车辆滑向江中。车渡站"公路106"轮陈光其、陈善学、刘世信等积极抢救,排除险情。6月19日,装有一车炮弹的江陵厂车到中石渡口过渡,驾驶员不慎将车开到水中。中石队船员冒着大雨,积极组织人员帮助抢险,奋战40分钟,排除险情。

1992年5月4日,"公路114"轮满载车辆从三胜码头抵达水土码头,正待出车时,车驳右舷江北县嘉陵玻璃纤维厂渝州牌2吨平板货车驾驶室发生火灾,任朝云、伍应龙、金建国、李光渝、祝伯君、刘宾、黄永忠、陶于安积极参与救援,为国家挽回经济损失数十万元。

1993年6月28日,水土"公路101"轮在洪水中将空无一人被洪水冲走的"嘉航17"轮施救回岸,挽回上百万元损失,受到水土镇政府、航管站、嘉航处的高度赞扬。

2008年5月12日,四川汶川发生8.0级大地震。5月19日,车渡站第一批17名救援人员作为重庆交通(公路)赴川抢险第一突击队先头力量,整装前往位于德阳什邡市的红白镇。经过17个昼夜的敢死拼搏,抢通了救援生命的通道(图5-1)。

2011年,制定《重庆市车渡管理站水上应急演练方案》和《重庆通洋公路工程有限公司生产安全事故应急预案》。6月22日15—17时,在船修厂趸船举行船舶救生救火水上应急演练。参加应急抢险作业2起。6月22日,中石化某局油田建设工程公司承接的重庆市都市区天然气外环管网(北碚段)嘉陵江穿越工程工地(高程183米)将被洪水淹没,十多台价值数千万元的进口机电设备急需撤场转移至安全地方。接报后,站调动"公路107"轮和"公路5号"车驳火速前往驰援,将该公司钻机等十多台机电设备安全地转场到水土码头。8月19日凌晨,水土镇客渡船"渝北碚客0112"搁浅岸边,站三土渡口调派"公路107"轮火速前往救援,脱浅成功,恢复运营。

图 5-1　2008 年 5 月 23 日,车渡职工在汶川地震灾区参加应急抢险

2012 年 10 月下旬,开展为期 1 个多月的应急巡航演练。11 月上旬,船修厂举行救生、救火、救船演练。

2013 年 4 月 20 日 8 时 2 分,四川省雅安市芦山县发生 7.0 级地震。同日,车渡站及所辖通洋公司参加市公路局组织的震后赴雅安救援筹备紧急会议。车渡站对主要负责的后勤保障工作进行安排,拟定后勤保障人员、后勤保障物资、救援设备及操作手。

2014 年 6 月 13 日,车渡站在所辖三土渡口举行 2014 年消防救生应急演练。7 月,在储奇门船修厂组织船舶救生救火水上应急演练。

2015 年 5 月 15 日,西南水上救援第一拖"渝救援 113"轮在涪陵川东船厂成功试航。市港航局、市车渡管理站、川东船厂以及设备服务商共同参与该轮出厂交付前各项性能的综合性检验工作。7 月 8 日,重庆市水上交通应急救援基地在曾家岩水域开展"渝救援 113"轮顶推"渝救援 111"轮组队编队作业训练,车渡站组织 14 名船员参训。

2016 年 1 月 4 日,水土码头一辆货车突发状况,油箱漏油撒遍码头引道,严重影响过往车辆。车渡站随即启动公路渡口码头应急预案,及时排除险情恢复渡运。7 月 12 日上午,中国人民解放军西部战区司令员赵宗岐到车渡站所辖鱼洞战备码头,调研军地防洪抗汛应急演练工作,指出要进一步增强军地联合意识,强化联合指挥、联合行动、联合建设,打赢防汛救灾这场特殊战役。8 月 10—20 日,组织"渝救援 113"轮全体船员开展为期 10 天的半军事化训练。全年开展短途巡航拉练 90 次、长途(重庆至巫山)巡航拉练 1 次、联合演练 3 次。同年,"渝救援 113"轮成功救援磁器口事故船舶。

2017 年 4 月 1 日,重庆市港航管理局在石马河应急基地趸船召开 2017 年第一次重装备联席会暨主城六区应急工作协调会,车渡站参加会议。7 月 28 日,"渝救援 113"轮参加由重庆市渝中区人民政府与重庆市港航管理局联合主办的汛期水上交通突发事件应急处置综合演练。8 月 7 日,市公路局下达给车渡站第二批公路应急抢险补助经费 20 万元。7 月 20 日,重庆市港航管理局通知要求规范水上应急救援工作,应急人员在救援时需着应急救援服装或海事制服并穿戴救生衣;应急船艇应做好应急装备维护管理,确保船艇适航、车辆设备适用,原则上,收到指令后人命救助船艇在5—10月应5分钟内出动,其他月份应8分钟内出动。"渝救援113"轮等大型救援装备收到指令后应30分钟内出动。救生衣、救生杆、救生绳及软梯等常用救生设备应放置在救援船艇上。在出动应急冲锋舟救援时,有条件的基地、站点尽可能安排辅助船艇配合。应急处置原则:人命救助优先原则、自救互救原则、属地响应原则。全年开展半军事化训练,开展巡航拉练与应急演练240余次,其中,长途拉练5次。

2018年7月13日,车渡站"渝救援113"轮先后在朝天门大桥、寸滩大桥、南岸区廖家凼3个水域成功施救船趸4艘,分别为失控打流60米大型工程趸船1艘、危化品运输船1艘、5400吨满载货物散货船1艘、装载200吨柴油趸船1艘。挽回经济损失2000万元。10月26日,市公路局在李家沱战备码头开展2018年度公路交通战备应急演练,演练由车渡站承办,市公路养护管理段、市公路职工培训与信息服务中心协办。共出动水陆应急队员72人,"渝救援113"轮、挖掘机、救援无人机等应急装备18台(套)集结,先后开展应急队伍集结、战备渡口紧急启用、渡运车辆作业、消防灭火、人命救助、遇险船舶救助、挖掘机技能展示7个演练科目。

全年组织开展2期公路交通战备应急演练活动,80余名应急队员参训。在全站组织开展船舶驾驶、水手工艺、设备抢修等方面的"业务技能大比武"1次。巡航拉练成常态化。"渝救援113"轮开展巡航拉练106次,非渡运船舶开展巡航拉练53次;在鱼吊、李九两对渡口开展战备渡运练习2次。完成"车渡001"号巡逻船的建造;开工建造"重庆车渡公路3号船";采购冲锋舟1艘、六翼无人机1台、150全液压挖机1台、3吨和5吨清扫车各1辆等应急救援设备。

2019年,开展"大培训、大练兵、大比武"活动,开展应急救援培训2期。举办2019年度重庆公路交通战备应急演练,参加交通运输部主办的2019年长江干线水上联合搜救演习,在国家级大规模搜救演习中发挥作用。船舶常态巡航20次、里程5643千米;长途拉练1次、里程188千米。配备应急救援冲锋舟3艘,购置人命救助设备43件,所属9个战备码头实现封闭式管理,安装应急专用供电设施2处。

2020年,面对长江5号洪峰和嘉陵江2号洪峰,车渡站及时修订并下发《重庆市车渡管理站防汛抗洪应急工作预案》,启动应急预案6次,调整预警等级4次。组织洪水线以下物资转运、附属设施拆除工作,各队(中心)全员进入24小时应急值班状态(图5-2)。

图5-2 2020年8月,洪水中的储奇门码头和趸船

同年8月初,武隆区境内持续强降雨导致鸭江镇到庙垭乡段道路发生山体滑坡、多处道路塌方、损毁,部分道路交通中断等险情,车渡站通洋公司鸭江项目部抽调专业技术人员10余人到现场协助抢险救灾,投入挖机、装载机和运输车等设备10余台。持续奋战8天,共清理塌方18处,恢复路基20余米,清理倒在公路上的树枝50余棵,疏通道路5条,打通庙垭乡与外界的通道,及时恢复了交通。

同年,车渡站开展常态巡航拉练100次,恶劣天气巡航10次,高洪水位巡航25次,冲锋舟训练63次,无人机训练51次,无人救生船训练20次,人命救助训练31次,渡口紧急启用50次。开展安全应急理论培训2期,参加重庆市2020年度公路及交通战备综合演练、2020年重庆市水上交通应急救援综合演练,组织开展2020年度岗位技能大比武活动。救助野泳爱好者1名,失控皮划艇1艘2人,航道测量艇1艘3人,载有800余吨柴油中石化油趸1艘船员9人,发挥了社会效益和安全保驾护航作用。

第六章 路政工作

第一节 路产路权

公路路产是指公路财产,主要包括公路、公路用地、公路附属设施(公路附属设施是指为保护、养护公路和保障公路安全畅通所设置的公路防护、排水、养护、管理、服务、交通安全、渡运、监控、通信、照明、收费等设施和设备以及专用建筑物、构筑物等)。公路路权是指公路路产的所有权、经营权和管理权,也表现为交通主管部门为清除非法侵占公路路产而拥有的行政管理权和民事权益。

1987年10月13日,国务院发布的《中华人民共和国公路管理条例》,对"公路""公路用地"和"公路设施"做了明确界定。"公路"是指经公路主管部门验收认定的城间、城乡间、乡间能行驶汽车的公共构造物。"公路设施"是指公路交叉道口、界碑、测桩、安全设备、通信设施、检测及监控设施、养护设施、服务设施、渡口码头、花草林木、专用房屋等。"公路用地"是指公路两侧边沟(或者截水沟)及边河(或者截水沟)以外不少于1米范围的土地。

1983年8月31日,四川省人民政府等单位下发《四川省战时交通保障计划》(川府发〔1983〕151号文);1992年8月21日,四川省人民政府办公厅下发《关于保留战备渡口有关问题的通知》(川办发〔1992〕54号文);1993年7月28日,重庆市人民政府《关于保留部分战备渡口有关问题的通知》(重办发〔1993〕64号文);1996年10月,成都军区下发《关于战备渡口保留》,规定:重庆市车渡管理站所管理的在主城区外环高速公路以内的李(家沱)—九(龙坡)渡、储(奇门)—海(棠溪)渡、菜(园坝)—铜(元局)渡、中(渡口)—石(门)渡属于战备渡口,其码头公路引道范围(即与公路管理段所管养路段的连接处共5处):

李九渡,九龙坡码头为河边至九渡口转盘(即当地零水位时水沫线至以上280米处);菜铜渡,铜元局码头为河边至现车渡库房即公路接口处(即当地零水位时水沫线至以上230米处);储海渡,海棠溪码头为河边至滨江路护岸挡墙与引道接口处(即当地零水位时水沫线至以上320米处)。中石渡:①中渡口码头为河边至滨江路接口处(即当地零水位时水沫线至以上230米处)。②石门码头为河边至下河公路弯道以下接口处(即当地零水位时水沫线至以上250米处)。

2002年11月25日,重庆海事局下发《关于重庆市车渡站车渡使用水域的批复》(渝海通航〔2002〕51号),明确规定鱼洞—吊儿嘴车渡、李家沱—九渡口车渡、铜元局—菜园坝车渡的使用水域(详见附件四)。

2007年1月8日,重庆市交通委员会下发《关于重庆市公路局车渡站车渡战备码头使用岸线的批复》(渝交委计〔2007〕4号),明确鱼洞车渡码头、吊儿咀车渡码头、李家沱车渡码头、九渡口车渡码头、铜元局车渡码头、菜元坝车渡码头、海棠溪车渡码头、储奇门车渡码头、储奇门车渡修船码头、石门车渡码头、中渡口车渡码头、北碚黄桷树车渡码头、北碚东阳车渡码头、水土车渡码头、三胜车渡码头、人民路车渡码头的使用岸线(详见附件四)。

2009年7月3日,重庆市交通委员会下发《关于市公路局车渡管理站菜园坝和吊儿咀车渡战备码头岸线调整的批复》(渝交委港行〔2009〕15号)、《关于市公路局车渡管理站巴南鱼洞车渡战备码头岸线调整的批复》(渝交委港行〔2009〕16号)、《关于市公路局车渡管理站北碚三胜等车渡战备码头岸线调整的批复》(渝交委港行〔2009〕18号)3个文件,明确菜园坝车渡战备码头、鱼洞车渡战备码头、北碚三胜车渡战备码头的使用岸线。

2020年,车渡站管辖主城区储(奇门)海(棠溪)渡、菜(园坝)铜(元局)渡、李(家沱)九(渡口)渡、鱼(洞)吊(儿咀)渡、中(渡口)石(门)渡、三(胜)土(沱)渡、北(碚人民路)黄(桷树)渡7个战备公路渡口,15个战备码头。码头使用岸线1460米,码头引道洪水期长2901米,枯水期长3001米。

第二节 路政管理

公路路政管理,是公路主管部门及其授权的公路管理机构,依法对公路的路产路权所实施的行政管理。具体包括:负责管理和保护公路、公路用地和公路设施(简称路产),依法查处各种违章利用、侵占、污染、毁坏路产的行为,控制公路两侧建筑红线,审理跨越公路的其他设施建筑事宜,核批公路的特殊利用、占用和超限运输,维持公路渡口和公路养护施工作业的正常秩序等。

一、管理机构

1993年9月11日,重庆市公路路政管理大队下发《关于在重庆市车渡站设置重庆市公路路政管理大队第十一中队的通知》(重路政发〔1993〕08号),决定成立"重庆市公路路政管理大队第十一中队"(简称路政第十一中队)。路政第十一中队下设3个分队。李(家沱)九(渡口)战备公路渡设置"重庆市公路路政管理大队第十一中队二分队";鱼(洞)吊(儿咀)战备公路渡设置"重庆市公路路政管理大队第十一中队三分队";三(胜)土(沱)战备公路渡设置"重庆市公路路政管理大队第十一中队四分队"。

各分队的路政人员共24人。路政第十一中队:鄢忠利、王永丰、金季美、刘甫吉、邓淮、周文惠、巫立豹、周光华。路政第十一中队二分队:徐永贵、蒋华山、王羽文、刘克强、陈维强。路政第十一中队三分队:李蜀渝、姚永志、包学亮、梁必胜、伍印龙、罗友林。路政第十一中队四分队:任朝云、李长春、刘庆、吕万明、周明。

2003年5月16日,重庆市公路局下发《关于成立重庆市公路路政管理总队直属二大队的批复》（渝路局〔2003〕77号），同意撤销原"重庆市公路路政管理大队第十一中队"，成立"重庆市公路路政管理总队直属二大队"（简称路政二大队），由重庆市公路路政管理总队授权负责车渡站所管辖公路渡口的路政管理工作。其职能职责是：贯彻执行路政法律法规和战备公路渡口的相关规定，维护公路渡口的路产路权，保证渡口功能完整；加强公路渡口的上路巡查，确保公路渡口的安全畅通；在职权范围内审批公路渡口范围内的挖掘、临时占用公路和公路用地，并对其实施行为进行监督检查；严格贯彻执行重庆市公路路政管理总队所规定的"路政人员六不准"；严格按照重庆市物价局、重庆市财政局、重庆市交通委员会制定的过渡费征收标准征收过渡费，并做好收支两条线的解缴工作；负责过渡票的领用、保管、发放工作；负责对收费人员的票、款、账进行稽查，对违规违纪者按照规定进行严肃处理；定期组织路政、收费人员培训学习，不断提高政治素质和业务素质；负责受理、调查和处理路政、收费方面的投诉和举报。

重庆市公路路政管理总队直属二大队保留了三分队、四分队。路政人员9人。直属二大队人员：邓淮、巫立豹、刘庆、周光华。三分队：蒋华山、周明。四分队：李长春、吕万明、罗开胜。

2005年6月，成立重庆市交通行政执法总队，重庆市公路路政管理总队直属二大队终止行政执法。保留路政许可权，无路政处罚权限。

二、管护工作

1939年9月30日，重庆卫戍总司令部训令发至重庆市警察局，训令称，储綦段公路交通管理处提议维持汽车渡船秩序，理由是储奇门及海棠溪两个汽车渡口秩序"尚未臻整齐"，其原因在于，军民随便抢乘汽车渡船且有任意吸烟者，"实属危险"；小孩在渡口兜售食物以致秩序紊乱，"设有奸小混迹渡口，治安堪虞似应严予取缔"。训令称，经交通整理会议商讨取缔方法，决定：汽车渡船上秩序由储綦段公路交通管理处转自路警负责，在路警未派到以前暂由航务处负责；南北两岸治安秩序由航务处负责维持；取缔小贩，南岸由警察第十二分局担任，北岸由警察第三分局担任。

1940年4月16日，重庆卫戍总司令部训令重庆市警察局整治汽车渡河乘客不下车及司机不遵守单行停靠守则等现象，并令所属汽车部队及各渡口稽查宪警切实纠正前述违规现象，具体由警察局第十二、第三分局负责。

1976年1月1日起，执行四川省交通局制定的《四川省公路养路费票据使用管理办法》。

1981年，重庆市人民政府《重庆市市政设施管理暂行办法》，把重庆公路养护总段管养的，在七区四县境内的国、省公路等1200多千米的路政管理工作纳入该办法的管理范围。

1982年11月25日，重庆市人民政府《批转市交通运输管理局〈关于公路养护管理中出现的严重问题和解决意见的报告〉的通知》（重府发〔1982〕256号）。其中规定：对于拆毁公路、桥梁、涵洞标号志、安全设施等非法行为，必须给予应有的处理；明确公路两旁留地,权属公路养护部门。养路工人在公路留地范围内,进行经常性的维修保养(包括整修路基、路面、附属设施、排水系统、树立标志、取土、倒土、采石、植树、堆放养护材料),任何单位和个人不得阻碍;收回公路两旁留地,明确公路两旁留地权属,凡被占用的,应归还公路部门,注册立档,树立公路地界标志;公路两旁留地范围的一切违章建筑,必须限期拆除,对损坏公路设施的要进行赔偿。

1984年3月,四川省人民政府颁发的《四川省路政管理暂行办法》,对公路留地作出的规定是已成公路、国道、省道两旁留用土地,挖方路基为天沟以外1米,无天沟的为坡顶以外2米;填方路基为取土坑外1米,无取土坑或原取土坑消失地段,为坡脚以外3米。

1988年12月23日,车渡站向重庆市公路养护总段申请在李家沱车渡设立路政管理检查亭。在李家沱—九龙坡车渡两岸引道内设置路政管理检查亭2个。1989年1月6日,重庆市公路养护总段批复同意车渡站在李家沱车渡设立路政管理检查亭。

1989年3月23日,下发《关于重庆市公路养护总段启用路政管理章的通知》(重路〔1989〕第6-66号),决定在办理重庆市公路路政管理业务工作中启用路政管理章。管理章的使用范围主要是:按规定程序和手续申请办理开挖公路、占用公路及公路设施的审查批准手续;按规定程序和手续申请办理砍伐公路行道树的移植,砍伐手续;按规定程序和手续申请办理重车,超重车通行及试制车许可的审查批准手续;处理因车辆或其他机具违章造成公路路产、路权受到损害的有关事宜;办理同公路路政管理业务工作直接联系的有关手续。管理章单位代号章(直)代表总段路政科,(1)(2)(3)(4)(5)(6)(7)分别代表一、二、三、四、五、六、七分段,(8)代表车渡站。个人代号章0字头代表总段路政科路政管理人员,1、2、3、4、5、6、7字头分别代表一、二、三、四、五、六、七分段路政管理人员,8字头代表车渡站路政管理人员。路政管理专用章代表重庆市公路养护总段。

1990年4月12日,四川省交通厅、成都军区战备领导小组办公室下发的关于公路改线、改渡为桥后对原公路、码头权属问题的通知规定:公路改线或改渡为桥后,原码头、引道及其附属设施均为公路部门的财产,路产路产仍属交通部门。

1991年10月7日,车渡站下发《关于加强路政工作管理规定的通知》(重车〔1991〕字第065号),规定:路政人员必须严格执行总段《路安人员工作纪律》《路安管理人员着装风纪的规定》及站《收费人员十不准》《收费人员岗位职责》;热爱本职工作,加强政治思想的修养,不断提高政治业务素质。认真学习并熟记公路路政管理的法规、规章及各项制度。积极投入实际工作。努力提高业务技术水平,充分具备独立的依法办事工作能力;执法中,必须有理有据。对于路政案件,应从严从快认真处理。办案必须事实清楚,有法可依,违法必究,执法必严。凡路政案件涉及亲朋关系时,应上报领导采取回避的原则;路政人员在岗时,必须着装整齐(5—9月着白色上装,其余时间着黄色上装),证件必须齐全;码头引道水沫线(李九为跳船)以上10米内不能停车。10米(停车牌处)以下由调车人员、队安全员负责管理;10米以上码头秩序由路政人员管理。保证车辆按规章依次排列,严禁非过渡车辆停于引道上;发生车辆损坏公路渡口设施事故及驾驶员违章肇事的一般案件由当班路政人员主办,结案处理必须由两人以上共同研究决定,严禁一人独断,不按规定处理案件;对于水上交通事故以及大的路政案件,应按站关于事故处理的规定执行;当班路政人员、售票人员应严格查验免费证和征收过渡费。凡查验免费证和征收过渡费失职的路政人员、收费人员经查实按其车辆吨位依照过渡费标准予以罚款处理;票房是征收过渡费的重要场所,为保证收费工作顺利进行,使票款万无一失,非收费人员、路政人员一律禁止入内。凡违反规定的收费人员、路政人员要从严处理。

同年,每月25日定期组织路政人员集中学习,全年共260人次参加学习。处理路政案件100余起,全部结案。3个渡口新设安全标志30个,安全分道栏80个,固定安全标语80个。组织路政人员学习重庆市市长23号令。

1992年,制定《路政人员岗位责任承包考核办法》,将路政人员的奖金、津贴全浮动,由站、队分别考核。全年处理路政案件600余起,结案率100%。新设安全标志12个,固定标语4幅,对原标语、标志、分道护栏新刷油漆并维护82处。组织路政人员学习、宣传市交通局、市建委、市国土局、市规划局联合下发的《关于对公路两旁修建永久性建筑设施加强管理的通知》。

1993年5月14日,车渡站向总段路政科报送专职路政管理人员名单:王永丰、金季美、姚永志、刘庆、刘克强。10月25日,车渡站调整专职路政管理人员,调整后的专职路政人员有:王永丰、金季美、姚永志、包学亮、刘克强。

1995年5月9日,车渡站下发关于加强公路渡口管理的通知,要求各科室、各渡口、船修厂、锚地油趸船、汽车班明确:

重庆市公路路政管理大队第十一中队是上级明确授权维护车渡站路产、路权的路政管理行政执法机构,任何单位和个人无权干预路政管理工作和擅自处理路政案件和收取路政规费;重庆市公路路政管理大队第十一中队维护的路产、路权范围是:公路渡口码头(包括战备渡口在内)、引道、渡口水域、引道红线控制区域、票房、道口设施、标志、渡轮、渡驳、趸船、工作船及其他有关的所属设施等(包括后勤保障设施在内);路政第十一中队具体依法行政的范围是:审批路产、路权的有关事宜,检查、制止、处理各种破坏渡口设施和危害渡运安全、危害渡运正常秩序的行为;负责收取各种路政规费(包括各种赔偿费)等;重交〔1995〕53号文件所规定的条款的具体实施,一律由路政十一中队严格按照条款规定的精神指导进行。任何单位和个人不准擅自实施;各单位发生路政案件,如因专职路政人员不在现场,要立即报告中队处理。凡路政案件涉及损坏赔偿需由有关部门勘定的,由有关部门协助中队完成。

5月29日,市公路路政管理大队通知,即日起各路政中队收取的路政经费,单独在银行建立路政管理规费专项账户,各中队财务专用章由大队统一刻制。各中队按规定办理开户手续。路政规费财务收支管理办法按大队统一制定的规定办理。

1996年7月5日,重庆市公路路政管理大队开始执行《重庆市公路路政管理大队行政执法责任制度》。7月23日,重庆市公路路政管理大队通知,加强对公路两旁设置非路用标牌管理,对公路两旁设置非路用标牌,中队要进行彻底清理,凡未经大队批准的、设置位置不当的,坚决取缔。大队要求各中队成立行政执法监督机构并定员定责。11月12—22日,协助大队完成一年一度的行政执法人员年审培训,20名路政人员,42名收费人员经考试合格。全年路政人员上路巡查2469人次,处理路政赔偿、占道等案件145件,收取路政费22750元。

1997年,由于长江二桥通车、北碚水北路竣工,李九渡停航。车渡站路政工作主要是保护好在航与不在航渡口的路产路权。制止2起侵占控制范围的事件,查处三土渡口三胜庙一起在渡口控制范围内修筑永久建筑案件。

1998年,在单位减员,管理结构发生变化情况下,原渡口的收费人员相继离开岗位,为维护渡口的路产路权,保证渡口安全畅通,按路政处的安排,对全体路政人员进行行政诉讼法等有关法律知识的学习,完成19名路政人员的换证学习任务。

同年,开展路政法制宣传,要求所有路政人员在执法过程中,要以"严格执法、热情服务"为指导思想,切忌在执法过程中有蛮横现象,并再次重申,要严格按照受案范围和管辖范围行使执法权力。全年共处理路政案件30起,上路巡查1397次,收取路政费4.0365万元,是历年来收取路政规费最多的一年。加强战备渡口的管理,随着长江、嘉陵江大桥相继建成,原有在航渡口相继停泊。根据有关文件精神,再次对所属渡口周边情况被侵占情况进行详细汇报。九龙坡渡口、军渡争所有权,储奇门渡口、石门渡口、码头泊位被侵占。

1999年3月15日,沙坪坝区人民政府办公室致函重庆市公路局,说明沙坪坝滨江路工程修复中渡口战备码头情况。设计修建A匝道与下河引道连接,下河引道长210米,路宽9米,纵坡12.4%。4月8日,重庆市公路局《关于沙坪坝区滨江路修复中渡口战备码头的复函》(渝路局〔1999〕51号),答复沙坪坝区人民政府办公室:同意沙坪坝区滨江大道与中渡口车渡码头(兼有国家规定的战备功能)相交叉衔接建设;要求按照战备公路(渡口)技术要求,下河引道的路面宽度不能低于12米,其纵坡应不大于9%。鉴于此,应与有关设计部门联系,根据战备渡口的技术要求设计。要求在滨江大道施工中应严格施工组织,对公路设施进行保护。按照《重庆市公路路政管理条例》规定,滨江大道系利用(占用)国家公路进行建设,必须在公路路政管理部门办理相关手续,签订战备渡口管理权属协议,并缴纳有关费用。由重庆市公路路政管理大队第十一中队具体监督实施。

同年3月15日,南岸区人民政府办公室致函市公路局,说明恢复建设海棠溪公路渡口码头引道的情况,南岸滨江路开发建设公司在工程设计、施工中恢复设置海棠溪码头下河引道,为保证结构安全,将原设计加筋上挡墙部分改为重力式挡墙,全长140米,宽9米,下河引道工程5月底竣工。4月26日,市公路局回函南岸区人民政府办公室:同意已开工的南岸综合整治工程将海棠溪公路渡口码头(兼有国家战备功能)引道截断,为确保战备码头的功能和质量,建设方应与该工程设计、施工部门协调按照《公路工程技术标准》(JTJ 001—1997)的要求,此车渡码头下河引道的宽度不应小于12米,回头曲线的主曲线半径不应小于20米;整治工程中应加强对现有公路设施的管理和保护;按照《重庆市公路路政管理条例》规定,南岸长江综合整治工程在车渡引道段系利(占)用国家公路进行建设,必须在公路路政管理机构办理相应手续,签订战备渡口管理权属协议,缴纳有关费用。由重庆市公路路政管理大队第十一中队监督实施。

同年11月16—30日，重庆市公路局职工培训中心举办路政执法人员岗位培训班。课程包括公路路政管理学、公路执法实用法律法规、公路概论、队列风纪、职业道德、选修课有案例分析、行政公文、公共关系学。要求写出路政执法方面的论文。考核合格后颁发市交通局印发的《岗位培训证书》。

2000年2月16日，因部分路政人员离岗退养，车渡站所设重庆市公路路政管理大队第十一中队请示增补邓淮、郭廷忠、曾晓富、李蜀渝、张国君、周方全、蒋华树为路政人员。

21世纪，随着渡口周边大桥相继建成，对公路渡口的管理相对松懈，渡口周边单位侵占、损坏公路渡口的现象逐年增多。

2001年1月、3月，车渡站分别根据沙区办滨发〔1999〕1号、渝路局〔1999〕51号、南府办函〔1999〕5号、渝路局〔1999〕66号的文件精神多次和两区政府办公室联系，要求两区政府按照省有关规定和文件精神恢复还建车渡站战备码头。但分别被推诿，不予落实。车渡站要求明确两战备码头的具体位置，以便加强战备渡口的管理工作。

同年7月16日，重庆市公路路政管理总队下发《重庆市公路路政管理总队关于启用超限运输管理专用章的通知》(重路政〔2001〕18号)，决定从2001年8月1日起启用重庆市公路路政管理总队超限运输管理专用章，该章专用于重庆市超限运输车辆通行证，以前用重庆市公路局路政法规处印章办理的超限运输通行证在有效期内继续有效。

2002年2月10日，召开铜元局长江防洪护岸综合整治工程有关问题协调会议，由市建委主任王根芳主持、市政府副秘书长雷尊宇参加。2月26日，重庆市港航管理局副局长窦运生主持召开有融侨长江房地产有限公司、重庆轮船总公司、重庆长江电工厂、重庆长江轮船公司、重庆轮渡客运站、重庆石油公司苏家坝油库、长江航道重庆工程局、重庆渝航公司船队、重庆市车渡站、重庆长江港航监督局、重庆水泥厂等单位参加的铜元局长江防洪护岸综合整治工程涉及码头、泊位拆迁还建有关问题的协调会议。会议认为：按照"堤港共存、路港共存"的原则，借鉴各区县滨江路建设的经验，此次涉及码头、泊位的拆迁还建，仍本着尊重历史、维持现状、实事求是的一贯做法，按原功能、原规模、原地点进行还建。原铜元局车渡码头作为全市18个战备码头之一，必须保留；下一步工程设计要根据各码头的实际情况，合理布置下河公路、趸船码头梯道、跨路水电管网及系泊设施等，并充分考虑各种设施与滨江路的衔接，以保证设计可行、适用；码头、安全系泊设施的设计、施工，建议由有水工设计、施工资质的单位负责。设计图完成后，征求使用单位的意见，由市港航管理局审查；施工期间，业主要加强与各单位的联系，协商解决可能出现的各种问题，尽量减少施工对各单位正常生产的影响。3月6日，重庆市港航管理局再次召开铜元局长江防洪护岸综合整治工程码头、泊位拆迁还建协调会议，车渡站周光华参加。

同年5月1日，《重庆市公路路政管理条例(修正)》开始施行。11月1日起，开始实施《重庆市公路路政管理行政执法责任制》及《重庆市公路路政管理行政执法责任制实施办法》。

同年11月5日,市公路局复函融侨长江(重庆)房地产有限公司:公司对长江铜元局段滨江路的建设将影响车渡战备码头及附属设施的正常使用功能,公司应拟订并实施还建计划,保证该码头的正常使用;该码头及附属设施还建工程应严格按照国家基建程序进行,根据《公路工程技术标准》(JTJ 001—1997)要求,该码头下河引道的宽度不应小于14米(原路面宽度为14米),纵坡不大于6%,曲线半径不于60米,采用水泥混凝土路面,其余指标均应满足《公路工程技术标准》;公司在滨江公路建设中应加强对现有公路设施的管理和保护,维持道路的正常通行;该段滨江路的建设涉及的道路占用问题,应按照《中华人民共和国公路法》(以下简称《公路法》)和《重庆市公路路政管理条例》规定,在重庆市车渡站路政管理机构办理相应手续,签订战备渡口管理权属协议,缴纳有关费用;房屋拆迁问题,按照重庆市现行的相关政策标准实施。

同年,车渡站组织路政人员学习《公路法》《重庆市公路路政管理条例》以及相关法律、法规,对路政人员、队长、安全员等相关人员进行路政知识竞赛;以公路渡口为窗口宣传《公路法》《重庆市公路路政管理条例》,并分发《重庆市公路路政管理条例》近百册。在鱼洞、水土渡口制作大幅路政宣传标语2幅。全年未发生一起上诉路政案件;上路巡查率100%,有针对性地对鱼洞渡口赶场时段,增派路政人员值勤,维持渡口引道的安全畅通;对占用公路渡口路产路权加强管理,并按照《重庆市公路路政管理条例》,从2001年12月26日至2002年12月25日止收取路政规费1925元。按照战备渡口相关规定,向重庆海事局申办长江战备公路渡口的作业水域的确权和对南岸海棠溪战备公路渡口的权属归还进行办理,确保战备公路渡口的合法地位。

2003年7月2日,车渡站向物价局申请更换原路政收费许可中收费单位名称为:重庆市公路路政管理总队直属二大队。(原路政收费许可证:正本证号00034026、副本证号00034026002,收费单位名称:重庆市车渡站)。8月20日至30日,市公路路政管理总队举办公路路政管理机构队(所长)培训班。

同年11月14日,市公路路政管理总队印发《重庆市公路路政执法人员"六不准"规定》,规定:不准工作时间饮酒和酒后上岗;不准着执法服装非因执行公务进入休闲娱乐场所;不准参与赌博和不健康的娱乐活动;不准收受与其行使职权有关系的单位、个人的吃请或馈赠;不准从事与其职权有关的生产经营活动;不准将执法车辆停放娱乐场所及私用。违反上述规定之一的,经调查属实,按照《重庆市交通行政执法监督检查实施办法》的规定,视其情节轻重给予下岗学习、收缴执法证件、调离执法岗位的处理。对负有责任的领导,追究有关领导责任;对违反规定隐瞒不报、压案不查、包庇袒护的,追究有关人员责任。

2004年2月19日,重庆云篆山排水有限公司在鱼洞公路渡口引道埋设污水管道,挖掘占用36平方米,使用时间2月19日至4月30日。市路政管理总队直属二大队按规定收取公路路政规费5.5万元。排水公司在施工中多次超审批范围占用公路、公路用地(堆土),按照《公路法》《重庆市公路路政管理条例》和重庆市物价局、重庆市财政局文件规定,市路政管理总队直属二大队按规定收取公路路产赔偿费13626元。经协商,排水公司实际缴纳公路路政规费3600元。8月17日,重庆云篆山排水有限公司在鱼洞码头左侧堡坎修建抢险排水管道,挖掘2米堡坎,使用时间8月10日至9月30日。市路政管理总队直属二大队根据《公路法》第76条、《重庆市公路路政管理条例》第31条规定,可处以300元以上30000元以下罚款。大队经研究后决定免予罚款。同时要求排水公司补办手续,接受路政部门监督的管理,要求所埋设排洪管道必须在鱼洞公路渡口引道左侧堡坎以内,堡坎外保持原貌;排洪管道埋设按照国家规定《公路工程技术标准》执行;工程期限为2004年8月10日至2004年9月30日止。

同年9月8日,公路路政管理总队印发《重庆市公路路政管理行政许可指南》,包括:占用、利用、挖掘公路或使公路改线许可;跨、穿越公路以及在公路用地范围内架设、埋设管(杆)线、电缆等设施许可;因抢险、防汛需要在大中型公路桥梁和渡口周围200米范围内修筑堤坝、压缩或者扩宽河床许可;铁轮车、履带车和其他可能损害公路路面的机具需要在公路上行驶许可;超过公路、公路桥梁、公路隧道或者汽车渡船的限载、限高、限宽、限长标准的车辆行驶公路许可;在公路及公路两侧设置公路标志以外的其他标志许可;在公路上增设交叉道口许可;在公路两侧控制区内埋设管(杆)线、电缆等设施许可;更新、砍伐公路行道树及公路用地内树木许可。

2005年,在市交通综合执法总队成立后,做好路政人员的调整工作,对路产路权的管理进行重新定位。同年,因南滨路二期工程需拆迁车渡站菜铜渡口铜元局码头的渡工房、库房、车渡等,但对方所给补偿费用较低,车渡站在市交委、市公路局支持下,积极争取,维护自身合法权益,维护了战备渡口的战备功能,完成铜元局渡工房等的拆迁工作。

2006年8月1日,车渡站要求取缔鱼洞街道办事处渔政管理站在公路渡口专用水域范围内停靠渔船,出售、加工活鱼并形成市场的违法行为。同年,因巴南区修建滨江路需改建鱼洞码头引道,车渡站多次与对方协商并组织相关人员审查设计方案,审批同意其改建方案,严格按规定办理相关路政审批手续。并对施工现场进行监管,保证施工期间渡口的渡运安全与畅通。同年,协助执法总队查处铜元局战备公路渡口周边违章建筑。因铜元局码头辖区改造,时常造成铜元局码头停水停电,车渡站与周边单位多次协调,保证渡口码头的正常生产秩序。

2007年3月,市公路局决定,将每年的5月定为"路政宣传月"。6月16日晚22:00时,九渡口车渡码头引道176.20米处一不明单位在未经允许的情况下,擅自进行违法倾倒弃土,违规搭接下河便道,弃土约3000立方米。车渡站出面制止,对方不听劝阻并继续在深夜倾倒。车渡站函请市交通行政执法总队直属支队水上大队按照《中华人民共和国公路法》《中华人民共和国防洪法》《中华人民共和国水利法》《中华人民共和国港口法》和《重庆市公路路政管理条例》等相关规定,责令停止违规搭接下河便道的行为,恢复九渡口车渡码头引道原貌,保证战备公路渡口在突发事件的应急启用。

同年,重庆市公路运输(集团)公司第八分公司在长江上游右岸李家沱河段航道里程675.5千米处修建码头,该公司所建码头向下游方延伸到675.30千米处,与车渡站的李家沱码头使用水域完全重叠,使用岸线重叠80米(675.38~675.30千米),侵占了车渡站的权益,违反有关法律法规的规定。车渡站要求公司:应从李家沱公路码头引道入口处(公厕)开始至末端枯洪水引道交叉点止,提高码头引道高程,以消除安全隐患;鉴于公司所建码头部分与车渡站李家沱的使用水域、码头岸线重叠,而车渡站的确权在前,重叠部位的权属应归属车渡站所有。而码头的改造整治影响了码头引道的使用,因此,公司应按公路工程规范标准改造码头引道,并恢复引道上的附属设施(票房、系泊设施),其权属仍归车渡站所有;对码头引道共用部分的维修、养护费用,应由公司和车渡站双方共同承担;若因交通战备需要车渡站应急启用渡口时,其他车辆必须无条件让道。

2008年3月14日—4月28日,车渡站对李九战备公路渡李家沱码头连接道路面进行改造,历时46天。5月,路面承载力出现问题,主要表现为路面局部龟裂(沉陷),经专家和相关技术人员分析判定:造成破坏的主要原因是重庆轮船(集团)有限公司的大型运输车辆严重超载、频繁通行所致。车渡站致函重庆轮船(集团)有限公司,该路段禁止轴载20吨以上超载、超限车辆通行。否则,造成路面破损,予以工程成本追赔。7月17日,车渡站发出《重庆市车渡站关于铜元局战备码头管辖权与南岸区铜元局街道办事处发生争执情况的函》给重庆市南岸区人民政府,陈述具体情况,并申明菜(园坝)铜(元局)战备公路渡是战时交通重点枢纽,车渡站有对铜元局战备码头有维护、管理的职责。

同年,铜元局街道办事处欲在铜元局战备码头引道范围修建永久性建筑,因车渡站多次拒绝,从而引发该码头管辖权的争执。事起于2006年4月,铜元局街道办事处欲强行在铜元局码头引道入口处修建茶楼、餐馆等临时建筑。2007年11月27日,铜元局街道办事处以违反城市管理的规定,对车渡站在该处搭建的临时工棚下发违章通知,并进行强拆。强拆后,又再次与车渡站联系要求合作开发,修建茶楼,车渡站再次给予拒绝,重申这是战备公路渡口的码头,任何单位与个人不得侵占。为避免该处被侵占,车渡站在其强拆后的空地上再次搭建临时工棚。2008年5月10日,铜元局街道办事处再次对车渡站所搭临时工棚下发《限期拆除违法建筑的通知》,车渡站多次阐明战备公路渡口不属其管理范围。同时车渡站到交通行政执法总队直属支队反映此情况,并得到直属支队的支持,直属支队派其工作人员到重庆市南岸区综合行政执法局阐明战备公路渡口不属街道管理范围。2008年5月12日,车渡站对该码头的堡坎进行加固处理,铜元局街道城管办再次下发强拆违章通知书。2008年6月3日,市公路局组织召开铜元局战备渡口协调会。市港航局、市交通行政执法总队、南岸区交通局、南岸区安监局、南岸区农林水利局、南岸区防汛办公室、南岸区铜元局街道办事处、市车渡站等单位参会。会议达成共识:"车渡站是铜元局战备渡口的管理主体。由于历史原因,在该战备渡口的引道两边形成了部分棚房。在市交通主管部门战备渡口改造方案确定前,棚房和战备渡口码头引道等维持现状,各单位要以大局为重,不得再违法新增临时建筑设施。"2008年7月17日,南岸区综合行政执法局在未告知车渡站的情况下,强行拆除铜元局码头的部分临时建筑,但并未拆除铜元局街道办事处在车渡站码头范围入口处搭建的临时建筑。

2009年,在菜(园坝)铜(元局)战备公路渡铜元局码头被侵占事件发生后,及时向市公路局、市交委和执法部门进行汇报,经过多方协调,维护路产路权,确保战备码头的战备功能完整。同年,妥善处理李(家沱)九(渡口)战备公路渡李家沱码头引道边缘局部临时占用的问题。

2010年,车渡站不定期巡查各渡口,加强对三土渡以及停航战备渡口的路政管理。协调并妥善处理滨江公路建设涉及李(家沱)九(渡口)战备公路渡李家沱码头的还建问题,对车渡站所管辖的战备公路渡口码头岸线进行调整延长。

2011年1月31日,市公路局下发《关于进一步加强公路路产路权保护的通知》,要求局属有关单位进一步加大对公路沿线非公路广告标牌、违章建筑和平交道口的整治力度,严格审批程序,规范管理公路两侧建筑及涉路行为。凡占用、挖掘公路、穿跨越公路架设、埋设设施等涉路作业路段,必须按规定完善相关审批手续,并确保施工标志、安全标志齐全、规范。要加大公路巡查力度,对公路环境实施专项整治,确保公路安全畅通;加大路产路权保护宣传力度,做到公路保护措施家喻户晓。巩固"重庆路政宣传月"活动成果,开展"路政管理文明村镇"和"爱路护路文明户"创建活动,调动公路沿线群众参与公路环境整治的积极性,提升辖区公路的管理水平。确保公路建筑控制区内无新的违法建筑,实施路宅分家,公路用地内无未经批准的非法公路标志,无集市贸易、摆摊设点、打场晒粮等现象;规范产权管理,对公路路产路权及相关附属设施实施建档管理。并将项工作纳入年度工作目标考核。

2014年5月1—31日,开展主题为"珍爱生命,安全出行"的第八个路政宣传月活动。8月18日,"红太阳"鱼庄停靠李(家沱)九(渡口)战备公路渡九渡口码头的水域使用范围内,对码头生产作业造成重大安全隐患,车渡站请求海事局对其依法查处、驱离,确保渡运船舶安全。

同年,车渡站利用远程视频监控对储海、菜铜、李九、鱼吊、三土等渡口,进行24小时不间断实时监管,弥补现场监管漏洞,把蚕食、侵占、损坏渡口及附属设施的违法行为扼杀在源头。采取定岗、定员、定责的工作机制,全天候对所辖的长江、嘉陵江沿线的公路战备渡口,3090米的公路引道,1460米岸线进行排查。投入10万元在各战备码头安装路政安全标志标牌,开展路政巡查180次,参与巡查人员542人/次。

2015年,采取定岗、定员、定责的工作机制,定期对所辖的长江、嘉陵江沿线的公路战备渡口,3090米的公路引道,1460米岸线进行细致排查。全年开展路政巡查96次,参与巡查人员232人/次。

2016年,车渡站贯彻执行《重庆市公路管理条例》,在各战备公路渡口码头制作路政宣传标语8幅,散发各种路政宣传资料;对站属7对战备公路渡口码头进行路政巡查,全年路政上路巡查62次(每次2人);对租赁码头的单位提供信息免费服务、视频监控服务、实地检查服务。实现安全度汛。在鱼洞码头完成隔离护栏安装,禁止在码头上洗车、停靠船舶(码头下游是取水点),进入码头停车场的车辆禁止鸣笛,封闭码头厕所,码头固体垃圾入桶,定期对码头引道进行清扫。吊儿咀码头、李家沱码头分别设置固体垃圾桶,对码头散沙进行遮盖,不定期对码头引道清洗。对闲杂人员进入码头进行管理,禁止在码头钓鱼、洗车、玩耍。支持巴南区环保部门公益性江中清漂工作。制止侵占、蚕食码头现象。收取码头管理房租金22.36万元。

同年,开展路政宣传月活动,特别是对在航的三土战备渡,要求渡口工作人员对过渡超限车辆、重型车辆和危险货物车辆严格检查,严格按照内河渡口渡船安全管理规定执行。8月在三土战备公路渡开展渡运服务质量社会调查工作,过渡车方满意度为98%,98%的过渡车辆要求长期开渡方便出行。同年,新增李家沱、铜元局、"渝救援113"轮等6个地方的监控点。

2017年10月19日,市公路局向车渡站下达公路路政设施设备维护补助经费210万元,从市公路局2017年公路赔补偿费中列支。全年开展路政巡查84次。以安装界碑和标牌、张贴路政法规宣传标志标语、设置展板、实行封闭式管理等方式,明晰站战备码头权属。车渡站与科德公司关于码头租赁合同纠纷案结案,为码头收回提供坚定的法律支持。

2018年,收回李家沱码头。按全市公路服务设施通用图在李家沱、吊儿咀、水土3个码头修建大门、围墙,对实际管理的9个码头实行封闭式管理。推进与巴南区政府关于李家沱引道及渡工房还建、移交事宜,签订移交协议。开展路政日常巡查工作96次,每日进行视频监控巡查,事件处置率100%。完成15个战备码头"一户一档"工作,清理各码头的历史演变、不动产租赁及政策性文件情况。开展路政法规宣传活动,在各战备公路渡口码头、船舶悬挂、摆放宣传标语和宣传展板30余幅。

2019年,经过8年努力,收回李家沱战备码头下河引道(长204.74米,宽11米,面积2252.19平方米)。全年开展日常路政巡查90次,视频监控巡查248次,未发现侵权事件。与巴南区市政部门协调沟通,收回被其长期占用的鱼洞战备码头部分管理用房。

2020年,优化车渡码头监控网络体系,重新布局监控线路和安装点位,保障重要码头重点点位汛期通信。更新部分高清监控设备,实现9个码头、3艘趸船、5艘行船监控全覆盖。全年开展日常路政巡查工作86次,视频监控巡查248次,确保站所属战备码头路产路权不受侵犯。

第七章 渡运收费

第一节 收费渡运

一、收费标准

1948年1月,四川省建设厅抄发《养路费征收率基数及过渡费率基数表》,该表规定,甲等渡口汽车过渡费率基数为0.9另加当地半"加仑"汽油价格。江北石门渡口为甲等车渡,执行该标准。同年3月13日,交通部公路总局五区工程管理局训令储海渡管理所,以前250千克小板车过渡费为47.670元,车商负担重,纷纷请求减免。故决定按驮马过渡费率(即人、兽力车渡费率的半数)征收。1947—1949年四川省公路渡口车辆过渡费率变化情况见表7-1。

1947—1949年四川省公路渡口车辆过渡费率变化表（单位:元） 表7-1

年份(年)	月 日	过渡费率			
		甲等渡		乙等渡	
		汽车(每车每次)	人、兽力车(每车每次)	汽车(每车每次)	人、兽力车(每车每次)
1947	3月16日	800000	250000	600000	200000
	4月16日	600000	200000	300000	100000
	9月16日	1200000	400000	400000	200000
	11月16日	2500000	800000	1200000	400000
1948	1月12日	3200000	1000000	1600000	500000
	2月28日	4680000	1560000	4680000	1560000
	4月11日	39360000	13120000	9360000	3120000
	5月4日	44650000	14900000	12150000	4100000
	7月11日	96500000	28950000	22500000	6750000
	7月25日	144750000	43425000	35750000	10125000
	8月21日	265500000	88500000	85500000	28500000
	10月7日	1.83	0.61	1.08	0.36
	11月11日	6.60	2.20	3.375	1.125
	12月8日	46.5	15.50	16.50	5.50

续上表

年份（年）	月　日	过渡费率			
		甲等渡		乙等渡	
		汽车（每车每次）	人、兽力车（每车每次）	汽车（每车每次）	人、兽力车（每车每次）
1949	1月5日	93	31	33	11
	1月22日	134.20	43.16	46.20	15.40
	2月22日	1249	416.50	346	115.50
	3月21日	4470	1490	1320	440
	4月1日	9140	3050	2640	850
	4月25日	204000	68000	54000	18000
	5月5日	1.22	0.41	0.72	0.24
	10月1日	1.72	0.57	0.72	0.24
	11月30日	4.08	—	1.08	—

注：表中1948年10月6日以前过渡费以法币为单位，1948年5月5日后改收银圆或银圆券。

中华人民共和国成立后，20世纪50年代多次调整过渡费收取标准。

1950年12月15日，西南交通部颁发《西南区公路渡口征收过渡费规则》（表7-2）。

1950年西南区公路渡口过渡费收费标准表　　　　表7-2

项　目	计算标准	过渡费（元）	备　　注
大型汽车	每车每次	60000	载重2吨及2吨以上货车，16座及16座以上客车
小型汽车	每车每次	30000	载重不满2吨货车，15座及15座以下的客车及三轮机器脚踏车
人力、兽力车	每车每次	12000	兽力车包括胶轮车、铁轮车、木轮车，人力车只收载重500千克以上的小板车
驮马	每车每次	1800	空马及其他牲畜过渡均按此标准收费

注：此标准为1950年12月15日西南交通部颁发的《西南区公路渡口征收过渡费规则》整理，1951年1月1日起执行。元系旧人民币。

1951年8月31日，西南交通部将公路渡口重新划分等级，并调整过渡费收费率。

1952年7月16日，西南交通部对过渡费率再次调整（表7-3）。9月16日，西南交通部对四川公路渡口等级重新划分，全省公路渡口分为特等、一等、二等、三等。在执行1952年7月16日颁布的一、二等渡口过渡费率基础上，制定了特等和三等渡口的收费标准。并从1952年10月1日起执行（表7-4）。

1952年7月16日过渡费收费标准表　　　　表7-3

等级	一等渡					
项目	汽车		兽力车			驮马
	大型	小型	单套	双套	三套	
计算标准	每车每次	每车每次	每车每次	每车每次	每车每次	每马每次
过渡费（元）	35000	18000	5000	7000	9000	1000

续上表

等级	二等渡					
项目	汽车		兽力车			驮马
	大型	小型	单套	双套	三套	
计算标准	每车每次	每车每次	每车每次	每车每次	每车每次	每马每次
过渡费(元)	24000	11000	3500	5000	7000	700

注:元系旧人民币。

1952年10月1日起执行的公路渡口过渡费收费标准(特等渡、三等渡)表　表7-4

等级	特等渡					
项目	汽车		兽力车			驮马
	大型	小型	单套	双套	三套	
计算标准	每车每次	每车每次	每车每次	每车每次	每车每次	每马每次
过渡费(元)	46000	24000	7000	9000	10000	1000
等级	三等渡					
项目	汽车		兽力车			驮马
	大型	小型	单套	双套	三套	
计算标准	每车每次	每车每次	每车每次	每车每次	每车每次	每马每次
过渡费(元)	18000	9000	2800	400	5600	500

注:元系旧人民币。

1956年12月22日,根据新旧人民币兑换比值,四川省交通厅报省人民委员会批准,对全省公路渡口征收过渡费标准再次进行调整(表7-5)。

1956年12月22日调整后的公路渡口过渡费收费标准表　表7-5

项　目		计算标准	收费标准(元)		
			一等渡	二等渡	三等渡
汽车	大型	每车每次	1.5	2.4	1.8
	小型	每车每次	1.3	1.1	0.9
兽力车	单套	每车每次	0.5	0.35	0.28
	双套	每车每次	0.7	0.50	0.40
	三套	每车每次	0.9	0.75	0.56
驮马		每马每次	0.1	0.07	0.05

注:元系新人民币。

从1960年10月1日至1984年12月31日,四川省公路渡口均未征收汽车过渡费。

1985年5月22日,四川省交通厅对10处收费渡口作出补充通知,指出应征费的车辆过渡,每天只征收按标准往返各一次的过渡费,其余次数通过10处重点公路渡口的邮政车、运盐货车(盐货混装的除外),除执行每天只征收往返各一次过渡费外,收费标准一律再减半征收,由每吨每次1元减为0.5元(表7-6)。

1985年重庆市车渡管理站所辖石门渡口过渡费征收标准表　　　表7-6

项　目	单　位	收费标准(元)	说　明
摩托车	每车每次	0.2	不论二轮、三轮
小汽车(含手扶拖拉机)	每车每次	0.30	
旅行车	每吨每次	1.0	不分空车、重车
客车	每吨每次	4.0	不分空车、重车
货车(含大拖拉机)	每吨每次	1.0	通行证核实吨位,不分重空车

1989年4月1日,李九渡开始征收过渡费。9月1日起,鱼吊渡、水土渡开始征收过渡费,收费标准为:不分空、重车,货车(含拖拉机)按核定吨位,每吨每次收费1元;客车按核定座位,每10座收费1元(按四舍五入计算);小车每次收费0.5元,摩托车每次收费0.2元。由四川省公路局统一印制收费收据、票证(表7-7)。

1989年重庆市车渡管理站过渡费收费标准表　　　表7-7

车辆类型	单　位	征收标准(元)	批准收费文件	备　注
摩托车	每车	0.20	重交局公〔1989〕130号	不论两轮、三轮
小汽车	每车	0.50		5座
客车	每10座	1.0		不分空重车,按四舍五入计
货车	每吨	1.0		按行车证核定吨位,不分空重车

1993年3月17日,重庆市物价局、重庆市财政局报请市政府同意,决定提高部分车辆过渡费标准。从1993年3月20日起执行。原重庆市物价局、财政局重价发〔1992〕272号文件有关车辆过渡费标准同时废止(表7-8)。

1993年重庆市李九、鱼吊、三土、盐井、江津、长寿公路渡口收费标准表　　　表7-8

序号	车辆类型	计收标准	常水期收费标准	洪水期收费标准	加收标准
1	各类小车及1.5吨以下货车(不含1.5吨)	每辆次	5	7	早、晚过航渡加倍
2	摩托车	每辆次	2	3	早、晚过航渡加倍
3	17座以下(含17座)中型客车	每辆次	8	10	早、晚过航渡加倍
4	17~49座(含49座)大客车	每辆次	15	20	早、晚过航渡加倍
5	1.5吨(含1.5吨)~20吨(含20吨)货车	每吨每次(四舍五入)	3	4	早、晚过航渡加倍
6	超长、超高、超宽、超重及装有易燃、易爆、易腐蚀、易污染物品的车辆	每吨每次(四舍五入)	6	7	早、晚过航渡加倍。应单独渡运的,按额定车位数计收,另收取百分之五十的安全措施、技术服务费
7	20~50吨(含50吨)超限车辆	每吨每次(四舍五入)	8	10	

注:早上7点至晚上7点的正常渡运时间外,早上7点前、晚上7点后为加航渡(夜渡)。实行夜航的渡口,必须具备夜航设施。洪水期,自当年的6月1日至9月30日止,执行洪水期收费标准。

1996年6月15日,按照市物价局、市财政局、市交通局《关于调整市属长江嘉陵江干线车辆过渡费标准改革车辆过渡费收费办法的通知》(重价工发〔1996〕153号),开始执行新的收费标准(表7-9),取消早、晚过渡加航渡加倍收费的规定。

1996年6月15日起重庆市市属长江、嘉陵江干线(李九、鱼吊、三土渡)
车辆过渡费收费标准表 表7-9

序号	车辆类别		计费单位	收费标准(元)	
				枯水	洪水
1	10座(含)以下客车及1吨(含)以下货车		每辆次	8	10
2	摩托车	二轮	每辆次	3	
		三轮	每辆次	5	
3	11~20座(含)客车		每辆次	10	15
4	21~49座客车		每辆次	25	30
5	1~20吨货车		每吨次	5	7
6	21~50吨货车		每吨次	10	15
7	超长、超高、超宽及装有易燃、易爆、易腐蚀、污染货物车辆		每吨次	10	15

注:洪水期从每年5月1日至9月30日,其余时间为枯水(正常)期;早、晚渡不另加收费用,摩托车不分枯水、洪水期;不分空、重车统一标准执行,不足1吨的尾数按四舍五入办理;单独渡运的,按渡船一次额定车位数计收,另加收百分之五十的安全措施、技术服务费。

2001年6月21日,重庆市物价局、重庆市财政局、重庆市交通委员会《关于统一规范我市公路渡口车辆过渡费标准的通知》(渝价〔2001〕487号)规定:凡在重庆市行政区划内公路渡口车辆过渡费执行统一收费标准。同时,取消原部分地区按早、晚过渡加倍收费以及枯水期、洪水期分别作价的有关规定。普通客车以核定准载座位每10座折合1吨计费,卧铺客车每7座折合1吨计费,货车、拖拉机以行驶证核定的吨位计算,尾数不足1吨均按四舍五入计算。上述收费不分空车、重车。除了正在执行任务并设有固定装置的消防车、救护车、抢险车、警车、军车、外交车和重庆市政府特批车辆外,其他任何机动车辆都必须交纳过渡费。该规定自2001年8月10日起执行(表7-10)。

2001年8月10日起重庆市车渡管理站过渡费收费标准表 表7-10

收费项目	计费单位	收费标准	收费范围	批准收费文件
1.摩托车	车/次	二轮/3元 三轮/4元	过渡车辆	市物价局、财政局、交委渝价〔2001〕487号
2.1吨(含)以下货车,10座以上客车	车/次	5元	过渡车辆	
3.超长、超高、超宽和超轴载质量及装易燃、易爆、易腐蚀污染货物车辆	吨/次	10元	过渡车辆	

注:1.上述收费标准不分早晚期,枯洪水和空重车;
 2.尾数不足1吨的按四舍五入计算;
 3.单独渡运的收费,由车主与渡运单位协商议价。

二、规费稽征

1944年前,只收养路费,不另收过渡费,公路渡口码头设备维护、渡工工资等经费,由养路费支出。

1944年,开始对过渡汽车、人力车、兽力车实行征费。因物价动荡,车辆过渡费时有调整。

中华人民共和国成立后,1951年1月1日起,四川省依照《西南区公路渡口征收过渡费规则》,车渡征收过渡费。范围包括:除机器脚踏车、消防车、救济车、警备车、工程抢险车、垃圾车、洒水车、巡查车、救护车、装运部队及军用品的军车、外国驻华使馆的自用专车、手推车、脚踏车、人力车、载货不满500千克的大小板车、军用人力兽力车免征过渡费外,其他各种公私汽车、兽力胶轮车、载货500千克以上的人力大小板车、经营运输业务或负载客货的军车,通过汽车渡口均要收取过渡费。

1953年前,过渡车辆需先在岸上办理登记收费。1953年后改为在渡船上边渡边办理,以提高渡运效率。

1960年10月,四川省交通厅报经省人民委员会批准,颁发《四川省公路养路费征收和使用办法实施细则》,明确规定各种车辆通过四川省境内的公路渡口时,一律不再征收过渡费。

1963年9月,四川省交通厅报经省人民委员会批准,颁发新的养路费征收办法,规定:各种车辆通过本省境内渡口时,除汽车暂不征收过渡费外,其余兽力车辆一律征收过渡费。

1964年1月1日起,按四川省交通厅公路局通知([64]交路财字第006号),开始征收兽力车过渡费。

从1960年10月1日至1984年12月31日,四川省公路渡口均未征收汽车过渡费,渡口经费由养路费中解决。随着国家实行改革开放政策,机动车辆逐渐增多,通过公路渡口的车辆急速增多。过渡难矛盾突出。1984年12月初,四川省政府批准,省交通厅向全省发布《关于对重点公路渡口征收过渡费集资建桥的通告》,指出:征收的过渡费属于集资建桥性质,由省公路局统一管理,专款用于改渡建桥。未经省主管部门批准的国省县道上的渡口,不得自行收费。通告规定在10个渡口征收过渡费,其中包含石门车渡。

1985年1月1日,经四川省政府批准,石门渡开始收取过渡费。2月6日,四川省交通厅对前述10个渡口收费中的具体问题,发出补充通告,强调未经省政府批准,任何渡口都不得擅自收费,不得因征收过渡费而提高运输价格和扣减应按规定比例上交的养路费。1988年,石门大桥通车,中石渡停渡,征费工作随即停止。

1989年4月1日起,按四川省交通厅川交路〔89〕第161号、重庆市交通局重交公〔89〕022号通知,李九渡按规定收取车辆过渡费。9月1日起,按照重交局公〔1989〕105号规定,鱼吊渡、水土渡按规定收取车辆过渡费。党政机关、学校、人民团体在编的自用小汽车和军事部门(其所属企业除外)、外国使(领)馆自用的车辆,设有固定装置和执行任务的清洁车、消防车、救护车、洒水车、环境保护车、交通征费车、管理车、公路养护车等免收过渡费;其他车辆一律征收过渡费。同年,车渡站上交车辆过渡费 74.1 万元。

1991 年,车渡站征收过渡费 150 万元。

1994 年,车渡站征收过渡费 696 万元,超收过渡费 102 万元。

1995 年,车渡站征收过渡费 708 万元,比上级下达的征收任务超收 28 万元。

1996 年,车渡站征收过渡费 850 万元,比上级下达的计划超收 250 万元。

1997 年,由于长江二桥建成通车,水北路竣工,李九渡停止运行。水土、鱼吊渡过渡车辆大幅度下降,全年征收过渡费 145 万元。

1998 年,共完成过渡费征收 112 万元,上缴市公路局 112 万元,与 1997 年相比下降 46.6%。

1999 年,完成过渡费征收 111 万元,其中鱼洞渡口完成过渡费收入 85 万元,水土渡口完成过渡费收入 26 万元。

2001 年,征收过渡费 115 万元。

2002 年,市公路局下达车辆过渡费征收计划为 90 万元,全年实际完成并上缴市公路局 123 万元。超额完成计划的 36.6%。

2003 年,完成过渡费征收并上缴市公路局 120 万元,完成年度计划的 100%。

2004 年,完成过渡费征收并上缴市公路局 320 万元,完成年度计划 120 万元的 266.7%,较 2003 年增长 200 万元,增长 166.7%。车辆过渡费大幅度增长的主要原因,是由于北碚朝阳桥自 2003 年底起实行"三限"管制,绝大部分载重车辆通过车渡站三土渡分流,并从 2004 年 3 月起经北碚区政府的要求和有关主管部门同意开通了夜间渡运,因此车流量激增。

2005 年初,渝合高速公路东阳立交通车,因北碚朝阳桥实行"三限"管制而通过车渡站三土渡口分流的载重车辆有所减少,全年征收并上缴市公路局过渡费 280 万元。

2007 年,全年完成过渡费征收并上缴市公路局 260 万元。完成年度计划 150 万元的 173%。

2008 年,全年完成过渡费征收并上缴市公路局 320 万元。

2010 年 12 月 21 日—2011 年 7 月 31 日止,完成征收过渡费 93.36 万元。

2011 年 8 月起,停止征收过渡费。

1989—2011 年重庆市车渡管理站车辆过渡费征收情况见表 7-11。

1989—2011 年重庆市车渡管理站车辆过渡费征收统计表 表 7-11

年份(年)	过渡费征收(万元)	备 注
1989	74.1	
1990	157	
1991	150	
1992	850	
1993	708	
1994	696	

续上表

年份(年)	过渡费征收(万元)	备注
1995	708	
1996	850	
1997	145	长江二桥建成通车,水北路竣工,李九渡停渡,三土、鱼吊渡过渡车辆大幅度下降
1998	112	
1999	111	
2000	189	
2001	115	
2002	123	
2003	120	
2004	320	三土渡开通夜航,车流量激增
2005	280	
2006	200	
2007	260	
2008	320	
2009	190	
2010	140	
2011	93.36	2011年8月起,三土渡停止征收过渡费

三、收费管理

1964年2月10日,四川省交通厅下发《关于省属渡口征收人力兽力车过渡费改由养路总段办理的通知》(川交〔64〕路字第14号),规定:凡省属渡口过去由地方交通部门布置收费的,自1月起,一律改由各公路养护总段安排征收,上解省交通厅公路局。

1989年起,车渡站按照市交通局重交公〔89〕1号文件规定,"其征收费用1%返还车渡作为奖励金"。每年车渡站上缴完当年过渡费后,次年均由市交通局路政处开具"重庆市交通局拨款通知单"下拨奖励金给总段转拨给车渡站。

同年7月14日,重庆市交通局下发《关于公路渡口收取车辆过渡费实行集中统一管理的通知》(重交局财〔1989〕045号),规定:公路渡口收取的车辆过渡费,是为了加快公路改渡建桥速度、增添和改造渡运设备、改善渡运引道码头的技术状况而采取的一项集资措施。公路渡口征费单位要加强管理做到"应征不漏,专款专用,专户存储"。县局、总段将收取的车辆过渡费按月解交,于次月10日前解缴到市交通局车渡费专户,账号144-500025154,开户行为建设银行较场口分理处。征费单位及主管部门要加强对票据的管理。对票据的领用、销号审核由专门的部门负责。各类报表按省统一规定的格式要求按时报送市局公路处、财务处。

同年9月29日,重庆市公路局下发《重庆市公路渡口车辆过渡费征收使用管理办法(试行)》(重交局公〔1989〕130号),明确征收范围为经市政府同意的9处公路渡口,包含车渡站所辖李九渡、鱼吊渡、三土渡。过渡费的征收由市交通局统一管理,实行统收统支;分别委托各公路渡口管护单位征收,其他单位无权征收。征收的过渡费属养路费收入和集资性质,专款专用专户储存。市局提取2%用作渡口管理业务、票证制作、宣传费用开支;总段管理的渡口,征收的车辆过渡费,由总段编制项目开支计划(含征费人员费用),其征收费用的1%返还车渡作为奖励基金。公路渡口的经常维护费用,仍由养路费列支。

1990年,通过上级的衔接及其他单位的支持,解决收费人员不足的困难,共借用分段收费人员23人。

1992年9月1日起,车渡站不再预售车辆过渡票。同年,车渡站狠抓"收费人员十不准"纪律的贯彻执行,严格收费人员岗位责任制,除平时组织政治学习,还定期举办培训班,进行政治思想、职业道德、业务技能培训。站收费办公室人员到渡口检查纪律和制度的落实,9月15—26日,对各渡口售票、收费、交款工作进行连续11天的清理整顿。

1993年3月20日,开始执行《关于调整部分车辆过渡费标准的批复》(重价发〔93〕056号)文件。5月25日,车渡站《关于重申过渡费征收管理有关事项的通知》(重路渡发〔1993〕字第35号),再次重申加强过渡费的征收管理,规定:早上7点必须准时开渡,晚上7点后才算夜渡,加航渡收费必须严格时间界线,早上7点至晚上7点的渡运时间内要保证渡口畅通,不准有意拖延时间怠渡而强征夜渡费。夜渡必须具备夜航安全设施,夜航安全设施不完善,不准开行夜渡。车辆过渡必须购买过渡票,不准用其他服务性票据作为过渡票而变相收费。凡违反规定,经查实后,从严处理并追究其责任。对确需单独装运的车辆收费,应严格掌握政策标准,不准擅自扩大收费标准。路政人员、征收过渡费人员在值班时,不准参与洗车业务,票房不准出售洗车票。已交纳过渡费的车辆过渡时,任何人不得无故刁难、卡阻其过渡。车辆过渡票只限于车辆过渡收费专用,不准巧立名目另作他用。路政人员、征费人员要广泛宣传收费政策,对车方提出的疑问要耐心解释,收费中应做到热情礼貌,语言文明,诚恳待人,不允许以简单粗暴的劣质行为对待车方而发生收费服务纠纷。渡口职工不准以任何理由收受车方小费或敲诈索要车方其他物品,违反规定经查实,从严处理。在安全的前提下,渡口船要加快周转率,尽量减少车辆待渡时间,对船舶加强维护保养。

同年6月5日,重庆市交通局、市物价局下发《关于减收装运农用物资车辆过渡费的通知》(重交局公〔1993〕92号),决定:凡装运农用物资的车辆过渡,按现行收费标准的百分之五十收取车辆过渡费。以元为单位四舍五入;农用物资是指农用薄膜(含地膜、微膜)、农药、农用化肥和农用平价柴油四种(类)。装运农用物资车辆在过渡时,凭农用物资调拨单或进货发票购票过渡;凡持农用物资调拨单或进货发票与实际装运物资不符者,仍按原收费标准收取过渡费。

1995年6月9日,市政府召开蔬菜工作会议,决定年内对运输蔬菜进市近郊6区的车辆实行暂免收取过路、过桥、过渡费。吊儿咀渡口、李家沱渡口、水土渡口从6月13日—12月30日免收运菜车辆过渡费。

1996年4月20日—7月31日,按照四川省交通厅《关于认真做好当前农业春耕生产运输工作的紧急通知》(川交运〔1996〕159号)要求,凭调拨单及省厅统一制发的免缴证,免征整车装运农用化肥、农药、农膜车辆的过渡费。5月,协助大队举办为期5天对42名收费人员的行政法律、业务知识培训,经大队命题考试全部合格。6月15日起全部着装上岗,渡口形象有新的改观。同年,路政管理中队和站财务科组织专门人员定期或不定期抽查售票人员账目和钱票,核查34人次,未发现差错。各分队(渡口)自查收费人员247人次,未发现贪污、挪用票款行为。

1997年,车渡站组织收费人员学习市政府《关于全市纠正部门和行业不正之风工作意见》,财务部门配合路政中队不定期到渡口抽查售票人员票务工作5次,无差错和挪用票款行为。

1998年,对1986—1987年中石渡口征收车辆过渡费工作进行财务清理,经清理,票款28531.50元,实际款项用于多年正常经费开支。剩余票据244701.10元。

1999年,重庆市交通局下发《关于公路渡口车辆过渡票据发放程序的通知》(渝交局〔1999〕427号)。同年,车渡站开始正式使用旧版财政车辆过渡票据。至2006年9月,共领用旧版车辆过渡票据1360万元,售出1323.8万元,余票总数36.2万元,按要求退还给市公路局。

2001年3月15日,重庆市交通委员会下发《关于清理行政事业性公路收费项目的通知》(渝交委〔2001〕140号),明确渡口收取的车辆通行费,纳入财政专户管理,不缴纳营业税。车渡站所辖公路渡口收费名单为:①三(溪口)水(土)渡,重价工发〔1996〕153号,在航的嘉陵江渡口;②鱼(洞)吊(儿嘴)渡,重价工发〔1996〕153号,在航的长江渡口;③李(家沱)九(龙坡)渡,重价工发〔1996〕153号,停航的战备渡口;④菜(园坝)铜(元局)渡,重办发〔1993〕64号,停航的战备渡口;⑤储(奇门)海(棠溪)渡,重办发〔1993〕64号,停航的战备渡口;⑥中(渡口)石(门)渡,重办发〔1993〕164号,停航的战备渡口;⑦北(碚)黄(桷树)渡,重办发〔1993〕164号,停航的战备渡口。

同年6月21日,重庆市物价局、重庆市财政局、重庆市交通委员会《关于统一规范我市公路渡口车辆过渡费标准的通知》(渝价〔2001〕487号)规定:凡在重庆市行政区划内公路渡口车辆过渡执行统一收费标准,同时取消部分地区按早、晚渡加倍收费以及枯水期、洪水期分别作价的规定。普通客车以核定准载座位每10座折合1吨计费,卧铺客车每7座折合1吨计费,货车、拖拉机以行驶证核定的吨位计算,尾数不足1吨均按四舍五入计算。收费不分空车、重车。收费单位收费前应持批准文件到同级物价部门办理《收费许可证》,实行亮证收费,公布收费文件,接受物价、财政、交通部门检查。收费时使用市财政局统一印制的专用票据,所收车辆过渡费全额纳入同级财政专户,实行"收支两条线"管理。

2002年12月18日,车渡站办公会决定对1999年至2002年度过渡票存根进行销毁。12月23日,路政科会同财务科、办公室、三土渡、鱼吊渡对票据进行销毁。1999年销毁票据存根为111万元,2000年销毁票据存根为189万元,2001年销毁票据存根为115万元,2002年销毁票据存根为123万元。

2003年4月,重庆市交通委员会下发《关于继续执行公路渡口车辆过渡票据发放程序的通知》(渝交委路〔2003〕84号),渡口票据由市交委统一在市财政局提取,由市公路局负责管理发放。收费的汽车渡口必须统一使用市财政局监制的渡口票据。渡口票据的工本费实行统收统支。由市交委管理使用。具体委托市公路局统一保管和发放,并按票额的1.5%收取工本费综合费用,用于渡口票据的印制工本、运输、仓储、宣传、自然损耗等开支。汽车渡口在领取渡口票据前,填写领用单,到市公路局收费管理处领取,并交纳工本费综合费用。4月1日,市公路局下发《关于加强公路渡口车辆过渡票据管理的通知》(渝路局〔2003〕43号),规定:凡收取车辆过渡费的公路汽车渡口,必须统一使用市财政局监制的重庆市公路渡口过渡费专用票据,实行收支两条线,专款专用。每年1月5日前,填报上一年度《重庆市车辆渡口收费票据使用情况季报表》《重庆市车辆渡口收费票据使用情况年报表》和《重庆市车辆渡口收费票据损溢表》一式三份,另增《重庆市车辆过渡票据缴销年报表》一式三份送市公路局收费处。同时上缴上一年度过渡票据存根。过渡票据实行缴领挂钩,限量购领制度。

2004年1月17日,车渡站下发《关于进一步加强车辆过渡费征收管理的通知》(渝路渡〔2004〕4号),对收费人员的管理、过渡费的监督管理、收费管理纪律做了明确规定。要求收费人员必须着装整洁、佩证上岗,做到"票、款、账"三清;建立台账,票款务必保证安全,每日所征过渡费必须当日进行;站、队不定期对收费人员的"票、款、账"进行稽查;收费人员的私款与票款应分离,所售票、款正负误差在5元内;所售过渡票必须加盖当日清楚的日戳;严禁收费人员收款不撕票或收、售回笼票的行为;在过渡费征收过程中,收费员、验票员按规定售票、验票,禁止其他职工擅自代售、代验过渡票;因保管不当造成票、款遗失者,一律由当事人负责赔偿;因工作失误而造成过渡费漏征,给予经济处罚并写出检查、下岗学习,同时按其漏征金额加倍赔偿;收费员所售过渡票不加盖日戳以及收费员上岗不佩证,存在上述两种情况任何一种,出现一次给予批评教育,出现两次给予再教育并写出检查,出现三次给予经济处罚并调离岗位;发现售票员有收款不撕过渡票或售回笼票且证据确凿的,给予下岗待聘直至解除聘用合同,情节严重者移送司法机关。

同年10月15日,市公路局下发《关于加强公路渡口车辆过渡票据管理的通知》(渝路局〔2004〕310号),要求车渡站对渡口必须实行收支两条线的管理,渡口收入全部进入财政专户。同时公布《重庆市公路渡口过渡票据管理实施细则》《重庆市车辆渡口收费票据损溢表》《重庆市公路渡口车辆过渡票据登记簿(总账)》《重庆市公路渡口车辆过渡票据登记簿(明细账)》《重庆市渡口车辆过渡票据登记簿(收费员台账)》《重庆市公路渡口过渡票据领用及收入情况年报表》《重庆市车辆过渡票据缴销年报表》《重庆市车辆过渡票据存根核销表》。

2005年9月13日,车渡站3个收费一般户(水土工行户头、鱼洞中行户头、解放碑交行户头)户名为重庆市公路渡口收费办公室,与人行要求不一致,撤销上述3个收费账户,同时另行开立与基本户名一致的收费一般户。同时,撤销路政户头,将路政账户余额转入重庆市车渡管理站建行基本户头。

同年,对在航渡口的票务进行稽查21次,未发生违规违纪行为。组织收费人员等对票务管理及相关法律法规的培训学习20人次,对部分收费人员进行轮换调整。严格收费纪律,杜绝违规违纪行为发生,再次强调对收费不给票等严重违纪行为,经查实将按规定严肃处理,绝不姑息。

2006年7月1日,开始使用新版财政票据,车辆过渡票据也属改版之列。8月15日,市公路局向市财政局提交新版财政车辆过渡票据印制计划。9月13日,启用新版财政车辆过渡票据,同时停止使用旧版车辆过渡票据。9月,车渡站自行销毁票根1064.9万元,未核销票根258.9万元,按规定上交市公路局报请市财政局票管中心查验核销。全年不定期对各队的票款票务工作进行稽查10余次。组织收费工作培训学习共20人次,并在收费人员中倡导文明用语,规范用语。

2007年6月1日起,市公路局不再履行过渡票据的管理和发放工作,按照《重庆市财政票据管理办法》的规定,在同级财政部门申请领取过渡票据。2007年6月1日前在市公路局领取的过渡票据继续使用,使用后的过渡票据存根必须报同级财政部门核销和销毁(同时附在市公路局领用的过渡票据领用表)。同年,不定期对各队票款票务工作进行稽查10余次,组织收费人员培训班学习20人次,审计部门对站车辆过渡费征收工作进行审计检查。

2008年2月27日,车渡站发文(渝路渡〔2008〕10号),再次重申过渡费征收管理规定。全年组织收费员学习收费管理规定20余人次。在全年不定期的收费工作稽查中,未发现违规违纪现象。在收费人员中倡导热情服务、文明用语。做到监督电话线路畅通,在接到投诉后,做好详细记录,及时汇报、及时调查、及时处理,直到车方满意为止。全年共接到过渡车方投诉5次,其中3次是对收费标准的异议,通过出示收费标准并解释后,车方很满意,2次是由于天气等客观原因造成停渡,通过解释后,车方表示理解。

2010年,车渡站加强内部管理,严格收费纪律,杜绝违规违纪行为发生。不定期对各队的票款票务工作进行稽查5次。贯彻落实《交通部关于进一步规范收费公路管理工作的通知》精神,组织收费员学习收费管理规定60余人次,发放学习材料200多本,提高收费人员的精神风貌和业务素质。在收费人员中倡导文明用语,规范用语。

2011年8月起,停止征收车辆过渡费,车渡进入公益渡运时期,实行车辆免费过渡和定班航行制度。

第二节　公益渡运

2011年7月31日,根据重庆市人民政府《关于公布全市行政事业性收费项目的通知》(渝府发〔2011〕30号)规定,车渡站三土渡停止征收车辆过渡费。不再使用重庆市车辆过渡费定额收据,经盘存,车辆过渡费定额收据库存为3736本96张(其中,1元975本32张、2元300本、5元1506本44张,10元、955本20张),由市财政局票务管理中心销毁。

同年,车渡站继续开通三土战备公路渡口的渡运工作,实行公益渡运。每小时一次航班,夏季(5月1日至9月30日),早上7点开班,晚上18点30分收班;冬季(10月1日至4月30日),早上7点30分开班,晚上18点收班。

2014年底,三土队实现安全航行660艘天,12540航次,渡运车辆69800辆次,保持无任何上报等级安全事故发生及"零投诉"的安全渡运形势。

2015年,全年船舶航行天数338天,7922航次,渡运车辆60835辆次,让利社会120万元。

2016年,三土渡船舶航行348天,渡运车辆64545辆次。

2017年,三土渡船舶开航293天3200航次,渡运车辆54405辆次,让利社会200余万元。

2018年,实施"三胜红旗停车区"建设,设置三胜公路服务站标识牌1个,安装渡运信息LED显示屏3块、渡口指路牌22块,绿化美化边坡1000平方米,制作文化墙237平方米、艺术雕刻宣传品18件。三土渡全年开航300天,运送渡运车辆83600辆次,超年度目标67%,让利社会300余万元。

2019年,三土渡配备有一船一车驳参与渡运。每半年对船舶员轮换,进行船舶大中修维护保养。共有20多名技术船员服务于三土渡渡运工作,实行三班倒24小时上班制。同年,渡运车辆95000辆次,让利社会300余万元。建成三胜红旗停车区配套用房,建筑面积441平方米,设有展示区、休息区、观光区等区域,为过往车辆提供更好的休息、热水、如厕、免费无线网络等便民服务。同年,开展为期40天的"情满旅途"志愿服务活动,542人次参与。发放春运宣传册3000余份,提供汤圆1200余份,热姜糖水5000余份,方便面1000余盒,简单医疗服务10余次。三土渡渡运场景在2018年中央电视台春节联欢晚会节目中播出,三土渡获市交通局授予的"2019年春运工作突出集体"荣誉称号。

2020年,渡运车辆89647辆次,让利社会300余万元。车渡站提升公益渡运服务品质,及时修复被水毁的三胜公路服务站,新建170平方米的三胜公路服务站休息平台;在三胜、铜元局公路服务站安装7千瓦车辆充电设施各1座,为过往车辆提供便利充电。

2011—2020年,车渡站三土渡(图7-1)公益渡运累计让利社会2000余万元。

图7-1 重庆主城唯一开展公益渡运的三土渡三胜码头(摄于2020年)

第八章 人物荣誉

第一节 人　　物

一、人物简介

人物简介以生年为序,简述重庆车渡历史代表人物5人。

严少华

严少华(1923—2016),重庆早期车渡人之一,重庆市车渡管理站职工。车渡站成立(1961年)前,供职于重庆储海渡。1949年11月30日清晨,严少华惜别怀有8个多月身孕的妻子余淑明,参加运送解放军过江任务,亲身参与了重庆解放。由船长杨少华、驾驶严少华开船,机舱司机徐天华,行船水手殷吉祥、薛海亭、王长荣、蒋荣纯,跳船水手刘树荣、刘树臣、汪绍成、蒋少武、况岐顺、王道成、杨世安等将二野11军32师95团的辎重车辆、大炮、马匹和部队渡运过江。2016年3月1日,严少华因病去世,享年93岁。

刘功举

刘功举(1926—2003),重庆市万县人。1942年至1945年,为民生公司船上工人。1945年至1953年,为轮渡公司船上生火员。1953—1958年,任轮渡公司朝天门总站长。1953年8月,加入中国共产党。1958—1961年,任重庆市水运公司拖轮队队长。1961年4月,车渡站成立后任第一任站长,其中1961—1963年任车渡站党支部书记。1967年"文化大革命"中,受到波及,市交通局撤销其党内外职务。1970年10月,刘功举获得"解放"。1971—1979年,任车渡站革委会副主任。1980—1984年5月,任车渡站站长。1984年5月15日,改任车渡站调研员。1985年12月退休。2003年9月去世,享年77岁。

杨昌禄

杨昌禄,1949年9月生,四川省岳池县人。1965年12月,高中毕业后到车渡站嘉陵江石门中渡口参加工作。1968年,调海棠溪渡口"公路108"轮任水手。在车渡站拖轮上工作近半个世纪,从水手做到船长,见证了重庆渡轮渡驳由木壳到钢壳、由小马力到大马力、由少载车量到多载车量的发展变化。2009年9月退休。

罗　禹

罗禹,1984年10月生,中共党员,工程师、一级建造师(公路),武汉理工大学道路桥梁与渡河工程专业毕业。2012年11月进入重庆通洋公路工程有限公司工作。2014年2月27日,被聘为公司工程部副部长。4月21日,主持公司工程部工作。2020年6月12日,罗禹获交通部表彰的2019年全国交通运输系统劳动模范称号。

彭明涌

彭明涌,1980年1月生,重庆市涪陵区人,中共党员,经济师、工程师,2001年7月重庆交通学校轮机管理专业毕业[1998年4月—2012年7月,分别在重庆师范学院行政管理专业(大专)、重庆师范大学行政管理学专业(大学)、重庆大学网络教育学院土木工程专业(大学)学习]。2001年7月进入车渡站三土队工作,历任车渡站船修厂机修工、船修厂机修组主修、机料科科员、通洋公路工程有限公司工程部副部长及部长、车渡站机料科科长、通洋公路工程有限公司副总经理等职。2017年9月选派到酉阳县车田乡车田村任驻村第一书记,帮助当地修建道路,因地制宜发展产业,助力精准脱贫。2012年7月被市交委评为"创新争优优秀共产党员",2013年被重庆市交通委员会评为"先进个人"。

二、职数变化

20世纪30年代,车渡设管理员1人,负责渡口码头、船划设备养护、人事及渡运安全的维护工作。

1938年10月,设娄九渡,管理员高志明,后由孟子厚负责,船上总班长为严洪喜。

1941年,设中石渡,有员工20余人。

1941年2月,海棠溪重庆两车站司令办公处各增设少校督察长1名,上尉督察员2名,一律改为服务员;各军运车辆指挥所、车渡指挥所依照实际需要设主任、助理员、文书、上士传达兵、炊事兵各若干名,办理指挥、登记业务,海棠溪车站娄九、海储两车渡指挥所均适用甲种所编制表,海棠溪车站公路岔路口适用乙种所编制表(表8-1)。

军运车辆指挥所、车渡指挥所编制表　　　　表8-1

职别	阶级	人员名额	
		甲种所	乙种所
办事员	少校	1	1
服务员	上、中(少)尉	2(上尉)2[中、(少)尉]	1(上尉)1[中、(少)尉]
文书	上士	2	1
传达兵	上等兵	2	1
炊事兵	上等兵	2	1
合计	官位、士兵	5(官位)6(士兵)	3(官位)3(士兵)

注:1941年4月军事委员会办制渝字第二六一七号指令核准。

1948年,储海渡员工59人,汛期增设飞班30人。娄九渡有员工35人,洪期增设飞班28人。中石渡员工38人,其中汽划班6人,渡船班27人,洪期增飞班18人。

1953年,娄九渡有职工20余人。

1961年,车渡站共有职工256人。

1965年,车渡站共有职工243人。

1980年,年末实有职工469人,定员情况为:16艘拖轮,每船3班,每班7人,共21人,16艘拖轮共计定员336人;2个生活趸,1个油趸,3班,每班3人,共9人,定员36人;5个跳船,3班,每班4人,共12人,定员60人;行政人员24人;后勤修理工人13人。

1982年,车渡站共有职工454人,其中船员314人。大集体职工39人,家属"五七"组❶人员13人,共507人。

1983年,车渡站共有职工448人,其中船员312人。另有大集体职工38人,家属五·七组人员11人,共计497人。

1984年6月,车渡站共有职工491人,行管干部34人(正干15人、代干16人、电大毕业3人),勤杂服务人员5人。应配备行管人员41人。

1985年9月5日,重庆市公路养护总段下发《关于下放权力的暂行办法》,规定在机构设置方面,站可在不超过总段核定的管理人员编制数内,按照生产特点和工作需要,自行确定机构设置和人员配备,报总段备案。

1988年,车渡站共有职工447人(包含大小集体),人员经常调动,流动性大。

1990年—1991年2月,重庆市交通局组织召开3次会议,研究核定车渡站编制问题。1991年2月22日,核定全体船员、收费人员总人数编制为460人(长期生病5人属编外人员,应列入退休费解决)。定编时间从1991年1月1日起由上级下达460人经费计划。定编后原则是:按设备工作定岗定员,在定编人数内增员,必须按照"减工人增工人,减干部增干部"原则执行。如船员削减,则按船只设备定员减员。人员定编后,从原368人增加92人为460人。

1993年,车渡站有职工353人,由于未配足职工人员编制,在各分段借用人员38人,留用退休人员7人。按照市公路养护总段干部编制在职工总数12%内配备干部比例,车渡站干部编制应为48人。实有正式干部18人,工人评聘技术职称和政工职称7人,工人在站管理岗位工作17人,还需聘用干部28人。

1997年末,车渡站有在职职工345人,包含借用公路工程总公司和分段人员19人,长病职工17人,另借出职工4人,实际在岗职工324。退休职工169人。

1998年,重庆市机构编制委员会批复,同意设立重庆市公路局,市公路局下设重庆市车渡管理站,暂定事业编制326名。

2002年,按照重庆市交通委员会《关于重庆市公路局人事制度改革方案的批复》(渝路局〔2002〕165号文)的通知,车渡站办理提前离岗58人,未上岗者7人(辞职5人、下岗待聘1人、解除劳动合同1人),实有在岗人员152人(干部16人、工人136人)。为配合公路局全局人事制度改革,车渡站先后从实业公司和管理段接收在职职工23人(实业公司16人、管理段7人),并安排工作岗位。

2003年1月13日,事业编制171人,在岗职工人数中事业人员19人,提前离岗人员163人,单位负担遗属人员33人。

2007年,车渡站养护人员227人,行政管理人员20人,退休人员233人,合计480人。

---

❶指"五七干校"干部家属所居地。

2008年,车渡站职工人数205人,在岗141人,提前离岗66人。干部31人,工人174人。

2009年,车渡站有职工457人(其中退休职工256人,提前离岗职工61人,在岗职工140人)。另有抚恤34人。

2011年,车渡站有在编职工156人,离退人员293人。

2013年9月,车渡站核定事业编制156人,领导职数3人。实有占编人数115人,其中管理岗位人员11人,专业技术岗位人员12人,工勤岗位92人。

2014年,车渡站核定事业编制156名,领导职数3名。实有在岗占编人数109名(其中,管理岗位人员11名,专业技术岗位人10名,工勤岗位88名),提前离岗人员6名,空缺编制41名。

2015年底,车渡站在职人员107人,退休人员312人。

2016年3月2日,重庆市机构编制委员会办公室下发《关于调整市交委所属事业单位事业编制的通知》(渝编办〔2016〕76号),核定车渡站公益一类事业编制由126名调整为124名。同年7月,车渡站实有占编人数103人。同年,车渡站退休4人。

2017年11月,车渡站核定事业编制124人,领导职数3人。实有占编人数108人,其中管理岗位人员20人,专业技术岗位人员14人,工勤岗位74人。同年,车渡站退休5人。

2018年,车渡站退休13人。

2019年12月,车渡站共有职工442人,在编在岗职工104人(管理岗20人、专业技术岗15人、工勤岗69人),退休职工298人,另外劳务派遣40余人。站核定事业编制124人,领导职数3人。同年,退休1人。

2020年12月,车渡站在编职工107人(管理岗18人、专业技术岗16人、工勤岗70人),退休职工293人,领导职数3人。

三、职工名录

车渡站职工名录按照在职人员、退休人员分2个表(表8-2、表8-3)进行统计,名单由站组织人事科提供。

2020年重庆市车渡管理站在职人员统计表　　　　　表8-2

序号	姓名	性别	序号	姓名	性别	序号	姓名	性别
1	陈才良	男	10	邓秀兰	女	19	胡军	男
2	陈红	男	11	段炳俊	男	20	黄开伟	男
3	陈江邻	男	12	段美恒	男	21	黄庆	男
4	陈军	男	13	樊莉果	男	22	黄兴军	男
5	陈南柯	男	14	甘林坤	男	23	鞠鲲	男
6	陈雪梅	女	15	龚成刚	男	24	李光渝	男
7	陈彦君	男	16	辜晓临	女	25	李洪箭	男
8	邓明芳	女	17	郭鹏举	男	26	李均	男
9	邓显锋	男	18	郭益	女	27	李世姿	女

续上表

序号	姓名	性别	序号	姓名	性别	序号	姓名	性别
28	李 双	女	55	涂 进	男	82	叶 强	男
29	李小霞	男	56	王 顶	男	83	尹贤美	女
30	林 伟	男	57	王 刚	男	84	余 红	女
31	林小波	男	58	王 科	男	85	余林波	男
32	刘邦辉	男	59	王 雷	男	86	喻宏彬	男
33	刘 兵	男	60	王 平	男	87	袁 宇	男
34	刘朝荣	男	61	王 强	男	88	曾 果	男
35	刘代川	男	62	王世伟	男	89	曾祥鸿	男
36	刘发文	男	63	王 霄	男	90	曾晓富	男
37	刘子芳	男	64	王雪莲	女	91	张成武	男
38	罗 将	男	65	王 银	女	92	张翠娅	女
39	罗开胜	男	66	王志华	男	93	张金龙	男
40	罗 倩	女	67	吴秀平	男	94	张 黎	男
41	彭洪刚	男	68	夏红余	男	95	张 萍	女
42	彭 敏	女	69	夏则勇	女	96	张天阳	男
43	彭明涌	男	70	肖 捷	男	97	张 维	男
44	蒲晓梅	女	71	谢 静	女	98	张云建	男
45	冉启明	男	72	熊 华	男	99	赵希平	男
46	任 全	男	73	熊 杰	男	100	周修明	男
47	谭传英	男	74	许定国	男	101	邹 朋	男
48	谭舒心	女	75	许森德	男	102	覃 丽	男
49	汤晓峰	男	76	严晏彬	男	103	张小龙	男
50	唐德顺	男	77	杨 冲	男	104	王成刚	男
51	唐福军	男	78	杨国惠	女	105	陶亚军	男
52	唐洪荣	男	79	杨 路	男	106	夏国英	女
53	陶 盾	男	80	杨武平	男	107	徐 飞	男
54	田维安	男	81	杨宗平	男			

1983—2020年重庆市车渡管理站退休人员统计表　　　　表8-3

序号	姓名	性别	序号	姓名	性别	序号	姓名	性别
1	包学亮	男	15	陈天敏	女	29	樊熙辉	男
2	蔡长文	女	16	陈维祥	男	30	范祥财	男
3	曹科寿	男	17	陈先国	男	31	冯德惠	女
4	陈光棋	男	18	陈政泽	男	32	冯素蓉	女
5	陈国志	男	19	陈忠明	男	33	付新民	女
6	陈家华	女	20	陈仲源	男	34	付以明	男
7	陈 捷	男	21	程大云	男	35	高兴华	男
8	陈克珍	女	22	戴序平	女	36	高兴礼	男
9	陈孔芳	女	23	邓孝渝	男	37	龚庚生	男
10	陈明群	女	24	丁祖荣	男	38	苟怀雄	男
11	陈绍明	男	25	杜开其	男	39	郭 兵	男
12	陈绍南	男	26	杜修勤	男	40	郭 家	女
13	陈绍永	女	27	樊长生	男	41	郭素珍	女
14	陈世芳	女	28	樊光文	男	42	郭廷忠	男

续上表

序号	姓名	性别	序号	姓名	性别	序号	姓名	性别
43	何荣华	男	87	李绍荣	男	131	罗以明	男
44	何先绪	男	88	李世民	女	132	罗永莲	女
45	何先玉	女	89	李蜀渝	男	133	罗有强	男
46	何永明	男	90	李素英	女	134	罗友林	男
47	侯天伦	男	91	李廷强	男	135	罗昭华	男
48	侯永诚	男	92	李小西	男	136	马大铨	男
49	胡金生	男	93	李新民	男	137	马永贵	男
50	胡启明	男	94	李正荣	男	138	倪耳鸾	女
51	胡 勇	男	95	李忠明	女	139	聂宗惠	女
52	黄承荣	男	96	李仲芳	女	140	宁 涛	男
53	黄光珍	女	97	梁必胜	男	141	庞 勇	男
54	黄建淳	男	98	梁仲华	女	142	彭安君	男
55	黄 毅	男	99	廖华英	女	143	彭定学	男
56	黄永中	男	100	廖淑华	女	144	彭世芬	女
57	黄忠明	男	101	林泰强	女	145	彭先杨	男
58	简天富	男	102	刘必云	男	146	皮开义	男
59	江明精	男	103	刘成华	男	147	蒲素珍	女
60	江义云	男	104	刘德进	男	148	秦光银	男
61	蒋朝荣	男	105	刘德兰	女	149	秦文钜	男
62	蒋华山	男	106	刘德星	男	150	邱来根	男
63	蒋华树	男	107	刘定强	男	151	邱铨铃	男
64	蒋明才	男	108	刘甫吉	男	152	屈超富	男
65	蒋维平	男	109	刘光喜	男	153	冉文学	男
66	蒋文良	男	110	刘克强	男	154	任朝荣	男
67	蒋学文	男	111	刘美全	男	155	任明福	男
68	金季美	女	112	刘明文	男	156	任启凡	女
69	金建国	男	113	刘 平	男	157	任治彬	男
70	金祥友	男	114	刘世信	男	158	申太平	男
71	鞠成林	男	115	刘体贵	男	159	施林安	男
72	凯维生	男	116	刘祥淑	女	160	石景鹏	男
73	孔祥宇	男	117	刘详渝	男	161	史绍林	男
74	黎小翠	女	118	刘新容	女	162	宋廷万	男
75	李长碧	女	119	刘兴碧	女	163	宋廷有	男
76	李长春	男	120	刘学全	男	164	谭凤均	男
77	李朝君	男	121	刘耀基	女	165	谭丽荃	女
78	李达明	男	122	刘永德	男	166	谭晓静	女
79	李大莲	女	123	刘 忠	男	167	汤 芷	女
80	李国学	男	124	吕廷贵	男	168	唐朝秀	女
81	李济龙	男	125	吕万明	男	169	唐开荣	男
82	李家兴	男	126	罗长江	男	170	唐利君	女
83	李 明	男	127	罗开书	男	171	唐文碧	女
84	李明华	男	128	罗明芳	女	172	唐孝弟	男
85	李明善	男	129	罗 霞	女	173	陶明康	男
86	李绍林	男	130	罗兴正	男	174	陶 强	男

续上表

序号	姓名	性别	序号	姓名	性别	序号	姓名	性别
175	陶世荣	男	218	夏德蓉	女	261	张光信	女
176	陶于安	男	219	夏仁明	男	262	张国君	男
177	田丰轩	男	220	夏文礼	男	263	张国祥	男
178	田秀兰	女	221	向先福	男	264	张家清	男
179	童作玉	女	222	向先禄	男	265	张家蓉	女
180	涂先华	男	223	肖长容	女	266	张 霖	男
181	万百清	男	224	肖显红	女	267	张 萍	女
182	汪惠琼	女	225	谢觉海	男	268	张 萍	女
183	王波玉	女	226	熊群英	女	269	张 清	男
184	王长贵	男	227	熊贤普	男	270	张庆钰	女
185	王朝发	男	228	徐大兰	女	271	张世学	男
186	王朝美	男	229	徐荣贵	男	272	张小明	男
187	王成全	男	230	徐受新	女	273	张银清	男
188	王大秀	女	231	薛光平	女	274	张永琴	女
189	王德玉	女	232	杨昌怀	男	275	张治祥	男
190	王洪兵	男	233	杨昌禄	男	276	张子容	女
191	王继敏	女	234	杨大合	男	277	赵开群	女
192	王开义	男	235	杨建蜀	女	278	赵素清	女
193	王隆康	男	236	杨介林	女	279	赵天明	男
194	王路珍	女	237	杨显荣	男	280	赵孝山	男
195	王启明	男	238	杨兴琼	女	281	赵泽林	男
196	王世勇	男	239	杨永柱	男	282	郑廷恩	男
197	王淑英	女	240	杨远谋	男	283	钟家清	女
198	王树林	男	241	姚永志	男	284	周方全	男
199	王文凯	男	242	殷 丽	女	285	周光华	女
200	王显菊	女	243	殷志玲	女	286	周国华	男
201	王义文	女	244	尹绍凯	男	287	周龙如	男
202	王应国	男	245	游加莉	女	288	周清明	男
203	王永丰	男	246	游明英	女	289	周文惠	女
204	王羽文	男	247	于龙伟	男	290	周遵令	男
205	王玉元	男	248	余洪恩	男	291	朱兴兰	女
206	王正奇	男	249	余兴龙	男	292	祝建秋	男
207	王治明	男	250	余元志	女	293	庄永惠	女
208	王治平	男	251	袁解平	男	294	邹国华	男
209	王 怡	女	252	曾繁武	男	295	邹淑惠	女
210	巫立豹	男	253	曾开和	男	296	左兴良	男
211	吴诚贵	男	254	曾令成	男	297	鄢忠利	男
212	吴桂理	男	255	曾泽民	男	298	庹绍容	女
213	吴国林	男	256	章卢全	男	299	塞锡伟	男
214	吴月福	男	257	张安云	男	300	覃文钧	男
215	伍印龙	男	258	张方荣	男	301	蒋荣胜	男
216	夏 波	男	259	张干生	男	302	田 华	男
217	夏德美	女	260	张光美	女	303	蒋 红	女

注：2020年，车渡站退休职工去世10人，实有退休人员293人。

第二节 车渡荣誉

荣誉部分收录车渡站有档案可查以来集体、个人所获得的市公路局及以上级别单位的各种表彰。国家部委级表彰包括国务院各部委颁发的奖项,颁奖时间以颁发日期为准,排序以颁发时间为准。省、市级表彰包括中共重庆市委、重庆市政府以及四川省、重庆市各部委局颁发的奖项,颁奖时间以颁发日期为准,排序以颁发时间为准。市局级表彰包括市公路局级相当级别单位颁发的奖项,颁奖时间以颁发日期为准,排序以颁发时间为准。

一、集体荣誉

1985—2020 年,据不完全统计,车渡站历年获集体荣誉 72 项。其中,国家部委级表彰 2 项,省市级表彰 33 项,市局级表彰 37 项。见表 8-4。

1985—2020 年重庆市车渡管理站集体荣誉统计表　　　　表 8-4

获奖单位	奖　项	颁奖单位	获奖时间	备注(文件)
国家部委级奖励				
车渡站党委	全国公路行业优秀党组织	全国公路职工思想政治工作研究会	2018 年 9 月	
车渡站	全国交通运输行业先进单位	交通运输部	2018 年 11 月	
省市级奖励				
车渡站	继续保持文明单位称号	重庆市委、市人民政府	1994 年 9 月	
车渡站	复查合格继续保持文明单位称号	重庆市委、市人民政府	1996 年 3 月 26 日	
李九渡口	1985 年先进集体、先进生产(工作)者代表大会先进集体	四川省交通厅公路局	1985 年 3 月	
李九渡	四川省公路系统安全生产管理先进集体称号		1990 年	
李九渡	重庆市水上交通安全先进单位称号		1991 年	
车渡站	1991 年度地方水上安全工作先进单位	重庆市安全生产委员会	1992 年 1 月 25 日	《重庆市安全生产委员会关于表彰一九九一年度地方水上交通安全工作先进单位和先进个人的决定》(渝安委〔1992〕4 号)
车渡站	重庆市 1994 年度水上交通安全先进单位	重庆市交通局、重庆市安全生产委员会办公室	1995 年 3 月	颁发奖牌

续上表

获奖单位	奖项	颁奖单位	获奖时间	备注(文件)
省市级奖励				
车渡站	继续保持市级文明单位称号	中共重庆市交通运输委员会	1996年6月3日	《中共重庆市交通运输委员会关于市级文明单位命名和复查情况的通报》(重交党〔1996〕28号)
车渡站	1999年度重庆市水上安全工作先进集体	重庆市安全生产委员会办公室	2000年3月1日	《重庆市交通局重庆市安全生产委员会办公室关于表彰1999年度全市水上交通安全工作先进集体、先进个人的通报》(渝交局〔2000〕156号)
车渡站	2000年度地方水上交通安全工作先进单位	重庆市交通委员会 重庆市经委安全生产局	2001年3月5日	《重庆市交通委员会重庆市经委安全生产局关于表彰2000年度地方水上交通安全工作先进单位和个人的通报》(渝交委〔2001〕114号)
车渡站	2001年度水上交通安全工作先进单位	重庆市交通委员会	2002年4月11日	《重庆市交通委员会关于表彰2001年度水上交通安全工作先进单位的通报》(渝交委安〔2002〕9号)
车渡站党支部	先进基层党组织	中共重庆市交通委员会	2003年7月	
车渡站	保持委级文明单位称号	重庆市交通委员会	2005年3月14日	《重庆市交通委员会关于同意重庆渝通宾馆和重庆市车渡站保持委级文明单位称号的通知》(渝交委宣〔2005〕2号)
车渡站	文明单位	重庆市精神文明建设委员会	2007年2月	
车渡站财务科	巾帼文明岗称号	中共重庆市交委	2007年3月22日	《中共重庆市交通委员会关于表彰巾帼文明岗巾帼建功标兵的决定》(渝交党〔2007〕38号)
车渡站应急抢修队	2006年度青年文明号集体	重庆市交通委员会,共青团重庆市委员会	2007年3月26日	《重庆市交通委员会 共青团重庆市委员会关于命名表彰青年文明号先进集体的决定》(渝交委〔2007〕70号)
车渡站	2006年度市级文明单位	中共重庆市交通委员会、重庆市交通委员会	2007年3月29日	《中共重庆市交通委员会、重庆市交通委员会关于命名2006年度市级文明单位和市级文明单位标兵的通报》(渝交党〔2007〕42号)

续上表

获奖单位	奖项	颁奖单位	获奖时间	备注（文件）
省市级奖励				
车渡站党总支	中共党员示范岗创建集体	中共重庆市交通委员会	2007年6月	
车渡站工会	先进职工之家	市交委直属工会	2008年1月	
车渡站财务科	2008年度巾帼文明岗称号	重庆市城镇妇女"巾帼建功"活动领导小组	2008年3月1日	《关于表彰重庆市2008年度巾帼文明岗的决定》（渝妇巾发〔2008〕1号）
车渡站党总支	重庆市交通系统抗震救灾先进党组织	中共重庆市交通委员会	2008年6月	
车渡站	重庆市抗震救灾杰出青年群体	共青团重庆市委、重庆市青年联合会	2008年6月	
车渡站党总支；船舶修理厂机修工	"五个好"基层党组织；优秀共产党员示范岗	中共重庆市交通委员会	2008年7月30日	《中共重庆市交通委员会关于表彰五个好基层党组织、优秀共产党员责任区和优秀共产党员示范岗的决定》（渝交党〔2008〕114号）
车渡站党总支	五好基层党组织	中共重庆市交通委员会	2010年2月	
通洋公司综合办公室	2009—2010年度巾帼文明岗称号	中共重庆市交委	2011年3月11日	《中共重庆市交通委员会关于命名表彰2009—2010年度巾帼文明岗巾帼建功标兵的决定》（渝交党〔2011〕32号）
车渡站	继续保留荣誉称号的市级文明单位	重庆市精神文明建设委员会	2012年2月20日	《重庆市精神文明建设委员会关于对2009年度及以前命名的市级文明村镇、文明单位、文明社区（小区）复查结果的通报》（渝文明委〔2012〕2号）
车渡站三土队	2012—2013年度青年文明号集体	重庆市交通委员会，共青团重庆市委员会	2013年12月10日	《重庆市交通委员会共青团重庆市委员会关于2012—2013年度青年文明号创建活动情况的通报》（渝交委〔2013〕255号）
车渡站团支部	重庆市五四红旗团支部	重庆市交通委员会，共青团重庆市委员会	2014年12月	
车渡站三土队	2014—2015年度青年文明号集体	重庆市交通委员会，共青团重庆市委员会	2015年12月8日	《重庆市交通委员会共青团重庆市委员会关于2014—2015年度青年文明号创建活动情况的通报》（渝交委〔2015〕25号）
通洋公司	最美班组	重庆市交通委员会	2017年11月22日	

续上表

获奖单位	奖项	颁奖单位	获奖时间	备注(文件)
省市级奖励				
车渡站	生态文明交通运输示范单位	重庆市生态环境局、市委宣传部、市交通局	2018年12月	
车渡站	2019年春运工作突出集体	重庆市交通局	2019年4月23日	《重庆市交通局关于表彰2019年春运工作突出集体和个人的通报》(渝交运〔2019〕6号)
车渡站党委	先进党组织	中共重庆市交通委员会	2019年7月	
市局级奖励				
车渡站行政办公室、劳工科；车渡站船修厂	文明科(室)；文明班(组)	重庆市公路局	2003年	《重庆市公路局关于命名文明科处室班组的决定》(渝路局〔2003〕38号)
车渡站	2002年度工作目标责任先进单位一等奖	重庆市公路局	2003年4月23日	《重庆市公路局关于表彰2002年度工作目标责任先进单位的通报》(渝路局〔2003〕52号)
车渡站路政收费科	文明科室	重庆市公路局党委、重庆市公路局	2004年3月29日	《中共重庆市公路局委员会重庆市公路局关于命名文明科室的决定》(渝路党〔2004〕9号)
车渡站	2003年度工作目标责任先进单位一等奖	重庆市公路局	2004年3月31日	《重庆市公路局关于表彰2003年度工作目标责任先进单位的通报》(渝路局〔2004〕52号)
车渡站党支部	先进基层党组织称号	重庆市公路局党委	2004年7月1日	《中共重庆市公路局委员会关于表彰2003—2004年度先进基层党组织优秀共产党员的决定》(渝路党〔2004〕19号)
车渡站	2004年度工作目标责任先进单位一等奖	重庆市公路局	2005年5月8日	《重庆市公路局关于表彰2004年度工作目标责任先进单位的通报》(渝路局〔2005〕108号)
车渡站四公里党小组；车渡站党支部	先进性教育活动集中学习阶段先进基层党支部(小组)称号；先进性教育活动信息报道先进奖	重庆市公路局党委	2005年11月11日	《中共重庆市公路局委员会关于表彰先进性教育活动集中学习阶段先进基层党组织优秀共产党员先进性教育主题实践活动创新奖先进性教育活动信息报道先进奖的决定》(渝路党〔2005〕55号)

续上表

获奖单位	奖项	颁奖单位	获奖时间	备注(文件)
市局级奖励				
车渡站	2005年度工作目标责任先进单位二等奖	重庆市公路局	2006年3月22日	《重庆市公路局关于表彰2005年度工作目标责任先进单位的通报》(渝路局〔2006〕33号)
车渡站第二党支部	先进基层党组织称号	重庆市公路局党委	2006年6月29日	《中共重庆市公路局委员会关于表彰2005—2006年度先进基层党组织优秀共产党员优秀党务工作者的决定》(渝路党〔2006〕25号)
车渡站工会委员会	2006年合格职工之家称号	重庆市交通委员会直属机关工会委员会	2007年1月24日	
车渡站	安全生产管理三等奖	重庆市公路局	2007年2月8日	《重庆市公路局关于表彰2006年度安全管理先进单位的通知》(渝路局发〔2007〕44号)
车渡站	2006年度工作目标责任先进单位二等奖	重庆市公路局	2007年4月29日	《重庆市公路局关于表彰2006年度工作目标责任先进单位的通报》(渝路局发〔2007〕98号)
车渡站	2007年度安全生产目标管理先进单位称号	重庆市公路局	2008年1月23日	《重庆市公路局关于表彰2007年度安全生产目标考核先进单位的通知》(渝路局发〔2008〕33号)
车渡站工会委员会;船修厂工会小组	2007年先进职工之家称号;合格职工小家称号	重庆市交通委员会直属机关工会委员会	2008年3月27日	
车渡站党总支	2008年度先进基层党组织称号	重庆市公路局党委	2008年6月23日	《中共重庆市公路局委员会关于表彰2008年度先进基层党组织、优秀共产党员和优秀党务工作者的决定》(渝路党发〔2008〕23号)
车渡站党总支	2007—2008年度优秀基层党组织	重庆市公路局党委	2008年7月2日	中共重庆市车渡站总支部委员会通报
车渡站	2007年度工作目标考核一等奖	重庆市公路局	2008年8月19日	《重庆市公路局关于2007年度工作目标责任考核结果的通知》(渝路局发〔2008〕16号)
车渡站	2008年度安全生产管理先进单位称号	重庆市公路局	2009年2月17日	《重庆市公路局关于表彰2008年度安全生产管理先进单位的通报》(渝路局发〔2009〕30号)

续上表

获奖单位	奖 项	颁奖单位	获奖时间	备注（文件）
市局级奖励				
车渡站第一党支部	2008—2009年度先进基层党组织称号	重庆市公路局党委	2009年6月24日	《中共重庆市公路局委员会关于表彰2008—2009年度先进基层党组织优秀共产党员和优秀党务工作者的决定》（渝路党发〔2009〕10号）
车渡站	2009年度安全生产管理先进单位称号	重庆市公路局	2010年3月5日	《重庆市公路局关于表彰二零零九年度安全生产管理先进单位和先进个人的通报》（渝路局发〔2010〕48号）
车渡站；车渡站船修厂	2009年度经济保卫工作先进单位	重庆市公安局水上分局	2010年3月28日	
车渡站党总支	2009—2010年度先进基层党组织	重庆市公路局党委	2010年6月28日	《中共重庆市公路局委员会关于表彰2009—2010年度先进基层党组织优秀共产党员优秀党务工作者的决定》（渝路党发〔2010〕22号）
车渡站	2010年度安全生产（管理）达标单位称号	重庆市公路局	2011年2月24日	《重庆市公路局关于表彰二零一零年度安全生产管理先进单位的通报》（渝路局发〔2011〕24号）
车渡站第一党支部	先进基层党组织	重庆市公路局党委	2011年6月16日	《中共重庆市公路局委员会关于表彰先进基层党组织优秀共产党员优秀党务工作者的决定》（渝路党发〔2011〕21号）
车渡站	2011年度安全生产（管理）达标单位称号	重庆市公路局	2012年1月17日	《重庆市公路局关于表彰2011年度安全生产管理先进单位的通知》（渝路局发〔2012〕15号）
车渡站第三党支部	先进基层党组织	重庆市公路局党委	2012年6月	《中共重庆市公路局委员会关于表彰创先争优先进基层党组织优秀共产党员优质服务标兵的决定》（渝路党发〔2012〕23号）
通洋公司	优良工程	重庆市巫溪县交通委员会	2013年12月	
车渡站	2013年度安全工作目标考核先进单位	重庆市公路局	2014年1月10日	《重庆市公路局关于2013年度安全工作目标考核结果通报》（渝路局发〔2014〕3号）

续上表

获奖单位	奖项	颁奖单位	获奖时间	备注（文件）
市局级奖励				
车渡站第一党支部	先进基层党组织称号	重庆市公路局党委	2014年6月12日	《中共重庆市公路局委员会关于表彰先进基层党组织优秀共产党员优秀党务工作者的决定》（渝路党发〔2014〕17号）
通洋公司	优良工程	重庆市合川区交通委员会	2014年12月	
车渡站	2014年度安全工作目标考核先进单位	重庆市公路局	2015年2月10日	《重庆市公路局关于2014年度安全工作目标考核结果通报》（渝路局发〔2015〕16号）
车渡站第一党支部	2014—2015先进基层党组织称号	重庆市公路局党委	2015年6月15日	《中共重庆市公路局委员会关于表彰先进基层党组织优秀共产党员优秀党务工作者的决定》（渝路党发〔2015〕20号）
车渡站	2015年度安全工作目标考核先进单位	重庆市公路局	2016年1月19日	《重庆市公路局关于2015年度安全工作目标考核结果的通知》（渝路局发〔2016〕90号）
车渡站第一党支部	先进基层党组织称号	重庆市公路局党委	2016年6月16日	《中共重庆市公路局委员会关于表彰先进基层党组织优秀共产党员优秀党务工作者的决定》（渝路党发〔2016〕12号）
车渡站	2016年度安全工作目标考核先进单位	重庆市公路局	2017年2月27日	《重庆市公路局关于2016年度安全工作目标完成情况通报》（渝路局发〔2017〕58号）
车渡站	2016年度单位内部治安保卫工作先进单位	重庆市公安局水上分局	2017年3月14日	《重庆市公安局水上分局关于表彰2016年度单位内部治安保卫工作先进单位和先进个人的决定》（渝公水〔2017〕30号）
车渡站	交通行业第八届筑路工职业技能竞赛团体三等奖	重庆市公路局 重庆市交通行业职能鉴定指导中心	2018年1月9日	《重庆市公路局 重庆市交通行业职能鉴定指导中心关于表彰交通行业第八届筑路工职业技能竞赛优胜单位和个人的决定》（渝路局发〔2018〕7号）

二、个人荣誉

1985—2020年，据不完全统计，车渡站获市公路局及以上级别单位表彰108人次。见表8-5。

表 8-5

1985—2020 年重庆市车渡管理站个人荣誉统计表

姓 名	单位及职务	荣誉奖项	颁奖单位	颁奖时间	备注（文件）
刘定强、邓其沛	重庆市车渡站副站长、职工	1985 年先进生产（工作）者代表大会先进个人	四川省交通厅公路局	1985 年 3 月	
鄢忠利、唐安全、邓淮、任朝荣	重庆市车渡站职工	1991 年度地方水上安全工作先进个人	重庆市安全生产委员会	1992 年 1 月 25 日	《重庆市安全生产委员会关于表彰一九九一年度地方水上交通安全工作先进单位和先进个人的决定》（渝安委〔1992〕4 号）
赖成全、李川、吕廷贵、杨昌禄	车渡站职工	98 年度优秀党员	中共重庆市公路养护总段委员会	1998 年 6 月 25 日	《中共重庆市公路养护总段委员会关于表彰 98 年度先进基层党组织、优秀党员的决定》（重路党〔1998〕15 号）
巫立豹、张容、李长春、李蜀渝、庞勇、刘朝荣、许定国、蒋华树、严崇毅、曾晓富、余林波、李玲、周国华	车渡站职工	1999 年度先进工作者	重庆市公路局	2000 年 3 月 23 日	《重庆市公路局关于表彰 1999 年度先进工作者的决定》（渝路局〔2000〕46 号）
邓淮、巫立豹	车渡站职工	2000 年度地方水上交通安全工作先进个人	重庆市交通委员会、重庆市经委安全生产局	2001 年 3 月 5 日	《重庆市交通委员会 重庆市经济委员会安全生产委员会关于表彰 2000 年度地方水上交通安全工作先进单位和个人的通报》
邓淮	车渡站站长	优秀中层干部	重庆市公路局党委	2003 年 5 月 8 日	《中共重庆市公路局委员会关于表彰 2002 年度优秀中层干部的决定》（渝路党〔2003〕13 号）
邓淮	车渡站站长	年度优秀共产党员	重庆市公路局党委	2003 年 6 月 26 日	《中共重庆市公路局党委关于表彰 2003 年度先进基层党组织和优秀共产党员的决定》（渝路党〔2003〕18 号）
张杰	车渡站职工	读书征文活动优秀论文二等奖《在"非典"时期读〈鼠疫〉》	重庆市公路局党委	2003 年 8 月 29 日	《中共重庆市公路局委员会关于对读书征文活动行表彰的决定》（渝路党〔2003〕21 号）

续上表

姓 名	单位及职务	荣誉奖项	颁奖单位	颁奖时间	备注（文件）
邓淮	车渡站站长	优秀共产党员	重庆市公路局党委	2004年7月1日	《中共重庆市公路局委员会关于表彰2003—2004年度先进基层党组织优秀共产党员的决定》（渝路党〔2004〕19号）
彭明涌	车渡站船修厂主修	全市交通系统先进个人	重庆市人事局、重庆市交通委员会	2006年4月10日	《关于表彰全市交通系统先进集体和先进个人的决定》（渝人发〔2006〕54号）
曾晓富、庄永惠、罗开胜、彭宗泉	车渡站职工	优秀共产党员；优秀党务工作者	重庆市公路局党委	2006年6月29日	《中共重庆市公路局委员会关于表彰2005—2006年度先进基层党组织优秀共产党员优秀党务工作者的决定》（渝路党〔2006〕25号）
李世姿	车渡站劳工科长	巾帼建功标兵	重庆市交通委员会党委	2007年3月22日	《中共重庆市交通委员会关于表彰巾帼文明岗巾帼建功标兵的决定》（渝交党〔2007〕38号）
丁瑶	车渡站财务科长	市交通系巾帼建功标兵	重庆市交通委员会党委	2008年3月18日	《中共重庆市交通委员会关于表彰巾帼文明岗巾帼建功标兵的决定》（渝交党〔2008〕34号）
杜志坚、刘朗荣、李素英；曾晓富	车渡站职工	优秀共产党员；优秀党务工作者	重庆市公路局党委	2008年6月23日	《中共重庆市公路局委员会关于表彰2008年度先进基层党组织、优秀共产党员和优秀党务工作者的决定》（渝路党发〔2008〕23号）
杜志坚、刘朗荣、李素英；曾晓富	车渡站职工	2007—2008年度优秀共产党员；优秀党务工作者	重庆市公路局党委	2008年7月2日	中共重庆市车渡站支部委员会通报
杜志坚；彭宗泉	车渡副站长；车渡站党总支书记	优秀共产党员；优秀党务工作者	重庆市交通委员会党委	2009年6月19日	
彭明涌、蓝川、庄永慧；张池	车渡站职工	2008—2009年度优秀共产党员；优秀党务工作者	重庆市公路局党委	2009年6月24日	《中共重庆市公路局委员会关于表彰2008—2009年度先进基层党组织优秀共产党员和优秀党务工作者的决定》（渝路党发〔2009〕10号）

续上表

姓 名	单位及职务	荣誉奖项	颁奖单位	颁奖时间	备注（文件）
彭明涌、符冠荣、李世姿；曾晓富	车渡站职工	2009—2010 年度优秀共产党员；优秀党务工作者	重庆市公路局党委	2010 年 6 月 28 日	《中共重庆市公路局委员会关于表彰 2009—2010 年度先进基层党组织优秀共产党员优秀党务工作者的决定》（渝路党发[2010]22 号）
曾晓富、李世姿；熊华；李素英	车渡工会主席、办公室主任；车渡站劳工工科科长；车渡站机械主修；车渡站第三支部书记	优秀共产党员；优秀党务工作者	重庆市公路局党委	2011 年 6 月 16 日	《中共重庆市公路局委员会关于表彰先进基层党组织优秀共产党员优秀党务工作者的决定》（渝路党发[2011]21 号）
李世姿、唐福军；熊华	车渡站劳工科科长兼通洋公司综合办公室主任；车渡办公室副主任；车渡站船修厂机械主修	优秀共产党员；优质服务标兵	重庆市公路局党委	2012 年 6 月	《中共重庆市公路局党委关于表彰创先争优先进基层党组织优秀共产党员优质服务标兵的决定》（渝路党发[2012]23 号）
冉启明	车渡站机修工	第四届重庆市先进工作者称号	重庆市人民政府	2012 年 4 月 26 日	《重庆市人民政府关于表彰重庆市劳动模范和先进工作者的决定》（渝府发[2012]50 号）
黎峰、甘林坤、熊华、金建国、冉启明、刘钢荣、黄毅、陈江邻、王永平、陈才良、江义云、王成全、周修明、赵希平、曾晓富、吴希平、唐德顺、黄兴军、汪定国、王世伟、周光华、符冠荣、蓝川、刘兵、王志华	车渡站职工	2012 年度工作先进个人	重庆市交通委员会党委、重庆市交通委员会	2013 年 4 月 22 日	《中共重庆市交通委员会关于表彰 2012 年度工作先进个人的决定》（渝交党发[2013]40 号）
彭明涌；谢静	车渡站职工	优秀共产党员；优秀党务工作者	重庆市公路局党委	2014 年 6 月 12 日	《中共重庆市公路局委员会关于表彰先进基层党组织优秀共产党员优秀党务工作者的决定》（渝路党发[2014]17 号）

续上表

姓名	单位及职务	荣誉奖项	颁奖单位	颁奖时间	备注（文件）
符冠荣、彭明涌、谢静	车渡站站长；通洋公司副总经理；车渡站办公室副主任	优秀共产党员；优秀党务工作者	重庆市公路局党委	2015年6月15日	《中共重庆市公路局委员会关于表彰先进基层党组织优秀共产党员优秀党务工作者的决定》（渝路党发〔2015〕20号）
彭明涌、熊华、谢静	重庆通洋公路工程有限公司副总经理；车渡站船修厂副厂长、主修；车渡站党委干事	优秀共产党员；优秀党务工作者	重庆市公路局党委	2016年6月16日	《中共重庆市公路局委员会关于表彰先进基层党组织优秀共产党员优秀党务工作者的决定》（渝路党发〔2016〕12号）
符冠荣、陈军、罗开胜	车渡站职工	2016年度单位内部治安保卫工作先进个人	重庆市公安局水上分局	2017年3月14日	《重庆市公安局水上分局关于表彰2016年度单位内部治安保卫工作先进单位和先进个人的决定》（渝公水〔2017〕30号）
袁祚标	通洋公司职工	最美工匠	重庆市交通委员会	2017年11月22日	
覃丽	车渡站职工	重庆市交通行业第八届筑路工职业技能竞赛沥青混凝土路面灌缝竞赛一等奖	重庆市公路局、重庆市交通行业职业技能鉴定指导中心	2018年1月9日	
高家树	通洋公司职工	重庆市交通行业第八届筑路工职业技能竞赛沥青混凝土路面灌缝竞赛三等奖	重庆市公路局、重庆市交通行业职业技能鉴定指导中心	2018年1月9日	《重庆市公路局　重庆市交通行业第八届筑路工职业技能竞赛优胜单位和个人的决定》（渝路局发〔2018〕7号）
胡永佰	通洋公司职工	重庆市交通行业第八届筑路工职业技能竞赛沥青混凝土路面压路机项目三等奖	重庆市公路局、重庆市交通行业职业技能鉴定指导中心	2018年1月9日	

续上表

姓 名	单位及职务	荣誉奖项	颁奖单位	颁奖时间	备注（文件）
彭明涌	车渡站科长，酉阳县车田乡车田村第一书记	重庆市2019年度脱贫攻坚奖先进个人		2019年10月	
彭明涌	车渡站科长，酉阳县车田乡车田村第一书记	重庆市民族团结进步模范个人	重庆市人民政府	2019年12月17日	《重庆市人民政府关于表彰民族团结进步模范集体和模范个人的决定》（渝府发〔2019〕36号）
刘发文	车渡站党委书记	全国公路行业优秀政研工作者	全国公路职工思想政治工作研究会	2019年9月16日	《关于表彰"全国公路行业先进基层党组织""全国公路行业优秀政研工作者""全国公路政研会杰出贡献奖"》（全公政字〔2019〕03号）
李世姿	车渡站人事教育科科长	2019年重庆市巾帼建功标兵	重庆市妇女联合会	2019年12月3日	《重庆市妇女联合会关于命名2019年重庆市巾帼文明岗 重庆市巾帼建功标兵的决定》（渝妇发〔2019〕74号）
覃丽	车渡站职工	2019—2020年度重庆市青年岗位能手	团市委；市人力资源和社会保障局	2020年11月	
罗禹	车渡站通洋公司工程部部长	2019年全国交通运输系统劳动模范	人力资源社会保障部交通运输部	2020年6月12日	《人力资源社会保障部 交通运输部关于表彰全国交通运输系统先进集体劳动模范和先进工作者的决定》（人社部发〔2020〕37号）

第八章　人物荣誉

附 录

一、解放重庆记录

编者注:1949年11月,中国人民解放军第二野战军主力开始向大西南进军,对敌人进行大迂回、大包围。当时,严大芳和方音在11军32师95团任团长和政委。陶怀德时任11军31师93团团长。两团根据军师首长的指示,昼夜行军奔赴重庆。以下节选自严大芳的回忆录《千里追敌逼山城》和方音的回忆录《激战黄桷垭,占领海棠溪》以及陶怀德的回忆录《各路英雄渡过长江向市区前进》。

另附重庆大学出版社2009年10月版《解放重庆》记载11军参谋长回忆录《亲自带部队冲进重庆》和节录自中国共产党历史网2017年8月5日中共重庆市委党史研究室文章《挥师西进 解放重庆——庆祝中国人民解放军建军90周年》,以为佐证。

千里追敌逼山城❶(节选)

严大芳❷

歼敌江岸 威逼山城

我们立即向重庆方向开进。(1949年11月)29日下午2点,我们在土地垭同方政委带的三营会合了,他们正在向敌人进攻,土地垭是重庆南岸黄桷垭守敌的第一道防御阵地。我和方政委研究:三营继续从正面攻打,我带一营从土地垭侧面迂回。我们刚刚组织部队展开攻势,敌人就不战自溃,退至凉风垭第二道阵地。我们紧追到凉风垭,敌人又逃到老窝黄桷垭,我们又追到黄桷垭。

这里有一座高山,南面山下是黄桷垭村子,北面山下是海棠溪,与重庆市中心隔江相望。这儿是敌人设在重庆长江南岸的一个屏障,守敌是杨汉烈师和国民党内政部警察彭斌之部。敌人的主要兵力部署在高山阵地上,指挥部设在山下海棠溪。

要解放重庆,必须首先攻取这座高山阵地,斩断天险长江,但这座高山阵地工事坚固,敌人居高临下进行抵抗,火力密集猛烈。看来,强攻难以奏效,我们又决定:三营从正面攻打,进行佯攻掩护;一营深入虎穴,直插海棠溪,去捣毁敌人的指挥机关。我们只有两个营的兵力,而敌人在山上有一个多师,附近有三个汽车团,还有胡宗南部增援重庆的一个师,江上又有舰队。但他们处于兵败如山倒的境地,士气低落,又摸不清我们的底细,我们可以以夜幕为掩护,像孙悟空在铁扇公主腹中一样,把敌人搅个天翻地

---

❶原载《星火燎原》,1985年第6期,略有改动。
❷刘邓大军二野十一军三十二师九十五团团长。

覆。我们对行动作了具体规定：一是要动作迅速；二是要秘密不能暴露我们的行动企图；三是途中遇上敌人，不要恋战，不要打枪，用欺骗手段，蒙过敌人，一直前进。

天黑以后，我们从黄桷垭村出发，沿着山间小路向前疾进，直插海棠溪。大约走了半个多小时，来到一座小庙，发现里面有敌人，一连一排迅速将小庙包围起来，庙内20多个敌人，全部当了我们的俘虏。

海棠溪就在我们跟前的大坡下面，一群群的敌人像散猪一样在街上闲逛。同志们不顾一切地向海棠溪镇里冲去，从混乱的敌人当中穿过大街。一连直奔江边控制了渡口；二连直插西南攻取高地；三连以排为单位，杀向大街小巷搜捉敌人，见一个捉一个，见两个捉一双，只听得镇子里到处在喊："不准动，跟我走！""走，快走！"

有的敌人没搞清怎么回事，还在吵吵嚷嚷，"别闹、别闹，你们还在开玩笑？""谁和你们开玩笑！"战士们用枪逼着敌人，严厉地喝道。"我们是'宪兵队'，快跟我们走！"敌人就像老鼠见猫，乖乖地被我们捉走了。也有的见势不妙，惊慌而逃。

我带一部分同志，由俘虏带路，一直向敌人指挥部冲去。敌人的指挥部设在南面山坡上的一个大瓦房里。我们赶到一看，房门四敞大开，里面亮着灯，却空无一人，到处乱糟糟的。碎物破纸撒了满地。显然，敌人已经仓皇逃命了。

我们一进屋，就听到"铃铃铃……"急促的电话铃声。我抓起话筒，听见耳机里一个劲地叫唤："指挥部、指挥部……"

"喂！"我喊了起来。

"你们为什么不接电话？你们那里有什么情况？"声音特别尖厉。

我立即意识到这是从山上阵地打来的电话，决定给他来个将计就计。我避开敌人的问话，反问道："你们山上的情况怎么样？"

"敌军还在进攻！"

"你们迅速把部队带到海棠溪东侧公路上集合！"我故意拉起声调命令道，"师团长官速来指挥部接受新任务！"

说完，我将电话一下卡死。敌人的话没有讲完，马上，电话机又铃铃铃响起来了。不管怎么响，我再也不去理它，心想反正我已经下了命令，看你们听不听吧。

我和营长冯鸿章继续守在敌人的指挥部里，密切地注视着海棠溪的情况。过了一会儿，忽然有一个人慌慌张张地闯了进来。这人身着国民党上校军服，他见到我们觉得很陌生，便一脚门里，一脚门外地站住了。正当他进出未定，我立即问道："你从哪里来？"

他惊慌地回答："从山上来。"

"你们的指挥官换了！"我意识到他一定是山上派下来探听虚实的，便对他说："你赶快回去，告诉你们长官，立刻把部队带到海棠溪以东5公里处公路边集合，接受新任务。"我说完，就叫警卫员把他送走了。

已是9点钟了，各连陆续报告了战斗的进展情况：一连已经控制了江边去往重庆市的渡口，切断了海棠溪与重庆的联系，现正在附近捕捉敌人，并监视两侧嘉陵江口敌海军的行动；二连利用敌人的口令很快夺取了西南面高地，正在加修工事和在阵地周围搜捕敌人；三连继续在大街上擒捉俘虏。

海棠溪有敌人3个汽车团,200多辆车,像长长的蟒蛇,停放在一条长街上。汽车上满装着军用物资。我们已将这些汽车全部缴获。为了防止敌人打毁汽车,就派出一部分战士,押着敌司机,把汽车开到海棠溪东侧四五公里的公路上。

到了夜里11点半,山上的枪声逐渐变得稀疏零星,海棠溪里搜捉敌人的战斗也基本结束。由于同志们大胆穿插,神速袭击,一枪未放就捣毁了敌军指挥部,占领了整个海棠溪。

正在这时,三连一个排长急匆匆跑来报告:"山上下来了很多敌人,在海棠溪东侧公路上抢夺汽车。"

"好哇,敌人还真听指挥,到底从山上下来了。冯营长。"

"到!"

"你坐上敌人的小汽车,带上一个排,乘坐两辆卡车,再架上两挺机枪,赶快到海棠溪东侧公路上。到了之后叫他们都下车站队,就说统一分配车辆,把敌人集合起来就好办了。"

马鸿章同志接到命令,立刻就走了。他到那一看,黑压压的一片敌人正在骂着吵着,拼命地争夺汽车。他下车假装大发雷霆,狠狠地骂敌人一顿,命令他们集合,敌人以为是他们的长官,规规矩矩地站了队。这时,冯鸿章高声喝道:"我们是中国人民解放军,谁也不准动。放下武器,缴枪不杀,放你们回家……"敌人一听是解放军,吓得武器一丢,"哄"地下向四处奔跑而去。

当时我们的主张是:只要敌人不反抗,我们就不打,也不追。敌人跑就让他跑,反正他们已经失去了战斗力。敌人下山后,方政委带的三连便占领了黄楠垭高山阵地。

午夜12点左右,突然有两艘国民党军舰从嘉陵江口开出,向我们这边来。我们急忙在江岸做好了战斗准备。片刻之后,我们发现重庆的国民党军队突然以密集的火力向军舰射击,同时,军舰也向重庆的国民党军队进行还击,枪炮声响成一片。我们正迷惑不解,这两艘军舰已从我们面前飞驶而过,向下游驶去。军舰没有向我们射击,我们没有弄清情况,也没有向他们射击。后来我们得知,这两艘军舰当时已经起义了。

天渐渐地亮了,江面上的雾正在消散。战士们在大街上巡逻警戒。忽然传来了"一二一"的口令声和急促众多的脚步声,原来是敌人看守仓库的士兵正在出早操,他们根本不知道海棠溪这一夜所发生的事情。我们的战士端着枪向他们喊道:

"喂,你们不要跑步了。海棠溪已被我们占领了!"

敌人一听,将信将疑,当他们的目光移到战士们头上的那颗解放军帽徽上时,立刻惊恐地呆住了。

我们占领了海棠溪和黄桷垭高山阵地,完全控制了重庆市南岸。清晨,重庆市沿江一线防守的敌人,在我大军的逼迫下全部撤退。

到了30日下午,重庆市各界人民派代表给我们送来了渡船。我们团进驻重庆以后,开始执行重庆市内的卫戍任务,保卫人民的胜利成果。

(傅春庚、夏尊平整理)

激战黄桷垭,占领海棠溪[1](节选)

方 音[2]

(1949年11月)30日晨,沿江警卫的一营报告,南岸沿江一带无船只,江对面亦未见船。上午8时许,团长严大芳和我决定,一营再扩大搜寻面,必须找到一些船,准备渡江;另派骑兵通讯员请示首长如何渡江。约11时,师长何正文赶到铜元局,立即派人叫我和大芳前去接受任务。何师长令我迅速找一只小船,带个班渡江,找地下党和群众组织,准备船只,部队今日渡江;大芳掌管部队待命行动。我们一面组织渡江突击队和火力保障,一面派侦察兵沿江上游找船。下午4时许,我们接师部紧急通知:停止单独过江。重庆各界代表已来南岸,渡江船只已解决,要我团做好渡江准备。全团干部战士听此消息后,群情振奋,个个都争为解放重庆城,占领总统府的渡江先头兵。

下午6时许,我团除留三营小部兵力继续在南岸执行看管任务外,主力从铜元局渡口,乘两艘火轮和一些木船,分批渡过长江。经两路口,进占伪空军司令部、国防部和总统府,占领复兴关(现为浮图关)一线。在复兴关俘敌三六一师散兵30余人。我们在行进的沿途,受群众夹道欢迎。

午夜时分,我和大芳去查看我团进占国民党"总统府"的战士们,个个精神振奋,大家不约而同地唱起了"向前向前向前,我们的队伍向太阳"的军歌。嘹亮的歌声,振荡着总统府的内外。歌声停了,我和大芳站在总统府门前阶梯上,相互拥抱,思绪万千,我们与陪都人民见面了。

12月2日起,我团部先后进驻市区的"范庄"、复兴关,沙坪坝的杨家花园。三营重返驻南岸,一营驻磁器口化龙桥鹅公岩一线。我师九十六团驻市中心区和其以东地区。同月初,重庆军管会和警备司令部成立后,我师九十五、九十六团和十二军一部,编成重庆警备部队,执行警备任务。

(1989年3月17日于成都)

各路英雄渡过长江向市区前进[3](节选)

陶怀德,时任11军31师93团团长。他率领的93团,是最先进入市区的我军部队之一。他的回忆非常精彩——

到了李家沱江边,已是29日晨。虽然江面有雾,但从望远镜中看去,可见对岸江边有一些火团,经仔细辨认,是北岸敌人在烧毁木船。由于火势不断增大,视度更好,可见有的敌人在加固工事,有的在沙坝上来回奔跑。

我率领2营急于渡江。但只在江边找到3只烂木船,经当地群众抢修好后,在各船船头堆放了一些沙袋,并各架一挺机枪。5连担任渡江突击队,我同2营长、5连长

---

[1]选自中共重庆市委党史工作委员会编:《重庆的解放》,重庆:重庆出版社,1989年。
[2]刘邓大军二野十一军三十二师九十五团政委。
[3]张卫、冉启虎著:《解放重庆》,重庆:重庆大学出版社,2009年,第222-225页。

3人各带一只船。即将出发时,11军参谋长杨国宇同志赶到了。

我向他请战:"时间就是胜利。我是团长,我带突击队渡江,请首长放心!"

杨参谋长同意了。

3只木船上各有两名船工掌舵划船,在我团人力的支援和浓雾的掩护下,像飞箭射向北岸,船上干部战士密切注视着敌人动态。船行约10分钟,快到北岸沙滩,我命令各种火器开火。炮声、枪声和战士们的喊杀声,像一阵轰雷。敌人闻风丧胆,一个营像一群无头的野牛,各自奔跑逃命。我们登岸后猛追不舍,有的敌兵举枪投降,有的喊叫饶命。但我没理他们,率5连直扑佛图关。

这时,团二梯队一、三营在团政委张厚瑞等率领下,赶到李家沱江边。他们在江边观察到,对岸敌人逃跑后,躲藏的群众纷纷出来,七手八脚地抢修未被敌军烧毁的木船,过江迎接解放军。

早年曾在重庆上学的11军参谋长杨国宇也过了江,他了解重庆地形,限令我当天19时前占领重庆咽喉佛图关,断敌退路。我问:"如遇逃敌,怎么办?"杨参谋长果断地说:"你们不要管,后续部队来解决他们。"

这天,薄雾中夹着霏霏细雨,路滑难行。我们连日追击敌军,虽然汗水一次又一次地湿透了军衣,但没人叫苦,勇往直前。在追击中,时而见到腾空升起火光,时而听到雷鸣般的巨响,那是敌人在搞破坏!它是有声的命令,命令我们加速、再加速!

我率2营和团侦察排追到大坪时,天已黑了。突然发现大坪公路上停放一长串汽车,约有几百辆。附近一幢楼里闪着灯光。在汽车上虽然有守候的零星敌军,但他们不知我们是什么部队,看着我们行进,既不盘问也不开枪。但我心中有数,我们已入敌营,即传命所部,提高警惕,准备战斗!

约19时,我团一、三营也赶到大坪。我将四、六连放在大坪白鹤嘴原炮兵营区内,五连摆在公路上,阻击增援敌军,并令侦察排的一个班,沿小巷前进,侦察佛图关山顶敌情。该班前出距我约200米时,突遇三人手执电筒迎面而来,侦察排长令战士伏卧小路两侧。排长见其步入伏击圈,下令:上,抓活的!几名战士似如猛虎,直扑过去生俘"舌头"三个。

俘虏带到我面前。经审问,高个军官回答:"我姓邢,是国防部警卫二团团副,另两个,一个是参谋,一个是我的勤务兵,我们是来了解情况,选定明日撤退路线的。我率领全团和通信兵三团一部,约2000人,全团分别配备卡宾、驳壳、加拿大左轮枪等,跟随蒋介石行动。车上有电话机、报话机70余部。我们本来是去广州的,到了云南境内,得知广州已经解放,便折回重庆,今天刚到,准备与胡宗南会合,退守康藏。"我问:"你们上面有多少人?"邢回答,"上面有两个团,我团人多,三团人少。"我说:"你们被包围了,只有放下武器投降,才有出路。"邢答:"我回去商量一下。"我态度强硬地说:"没有什么商量不商量的,你们只有投降,限你回去,半小时即来向我回话,将你们的人员、装备、器材造册点交。不然,只有死路一条!"

我侦察人员随邢团副一同前往。不到20分钟,邢返回对我讲,他们愿意缴械投降。这时,我带领战士们随邢到其团部,将敌各种武器装备和器材集中存放在附近的一所学校内。敌官兵1600余人就地集合在"夜雨寺"内外,等待处理。待31师师部人员赶到,我们将人枪交给了师部。

紧接着,我们在一所中学内找到一辆吉普车(此车系一川军军长之妹所有),另在敌警卫二团内又找到一辆吉普车。五连指战员跟随在我车后,向市区进发,却因市内已无守敌,我们经上清寺向沙坪坝开进,沿途受到人民群众的热烈欢迎。此后,师首长命令我团为师的二梯队,随师前卫91团跟进,向西追歼残敌……

军参谋长亲自带部队冲进重庆[1](节选)

在攻打重庆市区的战斗中,我11军参谋长杨国宇因青年时代在重庆读过书,熟悉地形,他亲自率第31师跑在全军的最前面。

杨国宇,四川仪陇人,朱德同乡。1933年参加红军,抗战时任八路军129师司令部译电员、机要科长等职,解放重庆时升任我二野11军参谋长,1961年晋升少将。杨国宇是邓小平的老部下,1989年11月,时任国防部长的秦基伟借修订《二野战史》之机,请邓小平和二野老同志见见面,邓欣然答应。11月20日,邓小平会见了二野老同志宋任穷、陈锡联、陈再道、何正文等,当秦基伟向邓小平介绍杨国宇时,邓小平风趣地说:"杨国宇,在一野部队是有名的杨大人啊!"为啥他叫"杨大人"呢?原来杨国宇虽个头矮小,但性情活泼,像个天真烂漫的孩童,加上刘邓均是幽默大师,便有了这个绰号。于是,当年二野指挥部可就有了两个"大人":一位是"邓大人"一位是"杨大人"。

1949年11月26日,刘邓首长命令:二野3兵团速歼长江南岸之敌,相机占领重庆。我军以排山倒海之势,兵临南岸,敌人望风披靡,逃往成都。11军军长曾绍山急令:"只有穷追,才是胜利!"11军参谋长杨国宇亲率先行团,向重庆市区疾进。他生动地回忆了当年情景——

11月29日,我和31师副师长胡鹏飞率陶怀德团抵达长江南岸的南温泉,又在李家沱歼敌一个营,俘敌200余人(这次战斗中3师师长赵兰田同志负伤)。据俘虏称:他们是胡宗南一师一团一营,由汉中乘汽车昨晚才赶到,任务是迟滞解放军西进。我们问:"重庆情况怎样?"他们说:"我们刚过河来守南温泉,听说你们要来,正准备撤,你们就来了,那边情况一点也不知道。"

重庆就在江对岸,可是看不见。

15时左右,李家沱对岸九龙坡杨家坪燃起熊熊烈火,浓厚的烟雾几乎笼罩了半边天。不到半小时,整个北岸就变成了"火城",汽油桶"轰轰"的爆炸声,木板船"啪啪"的燃裂声和对岸敌人打过来的炮弹声不绝于耳。许多战士瞪着充满血丝的眼睛跑来请战:

"快下命令打过去吧!晚了,重庆就会变成彭水啦!"

我的心情也十分焦急。彭水被敌人放火烧毁了,难道还要重蹈覆辙么?绝不允许!稍加思索,我转身对陶怀德团长说:

"我们只有3只小船,是命根子呀!我和胡鹏飞在这里打手电筒作信号,叫部队佯攻,如敌人不还击,你带上一个排强渡。要记住时间决定重庆的命运!"

---

[1] 张卫、冉启虎著:《解放重庆》,重庆:重庆大学出版社,2009年,第218—222页。

3只小船摇成品字形,向对岸驶去。我从望远镜中看见对岸混混浊浊,船靠岸后,战士们像猛虎下山,扑向九龙坡,但很怪:竟没遇到敌人阻击。不一会儿,才传来像机枪扫射和手榴弹爆炸的声音。我心一沉,莫非中了埋伏?

突然,身旁的战士们欢呼起来。抬眼望去,但见10来只木船向这边驶来,船夫们高声吆喝:"不要打枪,我们是帮大军渡江的!"

我和胡鹏飞分别乘船来到北岸,没见到陶团长,就问一位老头:"刚才枪声在哪里响?"老头嘿嘿一笑,用手捋捋胡须,说:"哪里是打枪,是老百姓们放鞭炮欢迎你们哩!"

我带着登陆部队向佛图关急奔。半路赶上了陶团长。我向他作了简短交代:

"敌人一定有破坏重庆的计划。我们必须在晚上七点半以前进入城内。你还是打先锋。"

陶团长问:"路上遇到小股敌人怎么办?"

我说,"别管它小股大股,都统统甩掉,留给后续部队解决,你只管往重庆城里钻!"

陶团长笑了:"我明白了,哪怕只先进去一个兵,也会给留在重庆的敌人、特务以巨大的精神打击。"

我们的部队冲上了重庆制高点佛图关,关下就是新市场的大街,街面上有许多地方用桌椅围成圈圈,中间竖着长凳,上面写着"注意地雷!"市民们过来招呼:"那是我们标的,里面有国民党埋的地雷,不要进去呀!"

我和胡鹏飞决定,后续部队不从佛图关入城,绕山路走捷径,直插化龙桥、小龙坎,与前锋部队构成钳形攻势。

天已经黑了,又下起了蒙蒙细雨。我们沿着很陡的石阶小路路不停地跑,心"怦怦"地狂跳,好像要蹦出来。没人喊苦叫累掉队,大家只有一个信念:截断残敌向山洞的退路,保住城市!

11月30日凌晨4时,部队抵达化龙桥。张营长从前面赶回来,说:"前头敌人真多,还有不少散兵游勇。他们也搞不清我们有多少人马,吓得要死,一接火就投降。"胡鹏飞用手电筒往街上照,看见一排排俘虏兵。

张营长又说,"还有地方上的汽车修理厂、化学厂、玻璃厂、卫生器材制造和电信器材制造总厂,都派人和我们接头了。"

我让人找来几位工厂厂长,对他们说:"从今天起,工厂就是人民的财产了!你们保护工厂没让国民党破坏,也有一功!"

电信器材制造总厂厂长说:"你们还要向前走吧?这一带工厂多,护厂总得有个挑头的呀!"

我说:"数你的厂最大,你就做做这个工作吧!"

他说:"你得给我个执照。"

我在一张小纸片儿上写下了这个意思,又签上了自己和胡鹏飞的名字,让他拿去联络各个工厂,并与后续部队接通关系。

解放军进城的消息惊醒了化龙桥,市民们高兴地放起鞭炮,汽车修理厂的工人把所有能启动的汽车开来给部队用,这其中还有几辆吉普车,上面张贴和挂满了标语、鲜花。在一片欢呼声中,战士们上了汽车,许多市民动手帮我们搬运油盐担、重机枪、小炮和炮弹箱。这都是我们的战士用肩头扛到重庆的。

汽车队驶出化龙桥,很快推进到新桥。歌乐山的敌人刚刚逃去,没来得及把桥彻底毁掉。我们找来木板铺上,顺利通过了新桥。

在一座隧道前,我们被一堆堆敌军尸体和毁掉的汽车挡住了去路。我很纳闷:我们是先头部队,脚下又有飞快的汽车轮子,前面不会有 12 军的其他部队,友军再快不过才到白市驿,这股敌人是谁消灭的呢?后来才知,因为我军推进神速,重庆卫戍司令杨森刚刚逃过山洞,就不管后面的汽车 16 团和陆军大学官兵,下令爆破,结果炸死了自己人。

我们把敌人尸体掀到一边,清理了公路上堆的飞机炸弹,通过了歌乐山,直逼中和场。这时,友军已占领了璧山,我们又顺手抓住了一股逃窜的敌军。

我们保住了重庆,山城获得了新生。地下党组织和广大人民群众为此付出了巨大代价。由于要向成都追歼敌人,我们没有机会同他们见面表示感谢和祝贺,就离开了重庆。

挥师西进　解放重庆——庆祝中国人民解放军建军 90 周年[1]（节录）

（2017 年 8 月 5 日　中共重庆市委党史研究室　中国共产党历史网）

1949 年 11 月 30 日凌晨,蒋介石在重庆白市驿机场美龄号专机上度过惊惶的一夜后飞逃成都,刚起飞 26 分钟,解放军就攻占了机场。奉令死守重庆的卫戍司令杨森,也在同日早晨逃离重庆。正面进攻重庆的解放军进抵长江南岸海棠溪,左翼迂回部队从李家沱过江,经杨家坪、大坪至沙坪坝,重庆市区已被团团围住。

但是,不知事态发展的重庆人民,由于受反动派的种种反动宣传,加之耳闻目睹了三个月前"九·二"火灾的惨景,和一天以前 21 兵工厂大爆炸的巨响,都惧怕市内成为战场,民心惶恐不安。

在这关键时刻,中共川东特委一面利用策反过来的一个师的兵力和部分警察人员维持市内秩序,一面紧张地与各界人士会商,共组欢迎解放军代表团。

欢迎解放军代表团主要成员有重庆市参议长范众渠,重庆市商会会长蔡鹤年与老会长温少鹤,重庆市工会理事长周荟柏和重庆国民自卫队师长任百雕等,在川东特委负责人卢光特的带领下与解放军接头,商议迎接解放军进城事宜。

下午 2 时,代表团乘坐民生公司的小火轮"民运"号从长江北岸的望龙门码头起锚,一路拉着汽笛来到了海棠溪江边。经过长期艰苦卓绝的斗争,重庆地方党组织终于同解放重庆的人民军队会师了,地下党的同志激动万分!

30 日下午 6 点左右,一只只轮船,分别开到南岸弹子石、海棠溪、铜元局等地接解放军过江。晚上 7 点过,47 军 423 团一营插向精神堡垒(即解放碑广场),二营插向小什字街;11 军 31 师 93 团经巴县于下午 3 点过马王坪,抢占李家沱渡口,占领大坪,

---

[1] 原载《重庆日报》,2017 年 8 月 2 日第 5 版。

并接受了佛图关上国民党国防部警卫第 2 团 1600 余人缴械投降;11 军 32 师 95 团主力从铜元局渡口分批渡过长江。解放重庆的各路部队会师重庆。

(责任编辑:崔利民)

二、文艺作品选录

重庆车渡赋

熊 笃❶

夫车渡起源津渡,而津渡与船同步;肇始三皇五帝,历经三古九隅。泱泱巴地,江河交汇之区;岌岌峡山,津渡扁舟之浒。巴祖造船掷剑,廪君枳邑称孤。仪筑江州,二水汇流立埠;渡开黄葛,《水经》郦氏注疏。白居易游涂山,渡江摇橹;余义夫帅重庆,诗赞渡图。明清商贸繁荣,帆樯密堵;渡口穿梭客货,吞吐运输。

清末开埠,汽车引进;渝城建市,公路延伸。成渝衢甫告竣,川黔路又抢跟。寻倭烽飙起,沿海陆沉;国府西迁,重庆驻宸。兵工厂八方汇聚,机电钢百业迁临。一市舟车蜂拥,两江车渡临盆。广物流之集散,大枢纽之要津。成渝川贵,储海津接榫;滇缅渝南,娄九渡连筋。汉渝川陕,中渡石门发轫;西北西南,百川车渡连坤。吞原材以分工厂,吐枪炮而送丛林。陪都重庆,叱咤风云。抗战精神堡垒,远东军事中心。驼峰至重庆,军械长龙输运;缅甸之远征,陆空往返骏奔。八年抗战,江上活桥水闸;九州光复,汗青车渡名存。

及解放西南,二野当先。海棠车渡,渡军天堑;渝城解放,庆典空前。爱车渡蒸蒸日上,辉煌如日中天。成渝线通火车,九龙坡建货站。铜元渡连市中区,菜园坝接江南片。娄溪沟迁李家沱,公铁水呈一线穿。十埠新增车渡,两江密网串联。九区十二县域,万车八达跨川。鸟枪换炮,装备改观:拖轮拖驳,跳板趸船,木钢质换,马力倍添。昔两三车一渡,今十二辆一班。引道技能改善,夜航设备平安。往返时间缩短,渡车功效翻番。然渡车伊始,创业维艰。员工船上为家,昼夜加班加点。三层吊铺,卷缩屈身难展;四角铁床,梦回舱漏水淹。炎炎夏日,洪后清淤挥汗;瑟瑟冬风,水中刺骨彻寒。整修钢跳钢缆,打捞深水锚链。宵衣旰食,重任在肩。江上活桥,志凌霄汉;水上铁军,情洒江干。

改革日新月异,直辖快马加鞭。桥都崛起,数十长虹卧涧;车渡渐衰,十余渡埠停滩。船舶职工闲置,码头荒废失权。内忧外患,出路茫然。惟坐待亡,孰与自争破茧;突围蝶变,方能浴火涅槃。委局高瞻远瞩,多谋善断;车津死地后生,共渡难关。新开救援抢险,护航排患解难;战备码头升级,国防稳重泰山;打造高精船舶,与时俱进利坚;选点旅游体验,经营转向多元。公益安全渡运,用工结构多端。创企"通洋"造血,

---

❶熊笃:当代辞赋作家,中国韵文学会常务理事,重庆市首届学术与技术带头人,重庆工商大学文学与新闻学院原院长、教授。

改修国省道涵。集众志图强智勇,破三关力挽狂澜。

展望未来,"中国梦"蓝图召唤;志存高远,环宇天鹏翼腾骞。乘飙风以渡银汉,破巨浪而扬云帆。渡魂毅魄,千古永传!

车渡人之歌

1=D 4/4　　　　　　　　　　王永丰 唐奕 词
进行曲风格　　　　　　　　　　唐奕 曲

迎来朝霞,送走夕阳,马达轰隆隆响,汽笛声声嘹亮,迎送南来北往车辆,我们汗滴大江上,穿过激流,乘风破浪,让城市通途坦荡。起航,渡江,架起青春桥梁,为安全和优良,齐心向前方,起航,渡江,承载梦想希望,为幸福和安康,铸就生命辉煌。煌。向前方!

车渡人之歌

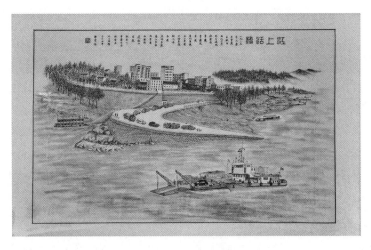

江上活桥(作者:谢觉海)

三、重要文件目录

重庆市车渡管理站重要文件统计表　　　　附表1

文 件 名 称	文　　号	发文日期
重庆卫戍总司令部训令·令重庆市警察局	巽一字第0934号	1940.04.16
军运车辆指挥所、车渡指挥所编制表	军事委员会办制渝字第二六一七号	1941.04
委员长过江码头附近请禁止倾倒垃圾并整饬清洁	巽一字第1101号	1944.10
重庆市政府训令　警察局清洁管理委员会将重庆卫戍司令部代电委员长过江码头附近请禁止倾倒垃圾等由令饬遵照由	市秘肆10934号	1944.10.17
为据报以"主席渡江汽艇被风吹流至海棠溪所救返报请鉴核由"	督调字一〇四一号	1945.08.06
重庆市交通运输管理局关于成立市水上运输公司客运站和市路河养护总段车渡管理站的报告	〔61〕交办字第5-063号	1961.04.03
四川省重庆市人民委员会文件	〔62〕会办字第351号	1962.12.20
四川省交通厅公路局关于自1964年元月一日起征收兽力车过渡费的通知	〔64〕交路财字第006号	1964.01.01
四川省交通厅公路局转发《交通厅财政厅〈关于颁发四川省公路养路费征收办法〉通知》的通知	〔64〕交路财字第023号	1964.01.05
四川省交通厅关于省属渡口征收人力兽力车过渡费改由养路总段办理的通知	川交〔64〕路字第14号	1964.02.07
重庆市交通运输管理局关于报送汽车渡口交接清册的报告	〔64〕渝交办字第1-134号	1964.09.02
重庆市交通运输管理局革命委员会关于重申重庆市车渡管理站领导关系的决定	渝交革〔76〕字第012号	1976.01.12
重庆市车渡管理站关于成立劳动服务分公司的报告	渝车渡〔83〕字第01号	1983.02.02
中共重庆市公路养护总段委员会关于李永祥等六位同志任职的通知	重路党〔1983〕第13号	1983.03.01
中共重庆市公路养护总段委员会关于赖成全等同志任职的通知	重路党〔1984〕第17号	1984.05.15
重庆市公路养护总段关于重庆市车渡管理站成立保卫股的通知	重路〔1986〕第1-265号	1986.07.29
重庆市车渡管理站关于加强重型车辆及特殊车辆过渡的管理办法	渝车渡〔88〕字第086号	1988.01.05
重庆市车渡站关于加强劳动力组合管理暂行规定的通知	渝车渡〔88〕024号	1988.07.01
重庆市车渡管理站关于启用、办理重庆车渡公路渡口"通行证"的暂行管理办法的通知	渝车渡〔88〕字第064号	1989.01.01
重庆市车渡管理站关于实行工程施工领料制度及船舶进厂修理有关规定	渝车渡〔89〕字第005号	1989.02.15
关于重庆市公路养护总段启用路政管理章的通知	重路〔1989〕第6-66号	1989.03.23

续上表

文件名称	文　号	发文日期
重庆市交通局关于我市部分公路渡口收取车辆过渡费的通知	重交公〔89〕022号	1989.03.27
重庆市交通局关于公路渡口收取车辆过渡费实行集中统一管理的通知	重交局财〔1989〕045号	1989.07.14
重庆市经济委员会、重庆市物价局、重庆市交通局关于我市鱼(洞)吊(二嘴)等六处公路渡口收取车辆过渡费的通知	重交局公〔1989〕105号	1989.08.14
重庆市公路渡口车辆过渡费征收使用管理办法(试行)	重交局公〔1989〕130号	1989.09.29
重庆市车渡管理站关于转发《〈公路渡口管理规定〉的通知》的通知	重车〔1990〕字第060号	1990.10.04
关于安全事故调查处理程序试行办法	重车〔1990〕字第073号	1990.12.26
重庆市车渡管理站关于报送一九九一年度工作总结的报告	重车发〔1991〕078号	1991.12.30
重庆市车渡管理站关于呈报一九九二年度工作总结的报告	重路渡发〔1992〕83号	1992.12.10
中共重庆市车渡管理站支部委员会关于呈报一九九二年工作总结的报告	重车党发〔1993〕01号	1993.01.03
重庆市物价局、重庆市财政局关于调整部分车辆过渡费标准的批复	重价费〔1993〕056号	1993.03.17
重庆市车渡管理站关于重申过渡费征收管理有关事项的通知	重路渡发〔1993〕字第35号	1993.05.25
关于在重庆市车渡站设置重庆市公路路政管理大队第十一中队的通知	重路政发〔1993〕08号	1993.09.11
中共重庆市车渡管理站支部委员会一九九三年度支部工作总结	重路渡党发〔1993〕06号	1993.12.18
中共重庆市车渡管理站支部委员会一九九四年度支部工作总结	重路渡党发〔1994〕06号	1994.12.05
重庆市交通局关于加强公路渡口渡政管理的通知	重交局公〔1995〕53号	1995.04.04
重庆市车渡管理站关于加强公路渡口管理的通知	重路渡发〔1995〕字第1-24号	1995.05.09
重庆市车渡站关于加强各渡口车辆渡运调度人员管理的通知	重路渡发〔1995〕字第1-25号	1995.05.16
重庆市物价局、重庆市交通局、重庆市城建局关于对运输蔬菜进我市近郊六区的车辆暂免收取过路、过桥、过渡费的通知	重价工发〔1995〕144号	1995.06.13
重庆市公路养护总段关于陈文安同志职务任免的通知	重路人〔1995〕217号	1995.08.18
中共重庆市车渡管理站支部委员会一九九五年度支部工作总结	重路渡党发〔1995〕10号	1995.12.23
重庆市物价局、重庆市财政局、重庆市交通局关于调整市属长江嘉陵江干线车辆过渡费标准改革车辆过渡费收费办法的通知	重价工发〔1996〕153号	1996.06.12
中共重庆市车渡管理站支部委员会关于报送一九九六年度支部工作总结的报告	重路渡党发〔1996〕12号	1996.12.12

续上表

文件名称	文号	发文日期
重庆市公路养护总段关于巫力豹等同志职务任免的通知	重路人〔1997〕103号	1997.11.03
重庆市公路养护总段关于执行在职职工提前退休方案的通知	重路〔1998〕56号	1998.05.11
重庆市机构编制委员会关于同意设立重庆市公路局的批复	渝编〔1998〕38号	1998.07.24
重庆市车渡管理站关于设置行政科室和队、厂的通知	重路渡发〔1998〕字第49号	1998.09.14
中共重庆市车渡管理站支部委员会关于报送一九九九年度党支部工作总结的报告	重路渡党发〔1999〕08号	1999.11.17
重庆市交通局关于在局直属执法机构实施缴罚分离制度的通知	渝交局〔1999〕1113号	1999.12.30
重庆市交通局关于加强战备渡口管理、维护的通知	渝交局〔2000〕117号	2000.02.14
重庆市交通委员会关于清理行政事业性公路收费项目的通知	渝交委〔2001〕140号	2001.03.15
重庆市物价局、重庆市财政局、重庆市交通委员会关于同意规范我市公路渡口车辆过渡费标准的通知	渝价〔2001〕487号	2001.06.21
重庆市公路局关于重庆市车渡管理站巫力豹同志任期内经济责任审计处理决定的通知	渝路局〔2001〕124号	2001.06.21
交通部关于对老旧运输船舶执行特别定期检验的通知	交海发〔2001〕430号	2001.08.06
重庆市车渡管理站关于报送二〇〇一年工作总结的报告	渝路渡发〔2001〕39号	2001.12.27
重庆市公路路政管理条例	重庆市人民代表大会常务委员会公告第186号	2002.03.27
重庆市车渡站船舶除锈油漆管理办法	渝路渡发〔2002〕27号	2002.06.13
重庆海事局关于重庆市车渡管理站车渡使用水域的批复	渝海通航〔2002〕51号	2002.11.29
重庆市公路局关于加强公路渡口车辆过渡票据管理的通知	渝路局〔2003〕43号	2003.04.01
重庆市公路局关于成立重庆市公路路政管理总队直属二大队的批复	渝路局〔2003〕77号	2003.05.16
中共重庆市公路局委员会关于江恩同志任职的通知	渝路党〔2003〕30号	2003.12.23
重庆市车渡管理站关于报送二〇〇三年度工作总结的报告	渝路渡〔2003〕44号	2003.12.29
重庆市车渡管理站关于进一步加强车辆过渡费征收管理的通知	渝路渡〔2004〕4号	2004.01.17
重庆市车渡管理站关于战备渡口情况的报告	渝路渡〔2004〕15号	2004.03.29
重庆市公路路政管理总队关于印发重庆市公路路政管理行政许可指南的通知	重路政〔2004〕16号	2004.09.08
重庆市公路局关于加强公路渡口车辆过渡票据管理的通知	渝路局〔2004〕310号	2004.10.15
中共重庆市车渡管理站支部委员会关于报送2004年度工作总结的报告	渝路渡党〔2004〕14号	2004.12.20
重庆市车渡管理站关于报送2005年工作总结的报告	渝路渡〔2005〕45号	2005.12.29
中共重庆市公路局委员会关于彭宗泉等同志职务任免的通知	渝路党〔2006〕1号	2006.01.10

续上表

文件名称	文号	发文日期
中共重庆市公路局委员会关于重庆市车渡管理站设立中国共产党总支部委员会的批复	渝路党〔2006〕3号	2006.01.22
重庆市交通委员会关于同意将市公路养护管理段等三个单位变更为独立法人单位的批复	渝交委人〔2006〕60号	2006.06.12
重庆市车渡站船舶修理工程检修、验收和船舶交接管理规定	渝路渡〔2006〕42号	2006.09.28
重庆市车渡管理站关于报送2006年工作总结的报告	渝路渡〔2006〕54号	2006.12.29
重庆市公路局关于车辆过渡费票据管理发放有关事宜的通知	渝路局发〔2007〕120号	2007.05.13
重庆市公路局关于成立重庆通洋公路工程有限公司的批复	渝路局〔2007〕482号	2007.12.18
重庆市交通委员会关于重庆市公路局所属重庆市车渡管理站成立重庆通洋公路工程有限公司的批复	渝交委企〔2008〕1号	2008.02.02
重庆市车渡管理站关于再次重申过渡费征收管理规定的通知	渝路渡〔2008〕10号	2008.02.27
中共重庆市车渡管理站总支部委员会关于报送2008年度工作总结的报告	渝路渡党〔2009〕1号	2009.01.04
重庆市公路局关于重庆通洋公路工程有限公司注册资本金增资的批复	渝路局发〔2009〕54号	2009.03.06
中共重庆市车渡管理站总支部委员会关于报送2009年度工作总结的报告	渝路渡党〔2009〕7号	2009.12.02
中共重庆市公路局委员会关于符冠荣杜志坚同志职务任免的通知	渝路党发〔2009〕29号	2009.12.18
重庆市车渡管理站关于报送2009年工作总结的报告	渝路渡〔2009〕35号	2009.12.28
重庆市车渡管理站公路渡口应急救援队伍建设方案	渝路渡〔2010〕38号	2010.11.04
重庆市车渡管理站关于报送2010年工作总结的报告	渝路渡〔2010〕46号	2010.12.28
重庆通洋公路工程有限公司试验检测中心更名的通知	渝通洋〔2011〕2号	2011.03.05
重庆市公路局关于调拨应急抢险及公路养护设备的通知	渝路局发〔2011〕67号	2011.05.03
重庆市车渡管理站关于停止征收车辆过渡费的报告	渝路渡〔2011〕42号	2011.07.29
重庆市车渡管理站关于报送2011年工作总结的报告	渝路渡〔2011〕62号	2011.12.28
中共重庆市公路局委员会关于符冠荣同志主持车渡站行政工作的通知	渝路党发〔2012〕6号	2012.02.22
重庆市车渡管理站关于更新船舶设备计划的报告	渝路渡〔2012〕26号	2012.06.08
重庆市公路局关于主城区战备渡口应急保障体系建设方案的报告	渝路局文〔2012〕338号	2012.10.12
中共重庆市交通委员会关于同意成立重庆市公路养护管理段党委重庆市车渡管理站党委的通知	渝交党〔2012〕99号	2012.11.12
重庆市车渡管理站关于报送2012年工作总结的报告	渝路渡文〔2013〕1号	2013.01.11
中共重庆市公路局委员会关于中国共产党重庆市车渡管理站第一届委员会选举结果的批复	渝路党发〔2013〕5号	2013.02.04

续上表

文 件 名 称	文　　号	发文日期
中共重庆市交通委员会关于马成、符冠荣同志任职的通知	渝交党〔2013〕51号	2013.05.16
中共重庆市车渡管理站委员会关于成立纪律检查委员会的通知	渝路渡党〔2015〕8号	2015.07.20
重庆市车渡管理站安全生产"党政同责、一岗双责"制度	渝路渡文〔2015〕28号	2015.08.04
重庆市编办关于调整市交委所属事业单位编制的通知	渝编办〔2016〕76号	2016.03.02
中共重庆市交通委员会关于刘发文等6名同志职务任免的通知	渝交党〔2016〕61号	2016.08.16
重庆市交通委员会关于同意市港航局向市公路局无偿划转渝救援113拖轮的批复	渝交委财〔2016〕58号	2016.09.09
重庆市公路局关于向市车渡管理站无偿划转渝救援113轮的通知	渝路局发〔2016〕293号	2016.09.29
重庆市车渡管理站关于符冠荣同志任期经济责任审计整改报告	渝路渡文〔2016〕48号	2016.10.08
重庆通洋公路工程有限公司关于上报2016年工作总结的报告	渝通洋〔2017〕06号	2017.01.24
重庆市车渡管理站关于成立铜元局应急救援中心的通知	渝路渡发〔2017〕19号	2017.06.26
重庆市交通委员会关于同意市港航局向市公路局无偿划转"重庆车渡1号趸"的批复	渝交委财〔2017〕101号	2017.09.26
中共重庆市交通委员会关于邓志刚等19名同志职务任免的通知	渝交党〔2017〕122号	2017.10.31
共青团重庆市公路局委员会关于同意成立共青团重庆市车渡管理站总支部委员会的批复	渝路团〔2017〕7号	2017.11.09
中共重庆市车渡管理站委员会关于2017年党建工作情况的报告	渝路渡党〔2017〕16号	2017.12.25
重庆市车渡管理站关于印发《重庆市车渡管理站关于慰问职工的经费标准（试行）》的通知	渝路渡发〔2018〕2号	2019.01.03
重庆市车渡管理站关于报送2017年工作总结的报告	渝路渡文〔2018〕1号	2018.01.17
重庆市车渡管理站关于印发《重庆市车渡管理站防汛防洪应急预案》的通知	渝路渡发〔2018〕33号	2018.06.22
中共重庆市车渡管理站委员会关于2018年度党建工作情况的报告	渝路渡党〔2018〕28号	2018.12.25
重庆市车渡管理站关于2018年度工作总结的报告	渝路渡文〔2018〕58号	2018.12.28
中共重庆市车渡管理站委员会关于印发党委会议议事规则的通知	渝路渡党〔2019〕19号	2019.06.03
重庆市人民政府关于表彰重庆市民族团结进步模范集体和模范个人的决定	渝府发〔2019〕36号	2019.12.17
重庆市车渡管理站关于规范水手操作行为的通知	渝路渡发〔2019〕31号	2019.12.19
人力资源社会保障部　交通运输部关于表彰全国交通运输系统先进集体劳动模范和先进工作者的决定	人社部发〔2020〕37号	2020.05.19

续上表

文 件 名 称	文　　号	发文日期
中共重庆市公路事务中心委员会关于重庆市车渡管理站内设机构设置及中干职数的批复	渝路中心党发〔2020〕20号	2020.06.08
重庆市交通局关于同意局属单位所属企业股权无偿划转重庆高速公路集团有限公司的批复	渝交财〔2020〕78号	2020.09.17
中共重庆市交通局委员会关于钟飞龙等11名同志职务任免的通知	渝交党〔2020〕151号	2020.11.11
中共重庆市车渡管理站第一支部委员会关于报送党员大会选举结果的报告		2020.12.23

四、重要文件辑录

重庆市交通运输管理局关于成立市水上运输公司客运站和市路河养护总段车渡管理站的报告

〔61〕交办字第5-063号

市人委：

目前水上客运和车渡均为市水上运输公司各站分别领导，在一定时期内，虽然在研究与改进这方面的工作取得了一定成绩，但随着运输生产的发展，往往在货运繁忙的情况下，对于水上客运与车渡的管理工作呈现时松时紧，特别是在货运任务紧张时，常常抽调客轮、车渡运货，影响客运和车渡任务的完成，为了加强水上客运和车渡的领导与管理工作，更好地适应旅客过江与车辆过渡的需要，促进客运和车渡运输生产的不断跃进，经我们研究确定：成立市水上运输公司客运站，由市水上运输公司直接领导。车渡，根据省厅关于"渡口与养路紧密结合，统一领导"的指示精神，亦成立重庆市交通运输管理局车渡管理站，由市路河养护总段领导。以上特报请备案。

重庆市交通局
1961年4月3日

抄送：市委工业部、省交通厅、省建设厅。

四川省重庆市人民委员会文件

〔62〕会办字第351号

市交通局：

你局〔62〕渝交字第4-332号关于将市水上运输公司分为重庆市水上运输公司和重庆市轮渡公司的请示报告悉。为了提高服务质量和加强企业管理，市人民委员会同

意你局意见,将市水上运输公司调整为:

一、重庆市轮渡公司,负责全市客运轮、木渡业务,同时将现市养路总段领导的车渡管理所划归该司领导,实行单独核算,各负盈亏。但车渡管理所的经费开支,仍按省的规定由市养路总段在养路费中统一计划上报和拨付。

二、重庆市水上运输公司,负责水上拖轮、木驳船货运业务,并将白沙沱木驳船修理厂划归该司领导。

三、将现水上公司王家沱修理厂更名为重庆市船舶修理厂,负责机动船修理任务,并直属局领导。

此外,鉴于市公共交通公司现有电车52辆,并将陆续增加,为了加强电车的运行与管理,同意成立电车总站,仍属公交公司领导。

四川省重庆市人民委员会
一九六二年十二月二十日

抄送:市委办公厅、工业部、市编委、省交通厅。

重庆市交通运输管理局关于报送汽车渡口交接清册的报告

〔64〕渝交办字第1-134号

四川省交通厅:

根据省厅川交〔64〕路字第56号,关于调整汽车渡口领导关系的批复的指示我局会同市养路总段于五月底办理了交接工作,现将财务移交清册、人员移交清册、生产用材料移交清册、生产物资材料移交清册、固定资产移交清册等各三份报请备查。

重庆市交通运输管理局
一九六四年九月二日

关于下放权力的暂行办法

(1985年9月5日,重庆市公路养护总段)

为进一步搞活、搞好养路生产,提高社会和内部经济效益,发展公路养护事业,根据上级下放权力的有关规定精神,结合我段实际,制定以下放权暂行办法。

一、人事劳动管理方面

1.干部任免

(1)总段本部各科、室及分段、站、厂、库的党、政正副职、工会主席、由总段党委任命和管理,在任免行政正副职时,应征求总段行政意见。

(2)分段、站、厂、库的股室负责人,可由所在单位的党支部在征求行政意见后,集体讨论决定,以主持股的工作,

(3)各分段、站、厂、库,在总段核定编制定员内的缺岗人员可严格按干部"四化"

要求,经过考试从优秀工人中招聘干部,招聘期为二年,如确能胜任,可以续聘。应聘人员在应聘期内享受干部同等待遇。解聘后回应聘前的工作岗位,不保留干部待遇。招聘方案及人数报总段批准后执行。

2.人事管理

(1)工人的调动,在总段各分段、站、厂、库的相互对调,经调出调入单位双方协商同意,并分别签署意见后,由总段劳工科办理手续,总段范围内的单调和总段范围外的调进调出,由总段审定并按规定手续办理。

(2)奖惩。各级干部、工人的奖励,按总段制定的《职工奖惩试行办法》执行,对一般干部给予行政记过(含记过)以下处分的,由所在分段、站、厂、库党支部集体讨论决定,报总段备案。对工人给予开除或除名处分的,由单位提出意见,连同处分材料报总段,经总段职代会审议,作出决定,报市交通局备案。其余处分,由分段、站、厂、库视其情节轻重,征求职代小组意见,讨论决定。

(3)工人的转正定级,由分段、站、厂、库按规定自行办理,报总段备查。

(4)雇用临时工在一年以内的,由各分段、站、厂、库直接向当地劳动部门办理雇用手续。

3.工资与奖金

(1)工资计划。总段按季下达指标,由各分段控制使用。

(2)奖金。在年初总段按人均年度总额下达给各单位80%,半年和年末根据完成国家生产计划情况,由总段决定补拨或减扣,各分段、站、厂、库在不超过总段下达的奖金控制数和计奖办法的前提下,自行决定奖金发放范围及办法,报总段备案。

4.机构设置

各分段、站、厂、库在不超过总段核定的管理人员编制数内可以按照生产特点和工作需要,自行确定机构设置和人员配备,报总段备案。

二、生产计划和管理方面

1.汽车、船舶、筑机、传动生产设备,在保证完成总段和本单位的生产任务后,保证机具设备完好和安全的前提下,各分段、站、厂、库有权向社会承接服务项目。

2.机修厂、段(站)机修组在保证完成总段或本段(站)机具维修任务的前提下,可以对外承接加工、修理业务或劳务输出。

3.机修厂在完成上级指令性计划的超产品、自己组织生产的产品、试制的新产品,均由厂里自销,其中,超产品价格,在不高于规定价格15%的幅度内,有权自定,其余产品价格由厂里决定。

三、资金管理方面

1.各分段、站、厂、库按工资总额11%计提的职工福利费,可以相互调剂,包干使用,余额留用。

2.各单位外包工程盈余留存部分,按规定比例进入职工福利基金、企业基金、生产发展基金使用。其中生产发展基金用于发展生产项目时,应先报总段审批。另两项基金的动用,由各单位自行安排。

3.独立核算的辅助生产盈余,在计划包干经费决算不超支的前提下,各单位可按有关比例分成,用作生产发展部分,动用时应先报总段审批。

4.汽车三保、筑机四保以下的维修费、传动生产设备每台原值6000元以下的基本折旧费、修理费,由各使用单位按折旧率、修理率定额自提自用。

5.汽车、筑机、传动生产设备的运行盈余费,固定资产报废后300元以下的变价收入,由各单位自行安排使用。

四、固定资产管理方面

1.各类机具许备的使用、管理,仍按两级管理权限办。

2~4吨级压路机、350公升以内的洒布机、195型、285型运料车和洒布车,不提基本折旧费;维修费仍按规定提取,用于维修支出。

2.机具设备每台原值在8000元以下(不含运杂、安装费)的购置,由各单位自筹资金解决,并自行选型和订货,报总段备查。每台原值在8000元以上(不含8000元和运杂、安装费),由总段审定。

3.维修、改造。在严格执行保修间隔规定的前提下,安排提高机具性能的维修、改造计划,由各单位自行决定和实施。

设备的封存、启封、报废,改变车船用途,由各单位提出意见,报总段审批或转报上级审批。

4.多余的、闲置不用的固定资产,可以出租和有偿转让,但在转让时须经总段审批。出租、转让的收入除去正常支出的盈余部分,必须用于设备更新和技术改造。

5.经区、县城建部门或公安部门鉴定,并得到正式文件通知,须立即拆除的危险建筑,可先拆除,后补办手续。

五、职工教育方面

养路工、船员的技术培训,由分段、站自行组织,每年的培训计划和执行情况,报总段备案。

一九八五年九月五日

中华人民共和国交通部令

1990年第11号

《公路渡口管理规定》已于一九九〇年三月二日经第二次部长办公会议通过,现予发布,自一九九〇年四月一日起施行。

部长 钱永昌
一九九〇年三月七日

公路渡口管理规定

第一条 为加强公路渡口管理,确保安全畅通,依据《中华人民共和国公路管理条例》及其实施细则和《中华人民共和国内河交通安全管理条例》,制定本规定。

第二条 本规定所称公路渡口,是指由公路主管部门管理、连通水域两岸的公路,专门供运送机动车辆(包括同时搭载人员)的渡船停靠的人工构造物及相应设施,包括渡口的引道、码头、安全设施及其附属设施。

第三条 公路渡口管理工作实行统一领导,分级管理的原则。

国道、省道上的公路渡口,由省、自治区、直辖市公路主管部门负责修建、养护和管理。

县道上的公路渡口,由县(市)公路主管部门负责修建、养护和管理。

乡道上的公路渡口,由乡(镇)人民政府负责修建、养护和管理。

公路主管部门可授权公路管理机构管理公路渡口。

第四条 新建、改建国道、省道,在一般情况下不宜设置渡口;县道、乡道上设置或迁移渡口,应征求省级公路管理机构、水上安全监督机构和航道部门的意见后,报县以上人民政府批准。

跨省、自治区、直辖市渡口的设置或迁移,由所跨省、自治区、直辖市公路主管部门共同商定。

第五条 公路渡口应根据其规模、形式和渡运量,设置相应的管理单位,配备必要的管理人员,并可根据管理需要,报请当地人民政府批准,设立渡口公安派出所。

第六条 公路渡口应根据其形式、渡运量、水域情况和车辆过渡要求,合理设置码头、引道和配备渡船,设置必要的标志、助航导航设施、通信设施、安全消防设施、救生等设施。

渡口引道的宽度、纵坡和码头的设置,应符合《公路工程技术标准》以及其他有关的标准。

第七条 公路渡口受国家法律保护,任何单位和个人均不得侵占和破坏。

第八条 公路渡口应设立明显的"渡口管理区"标志,并设置由省级公路主管部门制定的《渡口守则》或《过渡须知》标牌。渡口管理人员应当向过往人员宣传安全渡运知识。

第九条 公路渡口的渡船,必须经港航监督部门登记和经船舶检验部门检验,持有合格证书或文件的,才能投入渡运。未经登记或检验不合格的,不准渡运。

第十条 公路渡口应建立健全船舶维修、航前检查、定期检查、安全航行、交接班和奖惩等各项规章制度,并认真贯彻执行,保证渡船处于适航状态。

第十一条 公路渡口渡船的驾驶、轮机人员,须经港航监督部门考试,取得相应等级的适任证书后,才能上船工作。

第十二条 公路渡口的安全管理工作,应接受港航监督部门的监督和指导。

渡船及船上人员应接受港航监督部门的监督管理。

第十三条 公路渡口管理人员应加强对渡口的养护。冬季应及时清除引道、码头和渡船上的冰雪;汛期或潮汛退水后应及时清除淤积泥沙、杂物和其他碍航物。

第十四条 公路渡口管理人员应科学地组织渡运,合理安排运力,提高渡运效率,尽量缩短车辆和人员待渡时间。

第十五条 车辆和人员过渡,必须服从渡口管理人员的指挥。车辆在渡口管理区域内应低速行驶,根据渡口管理人员的安排在指定地点候渡。执行紧急任务的消防车、救护车、警备车、工程抢险车、救助指挥车、运钞车等特种车辆以及客运班车,可在渡口管理人员的指挥下优先过渡,其他车辆按抵达的先后次序过渡。任何车辆均不得争道抢渡。

机动车驾驶员不得将制动、转向系统不良和有其他故障影响安全行车的车辆驶上渡船。

第十六条 装载物超长、超宽、超高的车辆或重型车辆过渡,须事先征得渡口管理单位和当地公路管理机构的同意,采取有效技术保护措施后,才准过渡。

第十七条 当载有易燃、易爆、易腐、易挥发、易污染及其他危险品的车辆过渡时,应尽量远离其他车辆停放。车辆驾驶人员须向渡口管理人员出示主管部门签发的"危险品运输许可证",渡口管理人员应视情况在采取必要的安全措施后安排渡运。装载危险品的车辆不得与客车同时过渡;严禁任何人隐瞒、伪装、偷运各种危险品过渡。

第十八条 公路渡口的渡船应严格按照船舶检验部门核定的载重装载,并配备足够的救生设备。严禁船舶吃水超过核定载重水线。渡口管理人员应严格控制荷载分布,保持装载平衡,确保渡运安全。

第十九条 车辆通过公路渡口,随车人员应下车过渡。人员下车后,车辆才能驶上渡船。车辆驶离渡船后,人员才能上车。上船时先车辆后人员,下船时先人员后车辆。每轮次客、货车辆应保持合理比例,并使船舶甲板留有足够的位置供人员安全站立。车辆驶上渡船后,驾驶人员不得擅离岗位,待渡船到达对面码头并安全停靠后,再依次驶离渡口区域。

第二十条 公路渡口一经开渡,不得随意停渡。但遇浓雾、大风、暴雨、洪水、急流以及河床变迁等情况,危及渡运安全时,公路渡口管理单位有权发布公告停渡。任何单位或个人不得强迫渡运或徇情渡运。

第二十一条 在通航河流上,公路渡口的渡船和其他航经渡口的船舶均应加强瞭望,谨慎操作,严格遵守避碰规则,防止碰撞事故的发生。未经允许,其他船舶不得随意在渡口码头停靠。

第二十二条 当渡口发生交通事故时,渡口管理单位应立即组织抢救。在引道、码头上发生的事故,须报请公安交通管理机关处理。在渡船及其跳板上发生的事故,须报请港航监督部门处理。

第二十三条 公路渡口渡政管理是公路路政管理的一部分。公路管理机构和渡口管理人员有权依法检查、制止、处理各种破坏公路渡口设施和危害渡运安全的行为。

第二十四条 公路渡口的管理实行以渡养渡的管理制度。经省级人民政府批准,公路管理机构可对过往渡口的车辆征收过渡费。过渡费视同公路养路费进行使用和管理。过渡费票证由省级公路主管部门工商税务部门统一印制、核发。征费人员应严格按核定标准收费,不得索取额外报酬。

第二十五条 在公路渡口码头、引道两侧修建永久性设施,其建筑物边缘与码头、引道边沟外缘的间距规定为:国道不少于二十米;省道不少于十五米;县道不少于十米;乡道不少于五米。

第二十六条 公路渡口上下游各二百米范围内不得采挖砂石、修筑导流坝、倾倒垃圾和随意压缩或扩宽河床,也不得进行爆破作业。在渡口管理区域内埋设水下电缆、管道、从事其他有碍渡口设施和渡运安全的活动,须经公路管理机构批准。

第二十七条 禁止在公路渡口的码头、引道上摆摊设点、装卸货物、设置障碍。禁止随船叫卖和在渡船上摆摊。

第二十八条 对不服从管理和调度指挥,造成渡口管理区严重交通阻塞的人员和车辆,公路管理机构和渡口管理人员应暂停其过渡。

第二十九条 公路管理机构依据公路主管部门的授权,对违反本规定的单位和个人,可依法分别情况给予批评教育、罚款、责令恢复原状、责令赔偿损失、没收非法所得等处罚。

第三十条 公路管理机构的人员和渡口管理人员违反本规定,由公路管理机构给予行政处分或经济处罚。

第三十一条 违反本规定应受治安管理处罚的,由公安机关处理;构成犯罪的,由司法机关依法追究刑事责任。

第三十二条 各省、自治区、直辖市公路主管部门可根据本规定制定实施办法,并报交通部备案。

第三十三条 本规定由交通部负责解释。

第三十四条 本规定自一九九〇年四月一日起施行。一九六二年一月交通部发布的《公路渡口管理暂行办法》同时废止。

重庆市车渡管理站关于加强公路渡口管理的通知

重路渡发〔1995〕字第 1-24 号

各科室、各渡口、船修厂、锚地、油趸船、汽车班:

为了认真执行党中央、国务院有关治理公路"三乱"的指示精神,遵照重交局公〔1995〕53号《重庆市交通局关于加强公路渡口渡政管理的通知》,结合我站加强渡口管理的实际情况,全方位创造良好的社会效益,抓好公路渡口的窗口形象,搞好优质服务,依法行政是我站当前的首要任务和大事。为此,站特再次明确重申以下几点,望各单位严格遵照执行。

一、重庆市公路路政管理大队第 11 中队是上级明确授权维护我站路产,路权的路政管理行政执法机构,任何单位和个人无权干预路政管理工作和擅自处理路政案件和收取路政规费。

二、重庆市公路路政管理大队第 11 中队维护的路产、路权范围是:公路渡口码头(包括战备渡口在内)、引道、渡口水域、引道红线控制区城、票房、道口设施、标志、渡轮、渡驳、趸船、工作船及其他有关的所属设施等(包括后勤保障设施在内)。

路政第11中队具体依法行政的范围是：审批路产、路权的有关事宜,检查、制止、处理各种破坏渡口设施和危害渡运安全、危害渡运正常秩序的行为；负责收取各种路政规费(包括各种赔偿费)等。

三、重交〔1995〕53号文件所规定的条款的具体实施,一律由路政11中队严格按照条款规定的精神指导进行。任何单位和个人不准擅自实施。

四、各单位发生路政案件,如因专职路政人员不在现场,要立即报告中队处理。凡路政案件涉及损坏赔偿需由有关部门勘定的,由有关部门协助中队完成。

五、车辆过渡费的征收,必须严格按重庆市物价局核定的标准征收,任何单位或个人不得擅自加价或降价收取过渡费。

六、收取过渡费的票房必须张贴收费价目表和收费许可证,枯水,洪水的变价要提前张挂通知,做到挂牌收费。车方对收费价格不明确的,收费人员必须耐心做好解释工作,不得与车方发生纠纷或激化矛盾。收费人员上岗,必须佩带收费证,违反者按违反纪律处理。

七、各渡口要加强过渡费票务工作的管理,严禁挪用票款、吃票款的事件发生。对回收的过渡票存根必须定人定点销毁。

八、各渡口要端正行业风气,树立全心全意为车方服好务的思想,对车方应做到热情礼貌、文明用语,在安全的前提下提高渡运效率,任何单位和个人不得以任何借口收受车方的现金和物品,如有敲诈勒索、故意刁难车方的事件发生,对当事者要从严予以政纪处分和经济处分,触犯刑律的交由司法机关处理。

本通知从行文之日起实施。

一九九五年五月九日

重庆市车渡站关于加强各渡口车辆渡运调度人员管理的通知

重路渡发〔1995〕字第1-25号

各渡口：

为了认真贯彻执行《公路渡口管理规定》,科学的组织渡运,合理安排运力,提高渡运效率和尽量缩短车辆及人员的待渡时间,搞好"安全畅通,优质服务",维护好渡运秩序,根据目前我站渡口生产管理的实际情况,加强车辆渡运调度人员的管理,把好服务"窗口"关至关重要。经站研究决定,对各渡口车辆调度人员实行以下管理,望各渡口严格遵照执行。

一、车辆调度人员的业务、人事安排统一由站直接管理。

二、每月实行调度人员到站汇报制度不少于一次,具体时间按通知执行。

三、建立调度人员交接班制度和记录,实行上岗佩证,接受社会监督。

四、调度人员职务工资待遇,按水手长标准执行。

五、建立调度人员每季度考核制度,实行聘用制,聘用期为一年,凡在聘用期经考核不称职或有失职、营私舞弊行为的立即中止聘用。

六、调度人员的业务培训每季度由站举办一次学习班,以提高其业务、思想素质。

七、调度人员上岗除履行站已公布的职责外,还应负责查验、回收、核对、销毁过渡票验票联的工作。

八、渡口调车人员十不准

(一)不准故意刁难、卡压、敲诈勒索车方或擅自收受车方的现金和物品(谢绝车方敬烟)。

(二)不准擅自放行非优先车过渡和逃票车辆过渡。

(三)不准让非调度人员调度车辆。

(四)不准违反安全管理规定调度车辆。

(五)不准放行非随车人员上船过渡。

(六)不准不使用红绿旗不佩戴证件上岗。

(七)不准使用不文明语言辱骂、殴打车方。

(八)不准让车辆在码头引道上乱停乱放。

(九)不准擅自调班连续作业。

(十)不准交接班不明确或记录不全擅自交接班。

本通知从行文之日起实施。

一九九五年五月十六月

重庆市物价局　重庆市财政局　重庆市交通局关于调整市属长江嘉陵江干线车辆过渡费标准改革车辆过渡费收费办法的通知

重价工发〔1996〕153号

重庆市公路养护总段:

近年来由于市场物价上扬,各种原燃材料价格上升及国家政策性开支增加,渡运成本不断增长,以渡养渡的原则已难维持,加之现行办法规定的早、晚过渡加航渡加倍收费不便执行,不利于安全、快速渡运,亦急需改革。

为了适应我市经济快速发展的需要,更好地达到交通分流目的,同时也能使以渡养渡基本维持的原则,经市人民政府批准,决定调整市属长江、嘉陵江干线的车辆过渡费收费标准,改革收费办法,特作如下通知:

一、重庆市市属长江、嘉陵江干线车辆过渡费调整后的收费标准附后。

二、取消早、晚过渡加航渡加倍收费的规定,统按表列费率执行。

三、区(市)县属车渡确需调整收费标准的,由区(市)县物价局、财政局、交通局提出意见,报市物价局、财政局、交通局审批后执行。

四、过渡费属预算外资金,实行收支两条线管理,其收入金额缴存市财政专户,支出由使用单位编制支出计划,经市财政审核后拨付使用。收费票据使用市财政局印制的统一收据。

五、收费单位持批准文件到市物价局办理"收费许可证"实行亮证收费。

六、本通知自一九九六年六月十五日起执行。

重庆市物价局　重庆市财政局　重庆市交通局
一九九六年六月十二日

重庆市物价局　重庆市财政局　重庆市交通委员会
关于统一规范我市公路渡口车辆过渡费标准的通知

渝价〔2001〕487号

各区县(自治县、市)物价局、财政局、交通局,重庆市公路局:

根据市政府渝府发〔2000〕25号文件的有关规定,经研究,现对我市公路渡口车辆过渡收费有关事宜规范如下:

一、凡在我市行政区划内公路渡口车辆过渡费执行统一收费标准(见附表)。同时,取消原部分地区按早、晚过渡加倍收费以及枯水期、洪水期分别作价的有关规定。

二、普通客车以核定准载座位每10座折合1吨计费,卧铺客车每7座折合1吨计费,货车、拖拉机以行驶证核定的吨位计算,尾数不足1吨均按四舍五入计算。上述收费不分空车、重车。

三、渡口所在地政府物价、财政、交通行政主管部门可根据当地的实际情况,在本通知规定的渡口过渡收费标准范围内确定具体的收费标准,并报送市物价局、财政局、交通委员会备案。

四、收费范围:

除正在执行紧急任务并设有固定装置的消防车、救护车,抢险救灾车、警车、军车、外交车、市政府特批的车辆外,其他任何机动车辆过渡均应缴纳过渡费。

五、收费单位收费前应持批准文件到同级物价部门办理《收费许可证》,实行亮证收费,公布收费文件,接受物价,财政,交通部门检查,收费时使用市财政局统一印制的专用票据,所收车辆过渡费全额纳入同级财政专户,实行"收支两条线"管理。

六、本通知从二〇〇一年八月十日起执行。

重庆市物价局　重庆市财政局　重庆市交通委员会
二〇〇一年六月二十一日

重庆市公路渡口车辆过渡费标准

序号	车辆类别		计费单位	收费标准(元)
1	摩托车	二轮	每车每次	3
		三轮		4
2	1吨(含)以下货车 10座(含)以下客车		每车每次	5
3	1吨以上货车 10座以上客车		每吨每次	5
4	超长、超高、超宽和超轴载质量及装载易燃易爆、易腐蚀、污染货物的车辆		每吨每次	10
说明	1.上述收费标准不分早晚期、枯水洪水期和空重车； 2.尾数不足1吨的按四舍五入计算； 3.单独渡运的收费标准，由车主与渡运单位协商议价			

关于重庆市车渡站车渡使用水域的批复

渝海通航〔2002〕51号

重庆市车渡站：

你站渝路渡发〔2002〕46号文"关于长江战备公路渡口水域确权的请示"及附件收悉。按照"尊重历史，注重现实，符合规划"的原则，根据有关规定，我局已派出有关工程技术人员进行了现场勘查。经研究，现批复如下：

一、同意你站使用以下水域：

鱼洞—吊儿咀车渡：左岸吊儿咀侧(距宜昌航道里程691.75公里)：渡口下河公路中心线上游方向20米至下游方向30米共50米长，距水沫线50米宽的水域。右岸鱼洞侧(距宜昌航道里程691.8公里)：渡口下河公路中心线上游方向70米至下游方向70米共140米长，即水沫线60米宽的水域。

李家沱—九渡口车渡：左岸九渡口侧(距宜昌航道里程674.9公里)：渡口下河公路中心线上游方向60米至下游方向30米共90米长，距水沫线30米宽的水域。右岸李家沱侧(距宜昌航道里程675.2公里)：枯水期使用车渡渡口下游方向下河公路上边缘至下游方向200米长，距水沫线30米宽的水域，洪水期使用自车渡渡口下河公路上游方向溪沟至下游方向100米长，距水沫线30米宽的水域。

铜元局—菜园坝车渡：右岸铜元局侧(距宜昌航道里程666.8公里)：车渡渡口下河公路下边缘上游方向：150米至下游方向15米长，距水沫线25米宽的水域。

二、你站必须按国家规范要求埋设系泊设施且必须处于良好安全状态，航道一侧系泊设施必须使用沉链，并根据水位涨落及时排绞趸船归位，不得影响过往船舶航行安全，保障船舶作业、停泊安全。

三、趸船的管理、使用必须遵守国家有关法律、法规、港航安全管理规定，留足与相邻泊位的安全水域，不得更换、改变用途，不得任意更换、加大趸船尺度，不得超过泊位使用水域范围。

四、设置的趸船必须取得《船舶所有权证书》《船舶检验证书》等有效证书文件。

五、加强对战备公路渡口的管理,不得改变公路渡口使用功能,以备战时可用。

六、车渡的作业必须遵守相关规定,制定相应安全规程,不得违章作业。

七、关于海棠溪—储奇门车渡和铜元局—菜园坝车渡左岸侧的使用水域,另行批复。

中华人民共和国重庆海事局
二〇〇二年十一月二十五日

重庆市公路局关于成立重庆市公路路政管理总队直属二大队的批复

渝路局〔2003〕77号

重庆市车渡站:

你站《关于成立重庆市公路路政管理总队直属二大队的请示》(重路渡〔2003〕9号)已收悉。

为强化路政管理,加大路政执法力度,维护路产路权,确保你站所管公路汽车渡口完好、安全和畅通,根据《中华人民共和国公路法》《中华人民共和国行政处罚法》和《重庆市公路路政管理条例》的有关规定,经研究决定:同意撤销原"重庆市公路路政管理大队第十一中队",成立"重庆市公路路政管理总队直属二大队",由重庆市公路路政管理总队授权负责你站所管辖公路渡口的路政管理工作。新增执法人员条件必须符合市交委和市公路局的有关规定,并按规定程序报市公路路政管理总队审查,经培训合格后方能上岗。

此复

重庆市公路局
二〇〇三年五月十六日

重庆市车渡站设备管理及奖惩办法

一、为贯彻国务院颁布的《设备管理条例》和交通部及重庆市交通局等有关设备管理文件的精神,为加强全站的设备管理,保证设备正常运行和渡运生产安全,提高生产技术装备水平和经济效益,根据《重庆市公路局设备管理实施细则》,制定本办法。

二、实行全员设备管理,全站职工均应按各自的岗位职责做好设备管理工作。

三、机料科在站领导的领导下负责全站生产用设备的管理工作,包括设备选型购置、调拨、封存、启用、调度、维护保养、大中修计划、技术改造、报废及处理。

四、各队(厂)长在机料科的指导下负责本队(厂)的设备管理工作。

五、各船、趸、跳船的船长、轮机长、水手长在机料科和所在队(厂)长的领导下按船员职责的规定做好所管设备的管理工作,车驳由其配属的拖轮负责管理。各车辆的驾驶员在机料科的领导下做好所管车辆的管理工作。船修厂的机械加工设备及其他各项设备由船修厂指派专人负责管理、维护与保养工作,各设备负责人在机料科和船修厂的领导下负责所管设备的管理工作。

六、站机动船由船修厂管理,在接受任务后由所在队(厂)负责管理。

七、各设备使用部门和各级设备管理人员、操作人员必须严格遵守安全操作规程及各项规章制度。加强设备的维护保养与检修,设备的检修工作应严格遵守并执行检修与保养规程,严格执行检修技术标准。

八、设备的大中修按计划进行。

九、建立健全设备检修质量保证体系与监督体系,强化设备使用部门和设备检修部门的检查验收与交接制度。站机料科应加强所属各类设备检修质量的监督检查。

十、加强对动力、起重运输、重要仪器、仪表、压力容器等重要设备的维护保养和检查、检验,确保这些设备的安全正常运行。

十一、站定期开展设备管理工作的先进评比、技术练兵等竞赛活动,设备管理工作的表彰、奖励和处罚决定由机料科提出意见,经站长办公会研究决定。

十二、设备管理工作做得好,保证了渡运生产的安全和畅通,各设备的出勤率、完好率、利用率及其他各项指标均达到设备管理规定水平的,对有关单位和人员可给予一定的奖励和表彰。

1.对荣获站设备管理先进的个人给予100元~200元的奖励;先进集体给予300元~600元的奖励,并由站进行表彰。

2.对荣获重庆市公路局、重庆市交通局等上级有关设备管理部门表彰奖励的先进个人给予200元~500元奖励;先进集体给予800元~1500元奖励。

3.对在设备管理、更新、改造和维护保养中积极推广新技术、新工艺、新材料取得重大成果,作出突出贡献的单位和有关人员按其经济效益给予表彰和奖励,并向上级申报有关成果。

十三、对因设备管理不善而影响渡运生产与安全的单位和有关责任人员,可按以下规定给予处罚。

1.对技术技能差、设备管理工作差的,应视为不适岗。可建议劳工部门将其调离现工作岗位。

2.因设备管理混乱,设备严重失修而影响安全与生产的人员和单位,应令其限期整顿,并对有关责任人员扣其职务工资的处罚。

3.对玩忽职守、违反设备操作、使用、维修、检修规程,造成设备事故的责任人员,应视其情节分别追究经济责任和行政责任,构成犯罪的由司法机关依法追究刑事责任。

4.对造成设备事故的有关责任人员,应扣其当月的职务工资,并视情节扣其岗位工资的部分直至全部。

5.对造成经济损失的有关责任人员,应按下列比例共同承担经济损失:

(1)经济损失是指设备的全部或其损坏部分的重置价值或修复费用,包括各主要零配件的非正常消耗（各主要零配件的消耗定额见附表）。重置价值是指同型号的设备或部件的市场价格。修复费用是指设备的损坏部分能修复并能达到该设备的原技术标准所进行的修复工作的工料等各项费用的总和，该费用由机料科组织有关人员会商决定。

（2）经济损失在1000元以下的，应承担比例为30%；

（3）经济损失在1000元~3000元的，其超出1000元的部分应承担比例为20%；

（4）经济损失在3000元~5000元的，其超过3000元部分应承担比例为10%；

（5）经济损失在5000元~1万元的，其超过5000元部分应承担比例为5%；

（6）经济损失在1万元以上的，其超过1万元部分应承担比例为1%。

十四、本办法由机料科负责解释。

十五、本办法从二○○四年元月起执行，其他未尽事宜按《重庆市公路局设备管理实施细则》办理。

附表：

各主要零配件的消耗定额表

序　号	主要零配件名称	定额使用时间（小时）
01	发电机	2400
02	调节器	800
03	硅整流发电机	2400
04	水泵	3200
05	海水泵	3200
06	淡水泵叶轮及轴	1600
07	海水泵叶轮及轴	1600
08	起动机	1600
09	起动机磁铁开关	800
10	喷油器总成	4000
11	空气压缩机	3200
12	淡水箱热交换器芯子	3200
13	机油冷却器	4000
14	蓄电池	1600
15	增压器	1600

注：1.消耗定额按800小时/年计算。

　　2.本表由机料科根据实际情况可进行增减。

重庆市车渡站

二○○四年二月十二日

重庆市车渡管理站关于进一步加强车辆过渡费征收管理的通知

渝路渡〔2004〕4号

各科室、队(厂)：

为了顺利完成上级下达的过渡费征收任务,结合三土、渔吊渡口过渡费征收情况,确保过渡费在征收过程中严格按照《重庆市物价局、重庆财政局、重庆市交通委员会关于统一规范我市公路渡口车辆过渡费标准的通知》(渝价〔2001〕487号)文规定的征收标准执行,切实加强对收费人员和票务的管理,防范收费过程中出现违规违纪行为,现就进一步加强车辆过渡费征收管理做如下通知：

一、收费人员的管理：

1.收费人员必须严格遵守站《职工考核办法》等各项规章制度,做好收费工作。应坚持"优质服务、安全渡运"的渡运宗旨,耐心向车方多作细致的解释工作,减少、杜绝不必要的投诉和信访的事件的发生。

2.收费人员必须着装整洁、佩证上岗,保持良好的公路渡口窗口形象。

3.收费人员务应充分认识收费工作的重要性,加强政治和业务知识的学习,做到"票、款、账"三清。

4.收费人员必须建立台账,票款务必保证安全,每日所征过渡费必须当日进行。

5.全年所征收的过渡费额是收费人员和各队年终各项考核的重要指标之一。

二、过渡费的监督管理：

1.站、队不定期对收费人员的"票、款、账"进行稽查。

2.收费人员的私款与票款应分离,所售票、款正负误差在5元内。

3.所售过渡票必须加盖当日清楚的日戳。

4.严禁收费人员收款不撕票或收、售回笼票的行为。

5.在过渡费征收过程中,收费员、验票员按其规定售票、验票,禁止其他职工擅自代售、代验过渡票。

6.全站职工有监督、检举收费人员的违规行为的权利和义务。

三、收费管理纪律：

1.收费员因缺乏耐心细致解释造成车方误解而引起恶劣的社会负面影响的,站将给予经济处罚、写出书面检查、下岗学习与处分,直至调离售票岗位。

2.因保管不当造成票、款遗失者,一律由当事人负责赔偿。

3.因工作失误而造成过渡费漏征,给予经济处罚并写出检查、下岗学习,同时按其漏征金额加倍赔偿。

4.收费员所售过渡票不加盖日戳以及收费员上岗不佩证,存在上述两种情况任何一种,出现一次给予批评教育、出现两次给予再教育并写出检查、出现三次给予经济处罚并调离本岗位。

5.发现售票员有收款不撕过渡票或售回笼票且证据确凿的,给予下岗待聘直至解除聘用合同,情节严重者移送司法机关。

特此通知

二○○四年一月十七日

中共重庆市公路局委员会关于重庆市车渡管理站设立中国共产党总支部委员会的批复

渝路党〔2006〕3号

重庆市车渡管理站党支部：

你支部报来的《中共重庆市车渡管理站支部委员会关于设立党总支的请示》(渝路渡党〔2005〕19号)收悉，经重庆市公路局党委2006年1月9日会议研究，认为你站要求设立党总支部委员会的请示符合《党章》有关规定，同意你站设立中国共产党重庆市车渡管理站总支部委员会。新设立的党总支部委员会由5名委员组成，并由党员大会差额选举产生。

特此批复。

中共重庆市公路局委员会
2006年1月22日

重庆市车渡站船舶修理工程监修、验收和船舶交接管理规定

渝路渡〔2006〕42号

一、为保证我站船舶大、中、小修工程的修理质量，明确修理方与使用方之间的监修、验收管理职责，进一步完善队厂之间船舶的交接工作，结合我站实际情况，特制定本规定。

二、机动船舶在厂修理期间，该船船长、轮机长除积极配合船修厂参加船舶的修理工作外，还应对照驾机两部的修理项目计划分别对船体、机电设备进行监修，如果对修理项目、工艺等有争议时，由站机料科协调解决。

三、非机动船待令靠泊船修厂期间，由船修厂机钳组组长负责其机电设备的日常维护管理工作，确保处于适航状态。

四、船舶修理工程的验收

1. 机动船舶修理工程完工后，由该船船长、轮机长、船修厂厂长、站机料科科长、安全科科长组成验收小组，对修理质量进行现场验收并签字认可。

2. 非机动船舶修理工程完工后，由站机料科科长、安全科科长、船修厂厂长共同组成验收小组，对修理质量进行现场验收并签字认可。

3. 非机动船舶外修时，由站机料科指派专人到现场负责监修，修理工程完工后，由机料科会同安全科共同进行现场验收。

五、非机动船舶的交接

1. 在航渡口的非机动船舶在派调船修厂之前，该渡口必须清理干净船舱内和甲板上的泥沙、油污水及杂物，由站机料科科长、安全科科长、船修厂厂长和该渡口队长共同现场验收，并签字认可后方得拖带回厂。

2. 船修厂负责管理的非机动船舶在派调渡口前，必须保证该船舶船体、舾装、机电

设备完好适航,同时还必须清理干净船舱内的泥沙、油污水及杂物,由站机料科科长、安全科科长、船修厂厂长和拟使用该船舶之渡口的队长、轮机长共同组成验船小组,现场验收并签字认可后方得出厂投入渡运作业(特殊情况除外)。

3.机动船舶拖带车驳外运作业回厂后,由该拖轮的船员负责清理该车驳舱内和甲板上的油污水、泥沙及杂物,否则船修厂将另行派人清理,并从该轮应得的外运业务提成费中酌情支取一部分给予参与清理作业人员。

4.非机动船泊在租赁期结束拖回船修厂后,该船舶的油污水、泥沙及杂物由船修厂负责清理,并视清理工作量的大小从该船舶租赁费中酌情支取一部分对参与清理作业人员子以补助。

六、本规定自2006年10月1日执行,原有规定如与本规定不相符的,一律以本规定为准。

重庆市公路局关于成立重庆通洋公路工程有限公司的批复

渝路局〔2007〕482号

重庆市车渡管理站:

你站《关于成立重庆通洋公路工程有限公司的请示》(渝路渡〔2007〕36号文)收悉,经研究,同意你站成立重庆通洋公路工程有限公司,注册资本1000万元。希你站尽快办理相关手续。

二〇〇七年十二月十八日

重庆市交通委员会关于重庆市公路局所属重庆车渡管理站成立重庆通洋公路工程有限公司的批复

渝交委企〔2008〕1号

重庆市公路局:

你局《关于所属重庆市车渡管理站成立重庆通洋公路工程有限公司的请示》(渝路局〔2007〕485号)收悉。为进一步推进公路养护体制改革、经研究,现批复如下:

一、同意你局所属重庆市车渡管理站成立重庆通洋公路工程有限公司(以工商登记机关核定为准),公司注册资本为1000万元,公司性质属国有独资公司。注册资金1000万元中的600万元在我委2007年度养路费安排给车渡站的专款中列支,另外400万元资金由你局自筹。

二、重庆通洋公路工程有限公司应严格按照《中华人民共和国公司法》等有关规定和现代企业管理制度的要求建立规范的公司法人治理结构和经营管理制度。

三、你局应加强对重庆通洋公路工程有限公司的考核和管理,促进国有资产保值增值。

此复。

二〇〇八年二月二日

中共重庆市交通委员会关于同意成立重庆市公路养护管理段党委重庆市车渡管理站党委的通知

渝交党〔2012〕99号

重庆市公路局党委:

你局报来的《中共重庆市公路局委员会关于局属党组织成立党委的请示》(渝路党文〔2012〕24号)收悉。经交通党委研究,同意成立中国共产党重庆市公路养护管理段委员会、中国共产党重庆市车渡管理站委员会。

请按照《中国共产党章程》和《中国共产党基层组织选举工作暂行条例》有关规定,召开党员大会选举产生新一届党委委员。

特此通知。

中共重庆市交通委员会
2012年11月12日

内河渡口渡船安全管理规定

(中华人民共和国交通运输部令2014年第9号)

《内河渡口渡船安全管理规定》已于2014年6月12日经第5次部务会议通过,现予公布,自2014年8月1日起施行。

部长　杨传堂
2014年6月18日

内河渡口渡船安全管理规定

第一章　总　　则

第一条　为加强内河渡口渡船安全管理,维护渡运秩序,保障人民群众生命、财产安全,根据《中华人民共和国内河交通安全管理条例》,制定本规定。

第二条　中华人民共和国内河水域的渡口渡船相关活动及安全监督管理适用本规定。

第三条　交通运输部主管全国内河交通安全管理工作。

县级地方人民政府依据《中华人民共和国内河交通安全管理条例》,负责设置和撤销渡口的审批,建立、健全渡口安全管理责任制,指定负责渡口和渡运安全管理的部门。乡镇人民政府依据《中华人民共和国内河交通安全管理条例》和国务院相关规定履行乡镇渡口渡船的安全管理职责。

县级人民政府指定的部门在职责范围内负责对渡口和渡运实施安全管理。

各级海事管理机构依据各自职责对所辖内河水域内渡船的水上交通安全实施监督管理。

第四条 县级以上地方人民政府应当加强对内河渡口渡船安全管理工作的组织领导。

渡口渡船安全管理坚持安全第一、预防为主、各负其责、服务民生的原则。

第二章 渡 口

第五条 县级人民政府在审批渡口的设置和撤销时应当充分考虑安全因素,明确渡运水域范围、渡运路线、渡运时段、渡口位置等主要内容。审批前应当征求渡口所在地海事管理机构的意见,涉及公路管理职责的,还应当征求公路管理机构的意见。

渡运水域涉及两个或者两个以上县级行政区域的,由渡口相关的人民政府协调处理,并征求相应的海事管理机构意见。

严禁非法设置渡口。

第六条 渡口的设置应当具备下列安全条件:

(一)选址应当在水流平缓、水深足够、坡岸稳定、视野开阔、适宜船舶停靠的地点,并且与危险物品生产、堆放场所之间的距离符合危险品管理相关规定;

(二)具备货物装卸、旅客上下的安全设施;

(三)配备必要的救生设备和专门管理人员。

新建、改建国道、省道,原则上不设置渡口。县道、乡道设置和撤销渡口应当征求公路管理机构的意见。

在通航密集区内有可供人、车通行桥梁、隧道的,应当避免在桥梁、隧道临近范围内设置渡口,但市区河道两岸供市民出行、上下班的渡口除外。

第七条 渡口应当根据其渡运对象的种类、数量、水域情况和过渡要求,合理设置码头、引道,配置必要的指示标志、船岸通讯和船舶助航、消防、安全救生等设施。渡口引道的宽度、纵坡和码头的设置应当满足相应的技术标准。

以渡运乘客为主的渡口应当有可供乘客安全上下的坡道,客运量较大的且具有相应陆域条件的渡口应当建有乘客候船亭等设施。

以渡运货车为主的渡口,应当安装、使用地磅等称重设备,如实记录称重情况。有条件的渡口,应当设置电子监控设施。

经批准运输超长、超宽、超高物品的车辆或者重型车辆过渡,应当采取有效保护措施后方可过渡,但超过渡船限载、限高、限宽、限长标准的车辆,不得渡运。渡运危险货物车辆的,渡口应当设置危险货物车辆专用通道。

第八条 设置和使用缆渡,不得影响他船航行。

第九条 渡口运营人应当在渡口明显位置设置公告牌,标明渡口名称、渡口区域、渡运路线、渡口守则、渡运安全注意事项以及安全责任单位和责任人、监督电话等内容。

梯级河段、库区下游以及水位变化较大的渡口水域,渡口应当标识警戒水位线和停航封渡水位线。

第十条 渡口运营人应当加强对渡口安全设施和渡船渡运的安全管理,根据国家有关规定建立渡口、渡船安全管理制度,落实安全管理责任制。

第十一条 在法定或者传统节日、重大集会、集市、农忙、学生放学放假等渡运高峰期间,县级人民政府应当加强组织协调。渡口运营人应当根据乘客、车辆的流量和渡运安全管理的需要,安排相应专门人员现场维持渡口渡运秩序与安全。

第十二条 渡口运营人应当结合船舶条件、气象条件和通航状况合理调度和使用渡船,不得指挥渡船违章作业、冒险航行。

第十三条 县级人民政府指定的部门应当加强对渡口运营人的安全教育和培训,并负责渡口工作人员的培训、考试、合格证书颁发。

渡口运营人应当对渡口工作人员、渡船船员、渡工定期开展安全教育培训。

第十四条 渡口运营人应当督促渡船清点并如实记录每航次渡船载客数量及车辆驾驶员等随船过渡人员,并开展定期或者不定期核查。

第十五条 日渡运量超过300人次渡口的运营人及载客定额超过12人的渡船应当编制渡口渡船安全应急预案,每月至少组织一次船岸应急演习。

日渡运量较少的渡口及载客定额12人以下的渡船,应当制定应急措施,每季度至少组织一次演练。

第三章 渡船和渡船船员、渡工

第十六条 海事管理机构负责渡船的登记、检验、发证工作。

渡船应当按照相关规定取得船舶检验证书和船舶登记证书。渡船检验证书应当标明船舶抗风等级。20米以上的渡船,应当持有船舶检验机构签发的载客定额证书;20米以下的渡船应当在相关证书中签注载客定额。船长小于15米的渡船按照省级交通运输主管部门制定的检验规则进行检验。省级交通运输主管部门未规定检验规则的,参照海事管理机构制定的《内河小型船舶法定检验技术规则》检验发证。

第十七条 渡船应当悬挂符合国家规定的渡船识别标志,并在明显位置标明载客(车)定额、抗风等级以及旅客乘船安全须知等有关安全注意事项。

第十八条 渡船夜航应当按照《内河船舶法定检验技术规则》《内河小型船舶法定检验技术规则》配备夜间航行设备和信号设备。高速客船从事渡运服务以及不具备夜航技术条件的渡船,不得夜航。

第十九条 新建、改建渡船应当满足交通运输部或者省级交通运输主管部门公布的标准船型要求。

第二十条 渡船应当定期维护保养,确保处于适航状态,并按期申请检验。逾期未检验或者检验不合格的,不得从事渡运。

对船体或者车辆甲板出现局部严重变形的渡船,应当申请船舶检验机构按照实际装载情况进行强度复核。船龄十年以上未达到特别定期检验船龄要求的渡船应当在定期检验时着重加强对船体强度、稳性等方面的检验。

第二十一条 渡船载运危险货物或者载运装载危险货物的车辆的,应当持有船舶载运危险货物适装证书。

第二十二条 渡船应当按照规定配备消防救生设备,放置在易取处,保持其随时可用,并在规定的场所明显标识存放位置,张贴消防救生演示图和标示应急通道。

第二十三条 禁止水泥船、排筏、农用船舶、渔业船舶或者报废船舶从事渡运。

第二十四条 渡船船员应当按照相关规定具备船员资格,持有相应船员证书。

载客12人以下的渡船可仅配备渡工。渡工应当经过驾驶技术和安全培训,考核合格后取得海事管理机构颁发的渡工证书,方可驾驶渡船。

渡船船员、渡工每年应当参加由渡口运营人、乡镇人民政府或者相关主管部门组织的至少4小时的安全培训。

第二十五条 渡运时,船员、渡工应当遵守下列规定:

(一)遵守渡口、渡船管理制度和值班规定,按照水上交通安全操作规则操纵、控制和管理渡船;

(二)掌握渡船的适航状况,了解渡运水域的通航环境,以及有关水文、气象等必要的信息;

(三)不得酒后驾驶,不得疲劳值班;

(四)发现或者发生影响渡运安全的突发事件,应当及时报告并尽力救助遇险人员。

第四章 渡 运 安 全

第二十六条 渡船应当在渡运水域内按照核定的渡运路线航行。

在渡运水域内不得从事水上过驳、采砂、捕捞、养殖、设置永久性固定设施等可能危及渡船航行安全的作业或者活动。

第二十七条 渡船航行,应当以安全航速行驶,加强瞭望,谨慎操作,使用有效方式发布船舶动态和表明避让意图,主动避让过往船舶,不得抢航或者强行横越。

顺航道行驶的船舶驶近渡运水域时,应当加强瞭望,谨慎驾驶,采取有效措施协助避让。

第二十八条 渡船载客、载货应当符合乘客定额、装载技术要求及载重线规定,不得超载。渡运水域的水位超过警戒水位线但未达到停航封渡水位线的,渡船载客、载货数量不得超过核定的乘客定额和载重量的80%。

渡船应当按照规定控制荷载分布,保证装载平衡和稳性,采取安全措施防止车辆及货物移位。

第二十九条 渡船载客应当设置载客处所,实行车客分离。按照上船时先车后人、下船时先人后车的顺序上下船舶。

车辆渡运时除驾驶员外车内禁止留有人员。

乘客与大型牲畜不得混载。

第三十条 乘客、车辆过渡,应当遵守渡口渡船安全管理规定,听从渡口渡船工作人员指挥。

车辆在渡口区域内应当低速行驶,在指定的地点候渡,不得争道抢渡。制动、转向系统不良和有其他故障影响安全行车的车辆,不得驶上渡船。

第三十一条　装载危险货物的车辆过渡时,车辆驾驶员或者押运人员应当向渡口运营人主动告知所装载危险货物的种类和危害特征,以及需要采取的安全措施。

渡船载运装载危险货物车辆,应当检查车辆是否持有与运输的危险货物类别、项别或者品名相符的《道路运输证》。车辆所载货物应当与船舶适装证书相符。渡船应当按照有关规定对危险货物积载隔离。

渡船不得同时渡运旅客和危险货物。渡船载运装载危险货物的车辆时,除船员以外,随车人员总数不得超过12人。

严禁任何人隐瞒、伪装、偷运各种危险品、污染危害性货物过渡。

渡船不得运输法律、法规以及交通运输部规定禁止运输的货物,不得载运装载有危险货物而未持有相应《道路运输证》的车辆。

第三十二条　有下列情形之一的,渡船不得开航:

(一)风力超过渡船抗风等级、能见度不良、水位超过停航封渡水位线等可能危及渡运安全的恶劣天气、水文条件的;

(二)渡船超载或者积载不当可能危及渡运安全的;

(三)渡船存在可能影响航行安全的缺陷,且未按规定纠正的;

(四)发现易燃、易爆等危险品和乘客同船混载,或者装运危险品的车辆和客运车辆同船混载的;

(五)发生乘客打架斗殴、寻衅滋事等可能危及渡运安全的;

(六)渡船船员、渡工配备不符合规定要求的。

第三十三条　渡船发生水上险情的,应当立即进行自救,并报告当地人民政府或者海事管理机构。当地人民政府和海事管理机构接到报告后,应当依照职责,组织搜寻救助。

渡口渡船应当服从指挥,在不危及自身安全的情况下,积极参与水上搜寻救助。

第三十四条　水电站、水库等管理单位因蓄放水作业可能导致渡口水位急剧变化影响渡运安全的,应当事先向当地海事管理机构通报水情信息。当地海事管理机构接到水情信息后应当及时通报相关渡口运营人。

第五章　监督检查

第三十五条　县级以上地方人民政府及其指定的有关部门、乡镇渡口所在地乡镇人民政府应当建立渡口渡运安全检查制度,并组织落实。在监督检查中发现渡口存在安全隐患的,应当责令立即消除安全隐患或者限期整改。

第三十六条　县级人民政府指定的有关部门应当督促指导渡运量较大且具备一定条件的乡镇渡口所在地乡镇人民政府建立乡镇渡口渡船签单发航制度,真实、准确地记录乘员数量及核查人、车、畜积载和开航条件等内容。

签单人员应当如实记录渡运情况,不得弄虚作假;发现渡运安全隐患或者违法行为,可能危及渡运安全时,应当报告乡镇人民政府。

乡镇人民政府应当定期对签单发航制度的实施情况进行检查。

第三十七条　渡口运营人应当建立渡口渡船安全渡运的安全管理制度,并组织开展内部安全检查。

第三十八条 海事管理机构应当建立渡船安全监督管理制度。

在监督管理中发现渡船存在重大安全隐患的,应当责令立即消除安全隐患或者限期整改,并及时通报当地县级以上人民政府及其相关部门。

第三十九条 鼓励运用视频监控等先进技术手段对渡运安全进行安全管理和监督检查。

第四十条 渡口运营人和渡船船员、渡工应当主动协助配合监督检查,不得拒绝、妨碍和阻挠。

第六章 法 律 责 任

第四十一条 违反第五条规定未经批准擅自设置或者撤销渡口的,由渡口所在地县级人民政府指定的部门责令限期改正;逾期不改正的,予以强制拆除或者恢复,因强制拆除或者恢复发生的费用分别由设置人、撤销人承担。

第四十二条 违反第二十五条规定,渡船船员、渡工酒后驾船的,由海事管理机构对船员予以警告,情节严重的处 500 元以下罚款,并对渡船所有人或者经营人处 2000 元以下罚款。

第四十三条 违反第二十一条、第三十一条规定,有以下违法行为的,由海事管理机构责令改正,并对渡船所有人或者经营人处 2000 元以下的罚款:

(一)渡船未持有相应的危险货物适装证书载运危险货物的;

(二)渡船未持有相应的危险货物适装证书载运装载危险货物车辆的;

(三)渡船载运应当持有而未持有《道路运输证》的车辆的;

(四)渡船同时载运旅客和危险货物过渡的。

第四十四条 违反第十八条规定,渡船不具备夜航条件擅自夜航的,由海事管理机构责令改正,并可对渡船所有人或者经营人处以 2000 元以下罚款。

第四十五条 违反第二十九条规定,渡船混载乘客与大型牲畜的,由海事管理机构对渡船所有人或者经营人予以警告,情节严重的,处 1000 元以下罚款。

第四十六条 违反第三十二条第(一)项规定擅自开航的,由海事管理机构责令改正,并根据情节轻重对渡船所有人或者经营人处 10000 元以下罚款。

第四十七条 违反第三十二条第(五)项规定,发生乘客打架斗殴、寻衅滋事等可能危及渡运安全的情形,渡船擅自开航的,由海事管理机构对渡船所有人或者经营人处以 500 元以下罚款。

第四十八条 对违反本规定的其他违法行为,本规定未作规定的,按照相关法规、规章予以处罚。

第四十九条 主管机关工作人员滥用职权、玩忽职守导致严重失职的,由所在单位或者上级机关给予行政处分;构成犯罪的,依法追究刑事责任。

第七章 附 则

第五十条 本规定下列用语的含义:

（一）渡口，是指在中华人民共和国江河、湖泊、水库、运河等内河水域设在两岸专供渡船渡运人员、车辆、货物的场所和设施，包括渡运所需的码头、水域及为渡运服务的其他设施。

（二）乡镇渡口，是指设于农村或者集镇，由乡镇、村集体或者个人运营，为当地群众生产生活服务的渡口。

（三）渡船，是指往返于内河渡口之间，按照核定的航线渡运乘客、车辆和货物的船舶。

（四）缆渡，是指利用横跨两岸的缆索将渡船固定在渡运水域，依靠人力或者其他动力牵引、推动渡船过渡的方式。

（五）渡口运营人是指负责渡口营运和安全管理的经营人或者管理人。

第五十一条　本规定自2014年8月1日起施行。《公路渡口管理规定》（交通部令〔1990〕11号）自本规定施行之日起同时废止。

中共重庆市车渡管理站委员会关于成立纪律检查委员会的通知

渝路渡党〔2015〕8号

各党支部、科（室）、队（厂）：

经站党委研究决定，报市公路局党委同意，现成立站纪律检查委员会。站纪委由曾晓富、李世姿、谢静3名同志组成，曾晓富任纪委书记。

中共重庆市车渡管理站委员会
2015年7月20日

重庆市车渡管理站安全生产"党政同责、一岗双责"制度

渝路渡文〔2015〕28号

为进一步落实安全生产责任，强化安全生产整治措施，切实形成各司其职、各尽其责、齐抓共管的安全生产监管格局，促进全站、公司安全生产形势稳定好转，以实现全年安全生产目标，根据《中华人民共和国安全生产法》、市公路局相关规定，结合我站实际，特制定安全生产"党政同责、一岗双责"工作制度。

一、总体要求

深入贯彻落实党的十八大、十八届三中、四中全会和习近平总书记关于安全生产工作系列重要讲话精神，坚持"党政同责、一岗双责、齐抓共管"，坚持管行业必须管安全、管业务必须管安全、管生产经营必须管安全，建立健全安全生产责任体系，进一步细化安全生产职责，树立安全生产红线意识，不断深化平安建设，为推动车渡事业持续健康发展提供有力保障。

二、基本原则

（一）坚持"党政同责、一岗双责"。单位党政主要负责人同为安全生产第一责任

人,承担安全生产领导责任,分管安全生产工作的负责人是安全生产综合管理的直接责任人,对安全生产工作负直接领导责任;各部门负责人对各自工作范围内的安全生产工作负直接领导职责。

(二)落实"三个必须",坚持依法监管。按照"三个必须"(管业务必须管安全、管行业必须管安全、管生产经营必须管安全)的要求,落实行业主管部门直接监管责任、安全监管部门综合监管责任、生产经营单位安全生产主体责任。

(三)坚持综合治理、齐抓共管。健全完善安全生产预防控制体系,建立生产经营单位负责、职工参与、政府监管、行业自律、社会监督的机制,实施源头治理、系统治理、依法治理,构建齐抓共管的安全生产工作格局。

三、职责区分

(一)站安全生产领导小组主要安全职责

1.加强对全站安全管理工作的领导,负责督促检查各职能部门安全职责落实情况。

2.制定全站年度安全生产工作目标。

3.定期召开安全生产会,通报安全生产情况、分析安全生产形势,并对安全生产中的重大问题作出决策。

4.组织开展安全生产大检查,督促队(厂)加强对生产作业现场的安全检查,对安全生产隐患及时进行整改。

5.督促队(厂)落实安全生产责任制,严格执行安全生产规章制度,加强生产作业现场的安全管理,完善安全生产条件,实现以人为本、安全生产。

(二)站长安全职责

1.认真贯彻执行安全生产的方针、政策、法律、法规和规范,建立和完善与本单位工作相适应的安全生产规章制度,针对本单位出现的安全生产问题及时采取切实可行的有效措施。

2.以"安全畅通、优质服务"为宗旨,团结和带领全站职工,全面完成市公路局下达的安全工作目标任务。

3.落实安全生产经费,配备安全生产管理人员和设备,组织实施安全生产管理工作,掌握安全生产动态,对本站安全生产的重大问题及时进行研究并作出决策。

4.督促队(厂)加强安全生产管理,落实安全生产责任、执行安全生产规章制度,改善安全生产条件。

5.组织制定并实施本单位的生产安全事故和突发事件应急救援预案。

6.队(厂)发生生产安全事故后,督促有关人员尽快赶赴现场组织抢救和参加事故调查处理工作,并落实事故防范措施。

(三)站党委书记安全职责

1.贯彻落实安全生产方针、政策、法律、法规、规章和规范,把安全工作列入政治思想工作的重要位置,充分发挥党组织在安全生产工作中的表率模范作用。

2.支持、协助行政领导搞好安全生产管理,总结推广安全生产先进经验,在评选先进党支部和优秀共产党员时,要把安全工作业绩作为重要考核内容。

3.支持工会开展群众性的劳动保护监督检查和安全生产竞赛活动。

4.参与本单位安全工作重大决策的研讨,充分发挥党对安全生产的领导、监督作用。

5.了解掌握职工的思想动态,做好思想政治工作,及时化解矛盾,做到防患于未然,保障安全生产顺利进行。

(四)副站长安全职责

1.认真贯彻执行安全生产的方针、政策、法律、法规、规章和标准,主持制定和落实分管工作范围内的安全生产目标、计划和任务。

2.督促安全规章、制度、措施、目标的落实、定期组织开展安全生产检查,掌握安全生产动态,及时纠正安全管理中存在的问题,督促落实事故隐患整改。

负责定期组织召开安全专题工作会议,分析安全生产形势,研究解决安全生产中出现的突出问题,对重大隐患采取有效的治理和预防措施。

3.督促分管科室及队(厂)履行安全管理职责,落实安全生产制度和措施,改善安全生产条件。

4.针对安全生产规律和具体情况,部署并参加安全生产活动,总结推广安全生产先进经验。组织制定并实施本单位的生产安全事故和突发事件应急救援预案。

5.队(厂)发生重大事故及时赶赴现场,组织事故抢救,协助事故原因调查,及时采取防范措施,严格事故责任追究。

6.督促有关部门及时、如实报告各类生产安全事故和突发事件。

7.按时完成站党委交办的其他任务。

(五)站纪委书记安全职责

1.贯彻落实安全生产方针、政策、法律、法规,规章和标准。

2.部署分管工作的同时,布置安全生产工作。

3.分管工作范围内发生安全事故,及时赶赴现场,督导事故应急救援,防止事故损害扩大。

4.按时完成站党委交办的其他任务。

(六)站工会主席安全职责

1.贯彻落实安全生产方针、政策、法律、法规、规章和规范,组织职工参加安全生产工作的民主监督,维护职工在安全生产方面的合法权益。

2.结合职责范围,积极参与安全生产检查,对违反安全生产法律、法规,侵犯职工合法权益的行为进行纠正。

3.组织开展群众性安全生产竞赛活动,不断提高职工安全素质,自觉遵纪守法、执行安全生产各项规程、规定。

4.参与职工伤亡事故和其他严重危害职工健康问题的调查处理并提出处理意见。

5.按时完成站党委交办的其他任务。

(七)安全保卫科安全职责

1.认真贯彻执行党和国家关于安全生产与内保工作的方针、政策、法规,制定和完善单位内部安全管理、治安保卫的规章制度。

2.负责全站安全生产、治安保卫的日常管理工作,组织开展安全检查,督促各项规章制度的贯彻落实,督促整改安全隐患。保障和维护正常的生产、工作秩序。

3.做好安保内业管理工作,建立健全相关档案资料;配合有关部门做好技术船员和特种作业持证人员的安全培训,考核任用工作。

4.负责职工劳保用品计划编制与审核发放。

5.负责对职工进行遵纪守法与安全生产教育、组织开展安全活动;主持召开安全例会,对队、厂安全员的日常工作进行业务指导。

6.当发生重大安全事故时应立即赶赴现场,开展事故抢救,调查事故原因,严格事故责任追究,及时采取预防措施,防范事故再次发生。

7.负责各类安全资料的汇总、整理和上报;建立完善安全管理基础台账资料,定期分析安全管理工作中的薄弱环节,不断提高安全管理水平。

8.按时完成领导交办的其他任务。

(八)机料科安全职责

1.根据国家和上级主管部门颁发的有关机械设备的技术标准、技术规范和各项管理制度,制定全站机务设备和材料的管理办法,督促、检查和指导各队(厂)及单车单船的机料工作。

2.编制船舶(拖轮、车驳、跳船、囤船)、车辆和其他设备的大、中修工程计划和预决算。安排全站各项维修工程(项目审核、下达工单、组织施工)并督促完成,并负责组织有关部门对修理工程检查验收和上报。

3.协助有关部门制定技术培训计划;对职工进行技术教育、技术培训,协助有关部门做好职工的技术年审、技术鉴定、职务提升。

4.配合安全部门进行安全检查,并对设备事故中的技术责任,进行分析、鉴定、处理。

5.负责公务车道路交通安全资料的收集、汇总和整理;负责组织站机关驾驶员的安全学习和车辆管理及审验工作。

6.建立完善设备安全管理基础台账资料、定期分析安全管理工作中的薄弱环节,不断提高安全管理水平。

7.代表单位对在建工程项目进行监督。

8.按时完成领导交办的其他任务。

(九)办公室安全职责

1.贯彻落实安全生产方针、政策、法律、法规、规章和规范,根据市公路局安全工作部署,提出渡运生产安全年度工作计划。

2.负责站机关内部安全隐患的排查、整改工作。

3.负责安全文件的收发,及时将上级的安全文件按程序移交相关领导阅批,杜绝安全信息传递脱节。

4.建立完善安全管理基础台账资料,定期分析安全管理工作中的薄弱环节,不断提高安全管理水平。

5.按时完成领导交办的其他任务。

(十)劳工科安全职责

1.贯彻落实安全生产方针、政策、法律、法规、规章和规范,将安全教育培训列入年度职工教育培训工作计划之内。

2.督促队(厂)落实"三级安全教育"制度。

3.组织开展安全生产技能培训和考核、考试;鼓励在职人员加强安全管理理论学习,提高安全管理水平。

4.将安全管理成效列入干部政绩考核内容,并按规定将安全行政责任追究处理的决定记入个人档案。

5.结合本单位的实际情况拟订单位内部的劳动纪律管理规章,维护劳动纪律,负责对全站职工的劳动考勤监督和核查工作;处理职工因工受伤、死亡事宜。

6.按时完成领导交办的其他任务。

(十一)财务科安全职责

1.认真执行国家和上级有关安全生产的法律和法规、将安全专项费用列入年度资金计划内,做到专款专用。

2.负责现金及各类财务票据的安全管理。妥善保管好钥匙,严格执行现金的使用,存放规定,现金进出在仟元以上时,必须请安全保卫部门人员护送。

3.熟知消防的有关知识,做到人走关好门窗和电灯、电器开关,能够正确使用灭火器材,发生火险时,临危不乱,及时扑救和报警。

4.严格遵守《会计电算化操作规程》,电脑按规定程序进行操作。

5.按时完成领导交办的其他任务。

(十二)路政收费科安全职责

1.贯彻执行路政法律法规和战备公路渡口的相关规定,加强公路渡口的安全巡查,确保公路渡口的安全畅通。

2.负责公路渡口安全标志、安全防护设施的安装维护。

3.负责监督对外经营渡口的日常安全。

4.按时完成领导交办的其他任务。

(十三)队(厂)长安全职责

1.认真贯彻国家的法律法规,严格执行各项规章制度,不断加强政治理论、业务技能学习,提高自身素质和管理水平。

2.坚持"安全畅通,优质服务"的渡运宗旨、在站的领导下,负责队(厂)日常工作。

3.负责支持编制队(厂)的工作计划及组织实施,做到科学合理安排工作任务。

4.负责队(厂)安全管理事务,定期召开安全生产例会,研究解决涉及影响安全的问题。组织开展安全知识学习、安全演练等工作。

5.负责队(厂)设备的管理、使用和维护工作。本着厉行节约的原则,严格审核申请材料清单。认真做好船舶大中修工程计划书,做好船舶设备的维修、保养工作,使所管理的船舶、机具设备处于良好的适航状态。

6.负责保护所在渡口码头的路产路权,发现损毁、侵占行为要及时制止,并向站路政部门报告。

7.坚持以人为本,切实关心职工。创造良好的工作环境,做到船容渡貌规范、整洁。关注职工思想动态,收集职工意见和建议,并做好政策解释工作。

8.负责协调处理好辖区管理部门和友邻单位关系,涉及对外及新闻媒体采访等事宜,要及时向站领导报告,并由站指定专人接受采访。

9.完成领导交办的其他任务。

四、保障措施

(一)严格考核管理。进一步完善安全生产各级目标考核机制,制定考核标准,细化考核内容,坚持定期考核与平时考核、综合考核与专项考核相结合,依据考核结果实施奖惩。

(二)强化目标管理。各部门要狠抓安全生产目标任务落实,严格安全生产目标考核,实行安全生产和重大事故风险"一票否决"。对在改善安全生产条件,防止生产安全事故、参加抢险救援和安全生产工作取得显著成绩的部门和个人,给予奖励。

(三)严格问责制度。对不履职尽责,发生生产安全事故或造成恶劣影响的,严格按照"党政同则、一岗双责"的原则,依据《中华人民共和国安全生产法》及重庆市车渡管理站职工考核办法等有关规定,追究相关责任部门和人员的责任。

中共重庆市公路事务中心委员会关于重庆市车渡管理站内设机构设置及中干职数的批复

渝路中心党发〔2020〕20号

中共重庆市车渡管理站委员会:

你站《关于内设机构设置情况的请示》(渝路渡文〔2020〕21号)收悉。根据市委编办《关于市交通局所属事业单位机构编制的复函》(渝委编办〔2019〕152号),结合单位实际,经市公路事务中心2020年6月8日党委会审议,现批复如下:

一、内设机构

重庆市车渡管理站设以下内设机构(正科级):

(一)办公室(信访工作办公室)。负责站日常运转,负责文秘、会务、值班、公文处理、机要、保密、档案、督办工作。负责后勤服务工作。承担站思想政治建设、宣传和精神文明建设工作。负责有关综合性材料起草工作。负责站纪检工作。负责站信访稳定工作。

(二)组织人事科。承担站党的建设、队伍建设工作。承担站干部人事、劳动工资、机构编制工作。负责站离退休人员管理工作。指导所属基层党组织建设和党员管理工作。负责站职工教育培养工作。联系工会、共青团等群团工作。

(三)财务科。负责站预决算、会计核算、财务管理、政府采购管理等工作。

(四)资产法规科。承担站国有资产管理工作。负责所属公路渡口路产路权维护、巡查工作;承办站有关法律事务工作。

(五)安全应急科。负责站安全管理工作。负责开展应急救援演练,组织实施应急救援。

(六)渡口建养科。负责所属公路渡口码头及其附属设施的建设、养护和管理工作。负责所属道路设备管理工作。承担站科技项目研究引进、开发应用工作。承担站信息化工作。

(七)机务科。负责站船舶建造、改造及管理工作。负责站生态环境保护和节能减排事务工作。负责站项目预算的编制工作。

二、中干领导职数

设正科级中干领导职数7名,副科级中干领导职数9名。

三、下属机构

渡口、水上应急救援中心等下属机构的名称、职责及级别,由市车渡管理站自行确定后,报我中心备案。

此复

中共重庆市公路事务中心委员会
2020年6月8日

五、媒体报道目录

1994—2020年媒体报道车渡站重要新闻统计表　　　　附表2

新闻标题	报道媒体	报道日期	记者(通讯员)	内容提要
项链被抢急报案 失而复得赞联防	《重庆日报》	1994.09.10	刘 亮	车渡站职工曹新贵、李定富参与联防工作时抓获抢夺妇女金项链事迹
涛声伴我平安行——记重庆车渡站水土队	《现代工人报》	1994.09.11	赵 荣	水土队连续5年被市交通局评为先进集体的几件典型事迹
"保护母亲河,是车渡人应尽职责"	《重庆商报》	2013.05		车渡站团支部组织团员清理珊瑚坝垃圾的义务劳动
海棠溪码头消失的川黔线"零公里"	新浪网	2013.08.06		川黔公路"零公里"起点南岸海棠溪码头——重庆抗战时中国物资运输"生命线"的起点
重庆江上有座活桥	《重庆晚报》	2018.03.24		重庆车渡的极简历史
农村娃走出大山 看救援船乘轻轨拓宽眼界	《重庆商报》上游财经	2018.06	刘 真	市公路局团委、酉阳县车田乡车田村党支部共同开展"真情关爱暖童心'三年行动'筑梦行"之一——车田村儿童"六一"欢乐行活动,来自车田小学的17名小学生来到主城参观车渡码头

续上表

新闻标题	报道媒体	报道日期	记者(通讯员)	内 容 提 要
重庆组织公路交通战备应急演练	《中国交通报》	2018.11	唐福军	在李家沱战备码头举办重庆市2018年公路交通应急救援演练观摩会
几度春秋几"渡"情"江上摆渡桥"守望山城蝶变	华龙网-新重庆客户端	2019.09.06	杨姝婧	"福彩助力 砥砺前行 重走刘邓大军解放重庆之路"采访团走进车渡站,回顾老车渡人送解放军渡长江解放重庆的历史,重温感人故事
重庆主城最后的车渡"华丽变身"老船长向市民发来一张特殊的"邀请函"	《重庆晨报》上游新闻	2019.11.14	纪文伶	老船长许定国回忆车渡的辉煌历史,展望车渡未来
公益片《回家》剧组	中央电视台	2017		春节联欢晚会公益片《回家》剧组,在重庆车渡站三土渡取景
春晚公益片	中央电视台	2019		春节联欢晚会公益节目里,重庆车渡三土渡一展靓丽身姿
重庆:江上有"活桥"	人民网	2020.11.02	刘政宁、姚於	详细介绍重庆主城唯一在航的公益渡——三土渡的前世今生

编 后 记

《重庆市车渡管理志》的编修历经14个月,数改纲目,数易其稿,终于付梓。全志共设8章,27节,31个表,共32万余字,配图149张,记录重庆市车渡80多年的历史变迁和发展轨迹。回望车渡志成书过程,感慨良多。简而言之,车渡志的编修过程既是对车渡历史的总结与概括,更是对行业志编纂工作的一次探索与实践。

自2019年年底酝酿车渡志编修工作以来,车渡站党、政领导班子高度重视,成立了志书编纂工作领导小组和领导小组办公室,明确将修志工作纳入站工作目标。同年10月22日,站召开《重庆市车渡管理志》编纂工作动员会,站党委书记刘发文,纪委书记、工会主席曾晓富,各科室、通洋公司负责志书编纂工作的相关人员,特邀顾问、《重庆公路》杂志总编李彦一,以及执笔人员参加会议。主笔张建兴介绍志书编纂工作准备情况。会议探讨了志书纲目设置等。站党委书记刘发文强调各部门要通力合作,确保志书编纂任务按时、保质完成。

此次会议后,编纂小组人员收集、整理车渡站档案室1961—2020年档案资料10000余份;反复20余次查阅重庆市档案馆所藏民国时期车渡相关资料和重庆市交通局相关资料;到重庆市图书馆查阅相关书籍、报刊及有关资料;参考《四川省公路志》《重庆市交通志》《重庆公路运输志》《重庆内河航运志》《老重庆影像志·四·老码头》《中国共产党重庆历史》《朱德与四川》《重庆解放档案文献资料汇编》《解放重庆》等相关书籍,并采访相关老同志,形成资料长编。编纂人员加班加点工作,2020年5月形成初稿。2020年6月,站组织各部门和通洋公司对志稿进行初审。编纂人员根据初审意见对志稿进行修改,于同年10月形成二稿。站组织相关部门领导、特邀顾问、站离退休老同志对形成的书稿进行复审,收到珍贵建议、意见200多条。随后,编纂小组多次综合专家、老干部、站职工意见对书稿进行反复打磨、修改、完善,至2021年1月底形成终稿,交付设计印刷。

整个车渡志编纂过程中,车渡站在人、财、物等方面提供了保障,做到领导、机构、队伍、经费、办公条件"五到位"。站领导除随时关注编纂进度外,还多次召开专题会议,听取汇报,进行具体指导。尤其得到重庆市公路事务中心相关领导、专家的悉心指导,也得到通洋公司、站各科室等有关单位倾力相助。在此,车渡志编纂小组表示最衷心的感谢!

车渡志编修过程中虽经反复打磨修改,但由于志书内容庞杂,记述历史久远,且国内并无同类书籍参考,加上部分史料缺失,编纂人员学识、经验所限,疏漏之处在所难免,不尽如人意之处,恳请批评指正。

《重庆市车渡管理志》编纂领导小组办公室

二〇二一年十二月